齋藤久美子著作集

臨床から心を学び探究する

岩崎学術出版社

目 次

刊行にあたって　　v

第Ⅰ部　自我と自己・人格理解　　1

第1章　「自我機能」と「現象的自己」との関係における統合作用について（1969）　　5

第2章　人格の統合動機について
　　　　─「自我動機」の観点からみた「自己」─（1981）　　35

第3章　自我とパーソナリティ理解（1990）　　55

第4章　人格理解の理論と方法（1991）　　99

第5章　臨床心理学と発達理論（1995）　　133

第Ⅱ部　発達理解1
乳幼児発達研究・精神分析的発達論・自己形成と関係性　　155

第6章　同一化と人格発達（1988）　　161

第7章　子ども理解の方法と理論
　　　　─縦断的観察研究を通して─（1993）　　183

第8章　セルフ・レギュレーションの発達と母子関係（1993）　　219

第9章　ジェンダー・アイデンティティの初期形成と「再接近期危機」性差（1993）　　233

第10章　「関係」恐怖の基型
　　　　─自他交流の快苦ライン─（1994）　　253

第11章　「かかわり合う」能力
　　　　　　　―心理力動的検討―（1998）　　　　　　　　　　269

　　　第12章　臨床心理学にとっての
　　　　　　　アタッチメント研究（2007）　　　　　　　　　295

第Ⅲ部　発達理解2
　　　　性アイデンティティ・アイデンティティ・青年期心性　　325

　　　第13章　性アイデンティティ（1983）　　　　　　　　　　331

　　　第14章　青年期後期と若い成人期―女性を中心に―（1990）　375

　　　第15章　青年期心性の発達的推移（1990）　　　　　　　　391

　　　第16章　青年の「父親」体験と自己形成
　　　　　　　―臨床的検討―（2001）　　　　　　　　　　　403

　　　第17章　青年における「境界」心性の位相（1990）　　　　415

第Ⅳ部　臨床訓練・心理療法　　　　　　　　　　　　　　　　429

　　　第18章　臨床心理学の実践的学び（1994）　　　　　　　　433

　　　第19章　「初回」時面接の意義と難しさ（1996）　　　　　　451

　　　第20章　来談動機
　　　　　　　―臨床過程におけるその潜在的展開―（1998）　　467

　　　第21章　セラピストの「他者性」について（1985）　　　　475

　　　第22章　心理療法における「情緒」と「言語化」（2000）　　489

初出一覧　　　　　　　　　　　　　　　　　　　　　　　　　501
あとがきに代えて―Authenticityへの感性―　　　　　　　　503

刊行にあたって

　本書は齋藤久美子先生（以後，齋藤と記す）の著作集であり，意外に感じられるかもしれないが初めての単著である。これまで多くの論文やエッセイを様々な学術誌や本の分担執筆として著しながら，齋藤の単著は周囲からすると不思議にないままであり，その見解をまとまった形で知る機会はなかった。今回『臨床から心を学び探究する』を上梓する機会に恵まれたことは，日本の臨床心理学，精神分析学，さらには発達心理学や社会心理学，精神医学を含め，心を探究する多くの領域において意味のあることではないだろうか。各分野の研究者や実践家の中で，本書のような齋藤の著書刊行を待ちわびた方は少なくないと思われる。

　本書の刊行への経緯を申し上げると，齋藤を囲む会として2014年の春に誕生した「想湧会（そうゆうかい）」がその基盤となっている。会の名称は，第1回の会合で齋藤自身が名付けたもので，様々な発想が湧き出し，創造的で心が活性化される場になればとの思いが，洒落もあわせ込められたものである。この会は平井正三が発起人となり，齋藤の教えを受けた有志（青柳寛之，石谷真一，今江秀和，角田豊，川畑直人，河崎佳子，柴田清恵，杉原保史，平井，武藤誠，山本昌輝，以上五十音順）が集うこととなった。齋藤は，京都大学教育学部・同大学院教育学研究科で学んだ後，四天王寺女子大学，京都府立大学，京都大学，甲子園大学に奉職し，長きにわたり臨床心理学の研究・教育を行ってきた。この会のメンバーもそれらの大学・大学院において齋藤に出会い，その薫陶を受けた者たちである。
　私（角田豊）は，平井から会の立ち上げの話を聞いた際に，念願であった本書の企画を提案し，平井も二つ返事で賛同し，役割分担を行なうこととなった。齋藤の著した文献収集とそのリストづくりを角田が，岩崎学術出版社

との交渉や会の運営を平井が行なった。文献の収集は，柴田と今江の両名が多くの文献を有していたことで，大いにはかどった。

当初は5部構成で企画し，齋藤の数多くの文献の中から1冊の本にまとめるべく精選する作業を行った。その結果をもとに，各部についての「概説」と各章の「紹介」を，齋藤以外のメンバーが文献を読み込んで執筆することになった。そうした過程の中で，第Ⅴ部のロールシャッハ・テストについては，別の本にした方が内容的にも1冊の分量としても妥当ということになった（本書の中にも一部ロールシャッハ・テストについて書かれた論考はある）。青柳と山本は第Ⅴ部の担当であったため，本書での概説や紹介からは外れたが，今後出版予定のロールシャッハ・テストに関する本の編集に取り組むことになった。会合では編集会議を行いつつも，他方で「想湧」の場として，齋藤を中心に心にまつわる様々な話題が自由連想的に語られ，活気に満ちた時が流れてきている。

本書は目次にあるように，第Ⅰ部「自我と自己・人格理解」（概説：川畑，各章の紹介：今江），第Ⅱ部「発達理解1：乳幼児発達研究・精神分析的発達論・自己形成と関係性」（概説：平井，各章の紹介：石谷），第Ⅲ部「発達理解2：性アイデンティティ・アイデンティティ・青年期心性」（概説：杉原，各章の紹介：柴田），第Ⅳ部「臨床訓練・心理療法」（概説：武藤・河崎，各章の紹介：武藤）となっている。また，本書の最後に，齋藤自身による「あとがき」があり，心について今齋藤が感じ考えていることが述べられている。

各概説との重複を避けつつ，本書における齋藤の探究を全体として見渡すと，第Ⅰ部では，臨床における根本ともいえる人格理解について，齋藤が真正面から取り組んできた著作が並ぶ。各部間にはっきりした年代的な順序性はないが，ここには1969年の論文を皮切りに1995年の著作まで5編が含まれている。他者理解と自己理解の両面を関連づけた人格理解のあり方と，自我ならびに自己のとらえ方の諸相を心理学と精神分析の両面から迫り，それらを人格の統合機能として把握し考察がなされている。

第Ⅱ部では，分離・個体化や乳幼児研究など心の発達論を中心に据え，人

と人とのかかわり合い・関係性の本質を見すえようと，個人内過程（自己調節）と対人関係過程（関係調節）との有機的な関連・正負の影響について，精神分析的な観点を中心に考察が深められている。1988年の論文から最も新しい第12章「臨床心理学にとってのアタッチメント研究（2007）」までの7編の著作が含まれている。

第Ⅲ部では，思春期・青年期における第2の分離・個体化や，性・ジェンダーを含めたアイデンティティのありようを，精神分析理論だけでなくユング心理学の見解も交えつつ検討がなされている。ここでは社会の時代的な移り変わりも視野におさめられており，時に問いは問いのままとして残すといった齋藤の開放された姿勢が見て取れる。1983年から2001年までの5編の著作が含まれる。

最後の第Ⅳ部では，これまでに触れられてきた人格理解や個人内過程・対人関係過程を視野に入れながら，臨床場面やその場に対峙するセラピストとクライエントのありようについて細やかに考察されている。心理臨床家であれば，読み進めながら自身の臨床体験をあれこれ思い浮かべずにはおられないであろう。1985年から2000年までの5編の著作が含まれている。

なお，各章には初出時の年代を表題に付し，その当時の著者や社会文化的な背景が読み取れるようにした。また，当時の表現・文体をできるだけ変えずに掲載しており，例えば「精神分裂病」は「統合失調症」と改めていないことをご理解いただきたい。

全体を通していえることは，いずれの論考も最終的には一般論ではなく，個別のクライエントの理解につながるような，正負両面を視野に含んだ濃厚な心の探究ということである。臨床に携わる者としては，深い森を導かれる中で様々な発見をするかのように，各々が出会っているクライエントや治療関係の理解につながる視点を，齋藤の文章のそこかしこに見いだすことになるのではないだろうか。

第Ⅰ～Ⅳ部は独立しているが，読んでいただくとおわかりのようにテーマ横断的なところがあり，部の異なる章が相互に関連することも多々見られる。それゆえ，重層的で明細化された探究の道に，読み手は誘われていくのであ

るが，第Ⅰ部のテーマにもなっているまさに齋藤自身の「統合機能」ゆえに，読み手にも心理学の素養や心への多面的な関心が求められるのも確かである。書物とは，読み手と書き手がある種の格闘をする必要があり，それによって本を読むことが創造的な体験になると考えられるが，本書はまさに読み手に質の高い格闘を求めるといえるだろう。各部に概説を設け，各章に紹介を付したのは，読み手の道標になることを期待し，格闘への動機づけになればとの思いからである。そうした役割が果たせていることを，編集のまとめ役として心から願うところである。

　本書から離れるが，齋藤にまつわるエピソードを最後にひとつ紹介させていただきたい。齋藤が京都大学の教育学部に赴任して間もない頃，教育心理学科の行事として，臨床心理学の河合隼雄教授と神経心理学の坂野登教授の討論会があった。齋藤は二人の話を聞いた後の指定討論者あるいは「行司」のような役割であった（と記憶する）。学部生として参加していた私（角田）は，普段接点の少ない河合・坂野両教授の討論に期待していたが，案の定，両者の話は水と油といった印象であった。しかし，齋藤のコメントを聞くうちに，距離の遠さしか見えなかった二人の議論に奥行きが与えられ，共通するテーマが浮き彫りになり，一参加者としてその場でわくわくしたことを憶えている。今にして思えば齋藤の統合機能に触れる体験であり，事象へのアプローチの妙を一学生にも追体験させるまさに「想湧」の機会であった。

　本書の刊行にあたり，多くの方々の協力が得られたことに，厚くお礼を申し上げる。また，岩崎学術出版社の長谷川純氏には大変お世話になった。本書を一読者として味わえる機会に恵まれたことに感謝すると共に，齋藤の心の探究に一人でも多くの方が触発され，それが各自の心の探究につながることを祈念している。

2017年3月31日

想湧会・編集のまとめとして　　角田　豊

第Ⅰ部
自我と自己・人格理解

第 I 部 概説

　学問の成立が最も遅かったといわれる心理学であるが，その理由の一つが，研究の対象が人間にとって最も私的な領域，つまりあからさまに表明しなければ他者が知ることがないであろう自分の思考や感情や欲求であったからであろうことは想像に難くない。この私的な領域を包括する用語が「自己」であり，それゆえ「自己」は心理学の根幹にある研究主題であるといって過言でない。
　科学的・学術的な心理学の伝統においては，James, W. 以来，自己意識，自己概念，自己受容，自己尊重，自己効力感と，自己にまつわる研究は衰えることはないし，一方で，Freud, S. に始まる精神分析の世界でも，Jung, C.G., Sullivan, H.S. と，理論の中核には常に自己論が位置してきた。いわゆる力動的な心理学と，科学的・学術的な心理学との間でもっとも豊かな交流がなされたのも，この自己研究の領域であったといえる。
　しかし，この私的な性質は，研究者にとってやっかいな要素を含んでいる。一つは，普遍性との距離である。果たして，主観的，個別的な内容を，普遍的公式に結び付けられるのか悩ましい。もう一つは，有用性である。それを研究することが何に役立つのかという疑問である。心理学史にみられたように，この厄介な性質に耐えかねて行動化することなく，その主題に向き合い続けるのは，かなりの覚悟と根気が必要である。齋藤の研究は，この葛藤含みの，しかし心理学にとっては最も中核的な標的に，ど真ん中の直球を投げ込むような形で始まっている。第 I 部の前半にあるいくつかの論文は，その中核主題を巡る齋藤の格闘の軌跡を伝えるものである。
　研究を進めるうえで，齋藤は自己という概念を，主体としての自己，客体としての自己という二側面に分けている。それ自体は，James 以来の心理学の方法に準拠したものである。そして，主体としての心理的機能については，精神分析的自我心理学の枠組みを活用しながら，その細部を綿密に吟味しようとする。しかし，齋藤があくまでもこだわるのはその二側面，そして要素化しうる心的機能の統合であり，分けようにも分けがたい自己という概念の宿命的性質ではなかったかと思う。認識される自己は客体として同定されるにしても，そこに主体としての要素が含まれなければ，自己という範疇には分類されないであろう。神経科学の急速な進歩によって，さまざまな心理学的な機能が，分割された脳のモジュールに

割り振られていることが分かり始めても，この統合された主体としての感覚がどのように生み出されるのかは，大きな謎である。

第Ⅰ部に掲載される齋藤の自己論が醸し出す一つの特徴は，非常にきめの細かい分節化された要素の吟味と，それらを包括する主体としての統合性の追求との間の，無限とも思われる循環運動である。ある意味貪欲とも受け取られるこの循環運動は，齋藤の研究姿勢であるが，奇しくも，要素性と全体性が統合される自己のあり方と対応しているともいえる。

心理学の中核的主題に真っ向から取り組み始めた齋藤が，目標を見据えながら，次第に食指を伸ばし始めたようにみえる2つの主題がある。それは関係と発達である。自己は自己としてはじめから存在しているのではなく，他者との関係を通して発達してくるものであるという認識に開かれるなら，必然的に関係と発達は，自己を解き明かすための必須アイテムとなる。これまでの心理学史を振り返り，現在の到達点に目をやるならば，その認識はごく普通に共有されたものになっている。しかし，それは最初から与えられたものではなく，理論化と研究実践の積み重ねの中で，徐々に共有されてきたことがらである。

たとえば，精神分析の世界で言うならば，Freudの欲動心理学に始まり，欲動と防衛を軸に個人の精神内界に着目する一者心理学の世界から，対象関係論，自己心理学，対人関係論といった，関係論パラダイムとして包括しうる二者心理学の世界への移行は，半世紀近くをかけて展開してきたものである。齋藤の研究の歴史は，まさにこの重要なパラダイム転換を敏感に察知しながら，時にはそれを先取りしながら，独自の関係論的自己観を構築していくことではなかったかと，不肖にも今になって気づかされる。そして，その関係論的認識が引き出される重要な資源が発達である。発達という視点で人間を眺めると，そこで目にするのは，自己形成と対人関係の不断の相互作用である。その視点を取り込むことによって，自己論はますます豊かなものとなっていく。本書では，発達に関する論文は第Ⅱ部，第Ⅲ部におかれることになっているが，その内容を読み解く際，第Ⅰ部の自己論を参照枠に置くことで，理解は一層深まるであろうと期待される。

齋藤の自己研究の軌跡をたどる上で，もう一つ見逃すことができない視点がある。それは臨床である。一口に臨床と言っても，いろいろな接近法があるが，ここでいう臨床をあえて別の言葉に置き換えるならば，それは現象学的参与観察とでも言いうるであろうか。

現象学的参与観察とは，すなわち，対象の見え方，自己の主観的意識，そして

対象と自己の関わりを全て含め、その場で体験されることをくまなく味わい尽くす姿勢である。そのニュアンスは、齋藤の著述のいたるところで感じ取られると思うが、ここではあえて著述外の、個人的な体験を紹介させていただく。齋藤の重要な専門分野の一つにロールシャッハ・テストがある。私を含め本書の編集に携わっているメンバーの幾人かは、大学院生時代に、ロールシャッハ・テストの研究会を作り、定期的に文献を読みながら、ときおり事例検討会を催し、齋藤に講師をお願いしていた。その時の事例に対する向き合い方が、まさに上記の接近法を如実にあらわしていた。一つの事例の、一つの図版の、一つの反応に、時には何時間もかけてこだわり続け、納得するまで終ろうとしないのである。それはある意味必死であるが、決してひきつったものではなく、一面のんきで、ユーモアにあふれるものであった。分析するというよりは、反芻し、味わい尽くし、体内化するという感覚である。

　考えるに、齋藤のこのような対象とのかかわりの姿勢は、ロールシャッハの反応に限られるのではなく、あらゆる面に向けられているように思う。日常の人、事物、情報とのかかわりの場面において、常に表層的な理解にとどまるのではなく、体験を多角的に吟味し、自己の内奥とつなぎとめることによって、対象理解を深めていく。そのひとつひとつが、研究論文を書き上げる際の、構築の素材となっているわけだが、その本領が発揮される最大の領域が、臨床アセスメント、そして心理療法の場面であることは間違いない。おそらく、無限とも言える対象体験の広さや奥深さを、凝縮した形で提示するのに、ロールシャッハ・テストという素材は適していたのであろう。ロールシャッハに関する論文が本書において割愛されているのは残念であるが、そうした臨床姿勢の発露として自己に関する第Ⅰ部の論文を読むことで、論文の持つもう一つの価値が浮かび上がってくるものと信じている。

（川畑 直人）

第1章
「自我機能」と「現象的自己」との関係における統合作用について
(1969)

本章の紹介

　「自我機能」と「現象的自己」の関係とその両者の関連における統合作用というテーマは，学位論文の中でも取り上げられたテーマであり，齋藤にとって重要なテーマの一つである。James, W. に始まる自己心理学では，自己には主体としての自己と客体としての自己があるとしながらも，主に後者を研究対象としてきた。しかし，全体的存在である一個の個人を理解することを目指すとき，その両者を含まないわけにはいかない。本論文では，前者を「自我」，後者を「現象学的自己」と区別し，「自我」については精神分析的自我心理学の視点から，「現象学的自己」については自己心理学の視点から，その形成，構造，機能について明らかにし，その関係性について考察している。自我と自己が相互に関連し合う緊密な関係を有しており，人格統合作用はそうした関係の中でこそ生み出されること，そして統合作用を通じて潜在的な可能性が実現されていくことが述べられている。本論文にみられる要素の詳細な検討と全体性との循環は，臨床においても重要なあり方であり，そうした観点からも学ぶことのできる論文である。

教育心理学あるいは臨床心理学の分野では，具体的な個人の適応をよりよく理解するための理論的枠組が求められ続けて来た。そしてこの要請に応じて，いろいろな観点，立場からの理論が提唱されて来たが，それらの理論については，理解すべき対象，すなわち"一個の人"に対する接近の仕方から，二大別が可能なようである。その一つは，人を対象化して外側からとらえようとする方法であり，他の一つは，その人自身の主観的な内界そのものにできるだけ密着していく仕方で理解を試みようとする方法である。もちろんこのように大別はしても，前者の外的枠組による方法の中にも，たとえば学習理論に基づく刺激-反応理論によって行動主義的に人間を反応体としてみて行こうとする立場から，意識にのぼらない精神過程の存在を大幅に認めそれに関する構成概念によって人間の行動を説明しようとする立場まで，いろいろ次元の異なるものが含まれる。このことは後者の内的枠組による方法についても同様であり，そこには内観により観念の連合を調べる連合（連想）心理学や意識内容を要素的に研究しようとする機能主義の立場，また認知論的なゲシュタルト心理学の立場などから，もっと現象学的な自己経験研究の立場までいろいろ差異のあるものが当然含まれてくるであろう。ただ，二つの大きい枠組のそれぞれに属すると考えられる諸理論の中で，代表的な理論と言うべきものには歴史的な変遷があったわけであるが，昨今の教育心理学あるいは臨床心理学，殊にその中で実践的なかかわりあいを含み持つ領域における重要な課題は，内的，外的枠組のいずれを選ぶかあるいはそれら各々の枠組に属する諸理論の中でどれを選択して用いていくかと言うことよりもむしろそれより一歩前進して，外的及び内的な二つの枠組をできるだけ相補的にさらには総合的に用いていくことであろうと思われる。具体的な個人の理解を何らかの形で意図する者にとって，"できるだけ客観的に"ということと"できるだけ共感的に"ということとはどうしても担わざるを得ない二重の要請であり，特に人とかかわる実践の場に立った時，この問題は，診断と治療の総合や心理治療の場そのものにおける治療者の動きを規定するものとして，如実に顕在化してくる課題である。この課題はすでに筆者自身のものでもあるところから，外と内の二つの枠組を相補的及び総合的に用いる観点

とその方法について現在までに考え試みて来たところを概括的にまとめてみたい。

1.「自我」と「自己」二つの概念の基本的区別について

　自我と自己とは，それぞれ外的そして内的に人間の心を理解しようとする二つの枠組における概念として，筆者の関心をひいて来た。これら二概念の内容は次第に明確化していきたいと思うが，まず一般的な用語に照らした時，両概念は基本的にどのように区別されるのであろうか。EgoとSelfとを概念的に明確に区別しながら定義することは，従来の理論的研究の歴史からも必ずしも容易でないことがわかるし，両者はまた実際上かなり未分化な概念でもある。他方本邦文献においても，自我と自己の各概念内容はやはり未分化であり，それらが上記のEgo及びSelfの訳語として用いられる時も，夫々自我対自己に統一されるよりはむしろ任意に交代する形で用いられることが大変多い。このように二つの言葉が区別されにくく渾然と一体化しやすいことには，単に語義的なあいまいさの問題としては片づけられない，それなりに重要な意味が含まれているとも言え，その点については後に考察するが，これらの言葉の中のいずれを当てるかは別として，どのような心理的概念がここでとりあげられようとしているかを明らかにする必要はあろう。そこで，これらの概念をとりあげ，用語のあいまいさや概念規定の不明瞭さあるいは多義性に直接焦点をあてて概念の明確化を試みている理論としては，James, W.（1890），Allport, G.W.（1943, 1955），Lipps, T.（1909），Mead, G.H.（1934），Koffka, K.（1935），Hall, C.S. & Lindzey, G.（1957），Bertocci, P.A.（1945），Symonds, P.M.（1951），Chein, I.（1944），Hillgard, E.R.（1949）などいくつかを見ることができる。それらは，EgoとSelfとを対照させ大雑把に区別するにとどまっているものや，二つのうちいずれかに，より大きい比重を持たせて論じているもの，あるいは二概念の区別ではなく両者を合わせていろいろ側面の分類を行っているものなど，論点や論究の深さにおいてさまざまである。諸説の具体的な紹介はすべて省略するが，それら全

体を通じて対照的に重視され，とりあげられていると言えるのは，"Ego-as-process" あるいは "Ego-as-doer" とでも言うべき主体的な機能過程としての Ego と，"Self-as-object" すなわち客体化された意識体験としての Self とである。この二つは，用語的に Ego と Self とが丁度逆転している場合にも，あるいは用語的な区別なしに先に述べたような側面分類を行っている場合などにおいても，共通して何らかの形でとりあげられているのがみられる。たとえば，Allport（1955）のプロプリウム（proprium）の概念は，自分自身のものとみる生活領域のすべてを含み，人格の統一と特色の形成とをうながす諸機能を包括的に言いあらわそうとするものとされ，全体的には上記の客体的な Self の方を問題にしており，自己像をはじめとしそのいろいろな側面を挙げているが，その中には，合理的機能を営む側面とか知者としての側面など上記の Ego の方に属する典型的な主体的機能をも含めているのを見ることができる。

　筆者は，自我と自己とを，それぞれ，主体的な機能過程を意味する Ego と，意識化された客体的所産としての Self との訳語として用いることとしたい。本研究における，「自我機能」と「現象的自己」とは，基本的にはまずこのように二大別される概念である。

2. 本研究における「自我機能」の概念

　人格における自我の主体的な機能については精神分析学派によって最も詳しく本格的な研究がなされて来た。Freud, S. の無意識や本能的衝動の研究にはじまるその理論の発展の中で自我機能への焦点づけは相対的に遅れたと言わなければならないが，Freud 自身の理論においても後期にいたる程明らかに自我重視の傾向が増して行き，その流れをそのまま受けついだ自我心理学（Ego psychology）派の人達によって自我研究は一層発展させられながら今日に到っている。本研究における自我機能は，正統派精神分析学に属するこの自我心理学の考え方に従った概念である。自我心理学における詳しい自我理論をここで述べるゆとりはとてもないのでまた別の機会にゆずること

にし，その理論の中で自我が論じられる時の観点を極くかいつまんで述べるにとどめておく。一口に自我心理学派と言ってもそこに属する人達の理論的展開の仕方はかなりバラエティもあり，それらを纏めることは必ずしも容易でない。また内容豊かなそれら諸理論には，Jung, C.G. や Adler, A. 等自我心理学派に属さないところの，Freud からの初期偏向者の考え方ともある重なりを有するものさえ含まれ，たとえば Klopfer, B. (1956) が指摘するように，"自我心理学の諸理論を総合すれば，他派の理論とも近似した人格機能に関する一つの普遍的な理論が描かれてくる"と言っても過言でないように思われる。自我心理学の諸理論は，Freud における無意識についての知見や生物学的な観点を生かしながらすべて自我に焦点を合わせて展開されており，自我を，構造の上で層的に組織化された大規模なものとして，また機能の上で自律性を持ったより積極的なものとして考えている。その他従来のように個人の中の内的な (intrapsychic) 精神過程と言う枠内で自我の機能をとりあげるよりも，環境との相互関係にまで視野を拡げた考え方をしようとする動きがみられ，Erikson, E.H. (1950, 1959) などによって環境側の諸要因をより詳細にとりあげようとする方向へも研究が進められている。このような理論体系の拡張の是非は別として，自我心理学はこうした発展によって一般心理学やその他の近接領域から受けいれられやすいものとなりつつあることは事実である。そこで，Freud, A. (1946), Hartmann, H. (1964), Rapaport, D. (1951), Kris, E. (1952), Federn, P. (1952), Erikson (1950, 1959), Fenichel, O. (1945), Nunberg, H. (1955) らの説に基づいて，自我論の主要な観点をまとめると以下のようになると思われる。

(1) 力動的観点：i) 衝動（さまざまな派生衝動を含む）と超自我そして外界の現実の三者の要請を調停し，妥当な形で衝動の目的遂行を実現させる上での無意識的操作として種々の防衛機制を行使する。防衛機制は，かつてのように弱体で受身的な自我が言わば病的な非常手段として行使するものであるよりは，自我組織を発達的に形成して行く上でむしろ不可欠なものと考えられており，防衛機制は適応的な合目的性を獲得して自我の積極的な手段に転じて行くとの考え方がとられる。このように積極的に適応機能に変化し

て行く成功的な防衛（successful defense）のあり方をとりあげるところは従来と異なる自我心理学の特徴であるが，固執的に行使され精神エネルギーを過度に消費していく不成功な防衛の存在も同時に考えられている。ⅱ）上記のように，衝動の活動に対して統制的あるいは適応的に対処し自我の自律性を維持し高める事の他に，無意識における，より原始的な衝動性と一時的及び随意的に親和して，創造などの豊かな自我の働きに資するような機能が考えられている。層的な自我組織において，より退行的な方向への移動（shift）を行いそしてまた前進的な方向への移動を行うと言った弾力的な機能がそれである。一次過程及び二次過程の心理的作用がこれに伴って考察される。ⅲ）総合・平衡の機能，これは諸衝動間のあるいは構造的な面での諸構成部分間のそしてまた個体と環境との間のと言った，外的・内的諸要素間の統一や平衡をもたらす機能とされるがまだ十分説明されていない。この点についてはまた後に触れる。

　（2）発達・形成の観点：ⅰ）自我の一次的自律装置（ego apparatuses of primary autonomy），すなわちエスの本能的衝動と言う母体とは別に，独立的に備わっている自我組織の生得的源泉とも言うべきものを考える。知覚，知能，運動機能，感覚や衝動の閾などがこれに関連づけられ，身体と密接なつながりを有しながら発達，成熟をとげていき，"葛藤外の自我領域"（conflict-free ego sphere）を形成していく。ⅱ）自我の二次的自律装置（ego apparatuses of secondary autonomy）。これはⅰ）を土台にしてはいるがⅰ）と直接には関係せずに，後天的に環境との相互交渉を経験していく過程において，先述した防衛機制が適応的な葛藤解決をもたらすことにより，衝動から相対的な自律性を獲得して二次的に自我の適応機能に転じたものである。発達過程を通じて，この二次的な自律機能が漸次獲得されていき，葛藤外の自我組織を層的に拡大するとされる。こうした自律機能獲得の過程は，衝動の中性化（neutralization）及びそれに伴う情緒の中性化と豊かなニュアンスに富んだ分化，そして自我充当エネルギーの増加をもたらし，中性化された派生衝動は自我組織に組み入れられて漸次自我動因（ego-motives）に転じて行く。

(3) 構造的観点：ⅰ）大きく無意識から意識にわたる層的な構造をもった自我組織，これは一次的自律及び二次的な相対的自律の装置をあわせ持った葛藤外の組織であるが，発達的形成過程をそのまま内包した構造を有する。したがって自我にとっての動因となった派生衝動の中性化及び社会化の度合は上層部にいたるほどより高度であり，最上層部に属するものとしては自我興味（関心）や態度あるいは価値体系や努力目標などが考えられている。またこうした組織に基づいて自我が機能する仕方も，上層部ほど，より現実原則に従って二次過程的に，また下層部ほど快感原則に従ってより一次過程的にと言うふうにやはり層的に連続した変化を示す。

(4) エネルギー経済論的観点：ⅰ）自我が機能するために必要な中性的エネルギーの絶対量とも言うべきものは，生得的及び後天的な要因すなわち一次的及び二次的な自律装置の形成の如何によって規定されるわけであるが，むしろより重要なのはエネルギー経済の問題である。衝動防衛のための反対充当（counter-cathexis）に多大の中性エネルギーが消費されすぎると，適応的かつ積極的な対象関係（object-relation）や生産的あるいは適応的な対内関係（internal relation）を行うための自我充当（ego-cathexis）エネルギーが相対的に減少し，自我機能全体が制限され弱化する。ⅱ）自我充当エネルギーの減少は，外界及び精神内界における非自我と自我との間の自我境界（ego-boundary）の侵蝕と言う形でも問題にされ，自我組織の崩壊への危険が論じられる。

(5) 心理‐社会的（psycho-social）な観点：ⅰ）環境の概念の明細化，自我形成に参与する環境を，ただ単に"外界"と言う大づかみで不鮮明な概念にとどめておかないで，生物学的な欲求充足にかかわる面，対人関係と言った心理学的な側面，文化的価値基準を担った歴史的社会的な側面を含むものとして環境要因の吟味がなされる。Hartmann の"期待しうる平均的な環境"の概念，また，心理・性的（psycho-sexual）な成熟段階を軸にし，各段階において重要な意味を持つ他者との関係や各段階における自我形成上の心理・社会的な危機的課題のあり方などをもりこんだ Erikson のライフサイクルの考え方などがそれである。ⅱ）生物学的及び心理学的な存在としてのみ

ならず社会的な存在としての人格の統合的な確立を意味する"同一性形成"（identity formation）についての理論があり，これについては後にも触れる。

自我心理学の主要な観点は，ごく概括的に上のように挙げられると思うが，この他にも超自我や自我理想などについての理論が含まれる。自我は上記のように，大規模な組織と広範な機能を持つものとして考えられており，このようにみると，JungのSelf（心の全体性）ともかなりの重なりが認められるにいたるわけである。こうした自我機能の適応的かつ能動的な健全性は，結局上記の5つの観点に基づいて規定されることになり，より具体的には，ⅰ）衝動の自律的な調節と統制（防衛の成功，随意的で弾力的な親和），ⅱ）対内関係のみならず外界との対象関係の活発さ自由さ，ⅲ）現実吟味（reality testing）及び自覚作用，ⅳ）一次的な自律装置にみられる諸々の素質とその成熟，ⅴ）二次的な自律装置を含む自我組織の発達，ⅵ）衝動の中性化・分化及び情緒や思考の分化，豊かさ，安定性，ⅶ）自我充当の精神エネルギー，ⅷ）自我興味や価値体系の生産的役割，ⅸ）同一性の確立，全体的な調和，綜合，などから自我機能の健全性あるいは強さ（Ego-Strength）をうかがいうることになる。

以上のような観点から説明される自我心理学での自我は，各瞬間々々に行動を選択させ，かつそれを遂行させる上で尖端的な働きをする執行者としての重要な役割を担うものであり，人格の中枢的機関とされる。この自我の概念はあくまでも仮説的な構成概念に他ならないが，人間の行動を説明したり予測したりする上で有効な理論的枠組であることは，すでに長期にわたる研究の歴史を通して認められており，また近年脳の生理学とも対応づけられつつあるところである。

3. 本研究における「現象的自己」の概念

ここでの自己は，1. で述べたように意識的に客体化された自分自身であり，自己心理学（self-psychology）の考え方に基づく概念である。"自己"が意味するものは，哲学的にはもとより，心理学的にもかなりの幅や微妙

な差異を持っているが，Jung（1939）の自己（self）のように，心の中心的及び全体的存在として，意識的な自我（Ego）を包合する概念や，Fromm, E.（1959）あるいは禅の心理学が述べるところの，"真実の自己"や"the Great self"などが意味する概念，すなわち，人間の生理，心理，社会的な可能性の総体を極限まで開発し，さらにそれが自然や宇宙との一体化といった次元にまで高められた状態においてはじめて十分記述されうるよう大きな概念（Sato, K. et al., 1961）は，一応本研究の範囲外である。

　自己心理学はJames（1890）に一応端を発し，Calkins, M.W.（1915）の自己心理学に至ってある形を得た後，行動主義，客観主義心理学の隆盛によって停滞し，やがて20世紀の半ば近くにRogers, C.R.（1951）等による非指示的心理療法の発達に伴って，再び研究対象として重視されるにいたると言う歴史的経過をたどって来たが，他に旧来の連合（連想）心理学，作用心理学，機能主義あるいはゲシュタルト派の各心理学における意識現象の研究や内省的方法，それに現象学的な立場が背景にあり，それらはまた自己研究の流れを支えてきている。またこれらに加えて精神分析学派の中の主として新フロイト派における「自己」理論の展開なども，側面から自己心理学的研究の流れに参加して来たのをみることができる。こうした流れを有する自己心理学は，個人の主観を尊重し，それに迫ろうとする現象学的な接近法を基調とする。Combs. A.W. & Snygg, D.（1959）が述べるように，現象的自己（phenomenal self）はその個人のみが有している内的枠組であり，他人がその個人についてどのような見方をしようとその個人にとって完全な現実感を与える自分はこの現象的自己に他ならず，また，Rogersも述べるように，個人は不断に変化する経験の世界の中心に存在しているのであって，経験の現象的な場全体が完全に意識化しつくされはしないにしても，その現象的場から，自分に関する主観的現実としての自己（self）が分化し生成すると考えられている。現象的自己は，いろんな経験における全現象的な場の中で，自分に関係あるものとして自覚されているすべてのものから成っている。全体としてはこのような概念である現象的な自己についても，意識化されている度合をどの程度に考えるか，あるいはまたその構造についてどの

ように考えるかと言った点については研究者により多少考えが異なっている。すなわち，意識化の程度については，たとえば，Stephenson, W.（1953）のようにはっきり認知され自覚されている自己概念のみをとりあげ，それを研究対象にしようとするものもあれば，たとえ漠然とながらでも，もう少し意識水準に幅を与えているもの，そして概念化された自己のみならず自己感情（self-feelings）など感情面を含めようとするものもある。自己心理学的立場の研究者の多くは後者の考え方をとるようであるが，自覚（awareness）のレベルについて低いものから高いものまでいくらかの幅を考えるとしても，完全に無意識化したレベルまでは含めていないようであり，少くともそれを研究対象にはしていないと言える。ところが，Hilgard（1949）あるいはSymonds（1951）など意識的な自己像が防衛作用によって歪曲されてしまう可能性に言及し，そのように無意識的な要因によって規定される意識的自己の意味を疑問視して，それよりも非内省的な資料から間接的に"推測された自己"（inferred self）や"投影された自己"（projected self）あるいは"知らず知らずの自己評価"（unwitting sell evaluation）などを研究対象として提案する立場もある。これらはWylie, R.C.（1961）の言う非現象的な自己（nonphenomenal self），換言すればより無意識的なレベルでの自己であり，これらは現象学的な接近法を尊重する本来の自己心理学のあり方からはずれたものとしなければならないであろうが，このように，より無意識的なレベルへと進んで行くのは，最近の「自己」研究の一つの方向である。

　また，現象的な自己の構造については，分化の度合，意識に定着した恒常性の度合，体制化の程度あるいはより地的なものとより図的なものと言った点が問題にされる。Snyggらの，中核をなす自己概念（self concept）とより周辺部に属する現象的自己についての考え方もその一つである。その他この点に関連して，物質的，社会的，精神的諸自己などの層的な構成要素やJersild, A.T.（1952）などいろいろな領域あるいは側面をとりあげようとするものもある。このように自己について意識水準の問題やあるいはその構造面などをとりあげると，何か客体的な自己なるものがすでに固定した実体として存在し，それを前提にして理論が展開されているような印象になるか

と思われる。確かに，自己は最初に述べたように個人によって経験されうるものを指しているから，自我のように意識経験を超えた仮説的構成概念ではないが，それだけに自己経験については慎重な考察がなされるべきであろう。Lippsによれば，"自分"はどの瞬間においても一種の内部知覚として直接体験され，自己意識は言わば活動の感情であるとも言え，その意味では自己と活動及び生命は同義の概念でさえあるが，決して二度同じものとして経験されるはずのない自己が，時間の経過の中でやはり同一であるとの感覚に支えられて存在するとされる。そこには記憶や想起の作用が当然関与しているのであろうが，各瞬間の直接経験の積み重ねを通して，自分の"勢力範囲"や諸々の属性が現象的な場の基底に次第に沈殿し定着して行き，自己概念あるいは現象的自己像と言うような形で意識的にとり出すことができるようになるまで体制化されるものと考えられる。このように体制化されたものとしてとり出せる自己の背景には Gendlin, E.T.（1962）の主張するような内的感覚としての体験過程が考えられねばならないであろう。自己経験については，このように現在性を重視したとりあげ方が必要に応じてなされるべきだが，本研究での自己は，そうした直接経験を通して成立して来た，自分自身の存在（being）や機能（functioning）についての平均的な自覚のあり方及びその内容にあたるものである。

　この自己が，自己心理学及びその他同じ流れに属する自己重視の立場では，人格の中核をなすと考えられている。自己は個人が有する唯一のユニークな枠組としてその個人の判断や行動の基準となる。それは，すべての行動あるいは少くとも当人が努力していこうとする大切な行動の指針となり，行動をその方向に統制すると同時に行動を活性化して，非自己的な動因よりも一層効果的かつ強力に行動を導くとされる。したがって，このように人格において中心的な位置を占める自己は精神的健康や人格適応の鍵となる働きをなすものであると主張される。Sullivan, H.S.（1938）など新フロイト派で自己を問題にする人達によっても，それぞれの仕方で，自己は個人の行動を理解する上での大切な枠組である。すでに2. でも述べたが，自我心理学においても，自我の層的な組織の最上層部に属すると考えられるところの中性化，社

会化されている程度の高い自我動因として，この意識的な自己に対応するようなものをとりあげる傾向がみられるようになって来た。しかし，そこでは，やはり無意識的な機制の方により重点を置いた自我の研究が中心であるから，「自己」的なものが十分明瞭化されているとは言えない。したがって，自己についての考え方は自己心理学において最も詳細に提出されていることになるが，そこでの自己重視のあり方をもう一度整理してみると次のようになる。
ⅰ）自己は上述したように行動の指針となる。ⅱ）自己はみずからの内容と一致する経験はそれをとり入れ蓄積して行くが，矛盾する経験を排除し意識化しない傾向，すなわち"外界認知の選択と歪曲"を通じて，ほぼ一定した自己像や自己感情を存続させる。このように内的に自己がみずからを維持しようとする傾向を有することとⅰ）におけるように外的にも積極的に行動の枠組となっていくことから，人格に統一性のある一貫した姿を与える。ⅲ）自己はみずからを維持し存続させようとする基本的な要求を有する，と同時にみずからをさらに開発し高めたいと言う基本的な要求（the basic need of self-seeking or self-enhancement）をも有する。この二つは互いに矛盾する要求でもあり，前者は，"あらゆる組織体が持つ一種の慣性"も手伝ってかなり根強い要求とされ，後者に対する抵抗あるいはブレーキとなるものでもあるが，いろいろな要因によって後者の要求が実現されることはあり得，自己の変化は可能であると考えられている。この変化はそう簡単には起り得ないとしても，行動や人格の変化を期待する場合には，自己を変化させることが最も有効とされる。

　このように人格内で非常に重要な位置づけがなされる自己を，実証的な方法などを加えながら研究していく時の観点はいろいろであるが，自己のあり方に関する研究課題として一般に広くとりあげられるのは，自己受容（self-acceptance）あるいは好意的な自己観（self-favorability）自己尊重（self-esteem）などであり，その他，自己受容と他者受容との関係などがある。自分自身を客体化することには，自己を認識的あるいは感情的な次元において何らかの形で評価する側面が大きく含まれることから，上の諸点は，自己評価のあり方を通して研究されることが多い。また，自己客観視（self-objectivity）や洞察的な自己像，さらには無意識的でより基本的と考えられる自己が研究課題となることもあるが，この場合には投影法などによる非現象的な資料や第三者の観察資料などが重視され，当人の自己報告はそれほど尊重されなかったり全くとりあげられなかったりする。

このような「自己」研究のあり方を背景にしながら本研究における「現象的自己」の概念を要約すると次のようになる。まず，「現象的自己」と言う呼び方は，これがJamesに始まる歴史性を有した一般的な用語であることから用いたもので，この語に関する，どれか特定の概念規定をそのまま受けついだものではない。本研究での「現象的自己」は意識度がかなり高く，かつ周辺的よりはより中核的であるところの，自分自身に関する平均的な自覚のあり方を指している。そして内容としては，個人の存在及び機能全般を含むものであるが，次第に人格機能そのものの自覚のあり方に焦点をしぼる結果となっており，この点についてはまた後に述べる。また研究の観点としては，"現実的自己"（perceived self）と"理想的自己"（ideal self）の二つの面における自己評価のあり方から，自己受容性あるいは自己に対する好意的な見方を問題とするが，後に述べるような統合機能の観点からも自己のあり方を問題にしていく。

したがって，ここでは無意識的な水準での自己なるものは対象にしない。「自己」の研究に関する限りは，あくまでも個人にとっての経験的な現実性を理解しようとする現象学的な接近法を尊重する立場をとりたいと思う。

4.「自我機能」と「現象的自己」との関係について

すでに述べたような二つの概念，すなわち「現象的自己」と言う個人の内的な枠組と，「自我機能」と言う仮説的構成概念を用いる外的な枠組との二つを，よりよい適応理解のためにできるだけ総合して用いようとする目的の下には，一応別個の概念である両者間の関係について考察がなされなければならない。こうした両者の関係についての本格的な考察は未だほとんどなされていないわけであるが，私がまず注目したいのは次の点である。

その一つは，自己心理学における非現象的概念使用の傾向である．すなわち，そこでは「自己」の背景に漠然と「自我」的な執行者の機能を考えていたり，あるいは，この自我的な機能を自己の中に未分化な形で混入させていたりするのがみられる．意識的な自己が防衛の作用によって歪曲されるところからもっと無意識的な自己が問題にされねばならないとするとき，防衛と言う言葉の使用自体がすでに現象学的な理論の文脈からすれば異和的であるが，そこに自我の諸機能あるいは非現象的な概念の粗雑なとり入れをみることができる．また，自己を人格において中心的位置を占める概念として意義づけるとき，自己がみずからを維持しかつ高めたいと言う基本的な要求を持ち，その要求に基づいて人格に統一性をもたらす作用を有すると言う考え方が提示されているが，ここでは，客体としての自己の中に，いつのまにか動因を有する行為者としての考え方が混入している．その他，自己が現実経験をありのままに広く正確に認知し，意識への象徴化を行って，それらを自己の領域内にとり入れて行くことができるかどうかを，自己及び人格の恒常性と可変性に関する問題としてとりあげる時にも，意識的所産としての自己とその自己を生成せしめる機能とが混然と一つになっている．このように，自己心理学の中にはいろいろな形で自我的概念が混入しており，殊に最近の一つの傾向としては，大雑把ながらも，現象的次元の背後に自我的機能の関与を想定しながら非現象的な自己研究を行おうとする方向もみられるわけである．但しこの方向における研究は，理論および方法の上で矛盾した問題点や困難をかかえざるを得ない．

もう一つ私が注目したい点は，自我心理学の側における近年の動向である．自我心理学は，エス及びそこにおける各種衝動，超自我など無意識の力動的な心理機制に関する精神分析学的研究の成果を担いながら，そうした対精神内界や対外界との力動的な関係を統括的につかさどる機関としての自我の働きに焦点づける方向に研究を発展させて来たわけである．その結果，無意識層から意識層にいたる連続した層的自我組織とその形成を理論化し，無意識にほとんど中心を置いた従来の研究に加えて，意識層へ関心が及ぶことになった．そして次第に意識的な最上層部における自我動因が，自我興味や

意志（will）などとしてとりあげられるようになり，他に"自己表象"（self-representation）の概念などによって，自己に関する認知，観察，理解のあり方への関心が増していることは確かである。ただこのような自己の概念について特別の力動的な意味や機能的有効性が明らかにされる程十分研究が尽されているわけではなく，むしろ自我の概念全体と未分化な面を多く残しているとさえ言える。同一性の概念を自我の同一性あるいはまた意識的主観的な側面における自己同一性として交代的に用いる Erikson の考え方や，主体（subject）としての自我と主観的に現実感覚を伴って経験される対象（object）としての自我を一体的に考える Federn の理論などはそのことを示すよい例である。

　上にとりあげた二つの注目すべき点，すなわち自己心理学に入りこんできている非現象的な枠組と主体的機能への配慮，他方，自我心理学における意識面への関心及び主観的側面としての"自己"概念の使用とは，全く別の次元及び枠組の下に進んで来た二つの研究に見られる動向であるところから，これらを単純に両者の相補的な歩み寄りとして見ることなどはできないであろう。しかし上の二つの点は，よりよい人格理解には両理論の中の一方のみでは不十分であり，何らかの形で両者が総合されなければならない必然性を示唆していると思われる。両理論の中で自我と自己とは，それぞれ人格の中心に据えられており，二つの理論は互いに異なった文脈と独自の立場を備えているが，それぞれにおける自我と自己とを，別個にそして互いに対置される概念として扱う段階から一歩歩を進めて，二者の関係を積極的に考察する試みを行なってみたい。

(1) 自我形成と自己形成について

　それぞれの理論にみられる両者の形成過程は互いに似通った対応性を有しており，いわば互いに表裏一体的に形成される関係にあることが考えられる。すなわち，人間は乳幼児期から成人にいたる各発達段階において，環境を代表する主要な人物との同一化を通じながら，置かれた環境にふさわしい欲求充足の仕方・手段をとり入れていくわけであるが，この過程は一面から見れ

ば自我形成の，そしてもう一つの面から見れば自己形成の過程と言うことができる。すなわち，一面から見れば，環境すなわち外的現実の要請に照らして衝動の活動を統制する方法を体得し，成功的な防衛法を二次的に適応機能に転ぜしめて，自我の二次的自律機能を増大させて行く過程であり，この過程を通して，衝動は中性化，社会化されて派生衝動としてのエネルギーを自我に提供すると共に自我動因となって漸次層的に自我組織が築かれ行く。そしてもう一つの面から見れば，現実の対人関係を通じて他人と区別される自分自身の諸特徴を経験し，それを自己像として凝結させて行く過程に他ならない。つまり，自我と自己とは発達的に互いに密接な関係にあるとしなければならない。自己は，全体的に見ると，自我の心理社会的適応機能の発達経過に伴って形成され，それだけに，逆に，自我のできばえをそのまま，反映するものとも言えるが，この現象的な自己を直接的に生成せしめる機能，すなわち，自分自身を客体視する機能は，二次過程的作用としての内省的自覚（reflective awareness, self awareness）と言う自我の機能である。これは，言い換えると，自分自身に関する現実吟味の機能でありまた記憶が大きく関係するが，過剰充当（hyper-cathexis），内省充当（reflexive-cathexis）のエネルギーに裏づけられている。自我は常に執行者であると同時に自分自身についての観察者でもあると言う二重の役割を有しており，自己は直接的には後者の自我機能によって生成されるわけである。もっとも，超自我が自己形成に対して与える影響は無視されるべきでなく，自己批判や自罰などの形で作用することが考えられるが，自我の機能がすでに超自我の作用を踏まえたものであるところから，自己形成は，やはり一次的には自我との関係において考えられてよいであろう。段階別の詳しい考察は省略するが，自我は発達を続ける限り，その発達水準に応じて自己を生成するが，作り出された自己の中には自我機能そのものも鏡映像的に含まれており，そうした自己が逆に自我の諸機能にとっての重要な枠組になっていくと言う相互関係を想定することができる。この点はさらに考察する。

(2) 自我と現象的自己との構造的関係について

　自我心理学における自我の構造が，Freudの精神構造とどのように関連づけられるかはもう一つ明らかにされていない。むしろFreudの精神構造図においては自我自体の構造は特に問題にされていないわけである。ところが自我心理学における自我は，図式的にこそその構造が示されていないが，生得的な一次的自律装置を基盤にし，葛藤解決過程を通して衝動を手なづけてそのエネルギー及び動因を自我のものとしながら葛藤解決の手段そのものを二次的に自律化した自我機能とし，葛藤外の領域を増やしていく。したがってその組織は無意識から意識にまで連続した層的構造を有するものであることが明らかにされている。

　他方，自己については，意識の鮮明度や周辺‐中核と言った側面が考えられているにすぎないわけであるが，この自己を自我組織にどのように位置づけるか，あるいは両者の構造的連関をどのように考えるかは容易でない。

　ただ，一つ考えられることは，自己は，自我組織の下層部とよりは，より上層部と密接なつながりを有するであろうことである。ただし，自我心理学において，この最上層部構造に属する自我興味とか意識的な価値体系と言った高度に社会化・中性化されている自我動因と自己心理学的な現象的自己とを全く同じものとしてよいかどうかについては，前者がまだ十分明瞭化されていないところからも，今少し慎重であるべきだろう。あるいはまた，自己を自我組織の最上層部のどこかに強いて直接位置づけることによって，自我の中に含めてしまうよりは，自己が自我にとっても鏡映像的性格を有するところから，自我に対して大変緊密な関係にある一種の近接領域として考えることも可能かと思われる。しかしいずれにしても構造的な関係は明確でないが，両者の関係として最も重要なのは次の機能的な側面であろう。

(3) 自我と現象的自己との機能的関係——人格統合機能

　自我は，生物，心理，社会的な発達過程を通じてその機能及び組織を発展させていきながら，それ自身の姿を現象的自己として客体化していく。したがって，ある段階での現象的自己は，その段階までの自我の自律的適応機能

の発達的水準によって規定され，逆に，自我の到達水準を反映するであろうこと，また，構造的連関はどうであれ，他の中性化された派生衝動と同じく自律化した自我動因の一種と考えられてよいであろうことはすでに述べた。それではそのように自我の自律的諸機能に規定されながら作り出された現象的自己は，ひとたび作り出された後，自我にとっての一種の自律化した動因として，具体的にどのような積極的役割を有するのであろうか。逆に言えば，自我は，2で述べたようないろいろの自律的諸機能に加え，自己との関係において，その影響を受けながらどのような機能をさらに生み出すのであろうか。そもそも自我は何のために現象的自己を生成せしめるのか。これらがここでとり挙げられるべき問題である。

　自我は，その内省的な自覚の機能によってみずからを客体化し，行為者としての諸自律機能をフィードバックしながら，現象的な自己像を作って行きそしてその自己像が積極的な役割を担うにいたる過程と言うのは，たとえば次のように考えられないであろうか。

　すなわち，ある個人Aが，個性的な自我の適応機能を発達させて行く過程で"自分は仲々のアイディアマンである"と言った自己概念を含む現象的自己像を形成するに至ったとする。この際アイディアマンと称しうるにいたる諸々の機能を発揮していたのは自我の側であり，そうした自我の自律的諸機能がこの自己像の基盤に存在するわけであるが，ひとたび，このように概念化しうるような自己が成立すると，今度は，この自己像が自我にとって自律化した動因としての作用を及ぼすようになる。したがって，Aは一貫して"アイディアマン"にふさわしくふるまうようになり，自我の関連機能を一層みがきまた熟達させて，それら諸機能を"アイディアマン"としての面目をよりよく発揮する方向に結集させていくであろう。つまりこの自己像は自我の諸機能をまとめかつ向上させていく上での重要な枠組となる。Aはこうした自己像に沿った動きをとることによって，一貫性のある適応的姿を呈していくであろうし，また仮に不慮の危機的場面に直面して，不安のために身心ともに消耗しそうになる状況を仮定した場合，この"仲々のアイディアマン"としての自己像がAを支え，最後の力をふりしぼって危機状況から脱

第1章 「自我機能」と「現象的自己」との関係における統合作用について　23

け出すための，それこそ正しく独創的なアイディアを生み出させることにもなりかねない。後者の場合，自己は，自我に，機能的及びエネルギー的な総力を挙げさせる役割をしており，明らかにくずれそうな自我を力強くリードしていることになる。俗にみられる"自分はやせても枯れても～だから"と言った言葉の下のがんばりも，やはり，ここで問題にしている現象的自己が，積極的に自我を支え盛り立てようとしている姿を如実に示す例えだと思われる。

　それではこのような自己と自我との関係にみられる人格の機能はどのような概念で説明されうるであろうか。私はそれを統合機能としたいわけであるが，この統合と言う用語はかなり広く用いられ，また多義的であいまいな面を有しているので，まずここで意味する統合の概念を規定しなければならないであろう。

　そこでその前に，この"統合"と言う概念の用いられ方を若干しらべてみたい。

　人格の機能や構造の面における適当さ，発達，成熟性などを総括的に表現する言葉として用いられる統合（integration），総合（synthetic function），統一（unity），体制化（organization），一貫性（consistency）などは，必ずしもそれぞれが明確でなく，また各々の言葉の間に，それほどはっきりした使い分けがあるわけでもない。まず"統合"は，Allportも述べているように生物学における細胞理論（cell theory）にその本源的な意味を求めることができるとされるが，人格のいろいろな側面やあるいは人格に限らず発達過程一般を説明する概念として最も広く用いられる。まずWerner, H.（1926）は，あらゆる有機体的発達の本質は，増大する分化（Differenzierung）と増大する中心化（Zentrallizaition）にあるとするが，この中心化の概念は，漸次分化して行く諸部分間に機能の面で従属（Subordination）関係が生じて全体として完結する方向に統一化して行くことを指しており，英語版の書（Werner, 1940）ではこの中心化にhierarchic integrationと言う語をあてている。精神機能の発達におけるWernerの分化と中心化（層化された統合）の概念は，本研究における自我の層的組織の発達に伴う機能のあり方とも

関連づけられる面を有しているようだが,矢田部 (1946) が,この層的な統合と,反省的に獲得される自我表象の成立との関連を重視していることは興味深い。とにかく Werner におけるこの中心化の概念は,分化の概念とならんで個体のいろいろな面での発達を説明する上で広く用いられる。また,Allport (1937) は,上記の Werner の考えをも参考にしながら,統合 (integration) を,分化 (differentiation) と相補的な関係にある成長過程の最も重要な原則であるとし,単純な反射運動レベルの適応行動から,反応体系が進化し人格と呼ばれうるにいたったレベルのものまで,個体の適応様式についていろいろなヒエラルキーを考えているが,その各レベルにおいて統合が考えられてよいと述べている。彼によると,何か一つの人生哲学によっていろんな行動が統括されているような,それほどまでに完全に統合された人に出会うことはめったにないが,よく統合されていることは豊かさや可塑性につながるとされる。また,分化と統合とが進行している間に徐々に自己意識 (Self-consciousness) の中核となるものが発達して来,この主観的な観点 (subjective point of reference) が人格の統一に最も寄与すると言うのも彼の考えである。その他,大変多くの人がいろいろの形で統合と言う語を用いているが,ゲシュタルト心理学派の Lewin, K. (1935) は,発達に伴って人格構造内での各体系間及び個体と周囲の心理学的環境との間における関係が,単純な相互依存の関係から目標‐手段の関係に変化し,支配‐従属の階層的な秩序に体制化されていくことを統合と呼ぶ。それでは自己心理学的立場の人達はこの概念をどのように用いているであろうか。まず Rogers は,主に有機体的な現実経験とそれが意識的に象徴化されたものとの間における一致 (congruence) と同義語的にこの概念を用いており,この一致が増していくほど人格がより統合的になると説明する。しかし全般に自己心理学では特別に統合の概念を打ち出そうとしておらず,たとえば Snygg や Combs なども特にこの語を使用してはいない。ただ Lecky, P. (1945) は,矛盾のない自己の一貫性(あるいは自己統一性)すなわち Self-consistency の概念を提唱し,これを人格全体を個性的に統一しようとする自己のはたらきに結びつけている。すなわち人は,自己を中核とする統一的な体系を維持しよう

とする目標の下に努力すると述べており，このconsistencyは，uniformityとかintegrationと言う語によって置き換えられてもいる。次に精神分析学派における，統合あるいは総合についての考え方を見よう。統合を非常に重視してその理論を展開しているのは，本研究とは直接関係を持たないものとして最初に一応除外したところのJung（1939）である。彼は自我（Ego）を，自我心理学と違って非常に限定されたもの，すなわち外界の認識や判断などをつかさどる意識内での中心的機関としており，この自我はその範囲内でまとまりのある安定したはたらきをしているが，この安定性をくずしてより高次の統合性をもたらそうとするものを自己だと考える。この自己は，すでに述べたようにJung独特の概念であり，意識と無意識を含む心全体の中心であるが，自我の安定を破りながら，個人に内在する可能性を実現せしめていこうとする。これは，個性化（individualization）とか自己実現（self-realization）の過程と呼ばれるが，自我がこの過程においてより高次の全体性をその中に包含していくことを統合（integration）と言っている。Klopfer（1956）もこれと同じ考えをひいて，統合と言う語を用いており，無意識界と自由な疎通が可能である自我ほど，感情のあり方が偏りなく適当であると言う意味で，情緒の統合（emotional integration）の概念を重要なものとして挙げている。他方自我心理学においてもすでに2で触れたようにこれが問題にされてきているが，まずNunberg（1955）は自我の総合的機能（synthetic function）として次のようなものを考える。すなわち，自我の中にも性的な意味を抜きにしたエロス類似の傾向として，結合（binding），統一（unifying），創造（creating）の機能が存在し，これはまず諸衝動間の調整や，衝動，外界，超自我間の葛藤の調停と言った自我本来の代表的な機能となってあらわれる他，いくつかの対照的な観念や思考内容あるいは記憶を調停したり新たな形で統一することなどにより建設的な調和的統一や活発な創造の機能を営むと言う形をとってあらわれるとする。そしてさらに因果関係を追求する要求（need for causality）としてもあらわれ，単純化，一般化，解釈，理解と言った高次の精神機能をもたらし，こうしたもろもろの総合機能，すなわち統一，結合，創造へと向う機能は，精神エネルギー的にも

消費の節約を結果し，自我機能全体を単純化して人格全体に統一性を与えると述べている。Nunberg のこの説明は総合機能として何か新たな概念を提出したと言うよりも，自我機能の全体的なあらすじと，その中でより高次の（中性化の水準の高い）機能と思われるものとを大まかに述べているにすぎないとも言えるであろう。

　Hartmann もやはり，自我の最も高次の適応機能として総合的な作用を問題にしているが彼の考えは次のようなものである。彼は，"調和"（fitting together）あるいは"平衡"（equilibrium）と言う呼び方を用いているが，複雑な精神機構については幾種類かの平衡を考えねばならないとして，先にも述べたようにⅰ) 個人と環境との間の平衡，ⅱ) 本能諸衝動間の平衡（vital equilibrium），ⅲ) 精神の諸構成部分間の平衡（structural equilibrium），ⅳ) 全体的な平衡，を考えている。これらの中，ⅱ) とⅲ) とはいわゆる精神内平衡として互いに関連が深く，これらにⅰ) を加えて結局三つの平衡は相互依存的なものとされるが，ⅳ) の平衡は，ⅰ) 〜ⅲ) の平衡をもたらす三つの総合機能を含めた最も高度の総合機能を想定させるもので，ⅲ) までの各種の総合機能とその他の自我の残余機能をもさらに仲介するはたらきを有すると考えられている。このⅳ) については説明が困難であると述べながらも，彼は，自我興味や意志あるいは価値体系と結びつけて考えようと試みている。しかし，自我や超自我の無意識的な総合要因が理解されている度合にくらべると，このような意識的あるいは前意識的な総合要因についてはほとんど知られていないこと，本能的衝動などに影響される無意識的作用に関心を持ち過ぎたあまり，意志など意識面における独立的な調節作用を見失いがちであることを認めている。Hartmann はこのように十分よくわかっていないとは述べながらも，ともかくⅳ) において，ⅲ) までの諸種の総合機能をも含めた全体を統合する最も高次の総合機能を考えようとしており，このⅳ) を最も典型的な意味での調和であるとする。この他 Erikson の同一性（identity）の概念も統合に関係の深い重要な概念としてとりあげられねばならないであろう。この同一性は，心理，社会的な観点を合む含蓄の豊かな概念である故一義的な定義はむずかしく幾つかの次

元に分けて説明されるべきであるが，全体としては，自分自身の中に一貫して保たれている個性的な斉一性（self-sameness or continuity of personal character）があること，そして他人と，ある本質的な性格を永続的に担い合っていること，この両方を同時に含んでいる概念である。そしてこのような意味での同一性に基づいて，個人の自我は，ユニークな個人として存在しているとの意識的感覚を生み出し，個性を持続しようとの無意識的な努力を行い，人格総合の機能を発揮する。そしてその個人が属する集団の理想及び集団の持つ一貫した特性からはずれないようにそれ等との内的連帯性及び帰属性を維持しようとする作用を営むと考えられている。この同一性形成については，ここで詳しく述べないが，すでに2.の(5)でも少しふれたように，人間は子どもの頃から発達段階に応じてさまざまな他人との同一化を通じ，社会的な役割や適応の手段を獲得していくが，青年期に至ると，それまでに同一化によってとり入れた適応技能の諸要素群をただ総和するのでなく，それらを取捨選択して，合理的かつユニークな新しい全体的形態に変化させ恒常的に再体制化しなければならなくなる。これはこの時期の重要な心理，社会的課題であり，青年を，一貫した"自分らしさ"の新しいゲシュタルトを持つ方向に飛躍させうるものであると同時に深刻な危機状況におとしいれるものでもある。そしてこれは，必ずしも青年期に終るのでなく一生続く発達的な課題ともなる。このように形成される同一性を維持していくのは中枢的な機関として主体的機能を営む自我であるが，同一性の状態を客体化した時の概念が自己同一性であり，これは，主観的な感覚あるいは自己感情の側面からみた同一性であるとも言える。そして同一性の感覚に満ちている時は，前意識的に心理，社会的な幸福感があり，身体的なくつろぎの感覚や安心して前進できる感覚（knowing where one is going），そして確かに人から是認されているとの感覚が存在するとされる。自我同一性と自己同一性とは特に厳密に使い分けられないが，いずれにしろこの同一性の概念は本研究にとって興味深いものである。

　以上，かなりまわり道をしながら"統合"に関連のあるいくつかの考え方を大雑把にみて来たが，ここで本研究における統合についての考え方を明ら

かにしたいと思う。

　まず，ここでは，統合を，いったん区別された自己と自我との関係から説明しようとしていること，そして単に精神内的な枠においてではなく対社会的な適応の面を考慮に入れようとしていることが要点である。上に見てきたいろいろな考え方の中で，意識体験としての現象的な自己が統合にとって持つ意味を考えようとしているのは，Wernerの立場を基盤にした矢田部とAllportである。Leckyももちろん自己重視の立場をとるが，それは明らかに自己心理学の枠内に限定された考え方である。しかし，これらはいずれも自己をとりあげてはいても，自我機能との関係におけるそのあり方を重視しているのではない。また対社会的な適応性の観点から統合についての有効な見解を提供してくれるのはEriksonである。ただそこでは自己と自我との分化はみられない。本研究では，自我心理学で解明されてきた各種の自律的な自我機能を基盤としながら，それらの諸機能の総和では説明し尽されない適応的統合機能，現象的な自己と言う内的な枠組の助けを得ることによってこそその全貌が理解されやすくなるであろう統合機能を，問題にして来たわけであるから，これを一応定義すれば次のようになると考えられる。すなわち，ここでの統合とは，「外界との対象関係，及び精神内界における統制的な疎通とができるだけ円滑に調和して進行するような諸種の自律的自我機能の健全性を基盤にしながら，生物，心理学的な個性を，主観的ならびに客観的に社会から是認される形で，持続的に発現せしめていく機能」である。このように見ると先に挙げた諸統合理論の中で，Werner自身のものはごく一般的かつ基本的な考え方として別にここでの概念と矛盾するものではなく，またLewinの考え方はかなり構造面におけるものではあるがWernerと同系統のものとして受けとれる。そしてJungやKlopferの考え方は，主として自我における上記の内的な疎通機能に関連づけられるし，Rogersの説もその有機体の概念がいくらか不明瞭であり特異でもあるが，やはり自我の内的疎通機能に関連づけられる面が大きいようである。Nunbergの場合は自我の高等機能を要約したようなものであったが，総合的機能により結果的に精神エネルギーの節約が生じると言う観点は，ここでの統合が実現されつつある状

態，すなわちその際にはエネルギーの無駄な消費に生産的使用がとってかわられるであろうことと関連づけることができる。Hartmann の説はすでにみたように本研究と同じ方向を志向するものであるから矛盾はなく，諸説をこのように何らかの形でここで定義した統合概念と関連づけることは可能であろう。

　自己と自我との関係からよりよく理解される統合機能を上のように定義した時，この統合を実現するために必要な条件を自己及び自我について考えると次のようになる。

　ⅰ）自我の自律的諸機能がそれぞれ全般的に健全であること。

　ⅱ）現象的自己の中に含まれている客体化された自我機能の鏡映像が正確であること。すなわち客観的に観察されとらえられる自我機能の水準や特徴と，それについての主観的評価との一致度が高いこと。

　ⅲ）内在化された社会的な価値基準による是認に基づいた自己受容や，肯定的価値づけが，現象的自己（自己評価）にみられること。

　上記のⅰ）はすでに述べたように当然であるが，ⅱ）は個人についての現象的自己と自我とを合わせて知ることにより確認されるものであるが，自己と自我とのできるだけ一致した（congruent）関係が必要であることを示している。また，これは，自我が自己を直接的に生成する時点における観察者的機能の適切さを反映するものであり，別の言い方をすれば，自らを正確に客体化しうるだけの機能を持った自我でなければ，それに望ましい統合機能を期待することは無理としなければならないことを意味するものでもある。ⅲ）は現象的自己が健全な自己愛によって特徴づけられており，しかもそれが社会的な適応感に支えられたものであることを示す。これら3つの条件は一応最低限度のものであるが，結局自己よりも自我側の条件の方がより基本的な重要さを有する印象になるであろう。確かに自我は自己の背後にある主体的な機能過程であり，自己を生成する側に立つところからもこうした自我機能の重要性は当然である。しかし，それならば，自己が統合機能に関与する仕方は，明らかな影響力を有する変数としてではなく，全く括孤内に括ってしまわれても良いような，したがって統合性は，自我の諸自律機能の

健全度とのみ正比例関係を有すると考えて良いような，その程度にまで，自己は基本的に意味のうすいものであろうか。この点については，すでに，自己が一旦形成された後はそれが独立的な要因として影響力を持つことを述べた。そして確かにその通りであることは実証的研究 (Saito, 1968) の示すところでもある。すなわち，自我よりも現象的自己のあり方が明らかに適応的統合性を阻害しており，個々のすぐれた自我機能を現実に発揮させないでいる場合はあるわけである。自己は適応的な統合機能にとって重要な変数である。自我はそうした現象的自己との緊密な関係において，その諸機能を実現させていく方向を見出し，そして自律性をさらに積極的に発展させていく。自己は自我にとって必要な枠組であり，このような両者の関係によってもたらされる統合は，内省的自覚作用などによって自我が自己生成にあずかる時点で，すでに志向されていたと考えることもできる。こうした適応的統合機能が両者の関係において正常に営まれている状態は Erikson の述べる同一性が保たれている状態に匹敵するものでもある。

5. 結　語

　最初，概念をそれぞれ明確化することから出発し，自我心理学と自己心理学に基づいてその内容を別個に整理して来た自我と自己とは，結局，発達的形成，構造，機能の面で表裏一体的に密接な関係を有することが考察された。概念上，これら二つはあくまでも混同されるべきではないが，別々のものとしてそれぞれの枠組内に限定した用い方をするよりも，両者の緊密な関係に着目して，二つの枠組を総合する方向へ進むべきことは，両理論の動向がその必然性を示唆していたと同時に，具体的な個人を客観的及び共感的に理解していく上からも要求されるところであった。受身的な表現をすれば，個人は，意識を超えた諸々の機制や機能過程によってその行動を決定されると同時に，意識的自己像からも自由であることができない。そして，前者の自我機能と後者の現象的自己とは，機能的に最も緊密な関係を有しながら統合作用を生み出すことによって，個人の心理，生物，社会的適応を規定している。

個人はこの統合作用を通して自分自身を存続させていくとともに，より高次の統合水準へと発展しつづけ，それによって自分自身の潜在的な可能性実現の過程をたどっていくと言える。しかしこのように正常な発展的統合作用と同時に，さまざまな水準及び質の，障害された統合作用をも認めないわけにはいかない。

　こうした統合機能のあり方をどのようにして測定し，とらえることができるかについては，研究方法の上でもいろいろと工夫が必要である。しかしそれぞれを研究する二種類の方法を選択しそれらの総合的な用い方を試みることによって，自己と自我との関係におけるこの統合作用の観点を，個人の適応理解の上に有効に生かしていくことは可能であり，この観点によって現実の適応度をより敏感にとらえうることを実証する資料もある（Saito, 1968）。ただし，ここでは以上の理論的考察のみにとどめ各実証的結果の提示はすべて割愛した。

参考文献

Allport, G.W. (1937)：Personality: a Psychological Interpretation. Holt, Rinehart and Winston, New York.

Allport, G.W. (1943)：The ego in contemporary psycllology. Psychol. Rev, 50, 451-478.

Allport, G.W. (1955)：Becoming: Basic Considerations for a Psychology of Personality. Yale Univ. Press, New York.

Bertocci, P.A. (1945)：Thle psychological self, the ego and personality. Psychol. Rev., 52, 91-99.

Calkins, M.W.：The self in scientific psycllology. Am. J. Psychol. 26, 495-524.

Cllem, I. (1944)：The awareness of self and the structure of the ego. Psychol. Rev., 51, 304-314.

Combs, A.W. & Snygg, D. (1959)：Individual Behavior. Rev. ed. Harper, New York.

Erikson, E.H. (1950)：Childhood and Society. Norton, New York.

Erikson, E.H. (Ed.) (1959)：Identity and the life cycle. Psycol. Issues, 1, No.1.

Intern. Univ. Press, New York.
Federn, P. : The Ego as Subject and Object in Narcissism.
Federn, P.（1952）: Ego Psychology and Psychoses. Basic Books,New York.
Fenichel, O.（1941）: The Ego and affects. Psychoanal. Rev., 28, 47–60.
Freud, A.（1946）: The Ego and the Mechanismus of Defense. Intern. Univ. Press, New York.
Fromm, E.（1959）: Psychoanalysis and Zen Buddhism. Psychologia, 2, 79–99.
Gendlin, E.T.（1962）: Experiencing and the Creation of Meaning. Free Press, New York.
Hall, C.S. & Lindzey, G.（1957）: Theories of Personality. Wiley, New York.
Hartmann, H.（1964）: Essays on Ego Psychology. Selected problems in Psychoanalytic theory. Intern. Unv. Press, New York.
Hilgard, E.R.（1949）: Human motives and the concept of the self. Amer. Psychologist, 4, 374–382.
James, W.（1890）: The Principles of Psychology. Holt, 2 vols, New York.
Jersild, A.T.（1952）: In Search of self: An Exploration of the Role of the School in Promoting Self-Understanding. Bureau of Publications, New York.
Jung, C.G.（1939）: The Integration of Personality. New York.
Klopfer, B.（1954, 1956）: Developments in the Rorschach Technique. Vol. I. I. World Book.
Koffka, K.（1935）: Principles of Gestalt Psychology. Harcourt, New York.
Kris, E.（1952）: Psychoanalytic Explorations in Art. Intern. Univ. Press, New York.
Lecky, P.（1945）: Self-Consistency: A Theory of Personality. Island Press, New York.
Lewin, K.（1935）: A Dynamic Theory of Personality. McGraw-Hill, New York.
Lipps, T.（1909）: Leitfaden der Psychologic. Wilhelm Engelmann, Leipzig.
Mead, G.H.（1934）: Mind, Self and Society. Univ. of Chicago Press, Chicago.
Nunberg, H.（1955）: Principles of Psychoanalysis: Their Application to the Neuroses. Intern. Univ. Press, New York.
Rapaport, D.（Ed.）（1951）: Organization and Pathology of Thought. Columbia Univ. Press, New York.
Rogers, C.R.（1951）: Client-centered Therapy: its current practice and theory.

Houghton, Boston.
Saito, K. (1968): Relationship between the ego functioning and the phenomenal self—a study on psychological integration for adjustment. Psychologia, 11, 59-66.
Sato, K. et al. (1961): What is the true self—Discussion. Psychologia, 4, 126-131.
Stephenson, W. (1953): The Study of Behavior. Univ. of Chicago Press, Chicago.
Sullivan, H.S. (1938): Psychiatry: introduction to the study of interpersonal relations, I. Psychiatry, 1, 121-134.
Symonds, P.M. (1951): The Ego and the Self. Appleton-Century Crofts, New York.
Werner, H. (1926): Einführung in die Entwicklungspsychologie, Book I.
Werner, H. (1948): Comparative Psychology of Mental Development, Rev. Ed. Follett, Chicago.
Wylie, R.C. (1961): The Self Concept—a critical survey of pertinent research literature. Univ. of Nebraska Press, Lincoln.
矢田部達郎編 (1946):ウエルナーによる精神の発達. 培風館.

第 2 章
人格の統合動機について
―「自我動機」の観点からみた「自己」―
（1981）

本章の紹介

　第 1 章と同様，「自我」と「自己」の関係についての論考であるが，本論文では他者との関係という視点が加えられており，精神分析の自我心理学および対象関係論における「自己」，すなわち内在化された自己表象が取り上げられている。自己の表象は，自我の機能を土台として，発達最早期からの対象経験により形成されるが，形成された自己表象は逆に自我の発達に影響を与えていくという相互関連的発達過程と，そこにみられる統合動機とその病態について述べられている。他者との関係を通して，自己が形成されていくという考えは，現在では二者心理学や関係論の展開にともない共有された認識となっているが，齋藤はいち早くこうした視点を取り込み，あるいは独自に発展させており驚かされる。また，内発的動機づけという臨床心理学以外の理論にまで触れながら論が展開されるなど，広い視野から人の心を捉えようとする齋藤のあり方が示されており，そうした意味でも学ぶべきことの多い論文である。

主観的な経験の世界は，その歪みの客観的指摘如何にかかわらず，当人にとってはまさに重い内的現実であることから，人格理解のための不可避な通路とならざるを得ない。意識経験の中にとり込まれていくのは外界に関する情報だけではなく，外界と相互関係を展開しつつある自分，「自己」存在そのものが同時に含まれる。これは Merleau-Ponty, M.（1945）も述べる通り，より高次の意識的内省作用を想定させるものであって，即自的存在から対自的存在に向けての発達的移行，あるいは即自性と対自性との間のより自在な往復運動に向かう精神の進化過程に沿ったものとみられる。そして次第に「自己」は，自己感情，自己イメージ，自己概念といったあり方をとりながら，また身体，所有物，対人（対社会）関係，精神作用の諸側面にわたる内容を含みつつ，意識的現象野の中で中心に位置するようになることが，いわゆる自己心理学によって説明される。そこではあらゆる認知や行動の準拠枠としての「自己」の重要性が強調され，「自己」を人格機能全体を反映しまた左右する要めとしてとらえようとすることから，人格の適応水準や適応変動の理解は，すべて自己意識研究の範囲内に求められようとする。

このことの問題点についてはすでに筆者（1969）[編注]も検討したが，要するに，人格の主体機構を意識の範囲に限定して考えようとすると，理論や方法論の上でいつの間にか無理や不自然さがしのび込むこと，そして意識の範囲をとりあげているはずが，未分化に，無意識的動機や防衛操作の考えをどこか含み込む結果となることなどである。そして，これらのことは，「自己」経験を現出させているもう一つ背後の主体の働き，つまりより力動的な機能過程としての自我心理学的「自我」の考え方を逆に誘い出さずにはおかない。今日ではわが国を含めて，「自己」と「自我」の問題はさまざまに論じられ，それらは最近梶田（1980）によって客我と主我の問題として詳しく展望，検討されているところでもある。そこでの指摘にもあるように，両者があまりにも混然と融合した扱いになることに同意できないのは筆者も同じであるし，また他方，二つが平列的な扱いに終るのも生産的でないと思われる。したが

編注：本書第1章参照。

って，互いに不可分な関係にあることが予想されるこの両者について，現象学および認知説の背景と精神力動論的な背景とのそれぞれをここでは踏まえながら，そうした別個の流れを前提にした両者についての相互関係性を改めて問うことにしたいと思う。構成概念としての「自我」とは違って，意識的な現実として心の中にそれなりの生きた宿り方をしている「自己」であるが，その重要性と本来の意味は，「自我」との関係を含めた全体的な枠の中での位置づけを通してこそ，より明らかになるはずである。また，心理療法の経験などを通して人格の主体機能の病理や発達障害についての臨床的事実が集積されて来ている今日，いずれにしても人格の中枢機構についての理解を一層奥行きをもたせて充実させていく課題をわれわれは負っている。後に述べる通り，「自己」は，力動的な自我心理学スキームの中でみると，他者表象とともに，重要な心的表象として意味づけられるが，臨床例ではこの自己表象にさまざまな病態が見られる。たとえば非現実化した自己肥大や逆の卑小感，自己感覚の稀薄化や拡散感，受身的に植えつけられてしまった「偽性の自己」(false self)，あるいは作為体験にみられるように他律化して"人手に渡った"自己やいくつかの面に分裂した（split）自己といった具合にそれらは多様であり，健常な自己表象はむしろこれらを通して逆照射される。ここで重要なのは，こうした自己表象の病態が自我を中心とする精神システム全体の病理と絡んでいることであり，一般に内省報告などを通してアプローチされた自己像データも，こうした全体的なスキームにはめられることによって，より意味深く解読されることになると思われる。

　この全体的なスキームの検討はそのまま本題につながるものであり，そうした全体枠の中での「自我」と「自己」との相互関係およびその意味を以下に考えていきたい。

1. 精神力動論における「自己」の基本的考え方

　すでに触れた通り，自己心理学の立場では，あくまで「自己」のみに照準が合わされているため，自我と自己の関係までを考えるだけの分化した視野

をそこに求めることはできず，したがって，どうしても本稿のテーマからは，精神力動論を足場にすることとなる。とは言っても精神力動論の直接の関心事は無意識領域を大きく含み込んだ中での防衛‐適応的な精神メカニズムそのものにあるため，自己意識のように対自化された次元で仕上がった世界にアプローチするよりも，むしろ即自的な次元の中で知らず知らずに表出されてしまっているもの，またその表出のプロセスそのものがいろいろな形で研究の対象となる。そのため，「自己」を殊更正面切って考察するよりは，いつのまにか「自我」の機能に未分化に附随させる程度の，全体として不鮮明な扱いになりがちで，Erikson, E.H. (1956) がEgo-identity と Self-identityの両語を任意に交代させて用いているところにもその一端はのぞいているといえる。

　しかし，正統派の精神力動論の中心が自我論に移行して，自我重視の度合が強まるに従い，自我機能が詳細に分化してとらえられるようになって，たとえば，自我の要素的な機能の中の現実検討機能（特に内面に向けての），自己観察機能，自己存在についての現実感，さらには自己尊重（self-esteem）といった形で，自己感情や自己意識の方向へも自然と関心は拡がって来ている。これは Guntrip, H. (1973) によると，いわゆる"システム・自我"論の立場の中での一つの動向であり，彼の述べるもう一方の対象関係論的な"パーソン・自我"論の中では，人間関係が内在化されながら刻み込まれていくいろいろな内容の自己・他者心像の重みが，後述のように強調されることになる。システム自我派の Hartmann, H. (1964)，Rapaport, D. (1961)，Erikson (1959)，Spitz, R. (1965) など一連の研究者に加わる Schafer, R. (1968) は，精神分析的自我心理学にとって重要な内在化（internalization）の問題への強い関心から，"取り入れ"や"同一化"過程を通して生成する自我理想，親役割機構（parental agency），永続的に保存される他者表象（immortal object representatives），内省的自己表象（reflective self representation）などに言及し，主観的な意識の中で心的現実（psychic reality）を構成することになるもの，その中で重要な意味を持つものをとりあげようとしている。そして Schafer は自我システムの葛

藤解決的（防衛‐適応的）機能面に加えて，もっと力動的動機性（dynamic motivational aspect）を重視しようとする観点から，この内在化された心的表象の意味を検討している。まだその見解は今後さらに煮詰められる性質のもののようだが，要するに，よく統合された同一化の達成によって生じる超自我（Superego）が，現実に内的な規制機能を，特に彼の述べる"良心"（conscience）の位相で発揮するときには，必然的に心的表象（自己表象を中心に）をそこに帯びた形で機能することに注目する。そして主観的な自己表象の体系は，超自我と連携して機能する自我の有目的性，あるいは先述の動機性にとって，実質的な枠，"道しるべ"（guide posts）の役割を担うとしている。彼が，システム自我を全体的にとらえる立場の中で，自己の，"対象"（object），"機関"（agency），"場"（place）といった側面にわたる複合的な性質に関心を寄せているところも，本稿の主題からは重要な点であるが，これについては後に触れることにする。

このような自己心理学にかなり近いとも言える Schafer の見解からすると，システム自我理論における「自己」の全般的な認識水準はまだそこにいたっていないといえようが，要点となっているのは結局以下のようなものである。

(1)「自己」（Self-as-object）は，自我（Ego-as-doer）の機能を介した所産である。つまり自己は，記憶を含む思考過程，現実吟味，現実感覚，防衛機制といった自我のいくつかの要素機能を通して，生活史を経ながら形成される。

(2) したがってその経過は自我発達過程に対応する。自我は，生得的な一次自律装置（知覚‐運動機能，知能・才能，など）の成熟を土台にしつつ，さまざまの葛藤体験を経て獲得した適応機制を，二次的自我自律機能として体系化しながら，二次装置を形成していく（図1参照）。これはとりもなおさず，自我が原始的衝動をより中庸化し，また社会化する方向に変容させ，衝動のエネルギー自体をより精錬された Ego-cathexis としてとり込んでいく過程である。そして衝動の原初的な目標をより迂回的な性質のものに変容させ，いくつもの派生動因（drive derivatives）に分化させつつ，それらを自我興味（Ego-interests），自我目標（Ego-aims），あるいは自我動機（Ego-

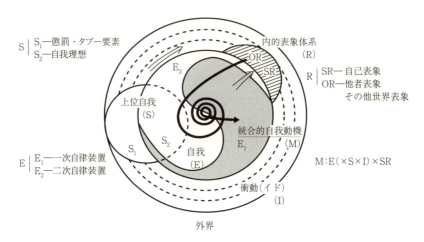

図1　全体的な精神スキーム*
（*二次元平面への上方からの投射図的モデル）

motives）と呼ばれるものに変化させていく。「自己」の内容は，動機の生成・変容過程のいわば全体的な収束点，現時点までの派生動機形成史の最終到達点にあたるものという風にみなされることになる。

　(3) 上のような「自己」の生成には，自我機能が最も密接に絡むために，自我機能そのものの全般的な健全性，発達とその障害が直接的な影響を与える。しかし，表に出る自我の背後にあっていつも葛藤状況にかかわり続けている超自我の条件，それに衝動の世界の状況もその形成にかかわりを持っている。これはさまざまな「自己」研究を通してうかがえるところの，「自己」が有する，現実的・理性的性質と，もう一方のパトス的性質につながっていくと思われる。

　(4) システム・自我理論では，自我自体が漸成的に層的な構造を形づくると考えられており，自我機能を支配する現実性・合理性の原則そのものにも，より厳しい状態からより弛んだ状態までの幅が見込まれることになる。したがってこのような異なった位相の機能を含む自我に沿って，「自己」も，鮮

明な意識の単相でとらえられるよりは,もう少し層的な拡がりをはらんだものとしてみられる。たとえばKohut, H.（1977）やKernberg, O.（1974）がナルシシズムの発達的変遷とつなげて問題にする「原始自己」(archaic self) あるいは,自他未分の万能的な「誇大自己」(grandiose self) のような,より原初的で無意識的な「自己」から,内省意識の次元で明確な主観内容となっている「自己」（それが防衛的歪みをどう孕んでいようと）までの層が含まれる。したがって,このように拡がりのある「自己」が,無意識-意識の垂直方向間の矛盾や水平方向での諸側面間の分裂（splitting）を含まないで,堅固なまとまりをみせ, Kohut（1971）が述べるように,凝集的自己（cohesive self）の状態を保ち得るとは限らない。

　これは,自己心理学で問題にされる,意識平面内での自己のunityの問題や一貫した持続性の問題と結果的には無関係でないものの,無意識過程への言及があいまいな認知説・現象論の範囲に限られた自己とは異なって,より立体的視野の中のものである。

2. 精神分析的自我理論における,対象関係論的立場の中の「自己」

　本来「自己」が,たとえば対人的な相互関係の中で他者経験を介することによってこそ形成されるとする考えは,すでにRogers, C. R.が,重要な他者の「無条件的な積極的関心」(unconditional positive regard) を自己形成の鍵とみなすところにもみられ,学派を超えた一般認識となっている。その中で精神分析的な対象関係論は,発達最早期からの対象経験の問題を,そこでの精神内過程を綿密に追う形でとりあげている。生物-心理-社会的な全体存在としての人間同志が,本来的な対象希求性（object-seeking tendency）のもとにどのような交互作用を展開し,その関係が心の中にどのように敷き移されていくか。また敷き移された対象関係の世界,各種の対象像が,内的現実としての強い力を帯びながら次第に体系化されて,精神の中心構造を作り上げていくか。これらの点が力動的立場で詳細に検討される。この理論の

全貌については，Klein, M.（1960），Fairbairn, W.R.D.（1954），Winnicott, D.W.（1965），Balint, M.（1965），先のGuntripらが明らかにしているところであり，筆者（1980）もその紹介はすでに試みているのでそちらに委ねたい。

ここでは，近年わが国でも重視されてきている対象関係論の中に，「自我」と「自己」の問題に関する考え方の一つの合流点が求められそうな点に注目したい。そして内在化された対象心像のあり方が自我機能をどのように規定し，またその発達を左右していくかについて，極く要点のみをあげておく。

自我は，最初自と他が混然一体となって癒合している世界からスタートする。そこでの子どもは，母性的介護に包まれていわば万能的に"純粋快（pure pleasure）"経験を貫こうとする満たされた有機体であるが，ここでの充足と安定が後の発達にとってまさに不可欠である。ここで十分暖まりやすらぐことにより，以後対人関係（対象関係）を展開していくための基本"電位"を十分得ることになる。つまり健康なナルシシズムを伴った，原初的な"誇大自己"の芽生えをみるわけである。これは自己尊重（self-esteem）の基盤でもあり，また自我の具体的な有能性の発達母体でもある。対象イメージについても，それは自己と融即状態にあるため，満たされた快的な状況そのもの，そして大きく理想化されたものとして，いわゆる「"good"対象即"good"自己」の不可分な一対イメージが根づいていく。この快的な良きイメージを土台にして，どうしてもすき間に割り込んでくる不快な状況が経験の中で対置されることになり，満足をもたらさない"bad"対象像とそれと一対的に"bad"な自己像が生じていくとされる。いずれにしてもFairbairn（1954）も述べる通り，幼児には対象選択の余地などなく唯一の対象でありかつ環境でもある母親にしぼられてしまい，子どもは本質的にこの唯一の対象との絶対的な同一化関係に入らざるを得ない。そして，快状況と不快状況との間の振れ，つまり対象の受容か拒絶かの振れの中で，強い情動を帯びた，自・他原イメージが作られる。この場合"良い"イメージの方を基調にしながら"悪しき"イメージを実際にどのように統合して，ありのままの全体イメージを，自・他にわたって築き上げていくかは人格発達

にとって極めて重要な問題である。Klein（1960）が述べる，「妄想‐分裂態勢」や「抑うつ態勢」さらに"悪しき"自・他像が投射されて現われる「迫害者イメージ」の問題など，一般的な発達過程の中でも，この自・他イメージの恒常化や全体化をめぐっては，かなり険しい様相が含まれている。後にも述べるように自・他心像形成の病理はさまざまであり，それらが自我の全般的なコントロール機能や，現実検討，判断，感情の分化と統合，現実の対人関係能力といった諸機能の面の具体的な障害につながっていく。つまり Kernberg（1975）らも述べる通り，"良い快的"自‐他融合イメージは本来自我核（ego-nuclei）でもあり，また自我の最初期の防衛機制も，"良い"表象を温存して，"悪い"表象を外界に追放する形（splitting）ではたらき始めるといった具合に，対人世界の心的表象と密接に絡まっている。そして全体として肯定的な（positive）な感情を帯びた内的自・他像のまわりに自我はその組織を固めていき，かたまったものを足場に，やがて否定的な自・他像をとり入れながら，両方の性質を合わせもったひとまとまりの自己像と，それとは分離した（自他未分の状態を解いて）ひとまとまりの他者像を構成していくとされる。これは同時に自我が初歩的な splitting の防衛機制から離れてより高次の防衛機制が使える段階へと構造化が進む経過でもある。この過程では，「自己」の生成やその構造化に力を貸すナルシシズムそのものの変遷が起っていく。つまり，母子融合の中での万能的な原初的自己（archaic primary self）と，それに呼応する他者の過大理想像（over-idealized object）といった非現実的に肥大した表象が，その幻想性を次第に解いてより現実化する方向に向かいながら，対象愛へと変換されていく。この正常な変遷が可能になっていくためには，逆説的に，母‐子間の相互に適合しあう根源的なリビドー交流関係，"良い"存在感覚を繰り返し照らし与えてくれる「mirroring mother」（Kohut, 1971）との最適関係が前提になっている。このようにして対象と自己の未分状態が解かれていき，これが，先述した"良い"イメージと"悪い"イメージが断片化して切り離されるあり方から，一つに融合してまとまった全体的な人間像に変化して行く軸と合わさることになる。その結果，Kernberg が述べる，自己，他者（重要な対象），理想

自己，理想対象といった主に4つのものに代表されるような，心的表象単位が結実し，構造化される。さらに理想自己と理想対象との融合（Jacabson, E., 1964）もしくは，対象像の理想部分と"良い自己"の部分との合体によって自我理想（Ego ideal）が築かれていくと説明される。「自我」はこのように対象関係を精神装置の中にとり入れながら自我組織を充実発達させていくことによって，初期に対象像の分裂や自己表象が一つにまとまって確立されないことと対応して分裂が起ってしまっている自我（Ego-splitting）の状態が存在したとしても，そこから解放される方向に発達を進める。上のように一つながり固められ体系化していく自我みずからの機構を得ることによって，今度は，否定的な"悪しき"introjectsによって分断されてしまうのではなく，むしろ自力でそれを処理する形で，抑圧系を中心とする防衛操作に向かうことになる。また自我理想との関連で超自我（superego）に少し言及すると，自我心理学の中では，「自我」の構造や機能を1. にも見た通りかなり大規模に考えており，精神力動をほとんど「自我」中心に読みとって行こうとするところがあるためか，図1のように，超自我やエスは，自我の中にすでに組み込まれたかのような前提で論が進められがちである。したがってそれらが自我と調和的な相乗作用を発揮している時はいわば視野外に置かれているといった傾向がみられる。このような超自我ではあるが，本当は検討点が多く，また昨今の自我発達論は，ErиksonやLoevinger, J. （1976）にしても，必ずしも表向き明確化はされていないながら，超自我と自我との合力のようなものを軸にして展開されており，超自我の意味は軽視できないと思われるので，この点については別稿で十分再考したい。

　さて，ここでは超自我と内在化された人物表象との関係が最も問題になるが，自我心理学では，超自我の中にもともと自我理想を1つの側面として含めてしまうHartmannやJacobson, Loewenstein, R. （1966）らの立場と，逆に両者を分けるSandler, J. （1963）らの立場とがある。いずれにしてもFreud, S.の古典的な超自我の概念系譜の中には，すでに述べた自我理想のような性質のもの，つまり，自己愛的でリビドー的な"望ましい"自・他表象を組み込んだもの，元来，欲求‐充足的で自我親和的な（ego-syntonic）

性質のものと，もう一つこれはむしろ古典的な，禁止や制限を課してくる対象（両親）像に基づくものとがある。後者は，より後期のエディプス葛藤を通して，制裁者（攻撃者）との同一化を介しながら内在化されていく自己処罰機構的なものであり，そこにたたえられている感情質（affective coloring）も，罪悪感や恥といった，自我理想における基本的に解放的で陽性の感情とは異なった性質のものである。この場合，対象表象の懲罰的なあり方によって「被虐的良心」と呼ばれるような超自我作用が生れたりする。結局超自我的機構の中にはこれら2つの性質のものがいろいろな形で合わさって含まれると考えられている。

以上のように発達最早期からの人間関係が精神内界をかいくぐって行きながら，対象と自己に関するいろいろな表象を内側に沈殿させていく。そして表象をいろどる快 - 不快両極的な強い感情質の存在故に，トータルな人物表象がまとまって出来上っていくのは必ずしも容易な過程ではなく，また，自と他の分化にも相当な時間がかかる。しかし乳幼児期全体を費やしながら，自我は，自己表象や他者表象の分化 - 統合と相携える形で次第に構造化されていき，超自我機構も加わりながら，精神システム全体が次第に築かれていく。したがって自己表象を中心とする人物表象の発達的変遷とその障害は，そのまま自我の構造的発達やその障害・病理につながることになる。このように重要な位置を占める自己表象はさらに，さまざまな同一化経験の中で各個人なりに織り合わされ，身体的な自己の側面を基盤にその他さまざまな側面の内容が盛り込まれる。このようにしてその人らしさが充実し凝集しながら，Eriksonの述べるようなアイデンティティ確立の方向に向かっていくが，この経過をそのまま，自我の構造と機能の充実・強化の過程としてとらえていくのが，対象関係論的考え方である。

3.「自己」-「自我」の関係と動機的視点

以上，1.と2.においては精神分析における力動的自我論の側から，「自己」のとらえ方や精神システムの中でのその意味づけについて検討した。それを

通して,「自我」と「自己」との発達的に緊密な関係がうかがえたわけであるが,もう少し大きく,精神機構の全体的なスキームの中で両者の関係が本質的にどのような意味を持っているかを考えてみたい。

Meissner, W.W. (1981) は,"システム・自我"論的立場にありながらも,Schafer や Jacabson らのように対象経験の内在化の問題に関心を示す点で対象関係論に近く,やはり現実世界での人間関係が内在化されながら,"内界"(inner world) や "精神構造"(psychic structure) を構成していくことに注目している。そして内的な表象界の中でも自己表象を重視し,自己表象が分化して確立していくこと,またそれが変容していくことが,自我機能の成熟と変容に密接に絡んでいることを強調する。彼は結局「自己」を,旧来の力動的な精神システムからみると,いくらか異なった抽象レベルの経験枠,精神の下部システムを組み込んだ人格全体を包むような準拠枠(frame of reference)であること,その大枠の中で自我,エス,超自我といった下部システムの力動的相互関係が展開されることを指摘している (p.67)。

本稿の 1. で触れたように,筆者 (1969) は,もともとは自我の自律機能の介在によって具体的に表象され,さまざまな象徴レベルに置きかえられながらやがて概念化され仕上がっていく「自己」が,ひとたび形をなして主観体系を構成すると,今度はそれが自律化して「自我」に逆作用を及ぼすこと,その逆作用の中に人格全体をまとめ方向づける高次の動因の存在が想定されることを述べた。筆者の場合は「自己」の問題はほぼ自己心理学の領域内でとらえ,その上でそれとは別個の精神分析論的「自我」との関係を考察したわけである。したがって「自己」についての知見は,今日のように対象関係の視点から内在化された自己表象が形成されていく経過に踏み込んだものではないが,結果的に,「自己」と「自我」の関係についての大筋のとらえ方は Meissner と類似している。対象関係的な考え方の中では,人間関係が内在化されるという時に,それは,内界にとり入れられたいろいろな表象がただ浮遊しているような姿で心像界が構成されるという意味ではなく,内在化は Meissner も述べるように構造化の要素を持った概念としてすでに用いられる点が重要である。そしてその分だけ,内界に刻ち込まれた人物表象の意

味は重くならざるを得ず,精神力動論の立場の中での一種の「自己表象」重視が生れてくるゆえんとなる。

さて一方,自己心理学的「自己」の方をここでもう一度みると,代表的なRogersの理論の中に,すでに無意識過程についての考え方が未分化に混在していることに触れたが,その他にも,「自己」に人格の主体機構のさまざまな側面を網羅的に含み込ませることによって,「自己」概念枠をいつのまにか拡げたり,また多元化させたりしているものは少くないようである。その中でSymonds, P.(1951)のように,自我と自己とをいわゆる主我側と客我側にはっきり振りわけながら,精神分析学と現象学の視点を中庸に用いた説明をそれぞれについて適切に行い,両者を混こうさせないでいるものはむしろ稀である。最近Epstein, S.(1980)は「自己」理論を展望しながら,結局今後の方向として,自己理論は,個人がそれぞれに所有している統一的な概念システムとしての"現実理論"(theory of reality)を問題にする形で進むべきだとし,その"現実理論"の機能内容を①経験情報の同化,②好ましい快／苦バランスの維持,③自己尊重(self-esteem)の最適化として説明する。これは従来の自己理論において,自己の維持および高揚という単一的で,非葛藤的な自己欲求を想定していたのと異なる,むしろ自分自身への耐性のようなものだと説明されるが,上の3つも,力動論的な自我機能の重要な側面にかかわる内容を感じさせるものである。またHilgard, E.R.(1949)は現象学的な自己理論とは違って,「推測された自己」(inferred self)をとりあげ,これは連続性の感覚や自己評価的感情のレベルでは内省的に自己観察してとらえられても,その全貌は決して内省的に把握され得ない性質のものだとしている。そして,この自己に備わっている基本的な特質を,①動機パターンの維持,②さまざまな行動の本もとにあってそれを生み出している動機体系(the genotypical patterning of motives),③人間関係的起源を持ち,また人間関係の中で表現されていく動機を最も重要な動機として備えていること,とする。そして健康な「自己」はintegratedではなくintegrativeであるとして,前向きの動機的性質を強調するが,これは,主観的な自己表象そのものの基本的な属性であるというよりも,まさに,ここで「自我」との

関係の中に求めようとしているものにつながっている。

　このように動機的視点は,「自己」についての考え方の中にも,また,すでに1.でみたように,力動的な「自我」の発達についての考え方の中にもそれぞれなりに含まれようとする。人格全体を大きく動機体系としてみる観点は,各人格理論の中にいろんな次元で,また顕在的,潜在的にひそんでいるとも言えそうである。昨今は,動機づけ心理学の分野でも,ヒューマン・モティベーションに関心が移行して来ており,動物と共通の生物学的機械論的な動因の考え方ではなく,したがってただ単に受身的な緊張解消系の中での動機とは違った,自己選択的な能動性を特徴とする有機体的動機づけとしての内発的動機づけ (intrinsic motivation) が重視されて来ている。Deci, E.L. (1975) は,一般的にとりあげられている「有能性」や「自己決定性」への内発的動機づけの問題は,人間の行動に関する包括的な理論を展開するための基礎を提供するものであるとするが,「自我」と「自己」の関係にも,大きくは,この内発的動機を思わせるものが含まれていると考えられる。

　つまり派生動機が次々漸成される形で構造化されていく基本的な自我システムのあり方からすると,自我はまさに階層的動機体系そのものであり,その動機のヒエラルキーは Maslow, A. (1962) の有名なヒエラルキーに大よそ沿っているとともに,また Murray, H.A. が挙げた平列的な要求リストの内容が,各個人なりの布置をなしてそこに含まれているともいえるであろう。対象関係的な自我論においては,すでに見た通り,こうした形の動機体系が直接問題にされるのではないが,人物表象が,それぞれ感情価を帯びながら動機的性質を内包させている。これは Deci (1975) が,動機と密接不離な人間の情動の活動とその充足を重視していることとも,当然ながら呼応している。理想自己,自我理想は,その内容の中に人物表象の感情質を原動力とした動機的性質を何よりも含み持っており,その他の陽性,陰性の感情質の人物表象の組み込まれ方に即して構造化された各下部精神システムは,それぞれ動機性を担っていることになるであろう。

　このようにみると,かなり汎動機論的な見方が成り立ってしまうかのようであるが,筆者が殊にここでとりあげたいのは次のような動機である。

それは，「自己」と「自我」それぞれがそれなりに動機体系的にとらえられるとしても，両者の関係そのものの中に込められている，もう少し高次の，あるいは異次元的であるかも知れない人格の中心動機，統合動機であって，いわば内発的動機の最たるものにあたりそうである。またそれは，「自我」が「自己」を大きな準拠枠とすることによって，いわばみずからの self-monitoring を成り立たせながら，また「自己」の潜在内容を解放させる方向に諸々の要素的な自律機能を動員し，収束させていくといった内容のものである。そして，「自己」が生成する。すでにその時に，こうした「自我」との連携関係は予定されているかのようなところが重要だと思われる。このことは，両者の連携関係のあり方，つまり統合動機のあり方が，精神スキーム全体の健常性とまた他方病理をも最も敏感に反映することを意味するものである。
　上のような見方から，図1に示したような全体的な精神スキームを眺めると以下のようになる。

4. 全体的な精神スキームにおける「自我」と「自己」間の動機生成的関係とその病態

　図1は便宜的に二次平面への投射図的モデルを描いたものであるが，中央の大きい円を現在までに構築されて来た全体的な自我装置とすると，その装置は E_1 と E_2 との合成体である。この自我の周辺（殊にこの投射図から立体モデルを復元した場合下層部に向かうほど拡がった形で）には衝動領域がとりまいている。問題はRの部分であるが，現実の人間関係を内在化しながら自我が構造化されていくとする対象関係論の見解によると，内在化された心的表象はEやSの中に何らかの形で組み込まれていることになるが，組み込まれたものの心的現実性はRにおいてあらわれるとすると，一応Rは内的表象体系の活動機構あるいは活動の場にあたるものである。したがってRは比喩的にみると，自我本体の活動をモニターするテレビ装置にたとえられるような機構であり，本体の活動を受像しながら記録していくものにあたる。こ

の映像装置は本体とつながっているため，その性能は本体に負うており，受像・記録状況は本体の機構・機能の状況を反映することにもなる。仮りにこのように考えると，自我の現実経験，対人関係経験が内在化されて生成した心的表象がいろいろな感情を帯びながら心像活動する様は，丁度Rの映像においてみられる。その色彩や色調は表象が担う感情にあたり，生き生きと輝く自然色や"バラ色"("良い"快的な感情質)また逆の暗灰色，あるいは離人症の場合に考えられる色の稀薄さや人工的な無機質的色，その他精神病に予想される，色のちぐはぐな部分的誇張や色の欠如といったものがありうる。また色でなく映像のゲシュタルトについて，発達初期にみられる部分拡大的，あるいは断片化した像，ピントのあいまいさあるいはカメラアングルの偏よりといったものも考えられる。退行した精神病態では再びこの方向に移行するであろうが，より健常で発達度が高い場合ほど，これとは逆に多面的で全体的かつ鮮明な像を結ぶものと思われる。またこの映像装置は自動録画装置つきと考えた方がよいであろう。この記録のストックのされ方，貯わえられているものの量や質，また再生対象としてそこから選択されやすいもの，その範囲や再生の自在性についてもさまざまなことが考えられる。たとえば境界例の患者では，"良い"表象と"悪い表象"との間の分裂のあらわれとして，両極化した映像が脈絡なくバラバラに現われたり，時間的に連続性のない唐突なあらわれ方をするといった形，また抑圧機制が強化されている神経症例では，映像のある部分がかすんだり，選択的に写らなかったり，自動録画されたものが，こんがらがって貯蔵され，再生が利かなかったりといった具合になりそうである。

　こうした映像つまり表象の種類は，図のように自己表象，他者表象，それから世界表象に一応区分されるが，そうした区分が可能になるのはすでに見たように発達的にある時期にいたってからであり，当初は，映像装置が，ただ暖まり電圧を得て光り始めるといった状態でスタートすることになる。そしてまた発達後も精神分裂病におけるような自我の退行・解体が起ると，自己表象と他者表象とが混然となって区別がつかなくなったり，やがては人物表象の在否がわからなくなって，荒涼と崩壊していく世界表象だけが拡散し

ぼやけて映像化されるといった変貌が考えられる。

　こうした映像器内の世界は，自我みずからの種々の要素機能によってつくり出されており，そこには知覚，記憶，判断，現実感覚といったものが加わっているとともに超自我の機能とも結びついた全体的な内省や自己観察機能が総合的にかかわっている。したがって映像はそうした全体の自我状態を自然と映し出してしまっている面もあるが，単なるコピーではなく，こうした映像器内の世界こそが精神システムの中での不可避な現実であるため，自我本体に対して強いインパクトを伴った逆作用を及ぼすことになる。自我は結局，この映像部分を頼りなから，本体機能を全体的にモニターし，フィードバックしながらまとめ直しているとともに，この映像界の主人公である自己表象に焦点を合わせながら，人格全体を運営・演出（promoting）していると考えられる。映像部とのこのようなかかわり方は，図1の中で，RからEの中心部に向けて走りながら，さらに先に向かおうとする螺旋によって示したが，この螺旋は，本質的に「自我」と「自己」との関係の中に予じめ潜在し，そしてその関係の中で実現されていく，人格統合の動機をあらわそうとしたものである。この統合の基本的な意味については筆者（1969）が別に検討しているのでここでは省くが，この動機は元来，多くの精神エネルギー（hypercathexis）を前提にしているものであり，健常状態においては，未来指向的な"progressive"な力を発揮するものであるが，それだけにまた統合動機の病態も種々みられる。

　臨床心理学では，理論と実践両面でのパーソナリティ理解の課題の中で，全体的な理解枠の必要性とともに，最終的にはパーソナリティの統合の問題に関心を向けている。

　このことから，冒頭に問題にしたように，人格理解の重要な通路となる自己意識についても，全体的な心的スキームの中で，殊に，本稿でとりあげたような意味での統合動機を担いうるような「自己」であるかどうか，その場合，「自我」と「自己」との間の関係はどのようにとらえられるかといったことに問題を向ける必要があると思われる。

　たとえばWinnicott（1965）が詳しい分析例を通して指摘し理論化した

「偽性の自己」の問題は，Mannoni, M.（1967）の「生きたあやつり人形」の児童事例分析や Khan, M.R.（1974）の「魔術的自我理想」の事例分析でも基本的に同じような形でとりあげられている。これらはいずれも，一方交通的な親（母親）- 子関係の中で，自分自身の自発的な動きを封じられてしまい，そのかわり，いわば与えられた人物イメージを自己イメージとして完璧に借り着することによって，もし，本当の自己をあらわにすると全くとりあげられなかったり拒絶されたりするであろう自己存在の危機に向け，粗大な防衛を固めてしまっている諸事例である。本当の自然な自己は，本来親が繰り返しそれに応答し，基本的にその自発性を尊重し祝福する受容性を示し続けることによって通常「生きた現実」になっていくとされるが，このような事例では，「自己」そのものは完璧であっても，むしろ完璧であればあるほど，本来の自己存在を解放し統合させていく過程からは解離してしまうこと，つまりそのみせかけとは裏腹に，それらは統合動機を全く担い得ない「自己」でしかなくなる。またこれとは姿が違い，境界事例におけるような，自己そのものが"all good"か"all bad"かという極端な属性の間を振れたり，いずれかに一面化する場合も，それは自我分裂を背後に含んでいて，とても統合動機を生み出しうるようなあり方ではない。このようなものにくらべると，筆者（1979）が別に論じたところであるが，たとえば見かけの上でいかにもつましい否定的な色あいを帯びた「自己」であっても，それがその時点での地道で慎重な統合動機の芽生えを背負ったものであることがある。このように「自己」の意識面での姿は，防衛をはじめとする種々の自我操作および自我自体の発達度や健全性を背景においていることからさまざまになるが，そこに統合動機的意味をさらにうかがおうとすると，もう一度全体スキームの中に移しかえた形で，自己意識サインを解読しなおすことが必要になる。

　「自己」の病理と「自我」の病理の互換性，あるいは相互関連性の問題，そしてそれを統合動機の病理の枠組に照らし直しながら問うていく観点を備えることの有用性を，今後さらに臨床実践をより多くくぐらせる形で具体的に検討して行きたいと思う。

　［記］本稿は，日本心理学会第 44 回大会（1980）での筆者の小講演内容

(「自我動機」としての「自己」)にいくらか加筆したものである。

文　献

Balint, M. (1965) : Primary Love and Psychoanalytic Technique. Liveright, New York.
Deci, E.L. (1975) : Intrinsic Motivation. Plenum Press, New York. (安藤延男・石田梅男訳：内発的動機づけ．誠信書房，1980.)
Erikson, E.H. (1956) : The Problem of Ego Identity. Amer. Psychyanal. Assoc. 4, 56-121.
Erikson, E.H. (1959) : Identity and the Life Cycle. Intern. Univ. Press. New York.
Epstein, S. (1980) : The Self Concept: A Review and the Proposal of an Integrated Theory of Personality. In E. Staub (Ed.) :Personality, Basic aspects and current research. Prentice Hall, 1980.
Fairbairn, R. (1954) : An Object Relations Theory of Personality. Basic Books.
Guntrip, H. (1973) : Psychoanalytic Theory Therapy and the Self. Basic Books.
Hartmann, H. (1964) : Essays on Ego Psychology-Selected Problems in Psychoanalytic theory. Intern. Univ. Press, New York.
Hilgard, E.R. (1949) : Human motives and the concept of the self. Amer. Psychologist, 4, 374-382.
Jacobson, E. (1964) : The Self and the Object World. Intern. Univ. Press, New York.
梶田叡一 (1980)：自己意識の心理学．東京大学出版会．
Kernberg, O. (1975) : Borderline Conditions and Pathological Narcissism. Jason Aronson.
Khan, M.R. (1974) : The Privacy of the Self. Intern. Univ. Press, New York.
Klein, M. (1960) : The Psychoanalysis of Children. Evergreen.
Kohut, H. (1971) : The Analysis of the Self. Intern. Univ. Press.
Loevinger, J. (1976) : Ego Development. Jossey-Bass.
Loewenstem, R. (1966) : On the theory of the superego. A discussion. In Loewenstein et al. (Eds.) : Psychoanalysis—A general psychology. Intern. Univ. Press, New York.
Mannoni, M. (1967) : L'enfant sa "maladie" et les Autres. E'ditions du Seuil. (高

木隆郎・新井清訳：症状と言葉．ミネルヴァ書房，1975.）
Maslow, A.H.（1962）：Toward a psycllology of being. Princeton, New York.
Meissner, W.W.（1981）：Internahzation in Psychoanalysis. Intern. Univ. Press.
Merlean-Ponty, M.（1945）：Phénoménologie de la Perception. Gaallimard.（竹内芳郎・小林貞孝訳：知覚の現象学 1, 2. みすず書房，1967.）
Rapaport, D.（1961）：Organization and Parhology of Thought. Columbia Univ. Press.
齋藤久美子（1969）：「自我機能」と「現象的自己」との関係における統合作用について．四天王寺女子大紀要 1-27.
齋藤久美子（1980）：対象関係論からみた日本人の対人関係基．祖父江孝男編：現代のエスプリ別冊 日本人の構造．至文堂，1980.
齋藤久美子（1979）：Scores and Response Behaviors in the ES Scale as an Inventory. Proceedings VI International Conferenece on Personality Assessment. 191-198.
Sandier, J. et al.（1963）：The ego ideal and the ideal self. Psychoanal. Study. Child. Vol. XVIII, 139-158. Intern. Univ. Press.
Schafer, R.（1968）：Aspects of Internalization. Intern. Univ. Press, New York.
Spitz, R.（1965）：The First Year of Life Intern. Univ. Press.
Symonds, P.（1951）：The Ego and The Self. Greenwood Press.
Winnicott, D.W.（1965）：The Maturational Process and the Facilitating Environment. Intern. Univ, Press, New York.

第3章
自我とパーソナリティ理解
(1990)

> **本章の紹介**
>
> 　心理臨床において，アセスメントは重要であり，それは面接の初期に行われるだけでなく，臨床の展開の中で繰り返し行われていく営みである。アセスメントにおいて，人格の中枢機構である「自我」の状態がどうであるかは重要な視点である。しかし，自我や自我機能といった用語を使いながら，その実どれくらい理解できているかは臨床家によって様々であろう。本論文は，「自我」という用語に含まれる自律的行為者としての ego（E）の次元，経験・知識の対象としての self（S）の次元，全体的な人としての自己存在（W）の次元について検討した上で，パーソナリティ理解において，「自我」という構成概念の意義，有用性，具体的な内容について述べられている。自我の要素的機能については，Bellak らが取り上げられ，詳細に解説され，さらに5つに大別し整理されている。また，発達の視点から，各段階に応じた関係性が自我機構を形成していくことが示されている。本論文は「自我」の機能や仕組みが詳述されているが，締めくくりとして，こうした客観的理解だけでなく，人と人との相互作用の中での人格理解が必要なことが述べられており，これも重要な指摘であろう。

1. 自我とパーソナリティの基本概念

1. はじめに

「自我」というのは，哲学，文学，宗教など，そしてまた日常生活においてもしばしば登場する言葉であり，それに関する概念的な定義や理論がいろいろに存在する。

そうした中でここでは，心理学の領域，殊に臨床心理学における自我という構成概念の意義，その有用性，そして具体的な内容面をとりあげ，それがパーソナリティ理解とどのようにつながっていくかを問おうとするものである。

「パーソナリティ」というふうに簡単に言ってみても，そもそもパーソナリティ論そのものがすでに多様である。古代ギリシャの体液説にまで遡る種々の類型論を眺めただけでも実に多彩であり，Kretschmer, E. の精神医学的類型，Sheldon, W.H. の身体計測的類型，Jung, C.G. の心理的態度・機能の類型（タイプ）などよく知られるものもごく一部にすぎない。臨床的直観や観察，経験の集積と分析分類を通して「典型」が抽出されていく形のもの，また数量的分析による実証手続を経たものなどがいろいろあり，人間をとらえる視点や切り口，人間を理解しようとするときの類比的思考のあり方などの点でも示唆的で興味深いものを，この類型論に見ることができるであろう。

これと並んで，個人における一貫したまとまりのある行動傾向を抽出しようとする特性論があるが，これは操作的に数量化の手続を経て複数の特性因子の個人内配分を見ようとするものである。わが国でよく使われる Guilford, J.P. の方法，また Cattell, R.B. や Eysenck, H.J. のものなどがある。

これらは，気質類型論が特にそうであるように，人をいわば静態的にとらえ，より本質的で変らない人格の基底層の特徴，あるいは「根源特性」とされるものにアプローチしようとする立場だと言えるであろう。

心理臨床において，対象者やまたセラピスト自身についても個性が問われないわけではない。たとえば精神医学において「病前性格」が問題になるが，それは患者の病態よりもその基盤にある個性的な人格傾向に注意を向け，

そうした基本的な人格条件に照らして臨床的判断を行おうとするものである。そこには医療の対象範囲に入るものと入らないものとの区別，あるいは個性の尊重といったものも含まれるであろう。心理臨床においても，いわゆる「性格を変える」ことは，少なくとも一次的な目的とされず，個人の持ち味を大切に，むしろそうした本来の個人的な人格資質をより自由に，また十分実現していくための共同作業が営まれようとする。

そのように心理臨床では，それぞれ個性的な基本条件，潜在的な個別の可能性をすでに含み持つことが前提となる個人が，どのように自分自身を「運営」し，そして自己管理・調整，自己への触れ直し・直面化，また自己・外界経験の拡充というようなことを果していくかということが課題になっていく。

したがって，精神の構造や機能の可変的な面がむしろ問題になり，それとかかわっていく実践ならびに研究が臨床心理学の重要な仕事となるのである。ただしそれは要素的部分的にバラバラにとらえられるのではなく，常にひとまとまりをなしている人格全体のレベルで問題にされる。

類型や特性次元の知見は，人格のいわば個性的な内容を具体的にとらえる記述用語やカテゴリーを提供することになる点でも有用であるが，われわれは内容をスタティックに記述してそこに止まっているわけにはいかない。むしろ常に可変性の面に注目し，また変化の過程，発達の過程というものにかかわることをしなければならないのである。

精神の中枢機構に関する理論が求められるのはそれと絡んでのことである。個人の人格的営みを何か統括している"中央執行機関（central executive）"を想定する方向に心理学的な概念構成が試みられていくのも，臨床経験が積み重ねられてきた中での1つの必然的な帰結だと考えられる。

心理学的な「自我」の理論はそれを代表するものであろう。ただこの心理学的な「自我」の概念そのものが必ずしも一様でないのが現実である。それは，たとえば「自己」や人格のアイデンティティの概念と互換的にあるいは交錯して使われたりするのはもとより，もっとあいまいにまた多義的なままによく使われる「語」である。

けれども，後にもとりあげるとおり，基本的な概念は大枠として，ある程度その心理学的意味がまとまり固められる方向に向かってきているのではないかと思われる。したがって概念の実質的な内容や分節の仕方，理論構築のあり方にレベルや質の違うものがいろいろ含まれると言った方が適当かも知れない。

そもそもパーソナリティの基本的定義に戻るとき，1つの集約的定義として引用されることが多いAllport, G.W.のものにおいても，下記のように力動的な内的体制だとする考えが示されている。これは自我機構の考えと基本的なところで重なるものを含んでいる。

つまりAllport（1937）はパーソナリティを「精神・身体的なシステムとしての個人内力動体制（dynamic organization）であり，環境に対する独自の適応を規定するものである」とし，適応の意味も単に消極的ではない能動的発展的な性質のものとしてとらえる方向に，以後考えを展開させている。

そもそもパーソナリティの定義は理論の数だけ，また研究方法の数だけ存在するとも言われ，刺激や状況規定性を重視する行動主義的なもの，操作的なものまでがいろいろ見られる。

ともあれ，たとえば，Greenberg, J.R.とMitchell, S.A.（1983）が「幼児も，そんなに長期間を要さずに一個のパーソナリティを持った子どもになる，世界の中での個別存在（individual being）であり，まだ限られた仕方ではありながらもすでに構造化されている。……（中略）子どもは自分の仕方で経験し，反応し，行為する。要するに子どもはすでに一個の人間になっているのである」と述べるのにもうかがわれるように，人は形をなさない（formless）状態から，どんどん各個人なりのまとまりを持った「形ある存在」へと移行していくのである。それは自己のコントロール（自己調整）可能な，また，まわりからも予測可能なそして理解可能なまとまりのある存在になっていくということである。こうした意味での「形ある存在」を現出させる心のはたらきが問われるとき，Allportが集約するような精神内体制，「かなめ」的働きをする心の仕組みに注意が向けられないわけにはいかなくなる。

こうした心の内的仕組みの中枢部に位置づけられようとするのが、いずれにしても「自我」であろうから、もともと、ユニークな自律的個人をモデルとする臨床心理学的なパーソナリティ理解にとり、この「自我」理解は切り離すことができないと言えよう。

2.「自我」の心理学的な基本視点

日本語の「自我」が、心理学的用語として、たとえば、英語の ego, self, あるいは subject といったもののいずれを指すのかということ、またそこに日本語の「自己」が加わった場合どうなるかということについては、ego や self に関する理論的立場の問題も合わさって、まだ未整理な状況が解消されているわけではない。この点については筆者（1980）もすでにとりあげたが、用語の問題をひとまず別にすると、近年 Harter, S.（1983）が一般心理学的視野で展望しながらまとめてとらえている次のような認識が、一般的に妥当な、1つの大きな筋として受け容れられていると思われる。

それは、すでに James, W.（1890）以来論じられてきた、①行為者あるいは主体であるもの——"I"——、②知られたあるいは経験された対象であるもの——"Me"——、という2つの側面であり、それを Harter は、①能動的、独立的、作因的行為者（active, independent, causal agent）あるいは主体としての自己（self-as-subject）、そして②（知識や評価の）対象としての自己（self-as-object）とし、①と②が互いに観察者と被観察者、評価者と被評価者の関係にある中で、これまでの心理学的研究は主に②の方に注意を向けて進められてきたことをふり返っている。そして認知発達面での種々の観察的操作的な実証データに基づきながら、上記①と②が発達の早い時期にどのように現われてくるかを段階的に追っている。

①と②が形成されていく過程には、自他分化の視点が含み込まれているのがみられる。自と他、あるいは「自己」存在と「非自己」存在とが双極的なコンストラクトになりながら、他者から分離し区別される自主独立体（entity）として、①と②の両側面を合わせ持つ自己存在が形づくられていくというふうな、ごく大筋としてのとらえ方が得られている。「他者認識」

や「他者の視点との交換可能性（perspective-taking）」の実証的研究という次元でとりあげられる．自己存在形成の「社会的文脈（social context）」は，後に触れるような精神分析における微視的な対象関係論とは質の異なるものではあっても，Harter が，Mahler, M.S.（1975）など精神分析理論を引いていることにも見られるように，精神分析派の発達知見を一般心理学が参考にしながら，まだ粗描的レベルではあれ，全体的な「自己存在」にかかわる一種の心理学的常識が，かなりゆっくりしたペースで作り出されてきているように見える。

こうした考えの方向性は以前すでに Symonds, P.M.（1951）に見られたものでもあった。精神力動的な自我（ego）と，いわゆる Rogers, C.R. 派の見解として集大成されていく現象的自己の両方の見解の輪郭を踏まえながら，上記 Harter とほぼ同様な整理の仕方をしながら，Symonds の場合は，Harter の①にあたる方を ego，そして②の方を self と呼んでいる。そして ego の方をより独立変数的にとらえ，self を ego に規定される従属変数のように位置づけている。

考えてみると，いわゆる「自我」は少なくともこうした ego と self の視点を混在させながらも，長年にわたって心理学の用語の中に含まれ続けているのである。実験心理学においても「自我関与」的操作といわれる実験手続がしばしば用いられることはよく知られるとおりである。当然その「自我関与」における「自我」が，ego の方なのか，self の方なのか，厳密には明らかでなく，両方を同時に指しているように思えなくもない。

臨床心理学においても，こうした ego と self の概念化の問題は現在にいたるまで持ち越されて，単純なレベルから，より理論的に洗練されたレベルまでのいろいろの水準で歴史的に何度も論議がむし返されながら，次第に理解が深められる方向へと向かってきているのではないだろうか。あるいはそもそも，このように統一的な概念化が困難であること，そして何度も行きつ戻りつの議論が繰り返されないわけにはいかないというそのことが，その心理学的意味の大きさ・深さそして重さを告げていると思われる。ego と self という2つの次元が分節してとらえられようとすることも，そうした意味深

第 3 章 自我とパーソナリティ理解 61

い概念理解を進めるための努力の一環であろうと思われる。

3. 自律的行為者（E）の次元と経験・知識の対象（S）の次元

以上のように，自律的行為者である ego（E）の次元と，体験され知られた対象である self（S）の次元のいずれか一方，あるいは両方があまり分節されず合わさっている場合というふうに，ある程度「自我」が意味するものの整理が行われてきていることと同時に，もう 1 つ見落せないのは次の点である。

それはここで便宜的に用いる E と S いずれの次元が重視されるかの点である。

わが国の臨床心理学の歴史の中では，まず S 次元，つまり意識体験的な「現象学的自己」によって人格の構造と機能を説明しようとする Rogers 派の理論が重視され有効な理論枠として支配的な位置を占める時代が先行した。そこでは，「有機体的体験」というより基本的な「存在の全体性」（後述の W 次元）を指し示す概念によって，「現象的自己」の意味が結果的に相対化され限定されてはいたものの，それ以上 E 次元の考えを対置させるような理論的展開はなく，いわば S 次元だけでほぼ完結したままのものが受け容れられていたといえる。

そして他方，E 次元の知見としては，先掲の James 理論や Allport（1943）による自我（ego）の諸側面の分類の中で，S 次元と合わせて説明されたものなどが，一般心理学的認識として存在した。たとえば Allport の自我は，E 次元そのものではなく，S 次元や価値・動機・規範の体系までを含んだものであり，わが国における「自我」概念のようにたいへん多義的である。ただその中の「認識者としての自我」，「精神過程の受動的体制としての自我」，「原初的利己性（primitive selfishness）としての自我」，「目的追求者としての自我」，「行動システムとしての自我」などは E 次元との関連を思わせるものである。

とはいえ E 次元の方は S 次元にくらべ，一般理論としてこなれた使われ方をしたり，理論的明細化や実証的研究が先へ進められる経過はあまりたどっ

ていかなかった。
　こうしたE次元の理解の未分化さと，もう1つ後に触れるような，EとSの両次元を合わせるだけではまだ十分とらえきれない「存在としての(existential)私」の次元へのグローバルな関心とが入り交じるなどしながら，多義化，あいまい化した「自我」や「自己」の用語また概念理解が，心理学そして臨床心理学の中において見られていく。そしてRogers流の現象学的見解を中心にある程度分立しているはずのS次元の理解までが「自我」概念全体のあいまいさにくるまれてしまい，いつの間にか未分化な概念へと後退しかねない面があった。
　そうした中でE次元についてはまた別個に，精神分析理論の中で，自我心理学的流れを中心に詳細な理論化が進められ，後述のような構造的機能的見解を得るようになっていった。
　精神分析理論とわが国の臨床心理学の関係については，まだそれを十分明確化して客観的に語り切るところまではいかない，歴史の途上にあるようである。またたとえば心理療法と心理診断のそれぞれでは違った過程をたどっているなど，あまりすっきりとわかりやすいとらえ方はいずれにしてもできにくい。限られた形においてではあるが心理診断分野の投影法においてだけ，多くの場合，精神分析的自我の観点を踏まえた力動的なパーソナリティ理解が早期からとり入れられてきた。つまり欲求や動機に向けての防衛や統制力，刺激感受性やその処理力，柔軟性や幅に注目した自我機能の全体的評価（「自我の強さ」として表わされるような）など，E次元の自我評価をそのままパーソナリティの理解・評価とするあり方は，心理学においては，投影法の中に1つの典型を見ていたことになる。
　ところが，それとはまた別に，心理学の一般概念の中には，先に触れた「自我関与」のように，「自己価値（self-esteem）関与」の面などを内容的にいろいろ含むあいまいなものが多く用いられる他，「自我」という語を使わないE次元の概念がいくつか存在する。
　次の「有能性」（あるいは知力：competence）や「対処行動」（coping）もその例であり，またS次元が表に出ていながらその背後にすぐE次元が控

える「自己理解」も近年研究テーマになってきている。

　たとえば「社会的有能性（social competency）」の概念は，狭義の認知心理学的知力に限らない，もっと広い範囲の認知的感情的機能にわたるものである。それは，環境に効果的に対処する日常的営み，狭義の知力，社会秩序に即した行動，よい人間関係などを含むものとしてとらえられており，それは次のような面をはじめ多くの側面を含むことを Anderson, S. と Messick, S.（1974）は検討している。それらは以下のようなものであるが，E次元を中心としながらS次元にもわたるいわゆる「自我」の概念と重なるものであることに気づかせられる。

（ⅰ）分化した自己概念と定まったアイデンティティ
（ⅱ）自己価値（self-worth）の感情を伴う現実的自己評価
（ⅲ）社会関係の中での感受性と理解
（ⅳ）建設的な愛情深い個人的関係
（ⅴ）倫理性，向社会性，反社会的行動の調節
（ⅵ）知覚能力（perceptual skills）
（ⅶ）器用さ，運動能力，知覚・運動協応能力
（ⅷ）言語，記憶，概念能力，批判的思考力
（ⅸ）課題解決能力，創造的思考力
（ⅹ）ユーモア，遊戯，空想を楽しむこと

　また他に，ウェブスター辞書で「……通常競争や戦いをひけをとらずにやり続けること，あるいは，問題や困難に直面し，出会い（encounter）あるいはまた克服すること」と説明される対処行動（coping）の概念があるが，それも自我機能と近縁のものであろう。Haan, N.（1977）は，coping を多面的に論じており，ストレス耐性，ストレス認知と認知回避，ストレス解決の成功不成功，精神内過程としての防衛と外界への能動的介入との相助性などの観点から，全体として広く自我過程（ego process）として coping を考えている。

　このように人の「適応」を問題にし，それを具体的に吟味しようとすると，主体の適応過程や，グローバルな適応力あるいは平均的な適応水準や適応の

幅が問題になっていく。それに伴いいろいろな作業仮説や，構成概念が生まれることになるが，「自我」はもともとそうした，主体の適応的営みに関する心理学的概念でもある。

その中で既述のようにS次元の自己については，一般心理学的実証研究から多く積まれてきた。自己概念，自己意識，自己評価感情，セルフ・スキーマ，自己価値などについての質問紙調査研究や，自己認識の発生に関する行動観察実験，自己カテゴリーの発達的研究などがいろいろ見られるわけである。

加えて，近年の「自己理解（self-understanding）」研究もS次元の内容を主に扱っている。しかしそれは同時に概念そのものの分化や発達的視点の導入などを通して，間接的にE次元の資料をいつの間にか提出しているところがある。

Damon, W. と Hart, D. (1988) は，自己理解を「自分自身に関する考えや態度が構成する概念システム」だとし，身体・物質面，行為・能力面，社会的あるいは心理的特徴に関する面（マナー・習慣・気質など），哲学的信念の面（倫理的価値，イデオロギーなど）をそこに含めてとらえている。しかし，さらに過去から未来にわたる自分自身の特徴の連続性や変化，また他者との違い，特に興味や自己関心（self-interests）についての自他の異同といったものに自己理解の枠組が拡げられ，そして最終的には，「ものを見る目（evaluative insights）」や「個人同一性（personal identity）」までもが自己理解の対象になっていくのである。

このように自己存在全体に及ぶ「自己理解」となるとそれは，理解の対象（目的語）としてのS次元自己（myself）と，理解というE次元の精神作用を営む主体としての自己（主語の「私」）の両方にわたる概念に，いつの間にか拡大されていく。「自己理解」は主体の機能そのものであり，また同時に自己（についての）経験という両面を含むことになりそうである。そして同時に主体の機能そのものも，いわば自己洞察的に，あるいは「内省」という主体の機能そのものによってとらえ直され，理解の対象となるのである。そのように，主体機能には，何重かに及ぶメタ機能を身上とする性質が想定

されることになる。E次元自我の中で「観察自我（observing-ego）」のはたらきが，治療上重要になることともそれは関連しているであろう。

「自己理解」は，このように，いわば「即自」と「対自」両方のはたらきにわたっているが，その「理解」も本当は単純に認知次元だけではなく，感情次元までを含めた「自己共感」（self-empathy），つまり感情的な自己経験・理解を考える必要があるであろう。アパシーや離人症状，またアレキシシミアなど，認知面よりも，感情的な「自己理解」に問題がある臨床事例などに照らしても，感情面を含んだ「自己理解」は実証研究にのりにくくても，見落すことができないと思われる。

4. 全体的な人（whole person）としての自己存在（W）の次元
—— existential self, selfhood, personal identity

Freud, S. の英訳概念 ego（自我）はあまりにも普及し定着しているが，原語が Ich であることの問題が近年もよく論議されている。Kernberg, O.（1984）もそうした問題に触れながら，Freud 自身は Ich（I）を，精神システムとしての自我と個人的主観的に経験される自己，つまり，ここでのE次元とS次元の両方を，特に区別せず全体としてあいまいなままに用いていたことには正負両面があるとしている。英訳の自我は Freud の考えの大きな筋を浮き立たせ理解しやすくしたが，要するにE次元の方の概念として扱われるのが主流になったために，概念的一貫性と明晰性のかわりに，あいまいさが持つふくらみを失ったというわけである。とはいえ1つの言葉にいくつもの意味を託して，その概念自体を豊かにふくらませておく以外にも方法があることは確かであり，実際に「システム自我」論が自我心理学によって展開されていくと，その一方で「自己」の方に焦点化した自己心理学や対象関係論が拮抗していくというふうに分化や拡充がその後に見られていったわけである。

ところで，Freud の Ich の意味内容の中の「自己」の方であるが，これと Freud 自身がもう1つ用いている Selbst の語とを合わせて，問題は次のように残った。この経験的な自己については，自己意識や自己表象の面の他

に,「1人の人全体」を意味する「自己」の2つが，これもまた未分化に合わさっていることの問題である。英語の「自我」が, たとえば ego-cathexis というふうに, object-cathexis の対概念的に用いられるときには，1人の人としての自己存在への cathexis をもともとは意味しているため，ここでは「システム自我」的に一貫していたはずの ego 概念の整合性が破られているという問題が生じてしまったりしている。その他 "Ich-liebe" が "self-love" とされず "ego-love" になっている問題も同様に指摘されている。

ともあれ，Ich の残された意味の行方の中，ここで問題にしなければならないのは,「人」そのものが意味されている部分である。それは「対象」に対するこちら側としての「自己」でありつつ, かつ, Jacobson, E. (1964)の述べる「一個人の人全体 (the whole person of an individual)」, つまり Hartmann, H. (1958) がメタ心理学から除いて考えた,「心身の組織を備えて現実に存在する人全体としての個人」である。

このように一個人の存在全体をとりあげようとするとどうしても生物・心理・社会的な次元が複合的に含まれてくるため，たとえば Erikson, E.H. (1959)における漸成的「自我」，そしてまた自我と自己が再び合わさる方向の「同一性」概念に，その存在全体にかかわる W 次元の心理学的意味を託すことになっていく。結局この「同一性」は，E 次元の狭義の自我のはたらきと，主観的な感情を帯びた自己経験（自己表象化）を含み込んだ，無意識にまでわたる自己存在の全体的まとまりを指すもののようである。

確かに発達早期においても，2歳頃までに鏡像体験などを通して進められる画期的な自己認識 (self-recognition) にもその芽を見ることができる。身体を中心に内側から実感されている有機体的な「自己存在」感覚と，第三者的な対象化の要素を伴って知られ，また感情的に体験される「自己」経験，そして加えて自分自身が能動的に鏡像の変化を運動によって作り出せるという主体的効力性，それら3つのものが統合的に生じる，1つの全体的な「存在自己 (existential self)」の原初的生成である。

そしてまた「自己実現」や「自己創造」など，高次の発達・成熟にかかわる概念，また「自己治癒」,「自己尊重」, そして「自分らしさ (self-hood)」

などにおいても，そこで意味されているのはまさにW次元の「人全体存在としての個人」である。

もともとFreudの「私」がすでにそうであったように，以上のような複数の意味が，そのときどきの文脈で，「自我」という言葉の中に入れ代ってこめられていたり，また合わさって未分化に含み込まれていたりすることが少なくない。それには無理のない面や，いちいちE次元，S次元，そしてW次元などと区別するには及ばないところもあると思われるが，すでに先達が分化したとらえ方を試みてきたように，少なくとも「自我」に含まれている意味の多元性を理解しておくことは必要であろう。それは一見あいまいな概念から豊かな意味を汲みとる作業に相当すると共に，あいまいな概念を漠然と受け取って，恣意的，あるいは独断的に用いることを避けることにもなる。

上のような「自我」の基本的とらえ方を踏まえながら，以下，臨床的な人格理解に有用だと思われる「自我」の見解を見ていくことにする。

その中で最も分化したとらえ方，概念的明細化が進められており，臨床場面での人格評価法にとり代表的な理論的枠組になっている，E次元のいわゆる「システム自我」にまず視点を置き，その枠組からの人格理解のあり方を追ってみる。そして，そうした精神システム構築の主要な要因でもある，人間関係（対象関係）発達の観点をとりあげながら，そこでS次元の，自己と対象経験およびその内在化に触れることにする。

したがって，以下は，「システム自我」に代表されるようなE次元に対して原則として自我（ときにはエゴ）の語をあてる。そして上記のS次元をとりあげるときには，やはり原則的に「自己」の語を用いるが，他者に対する「自分」の意に，また「人全体としての個人」を指して，この「自己」を用いることもある。

2. 自我機構とパーソナリティ理解
――「システム自我」の力動的理解

1節でみた自我概念の中で，臨床的にたとえば「自我力（ego-strength）」や予後にわたる「自我評価」としてとりあげられるような，クライエントの人格理解の観点として主に用いられる人格の中枢機構としての自我の機能や構造について最も詳細に研究を進めてきたのは，Freudのメタ心理学の流れの中の精神力動理論である。したがってここでは，精神分析理論そのものの理解というよりは，具体的なクライエントの自我機構に触れていくときに，すでに一般常識的に共通理解が得られている，自我の力動的な考え方の基本的な中味を通覧しながら，いろいろな内容ごとに，人格理解の問題を合わせて問うていくことにする。

1. 自我機構の力動的視点

自我（エゴ）については，もともとFreudによって自律的な統合機能や能動的に行動（広義の）を起こしていく機能が考えられており，それは欲動とかかわり合う中で信号としての不安（signal anxiety）を経験するはたらきや，現実適応を営んでいくはたらきにつながるものとしてとらえられていった。そして晩年には内容面にわたって，知覚と筋肉活動との連携や過剰な強い刺激を避けるはたらき，外界を自分に有利な方向に変化させるはたらき，本能的欲動のコントロール・欲求充足可避の判断，緊張の増減によって快・苦を感じ分けながら快を追求し，予期不安を介して苦を避けるといった，目的追求と危険察知のはたらきなどが検討された（Freud, S., 1940）。以後，その考えはHartmann（1958, 1964）やArlow, J.A.とBrenner, C.（1964）らによって受けつがれながら自我概念の体系化が進められていく。またFreud, A.（1936）が欲動のコントロールと関連して自我防衛を詳細に検討したが，全体として，Freud, S.がとりあげることをし残した自我の働きは，いろいろな要素的自我機能をスーパーバイズする，もう1つ高次の自己観察（self-observation）機能，そして，全体的まとまりを備えた（cohesive）人

格を実現させる機能くらいだと言われる。自我固有の生得的ルーツが本能欲動とは無関係に存在すること（→自我の一次自律装置）もすでに Freud 自身が考えたところであった。

　Hartmann（1964）は，適応とコントロール，そして最も中心的な統合のはたらき（総合機能）を全体としてとりあげた。特に自律的な自我システムが，生得性のものと，葛藤体験を通して二次的に自律化したものとを合わせて階層構造をなしながら発達的に構築される。それは原始的なものから，より高次に中庸化・社会化されたものまで自我動機（齋藤，1981）[編注]がやはり階層的に派生して含み込まれながら，適応力を厚く擁した機構になっていくということである。

　そこでは，自我が，Freud におけるよりもより規模の大きい，厚みのある装置としてとらえられている。つまり，エスと現実の両方の力が交錯する中でのいろいろな葛藤体験をくぐり抜ける中で，エスのエネルギーを変容させてとり込みつつ，有効な防衛あるいは適応機制を身につける形で，「二次的自律装置」を発達的に漸次築いていく。そしてそれとは別に，もう１つの系列として，エゴがもともと独自の発生源を「一次的自律装置」として持つことも重視されるのである。このすでに一次的に自律している機構という見方は，知覚，認知，記憶，思考，運動の各能力，特殊才能，次第に成熟をとげていく中枢神経系の生物‐心理学的装置などを含むものであるが，最近認知面などから種々実証的な心理学研究が進められている「乳児の有能性」のデータには，具体的なレベルで，この一次的に自律している自我装置のあり方の傍証を見ることができるようである。

　こうした一次装置の成熟と二次装置の構築とが縒り合わされながら，全体の構造化が進められるが，この構造は，無意識から意識に及ぶ層的なものである。そして非現実的・非合理的で，快・不快原則のもとではたらく一次過程的水準から，他方現実原則の支配下にある覚醒意識の作用の優勢な二次過程的水準までの幅のある機能を産み出していく。退行（regression）と進行

編注：本書第２章参照。

(progression) の両方向に移動 (shift) する，柔軟なはたらきによって，自我は，創造性，内界や外界からの刺激負担からそれぞれ適当に身をまもるはたらき，内向と外向の両方向を備えた豊かな体験様式などを実現していくと考えられている。

また，自我は具体的な対処機能 (coping skills) のいろいろなものの担い手であるが，同時に，二次的自律装置形成の過程で，衝動と接触しながら，それを手なづける (taming) ことにより原始的なエネルギーをより中庸に変容しながら，自我自身の活動のためのエネルギーとしてそれを貯えていく。そして同時に，より社会化され，中庸化された衝動の目標内容を，派生動因 (drive derivatives) として自我みずからの構造に組み込みながら，「自我動機 (ego-motives)」や「自我興味 (ego-interests)」の体系を漸次構築していく。

われわれの中には本能欲動の水準の原始的な，また生物学的次元に密着した諸動機，また超自我という審級に代表される自己規制的次元の動機を含めて，実にいろいろな動機が存在する。そうした中で，自我自体が，みずからに親和するいろいろな動機を擁した1つの動機体系でもある。「自我理想」はその体系の上位に属する動機としてとらえてみることができるであろう。

Maslow, A.H. (1970) の動機の階層はよく知られるところであるが，その中の成長動機は，上の「自我理想」とも関連した，人格全体の統合的実現にかかわる自我動機としてとらえられるものだと思われる。

そのように見ると，Erikson (1959) の「自我同一性」の概念にも，心理 - 社会的存在としての実体を含み持つ，綜合的な，スケールの大きい「自我動機」としての性質をみることも可能であろう。

このような規模のエゴは，たとえば Jung (1921) におけるエゴ，つまり意識の，しかも外界の現実との接触面の領域にかなり局限されたエゴと比べてみた場合，その構造や機能の範囲の違いに気づかせられる。

Jungのエゴは，感覚と直観の双極的軸で考えられる，「情報」の主として受けとりを思わせる機能と，思考と感情の双極軸で考えられる，「情報」の評価や再構成を含む処理過程を思わせる機能との組み合わせの中でとらえ

られている。そしてそこにはさらに，内向と外向のやはり双極軸でとらえられる基本態度の要因が加わって，個人差のあるエゴの主機能のあり方が考えられていくこととなり，そうしたエゴの主機能の違いが「人間のタイプ」の違いとしてとらえられる。ある人にとってエゴの主機能にならなかった双極機能の反面は，劣等機能としてより無意識的で未分化なあり方をとりながら，主機能との相補的関係を生み出し，その人が実際にとる行動様式の顕在的特徴を規定していくと考えられている。

これはエゴの機能の内容にかかわる，また個人差にかかわる見解として注目されるものの1つであろう。以下にみるような自我心理学における体系的網羅的なエゴの理論に比べると，Jungにおけるエゴは主に現実検討や判断，また現実感あるいは現実体験，さらには認知・思考過程といった，エゴ機能全体の中のいくつかに限られた範囲の機能を含む一方で，たとえば防衛機制や衝動のコントロールなどの側面は含まれないものであることがわかる。

自我の機能がどこまで個性を規定しまた説明しうるかということは本章のテーマそのものにもなっていく問題であろうが，自我の視点は必要条件には違いないものの十分条件だとまでは言えないとするのが，そもそも精神力動論の考え方である。欲動や超自我の作用との関連の中で自我は機能しているのであり，たとえば「自我解離（ego-dissociated）」と呼ばれる行動や体験が実際にいろいろ存在することも，自我がカバーできる範囲には限りがあることを示している。

自我は確かに大役を負う「中央執行機関」には違いないが，他の領域を合わせた精神全体の力動性の中でこそ意味あるはたらきを生み出すわけである。その自我・システムの中にどのような機能要素が含まれているか，それは精神分析の歴史を通して，殊に自我心理学を中心に検討されてきた。

2. 自我の要素的諸機能

BrennerやBeres, D.（1972）他「システム自我」に含まれる機能内容を総合的にまとめ直したものはいくつもあるが，ここではBellakら（Bellak, L. et al., 1973）が網羅的に示した項目を用いながら，自我の要素的機能の内

容を追いなおし,それぞれの人格評価的意味を考えていくことにする。

(1) **現実検討**(reality-testing)

(a) 夢で見たり心の中で思ったりしたことと実際に起こったことの区別。幻覚や妄想はそれが不可能な例の極端なものである。

(b) 誰が,いつ,どこで,何をしたかといったことを同定するような,外的できごとの正確な知覚。

(c) 心の中のできごと,内的現実(inner reality)を歪みなく正確にとらえたり,内省したりする正確な知覚。長い間自らが幻覚に気づかずにいるとか,「アレクシシミア」の心の状態など,いろいろな程度にこれが障害されている例がある。いわゆる「心理学的心性(psychological mindedness)」の有無にも相当するものでもある。

これは自我の代表的な機能であるが,自分の身体の側からくる刺激と環境からくる刺激とを全く区別できない乳児期早期の状態から人はスタートする。Brennerも述べるとおり神経系統と感覚器官の成熟と経験要因が,この機能を発達させていくが,後に触れるように欲求満足の記憶を源として,欲求不満状態がさまって生じたときに外界の「知覚的探索」が起こり,ものの「在」と「不在」が世の中に起ることを知るようになる。またその欲求充足をもたらすものは自分の内にではなく外に「存在」することを知るのである。そういった最初からの積み重ねがどんどん進められていきながらも,「空想の友達」現象などがまだまだ幼児に見られるのはよく知られるところである。

現実検討能力は断片的部分的なあり方から次第に全体的で安定した堅実なもの,一貫性のあるものになっていくが,成人でも,そのときの願望や恐怖,ストレス,先入観などに影響されて現実をありのままにとらえることがいつもできるとは限らない。欲動や感情のあり方によって一時的にせよこの働きには歪みが生じうる。どのような状況で歪みが生じやすいか,また回復はどうか,また妨害要因に対する耐性はどうかといった点には単なる知能などでは説明できない個人差,パーソナリティとの関連が考えられるであろう。

また,殊に(c)は,たとえば青年期の「自己肥大(self-inflation)」や「自己貶価(self-depretiation)」などを思い浮かべても,決して容易ではないこ

とがわかる。それはより大きく「自己観察（self-observation）」や「自己共感（self-empathy）」のような認知と感情の両面にわたる総合的な「自己経験（self-experience）の能力」としてとらえられた方がよいように思われる。

(2) 判断（judgement）

(a) 危険や適・不適，周囲の賛同など，結果を予測した行動の企図。

(b) 行動の結果の自覚と，判断のかんばしくない行動の反復の有無および程度。たとえば自分に限ってケガをすることなどはないと思ってヘルメットなしのバイク・ジャンプでリスクを冒すなど，この機能に問題がある例はいろいろ見られる。

(c) その場に情緒的にそぐわない不適切な行動。

判断機能は，現実検討が即時的な現実把握にかかわるのに比べて，具体的な行動についての先を見越した予測や，行動が場違いでないかどうかといった全体的な感受性をとりあげたものだと言える。個人差，個人内変動がいろいろ考えられる側面である。

(3) 外界と自己についての現実感覚（sense of reality）

(a) 現実感喪失（derealization）が，すでになじんでいるはずの周囲の世界についてどの程度生じるか。

(b) 自己の身体や感情また行動がピンとこないといった離人（depersonalization）感覚の程度。

(c) 自己同一性感覚，自己価値のあり方。

(d) 自我境界（ego-boundary）の明確さ。

ここでは外界と内界の現実的できごとを生き生きと現実的に体験でき，その際自己存在が他と混こうしてしまわず1人の個として基本的に安定して存立しているあり方が問題にされている。人格同一性の基底条件となる機能だと言ってよいであろう。

(4) 動因，感情，衝動の調節とコントロール

(a) 衝動表出の直接性（いろいろな病態水準の行動化など）の調節。

(b) 遅延（delay）とコントロールの効力，欲求不満耐性。いろいろな（派生）動機が観念作用，感情表現の上でどのように水路づけられているか。

衝動（欲動）の調節もやはり自我の代表的仕事であるが、心理学の実験でも「遅延報酬耐性」や「誘惑抵抗」また欲求不満に耐えるための方略の編み出し方などが、発達的に伸びることを実証する資料が得られている。

欲求の即時的な満足を延期しまた迂回してより長期的な、部分的よりはむしろ全体的でより大きな満足を得ることは、自我が本質的に目指すところである。過剰な統制や抑制・禁止ではなく、調節された解放、あるいは解放と抑制・制止の最適な均衡関係を柔軟に作り出すことが課題となるが、個人差や発達的また治療的な変化が実際にいろいろな形で認められる面である。

(5) 対人関係（object relations）

(a) 他者との関係性（relatedness）の程度と質、近さと遠さといった距離、関係維持の柔軟性と選択。

共感性、疎通性、交互性や相互性、また他方自己中心性、自己愛性、共生的な関係の持ち方などがここで具体的に問われる。

(b) 関係のあり方の成熟度、以前の人間関係パターンが現在プラス・マイナスいずれに作用しているか。

(c) 他者を自分の延長としてではなく独立した存在としてとらえたかかわり合いができる程度。

(d) 対象恒常性の維持。対象の不在や対象への不満があっても対象像が簡単に壊れないで保たれるだけの耐性、対象の内在化。

ここでは人間関係能力が、自他分化、自他尊重、関係様式、感情交流、恒常的対象表象の成立、関係維持といった面から問題にされており、発達・成熟や病理を含めて、「関係」を実現する機能全般、自我の心理 - 社会的機能が大きくチェックされる。パーソナリティはもともと人と人とのかかわり合いの中で問われ、人間関係を前提にしてこそ意味を持つ概念であることからも、この人間関係機能は、より直接的にパーソナリティとかかわりを持たないわけにはいかないことを改めて思わせられる。

(6) 思考過程（thought process）

(a) 記憶、集中、注意の適切なはたらき。それらの障害。

(b) 概念化の能力。抽象と具象の思考様式が状況に応じて適切に用いら

れるかどうか。
　(c)　一次過程と二次過程の思考様式のあらわれ方。
　現実知覚を主とする現実検討機能と共に，これは認知的な「情報処理」のはたらきであるが，情報をキャッチした後の実質的な処理，内的な統合と再構成の過程にかかわる機能だと言えるのではないだろうか。感情的な情報処理には (3) の現実感覚が相当すると見られるが，実際にはこの思考過程を，感情情報の処理と切り離して考えることはできないであろう。殊に一次過程の思考は，とりも直さず願望や欲動，感情の影響を受けて作用している。
　Noy, P. (1979) は，一次過程の心の作用に関する考え方を歴史的にふり返りながら，それが単に混沌とした原始的な観念作用なのではなく，むしろ特別な情報処理機構なのではないかという考え方を示している。二次過程があくまでも現実対処的に「知識」にかかわるものであるのに対し，一次過程は，次々と現実世界に出会う中で内的な自己調節をしながら「経験」を重ねていくもので，複雑な感情経験を自己に同化させるはたらきだというふうに考えられている。
　たとえば，森の中で木々をチェックしたり，赤い色を見て他の色と識別したり波長を考えたりするのは二次過程の，そして，「森」という1つの世界を感じたり，赤に「暖かさ」の感情体験を持ったりするのは一次過程の，それぞれはたらきだというふうにとらえるのである。前者は記号操作に頼り，後者はイメージに頼るところが大だと考えられている。そして，前者を外界指向的な「水平的情報処理」，後者を内界指向的な「垂直的情報処理」とも呼んでいる。
　たとえば会話をするときにも，客観的な事実情報と主観的な経験情報の両方が伝達されるわけで，一次過程と二次過程の両方が共に働いているのが認められるが，そのように両方の過程が相補的にバランスよくはたらき合うことができるほど全体としての自我機能は健常で成熟しているとみなされうる。
　客観的現実的な「問題解決」機能と，内界の願望や感覚・感情要因の調節的実現の機能とが対立したり，バランスを失したりしている例が，たとえば (3) で見たような現実感喪失や，離人的自己感覚喪失においても見られる。

Bellakらは，むしろ，一次過程思考が優勢になって二次過程における合理的構造性を侵食する方向の不均衡に注目して，この(6)の側面の自我評価を試みている。そのため，自閉思考や「言葉のサラダ」，言語的連合の弛緩，圧縮や矛盾などの非論理性が大きく問題になっていく。確かに自我機能を多面的，網羅的に吟味する中で，1つの側面としていわば狭義の認知機能を問題にする場合には妥当なあり方だと言えるであろう。

ただこの2つの過程を，先のNoyの指摘もそうであったが，心の作用の本質にかかわるものとして大きくとらえる視点は必要だと思われる。そのような見方に立つと，Jungのエゴ機能の中の思考と感情という「合理的機能」は二次過程の方に，また感覚と直観という「非合理的機能」は，内向的態度と結びつくときは特に尚一層のこと，一次過程の方に関連づけることができるようである。

Holt, R.ら(1960)はロールシャッハ反応の質をこれら両過程の観点から吟味し，中でも一次過程的質の反応の吟味に力を注いでいるが，そこに原始的で健常性から逸脱した面と共に，適応的，あるいは創造的退行の面を見ようとしている。そしてユーモアや創造力あるいは楽しむ能力にも関連づけた見方をしている。

Brennerも，一次過程を，意識的・言語的な思考を生み出す二次過程に比べてわかりにくいとしながら，それが，未発達な幼児期においてだけではなく，人生を通じて持続しながら重要な役割を演じることに注目している。夢，白昼夢，遊び，非言語的・象徴的表現などに多様にそれがあらわれ，積極的な意味を持つ退行能力として評価できる方向と，もう一方それがあまりにも支配的に作用する病理的方向とを合わせて考えている。

Bellakらにおいては次の項目で，その肯定的・積極的な面を別個にとりあげる形をとっているが，自我のはたらきの厚みを示す重要な点なので，ここで少し多くとりあげた。

そしてまたこれを認知機能の適否として問題にする場合でも，近年のように，それをメタ認知のレベルまでを含めて考えるとすると，メタ認知には明らかに一次過程の作用の裏打ちがある点が見逃せないところであろう。

(7) 自我による自我のための適応的退行
　　（adaptive regression in the service of the ego）
　(a) 知覚や概念の弛緩が生じて，前意識的また無意識的な内容と接触する方向に精神過程の移行が起る中で，「退行」が，コントロールを失った仕方あるいは不適応な仕方でどの程度生じるか。
　(b) 一次過程の，コントロールされた使われ方。二次過程が参加して創造的統合がもたらされ，適応の潜在力が増大する程度。

(8) 防衛機能（defensive functioning）
　(a) 防衛機制や性格防衛はどの程度不適応な方向への影響を与えているか。
　ここでは，投影，否認，分裂，やみくもの抑圧（massive repression）など病的な（pathological）また原始的な防衛から，適応に有用な弾力性のある防衛や場面次第で回復可能な防衛までの段階的幅が検討される。
　(b) 不安や抑うつ感情が生じるなど防衛が不首尾であることの徴候。
　防衛機能は欲動に対処するはたらきで，(4)のコントロールが行動や感情のむしろ表出面の調節であったのに対し，その前提となる内的統制・調節を指すことになる。精神力動的に重要なメカニズムであるが，自我にとっては「両刃の剣」的意味を持つことを見逃してはならないであろう。過剰な，偏った，あるいはあまりにも苦しまざれの防衛の結果，自我が自縄自縛に陥ったり，またまるで自業自得さながらに人格の病態化を進行させたりといったことが起こりうる。防衛は無意識的メカニズムであるだけに，自我が合理的な見通しのもとにどれかを選定し自覚的に特定の種類の防衛機制を採用するといった性質のものではない。それよりもむしろ，自我自身がいつの間にかある防衛を敷いてしまっていたと言った方がいいくらいのものであるから，「能動的な自律機能」という自我本来の特質からはむしろどこかはずれた性質を帯びているのが防衛ではないかとさえ思えてくる。少なくとも，自我の独立した「知恵」あるいは積極的戦略として見ようとすると，防衛には，どこかそれからはみ出した面を見ないわけにはいかない。
　こうしたことは，自我の無意識的機能，そしてまたすでに述べた，一次過程的作用を考えるときにはいつもつきまとう問題である。結局，自我のより

無意識的な機能については，その主体的意味がまだ十分説明しきれないでいると言った方がよいのであろうか。あるいは Freud のもとの考えに戻って，無意識過程は本来，短絡的に快感原則に従っているから，自我といえどもその無意識的な作用は，「とりあえず，早速ラクになりたい」という方向をとりがちだとしても不思議ではない。したがって長期的な成算がもともとあるというよりも，防衛は，あくまでも自我の「対症療法」的作用だというふうに見るのが妥当なのかも知れない。

とにかく「防衛」を自我の自律的統制下にあるものとしてとらえきれないところ，いつも，欲動との力関係で守勢にまわっているところは，「防衛」という言葉がすでに示唆しているところでもあって興味深い。防衛の不首尾が，欲動の攻勢が引き起こす不安によって示されるところなどにも，防衛というものの危うさが示されているというべきであろう。

しかし，性格防衛の考えがあるように，そのようにきわどい機能としての防衛は，人によっていろいろに違ったパターンをとり，しかもそれがその人を代表する行動パターンとして大きな位置を占めて，「性格」に相当するくらいの意味を担っていた。強迫性格，ヒステリー性格などは，まさに，防衛様式が性格と等価になっている例である。確かに対象関係論と自我心理学が合わさった観点による人格発達理論においても，個々人によって異なる発達経過や各発達時期の葛藤経験の特徴がとらえられている。そうした特徴は，やはり防衛のあり方の個人差を生み出すであろうし，またひとたび，主たる防衛機制として採用されたものがその人の手持ちの方法になっていくにつれ，「性格」あるいは「パーソナリティ」に組み込まれたと考えられる。

(9) 刺激防壁（stimulus barrier）

(a) 内的・外的刺激を受け容れるにあたっての識閾。

いろいろな感覚相が刺激の過剰負担により不快になったり興奮したりするといった識閾の低さから，適量の刺激をとり入れ過剰刺激を避けることができるような，よい「選別メカニズム（screening mechanism）」をはたらかせる柔軟な自動制御的識閾のあり方まで，かなりの幅が考えられる。その幅はそのまま個人差や，また同一の人の中の微妙な個人内変動を生み出す

が，一般心理学で気質（temperament）として扱われがちなものでもある。Freudは，乳児の初期から過剰刺激を回避する筋肉運動に注目し，後の自我心理学における「一次自律装置」次元とかかわり深い「身体自我」としてこれをとらえていたように思われる。

(b) さまざまなレベルの感覚刺激に効果的に対処しつつ，適応的，統合的な反応を，行動，感情，認知などにおいて，どの程度とることができるか。

単に過運動状態に陥ってしまったり心身反応を起こしたりというふうに，自我の統合を欠いた，刺激に抵抗力のない反応もあれば，かなりの刺激に見舞われてもバランスを失わずうまく処理できる場合があるなど，種々の程度が考えられる。

(10) 自律機能（autonomous functioning）

(a) 一次自律装置が損なわれないでいる程度。

知覚，記憶，言語，意志（intentionality），集中，注意，運動や表出行為，学習などに障害がみられたりするかどうか。

(b) 二次自律装置が損なわれないでいる程度。

習慣，習得された複雑な技能，日常的仕事，趣味，興味などが何かに妨げられて支障をきたしていないかどうか。

自律機能といえば自我の機能全体がそうであるが，ここではより狭義の一種自動化しているもの，別に努力を要さずあたりまえのようにその人にいわばしみついているものがとりあげられている。したがってその分，これが損なわれるということはかなり不健康な方向に人格変化が起こっていることや，その人がいつものその人ではないという「異常化」の指標になりうるものでもある。

(11) 総合・統合機能（synthetic-integrative functioning）

(a) 互いに違っていたり，潜在的に矛盾していたりする態度，価値，行動，また自己表象などについてもそれらを調和させたり統合したりする機能。

いろいろなことをバラバラ，あいまい，あるいは矛盾として経験するだけでそれへの耐性がないと，自己感情やアイデンティティの諸側面が互いに解離したままになり，多重人格を極点とするような人格上の大きな問題が生じ，

一貫性のある人生目標が持てない。それは，見かけの上では同様にいろいろ違った面や幅の広い意見や感情を持ちながら，その基底に一貫したまとまりが備わっているような統合的人格とは大いに異なるものである。

（b）心の中や行動面でいろいろに起こることを積極的（active）に統合していくはたらき。

その時々に行動を切り替えて目標指向的な課題解決に向かうことができるか。その逆に1つのことをしていると別のことに対処できず，そしてまた以前の経験が後に生かされなかったりして，生活全体が部分部分に分断されてしまうか。それら両極的なものの間で，種々の程度に，違った経験領域を結び合わせる積極的な努力とその効果の生み出し方を見ようとするものである。

こうした総合あるいは統合という高次の機能はFreudが考え残したものであったとされている。

(12) 熟達 - 有能性 (mastery-competence)

（a）環境と能力相応の関係が持てているか，また能動的に影響力を発揮するところが見られるか。

（b）主観的な自己有能感。自分がどれくらいやれる，あるいは成功するというふうに期待が持てているか。

自己価値（自尊感情）が低かったり，罪悪感，マゾヒズム，現実感の乏しさ，ねたまれることへの恐れなどの程度に応じてこの（b）は低いことになる。

（c）上の（a）と（b）の不一致度。両方が互いに相応しているか。またどちらが上まわっているか。

当然，両方が高くて互いに相応しているのが望ましい形であるが，（b）が大きく上まわって「自己肥大」が起こっている場合や，実際の有能性や効力にくらべ自己評価が低すぎる場合などいろいろなケースがある。

自己評価の研究はわが国でも質問紙調査法を中心に数多く見られるが，思春期の低い自己評価など発達差が，また年齢域によって女性の方が低いといった性差が見られたりしている（梶田，1980, 1988）。そうした自己意識そのものが，Bellakらの自我側面おける（3）や（11）の産物ということになる

が，この有能性の場合のように，自己評価と現実行動上の効果との間の「落差」をさらに複合的な指標として用いれば，そこにまた微妙なパーソナリティ特徴を見ることができる。

自我システムがいろいろな機能的側面を擁していることを以上に見たわけであるが，いろいろな側面は別々にではなく関連し合ってはたらいていることが同時にうかがえるものでもあった。それらすべてを果して自我という概念の中に包括してしまわねばならないかとも思われるくらい相当な範囲に及ぶ諸機能であるが，逆に，やはりそれぞれのはたらきや経験をわれわれは確かに持ちながら暮していることに違いないことに気づかせられる。また，かりにどれか1つの側面の機能が失調したり障害された場合を想像してみると，その程度に応じて人格全体がそれまでと違った様相を呈さないわけにいかなくなることも確かであろう。

上に網羅されている内容をここで筆者なりに大別してみると，①外界と内界の情報処理に関する機能……現実検討，思考過程，適応的退行，自律機能，②内外の刺激調節と防護に関する機能……防衛機能，刺激防壁，③行動などによる表出の調節と結果の予測（迂回と見通し）に関する機能……判断，感情・衝動の表出調節，④「はたらきかける」こと，「かかわる」ことに関する機能……熟達・有能性，対象関係，⑤「存在（being）」と「（感情的）経験」にかかわる機能……現実感覚，総合・統合機能，の5つくらいに分かれるのではないかと思われる。

Bellakらは，臨床的面接法により，複数面接者の一致率を検討しながら以上12の側面による自我評価を行っており，健常者群，神経症群，分裂病群の3群間には全側面を通して有意な差があることなどを実証している。また一個人について，好調時と不調時またその人らしさを示すレベルというものを複数評価し，個人内変動を合わせて見ながら，12側面にわたるプロフィールを吟味して，いわば自我機能の個性を，静態的にではなく動的にとらえようと試みている。

このように多面にわたる自我の個性的特徴は，予後評価の面でも，他の人格変数としての特性や類型あるいは意識的態度，さらには精神力動論の中に

他の審級として含まれるエスの特徴や超自我の特徴などに比べて、高い予測能力を発揮するものとして受けとめられている。

自我はもともと決して表にあらわれ出るものではない、いわばパーソナリティの"裏方"あるいは"スタッフ"の中の中心に位置するものであろうが、こうした構成概念を設けることによって、パーソナリティの舞台裏の肝心な仕組みが理解され、臨床的に有用な概念的枠組みが得られていくのである。

3. 自我機構の形成と人間関係

人間関係が心の中の機構造りに緊密なかかわり方をすることは、私たちが日常経験を通して案外よく知っていることではないだろうか。それは人生の出発時点にすでに示唆されていることでもある。

生存のために必要なものや環境状況を自分で手に入れたり造り出したりすることができない無力な乳児にとっては、世話をする大人がどのようにその必要なことを、適当なタイミングで適えてくれるかということによって、自分の置かれている世界の全体的印象を違ったふうに持つことになるのは当然である。あてにできるものか、いったんは欲求不満状態に陥っても希望を失わずにいられるかどうかといったことをめぐっていろいろな程度や質の違いを持つ体験が、すでに発達早期に起こってしまうのである。それらは、前向きに環境にはたらきかける姿勢を持つようになるか、パニックにならずに期待を持って、「待つ」ことができるか、満足の遅延に耐えられるような子どものこころをつくっていきうるかといったことに直結していく。それはすでに、現実への対処や、心の調節といった自我機構の基礎工事と言ってよいものであろう。

1. 最早期の人間関係環境と二者関係基質

Spitz, R. (1965) は、子どもの欲求に合わせて、欲求への注意、知覚、正確な判断、巧みな状況対処といった母親の適応力を「代理自我 (auxiliary ego)」としてとらえたが、この代理自我のはたらきは、乳児にとっては、

自分自身の効力感，あるいは「よい（快い）」あり方を万能に創り出す自我能力のように体験されると言ってもよい。

この体験は明らかに Winnicott, D.W.（1971）が言うような錯覚である。

それは，自我支持的な（ego-supportive），ほどよい母親に全面依存することによってもたらされる錯覚である。そしてまた同様に人の助けによって，適度の欲求不満体験を介した脱錯覚への道を歩んでいく中で，その錯覚の世界の中から次第に子どもみずからの自我能力が生まれていくのである。つまり，その「代理自我」体験こそが，子ども自身の自我の母体である。子どもの状態と自分のはたらきかけ方との間の「相互調節（mutual regulation）」がほどよくできる母親に比べ，たとえば子どもへの共感をあまり示さず一方的にはたらきかけて，刺激の過不足状態をもたらしたり，不意に侵入する一方で子どもが必要なときに応じなかったりするなど，「相互性」が実現できず，調節されない状況が生じていくとき，子どもは世界をどのように受けとめることになるであろうか。そしてそこから原初的な自己効力感覚がどのように芽生えていくかについて，誰もがさまざまな個人差を容易に想像すると思われる。そしてそれらが子どもの自我発達の温床に，また自我のはたらきの「基型」を提供するものになっていくのである。

子どもの欲求や動機，情動に対する母親の共感的な応答性や対処は，以後子どもが自分の中の欲求や情動に対して自分自身がどのような感受性を示し，どのように調節的に対処するかその仕方そのものになっていく。そして同時にまた全体的な自己共感（self-empathy）の機能の発生と成長を規定していくという，そうしたつながりが見逃せないところである。

欲求がかなえられ満足に包まれるという有機体的"栄光"とその"挫折"の体験は，誰にとっても無縁でない。失われた"楽園"へのノスタルジアは生涯を通じて保持される。そしてまた一方，欲求が満たされない"不快"の中に放り出され遺棄される不安，満足に包まれた共生的一体世界の喪失不安（Bowlby, J., 1960）といった，原初的な負の体験も心の奥に「不安の原型」として生き続ける。それらは深刻さの度合こそさまざまであるものの，以後，状況に応じてその不安は再燃し，自我を脅かしては防衛を強化させることに

なりかねない。そうした中で，貪欲で執拗な性質の衝動や願望(ファンタジー)に圧倒されて現実から遊離してしまうといったことがないように，どこまで自律化した現実能力を獲得していくことができるかといったことが予断を許さない自我発達課題になっていく。

上記最早期の人間関係の特質の重要性は常に強調されるところであるが，次いで注目されるものに，コントロールをめぐる親子の関係がある。

2.「統制‐被統制」葛藤をも含む二者関係

排泄訓練に典型的にあらわれるような，初歩的な社会化・文化化の課題がある。それは何と言ってもそれまでは自然のままのあり方が最大限許容され支援されていた子どもにとって，初めての厳しい体験であり，緊張や葛藤を孕んだ人間関係に身を置く体験である。統制や調節はいろいろな次元のあり方を含めて自我の最も重要な仕事の1つであるが，統制と被統制をめぐる人間関係を通してそのはたらきが自我に備わっていくところを見落すわけにはいかない。

親のしつけに従うか，それをがんこにはねつけて気ままにしているか，その時々によって子どもはこの2つを往き来しいろいろなかけひきさえ見せる。その中から子ども自身が自律的な自己コントロール力を身につけていくことができるためには，親が力まかせに規律に服従させるやり方は不適当である。それは子どもを他律化させ，外からのコントロールまかせにさせてしまう。「相互調節」がどこまで可能か，「関係」の真価はそこで問われることになる。いわば「自然」と「反自然」の相克でもあるこの最初の「規律関係」は，「自然」が本来圧殺できるものではない以上まさに人と人が「調節し合う」関係になる他はない。

排泄コントロールをとってみても，それは内臓器官のはたらきに大きくかかわることであるため，内臓の自律的なはたらきという体内の「自然」が基本要因である。そしてそれを受けて行動を選択する子どもの自由意志あるいは「気まま」があって，それに社会的枠づけが対するということになる。これは，欲動と外的現実の要請とそしてそれら両方を受ける自我との間の力

動的関係の構図そのものである。つまり，まだ「自然」が心身全体を単純に支配している子どもと，社会的要請を背負った母親との間で繰り広げられる「調整関係」こそがやがて内側に敷き移されて自我の機能と化するのである。

　どこまで放っておいてよいか，どれくらい早目にした方がよいかという見通しや判断，意志決定。どこまで強情を張りどこで折れるか。がまんすることの結果もたらされる満足。コントロールに失敗したときの恥や自己価値の低下。逆に成功した時の達成感や自律感，自尊感。欲求主体，欲求対処主体にかかわるそうしたいくとおりもの体験がそこに相伴って起こる中から，認知，感情，行為の各次元にわたる自我の機能が形成されていくと考えられるのである。

　またちょうどよい具合の最適な調節関係が実現されたとき，その関係様式がいわば中性的に自我の機能様式に転じるといった，一見単純に見える移行の中には，実はもう少し周辺の条件が含まれていることにも留意する必要があり，むしろそこらに興味深いものがあるとも言える。

　それには，コントロール不成功への不安が強くなりすぎないことや，不成功が決定的ダメージとなって回復不可能になったりしないことなどが含まれる。その場合に次に向けての励ましや慰めが与えられたり，よりよいコントロールのあり方が共に探り試みられようとするなどのことがあるかどうか。この段階なりの「自我支持的（ego-supportive）」な姿勢が貫かれるための具体的条件がどのように加味されるかが見逃せない大切な点である。Kohut, H.（1960）が「変容性内在化（transmuting internalization）」と呼ぶものも，万能性の自己・対象像が失敗という現実によって壊れ去るのを，何とか修復し持ちこたえる方向に，有効な現実的方略が産み出され，それが内面化されることを指している。確かにこの時期までは意気揚々と野心に満ちて万能であったあり方が，コントロールの課題でひどく頭を打つことによってしぼんでしまったり前向きの姿勢を失ったりしないような，情緒的手当てが基本的に不可欠となる。Eriksonの「恥」も威勢のよかった自己像の暗転，「名誉失墜」体験を指しているが，そこでどのように「気をとり直す」ことができるか。それは以後自我機能を裏打ちする感情耐性を築いていくものであり，

気のとり直しが可能になるような親子の間柄こそが，それに向けて重要なのである。

　目標と方法のあり方の修正や再編成，微調整によって，有効なコントロールのスキルや方略が新しく産出されていくわけであるが，同時に，情緒的回復がそこには含まれなければならない。Winnicott（1965）の「移行対象」もそうであるが，葛藤の中から自律機能を獲得していくという自我形成のタフな仕事を，一方で慰めやわらげまた癒しつつ全体として感情的に耐えうる心のはたらきが重要である。self-soothing, self-comforting の機能は見過されそうになるかも知れないが，それも本当は大切な自我の能力なのである。

　こうした感情的（affective）な自我能力は，対象関係の中での「共生基盤」や「自己対象（self-object）」の系を通して自己経験（self-experience）の中に蓄え込まれた感情資源に依っている（Stolorow, R. et al., 1987）。それこそまさしく人間関係の中から獲得されるものに他ならないことがわかる。コントロールの機能にかかわらず，自我が種々の程度に困難な課題にとり組みながらみずからの機構を拡充させていこうとする過程で，こうした感情的資質・能力は自我の効力を背後から支え続ける働きをし，それはまた自我のはたらきに幅や奥行きを与えていく。それは「退行」につながる面を持つであろうが，その際には先述の一次過程の作用とともに，内在化された共生基盤・充足した融合の世界が再活性化され，一種の情緒的充電が行われることが考えられるのである。

　また統制者，規範提示者の「イメージ」も子どもにとって意味深長である。そのイメージは当然感情を湛えていて，厳しい制圧者，苛酷な処罰者，力づくの支配者，束縛者，ボロが出ないようにととりつくろう人，その時の気分で言うことが変る人，堅固に規範を体現している人などというふうに，イメージの中身は具体的にいろいろであろう。

　そうした中で，統制者というのは，子どもから見てなかなか自分にはできない身の処し方ができる別格の存在，自分に不可能なことがすでに可能な人として，「理想モデル」にも相当する存在である。子どもは現実原則を学ぶ中で，活発な衝動のはたらきに対処していくために，むしろ外の強固な力と

手を結ぶことが必要となる。統制者が一貫して確実に規律を呈示することは，子どもを自己コントロール喪失のおそれから救い，守ることである。子どもはそうした関係の中に身を置くことによって，次第に確実感をもって衝動に対処できる自我力を育てていく。

　より早期の対象関係の本質が，満足や安心中心の互いに融合した一体関係の実現にあり，それを通して外界に期待をもって親和し生き生きと開かれていくと同時に内界との間にも同じ関係が生じていくことはすでに見たとおりである。それにくらべると，ここでとりあげている人間関係の位相は，自他未分の癒合的に完結した世界の中にすべての可能性が宿っている段階とは違って，すでに一体性が解かれつつある強力な対象との，不協和や緊張を孕んだ関係の中から，自分で自分をとりしきれる自律存在になるための新しい可能性が引き出されていこうというあり方である。とはいえ全能的心性が一挙に崩壊するのではなく，それは理想化された対象像（親像）の中に移し入れられる。子どもはそうした「理想モデル」との同一化を通して，自己像を卑小化や幻滅から守っていくのである。

　子どもの経験世界の中に入ってくる最初の対象が欲求充足的な"よい（快適な）"意味と，欲求挫折的な，原初的不安をもたらす"悪い（不快な）"意味とを分裂的に担うことは，程度や質こそさまざまなものの，普遍的に免れ得ないことであった。そして最初にしつけ役を日常生活の中で受け持つことになるのが同じく母親であってみれば，コントロールをすることに"悪い"方の対象像が重なるとしても不思議でない。統制‐被統制関係にいる子どもの心の中では，この"悪い"対象原像が復活するであろうし，それと格闘しなければならなくなる面も内的作業として起こってくるであろう。

　ここで対象像が一挙に暗転したり，分裂を深めたりしないようにするためにも，やはり"よい"イメージを基盤にした「情緒的な対象恒常性」が具体的にどう保たれてるかがたいへん重要になる。Freud（1923）の考えにもすでにあったとおり，満足体験に結びつく"よい"対象像の記憶こそが，現実検討や対象関係機能，また「快感自我」機能など自我機構の発生源である。

　そしてもう1つ，コントロール関係が"悪しき"対象像を単純に復活さ

せてしまうことがないためには，規律が個人的な直接取引の次元で（齋藤，1980）ではなく，威厳を備えたより公的な質の規範次元で提示されることが求められるであろう。そうすれば子どもは"悪しき"対象との私的な呪縛関係を超えて，もっと広い「社会次元」に抜け出ることができるであろうし，またコントロールそのものを一層中性的な感覚で受けとめていくことが可能になっていくと思われる。そしてそれには自我機構が作られていく上で必要な，衝動（殊に攻撃性の）の中庸化をも伴うことになるはずである。

　ただしそれには統制者側の要因も絡んでおり，統制者自身が，コントロールの原則に確信をもって，内的な規範や価値の構造の中に組み込まれたその原則を体現しているかどうかといったことが大切である。子どもは統制者の生きている姿そのものと同一化しながら規範とコントロール機能とを身につけていく。それは他者が子どもにとってすでにモデルとしての意味，次第に象徴化された意味を担うようになっているということであり，直接の対象であるだけでなく，間接の内的対象になっていくことでもある。

　さらにまた，コントロールをめぐる関係は，最初の対象（first object）との間の二者閉鎖系のままでなく，より大きい社会的規範性へと「通路が開かれていることが暗示される関係」の中で展開されることも大切な点である。最初の対象としての母親との間の"悪しき"体験も，背後に大きく控える公平な規範原則の存在によって増幅がおさえられ，子どもをかえって一種の止揚に向かわせる面，"悪しき"体験の呪縛力から解放させる面を持つと思われる。本格的な内的審級としての超自我や良心の形成も，その延長線上に考えられうるものであろう。

　規律に即することが欲求挫折の"悪しき"体験でしかないとすれば，子どもはコントロールを身につけた自律的なまとまりのある存在への道筋を得ることができない。

　二者間の相互調節関係の不全に基づくコントロール課題の深刻なつまずきは，境界例人格障害などにも認められるところである。そこでは表面的には規律に従う，かりそめの遵奉性を身につけていても，本来の意味での自律的な自己コントロールという自我能力の障害が問題になっていく。

3. 三者関係への展開

「対象」は，自他未分の合体状況から，不協和にぶつかり合う直接的葛藤状況の中の存在，そして次第にモデルとしての意味，記号的・象徴的意味を帯びた存在へと移行していくわけであるが，そうした「対象」が持つ意味の変容は，自我形成にあずかる人間関係そのものの現実的推移を反映している。

対象そのものの変遷と対象が持つ心理的意味の変化，そしてそうした対象との間で営まれる関係様式の歴史が自我形成にあずかっていく経過はまさに興味深いものである。そうした人間関係の痕跡が自我の性格（character）になるという考え方はすでに Freud（1923）において見られていた。

さて，コントロールや調節が可能な自律存在へと，つまり分離-個体化への道を歩み出した後に控える重要な人間関係的試練として，二者関係から三者関係への移行の問題がある。

子どもは幼児期の後半にもなると，家族メンバー全体へと関係が広がっていくが，それは母親と密着し二者が完結的に1つの系になって，その中にあらゆる満足と苦痛・欲求挫折，あるいは安定・安らぎと緊張・不安といった正負の情動的体験が含み込まれている世界に一種の裂け目ができて，そこに別の新しい他者が加わり入ることである。その中でも「父親」という存在が子どもにとって重要な心理的意味を帯びて新たに登場する点は殊に特徴的である。

三者の一項である「父親」が，それまで唯一無二の対象であった母親とすでに親しい間柄にある「強大な」存在であることへの子どもなりの気づきは二者世界の絶対性を打ち壊す。そして子どもは，互いが相手にとって愛情対象である2人を目の前にして，はじめて愛情対象の選択，そして接近と回避，あるいは愛情と憎しみ（攻撃）の二極化したかかわり方を対象に振り向けていくことになる。これまでになかった抗争（rivalry）や羨望，嫉妬，そして他方で強い対象愛（異性愛的な）といった感情経験を持つと同時に，対象が複数になることによって，対象認識が飛躍的に進み分化する。そしてこのよ

うに三者が相対化して位置づけられながら複雑に経験される中で，今までにはなかった本格的な「対象」経験と観察が繰り広げられ，それに伴って「自己」経験・認識も分化する。

「対象」は，愛情や攻撃性情動などを極めて強く帯びており，殊に母子の緊密な世界に割り込み，母親への接近を禁止したり処罰したりする父親は，脅威を与える「攻撃者」としての感情価を強く帯びる。それは，ただただ近しい母親とは全く異質の，そして強い力を及ぼす存在であり，男児には「処罰的威嚇者」の色合いが，また女児には母親と自分にはない「力ある存在」としての色合いを強く帯びていくと思われる。

三者構造の中で対象への接近‐回避をめぐる葛藤が強い緊張を伴って生じていくが，子どもはそうしたなかで，対象関係におけるいわば「危険域」にはじめて入ることになる。そして単なる不満足や欲求挫折としての「不快」経験とは次元の違う，「絶対にあってはならないこと」につき当るのである。これは母親との間で繰り広げていたコントロールをめぐる攻防戦とも異次元のものであり，いわゆるエディプス葛藤を通しての，「タブー」，超自我恐怖の発生である。三者構造の中にいる「制裁者」，「攻撃者」を結局同一視的に内在化して，子ども自身が心の中に，「監視」や「処罰」のシステムを備えるようになることがとりもなおさず，この「危険域」，「タブーの世界」から脱出する方法である。この4〜5歳頃の決定的な課題が個々の子どもにどのように降りかかるかは一様でないものの，一般的にはその課題を通して「超自我」という審級が加わり精神機構の体制化が大きく前進する。

では自我の発達そのものにこうした厳しい対象関係はどのような結果をもたらすであろうか。

1つには超自我の絶対的な「処罰」機能と相携え合って衝動への対抗力を増すことが挙げられる。ただし，これは超自我側の力があまりに強く魔術的な力をふるいすぎて，罪悪感で縛る面が強くなっていくと問題である。好奇心にまかせて現実学習を自由に進めたり，自己主張や自己アピールをこの時期相応に旺盛に示したりすることを押しとどめるように，衝動の禁止の方に重点がかかりすぎると，不安の強い消極的な方向へと自我が圧迫され不自由

になっていくことが考えられる。

　「超自我」が，自我に対して容赦のない強制を課すよりも，道案内（guiding）や警告的発信あるいは自己批判の役をどう果すか。後者ほど責任性や確信のある道徳性が実現され，強制的義務感や強い悔恨・罪悪感といったものに呪縛されない，自尊心（自己価値観）を伴った社会適応が可能になっていく。超自我は自我にとって「最大級の安全手段」として役立つ面を持っているのである。逆に暴君のような超自我との戦いに追われることになると，自我の合理的な調節機能や有効なコントロール力は発揮しにくくなっていく。

　ともあれ，上述のように関係が三者化することで自他表象は充実し心の構造化が進むとともに，分化した現実検討のあり方が見られるようになる。現実をとらえる枠組が，たとえば性別，年齢や将来を含む時間軸，基本的な社会的役割，規範，価値，目標などを含めて分節し豊かになるわけである。

　そして葛藤体験や攻撃的，またエロス的なファンタジー，「タブー領域」への感受性などを通して感情が分化していく。葛藤をかかえたり，より複雑できわどい感情をかかえたりするエゴ能力が育っていくとも言えるであろう。

　精神分析的なリビドー発達説が「小児性欲」のピークの時期とするこの頃には，上記の葛藤的人間関係の中で攻撃的ファンタジー，エロス的ファンタジーが共に活発化すると言われるわけであるが，結局のところ，愛情対象の所有と決定的結合という，最も根本の願望は，「絶対的な掟」によって断念させられるわけである。この最強の願望が現実的充足の道を絶たれることは全能性の決定的傷つきであるが，そのように自分を敗北させた力ある親を理想的に価値づけし，その親像をとり入れることに活路が見出されようとする。このように姿を変えた全能的心性は，強固な自己管制力へと移し変えられ，それによって一方現実のより有限な存在として認識されていく。つまり，強さや力がむしろ内側に貯えられる方向をとることで，精神システムの方がしっかりしていくとでも言うべきであろうか，力の及ばない動かしようのない強固な外界の存在と同じ強固な力の作用が内側に備わっていくことによって衝動に対する抑圧機構を擁したエスに奔ろうされないエゴとなっていく。

そのような内的システムが備わることはとりもなおさず分離した自律的個が成り立つことであり，幼児期後期の子どもが，「小さな大人」と言われる由縁となる。Brenner（1973）がこの頃について，「対象関係が児童期後期および成人期の対象関係とすべての点で同じとまでは言えないにしても，それに匹敵する程度にまで，子どものエゴの発達を見るということである。4歳か5歳の子どもの自己覚知と対象認識の性質は，ライバルに対する嫉妬，恐怖，怒りの存在のみならず，ある特定対象に対する愛情や憎悪の感情の存在をも可能にするようなものであって，これらは後年の生活におけるこうした感情の基本的特徴のすべてを含むものである」と述べるとおりだと思われる。

　エディプス課題の迎え方および通過の仕方は，それまでの人間関係史に規定されるので，いかに大きな「人間関係ドラマ」であるからと言ってそれだけを単独にとりあげることはできない。とはいえ，まさに発達的必然性をもった最強の願望こそが「禁じられた願望」であるということに，それが一大ドラマたる由縁があるのである。異性愛的な対象接近は，現実的行為のレベルはもちろんまた空想のレベルでも禁じられたものとなるのである。こうした「願望の行き止り」，つまり「満足」のあり得ない「願望」が，Blos, P.（1962）や Blanck, G. ら（1979）が指摘するとおり，ライフサイクルの後々の時期にまで——青年期，若成人期，親世代に至った時期そしてさらに後——繰り返し同じテーマを復活させていき，近親対象を性愛的対象選択から除外し放棄するという難題との取り組みを長期にわたらざるを得ないものにしていくのである。

　ともあれ，愛情対象選択が近親圏外に広く転じていくことは，社会適応スキル，人間関係スキルが自我能力として獲得されていくこととつながっていく。また近親関係が，「優しい愛着（affectionate attachment）」の形をとって無難に保存され，自己存在の基地が温存される。そして自分の代りに「願望」を遂げている点からも理想の存在である同性の親との強い同一化指向のもとに，そうした存在になれるための条件を自分自身備えようという強い「目標」を持つようになる。それによって何といっても勤勉に努力して有能

な人になることがまず先決なのだといった心の動きが生じるのは自然であろう。そうしたことから次のいわゆる「潜在期」的現実学習者のスタイルも身についていき，「現実自我」能力の具体的な中身の習得が進められていく。

　エディプス葛藤を問題にするとき，日本におけるように，親が子どもに対して「非性愛的（desexualized）」存在スタイルで立ち現われる場合，また親機能が「母性」に偏している場合には，そうした葛藤が尖鋭化しにくいのではないかとの論議がある。しかし，たとえ際立った形をとりにくかったり，時期的に後にずれて思春期になってはじめて，根本的なテーマが一挙に噴出する場合が少なくないにしろ，やはり重要な発達課題であることに変りはないであろう。

　むしろ，父親を圧倒的強者として経験できる幼児段階で，三者葛藤が尖鋭に体験された方が，確たる規範機構を含む，心のシステムの構造化が順当で無理のない過程をたどりやすいはずである。もし思春期になって初めてそれが顕在化するとなれば，子ども自身が幼児期のように明瞭な「敗北」や「断念」に行き着くことができにくく，エディプス物語も「内的神話」ではない「現実の話」になりかねない。またそこでの不安や緊張は，子どもにとってたいへんな負担になると思われ，家庭内暴力などにこうした意味が含まれることは稀でない。

　いずれにしろ，こうした三者関係への「イニシエーション」の中では，異性愛的親密関係への強い願望とそしてその欲求不満，強度の不安と緊張，自己価値の低落といった激しい感情体験の生起が必至となる。

　人格発達を理解するときに，三者関係水準以前の問題が大きく残っているか，三者関係水準の問題か，三者の人間関係葛藤を通過し得ているかといったことで理解が分かれ，「三者葛藤以前」の問題か（そこにとどまったり，再び退行せざるを得なかったりして），「三者葛藤レベル」の問題かに大きく診断分類されたりする。

　それは，やはりこの三者関係の発達課題の中で，それ以前の自我発達の問題全体が問い直されることになるからであり，ここで複雑な感情を含んだ強いストレスに耐えながら，社会化と象徴化の方向に自我の発達が大きく展開

するためには,それ相応の基盤がそれまでの発達史を通して備わっていなければならないわけである。

ここでの人間関係を通して「分離‐個体化」(Mahler, M.S. et al., 1975)の課題も一区切りを迎え,性別,年齢,能力など種々のカテゴリーを備えた自己,内部に自我や他の審級を含む精神システムを備えた「自己存在」が成立するかどうか,それは重要な発達的仕事となるのである。

葛藤の神経症化や,それ以上に重篤な人格機能水準に向かう発達障害などが現われるにしろ現われないにしろ,思春期はもとより,さらに後の人生段階の重要な局面で,二者関係段階の問題すべてを内包した三者関係の個人的経験のあり方は,蒸し返されていくと考えられているのである。

4. 近親圏外での人間関係の展開

紙幅の都合上大幅に略するが,児童期に,子どもはヨコの仲間関係,親以外の新しいモデルへの心理的接近を通して,現実学習を広く本格的に進めながら「自我目標」や「自我興味」を現実的な裏打ちを伴って育てていく。この期に子どもは競争や協同の具体的展開の中で,行動の失敗や成功が極めて実際的な評価に曝され,確かなフィードバックを与えられる人間関係に身を置くことになる。そして知識の獲得,具体的技能・能力の熟達を通して有能性を身につけながら,現実的な「自己価値」を高めるために勤勉に努力することを指向させる人間関係,モデル像との同一化をいろいろ起こしながら達成指向が強化されていく人間関係が経験されていく。

ヨコの人間関係は,現実性や合理性,社会的価値に重点を置いた自我の現実能力を身につけさせていき,願望優勢の緊密な親子の世界からより広い社会で現実にやっていけるだけの現実機能を備えた個人の形成を促していく。

親以外の,親密な愛情対象も,児童期後期から思春期にかけての同性の親友関係や,さらに青年期の異性関係という形で現われることになるが,こうした重要な意味を担う新しい対象の選択と,新しい親密な人間関係の形成は,自我の要素機能の中の「対象関係」の側面はもとより,「現実感覚」や「総合・統合」の機能の発達と密接に絡んでいく。1節の4項でとりあげた,「全

体的な人としての自己存在」（W 次元），あるいは「個人同一性」が，いよいよ親からの本格的な分離を果しつつ，形成されていくかどうかということと，家族圏外のいわゆる「非近親愛」的に親密な新しい人間関係の形成とは不可分な関係にある。

　そこには，「親」か「新しい対象」かの選択，「自我理想」を新しく再構成してどのように設定するか，そして安定した親子関係基地をどのように内在化するか，また自律のための自我の適応手段を社会的位置づけを得ながらどのように獲得するかといった，大きな課題が含まれている。

　殊に青年期には，欲動の昂まりと相まって，人間関係史の中の個別的な問題が強く再燃し，自我は大きなストレスに立ち向かう。集団への帰属や，種々の役割実験を通して，現実と非現実，合理と非合理，短絡と迂回，退行と進行（progression）など種々の矛盾を人間関係の中に持ち込みながら，全体としての人間関係の再構成，自我の本格的な構造化と機能の充実が果されようとするのである。

　対象関係論的な自我の考え方は，まず心が人間関係様式や，人物表象によって織りなされはたらいているとする見解に立っている。言ってみれば心の中は「人」だらけで，「人」が構造を編み出しているし，また人と人の関係様式の重要な要素が心の機能様式になっているとする考え方である。Guntrip, H.（1971）が「システム自我」に対する「パーソン自我」の概念を出したのもこのことと関係している。

　ここで追い直した人間関係史の重要な位相を見ても「パーソン自我」という考え方は確かに成り立つと思われるし，人間関係が内在化され種々の人物表象を宿しながら心の構造を築いていくこと，そうしたとらえ方の中には感情体験の面が温存されるので，治療的人間関係の中で実際的有用性を持ちうる理論となることなどがうかがえると思われる。

　そもそも，「パーソナリティ」というものが問われるのは，人が別の人に対して，認知的また感情的に期待（予期）を持ちながらかかわり合おうとする人間関係の中においてに他ならない。自分と全くかかわりのない存在につ

いては，そうした人柄とか，またその人柄を生み出させている仕組みとしての自我機構に関心を寄せることはないであろう。

そうした仕組みについての客観的理解と，「関係」の中で自他経験に身を置く相互作用的な地平での人格理解とは，臨床心理学にとって，いずれも欠くことができないものである。

引用文献

Allport, G.W. (1937)：Personality: A psychological interpretation. Holt, New York.

Allport, G.W. (1943)：The ego in contemporary psychology. Psychological Review, 50, 451-476.

Anderson, S. & Messick, S. (1974)：Social competency in young children. Developmental Psychology, 10, 282-293.

Arlow, J.A. & Brenner, C. (1964)：Psychoanalytic Concepts and the Structural Theory. Intern. Univ. Press, New York.

Bellak, L., Hurvich, M. and Gediman, H.K. (1973)：Ego Functions in Schizophrenics, Neurotics and Normals: A Systematic Study of Conceptual, Diagnostic and Therapeutic Aspects. John Wiley & Sons, New York.

Beres, D. (1972)：Ego autonomy and ego pathology. The Psychoanalytic Study of the Child, 26, 3-24.

Blanck, G. & Blanck, R. (1979)：Ego Psychology II: Psychoanalytic Developmental Psychology. Columbia Univ. Press, New York.

Blos, P. (1962)：On Adolescence: A Psychoanalytic Interpretation. Free Press, New York. (野沢栄司訳：青年期の精神医学. 誠信書房, 1971.)

Bowlby, J. (1960)：Separation Anxiety. Int. J. Psychoanal., 41, 89-113.

Brenner, C. (1973)：An Elementary Textbook of Psychoanalysts. Intern. Univ. Press, New York. (山根常男訳：精神分析の理論. 誠信書房, 1980.)

Damon, W. & Hart, D. (1988)：Self-Understanding in Childhood and Adolescence. Cambridge Univ. Press, New York.

Erikson, E.H. (1959)：Identity and The Life Cycle, Intern. Univ. Press. (小此木啓吾訳編：自我同一性——アイデンティティとライフサイクル. 誠信書房.)

Freud, A. (1936): The Ego and The Mechanismus of Defense. (外林大作訳: 自我と防衛. 誠信書房, 1958.)
Freud, S. (1923): The ego and the id. Standard Ed. (Vol.19). Hogarth Press, London, 12-66, 1961. (小此木啓吾訳: 自我とエス. フロイト著作集Ⅳ, 263-299頁, 人文書院.)
Freud, S. (1940): An Outline of Psychoanalysis. Norton, New York, 1949. (小此木啓吾訳: 精神分析学概説. フロイト選集 XV, 306-408頁, 日本教文社.)
Greenberg, J.R. & Mitchell, S.A. (1983): Object Relations in Psychoanalytic Theory. Harvard Univ. Press, Cambridge.
Guntrip, H. (1971): Psychoanalytic Theory, Therapy and the Self. Basic Books, New York. (小此木啓吾・柏瀬宏隆訳: 対象関係論の展開. 誠信書房, 1981.)
Haan, N. (1977): Coping and Defending: Process of Self-Environment Organization. Academic Press, New York.
Harter, S. (1983): Developmental Perspective on The Self-System. In P. Mussen (Ed.): Handbook of Child Psychology, Vol. IV (Socialization, Personality and Social Development), 275-385. Wiley, New York.
Hartmann, H. (1958): Ego Psychology and the Problem of Adaptation. Intern. Univ. Press, New York.
Hartmann, H. (1964): Essays on Ego Psychology. Intern. Univ. Press, New York.
Holt, R. & Havel, J. (1960): A Method for Assessing Primary and Secondary Process in The Rorschach. In M.A. Kickers-Ovsiankina (Ed.): Rorschach Psychology. John Wiley & Sons Inc.
Jacobson, E. (1964): The Self and the Object World. Int. Univ. Press, New York. (伊藤洸訳: 自己と対象世界. 岩崎学術出版社, 1981.)
James, W. (1890): Principles of Psychology, Vols. I & II. Holt, New York.
Jung, C.G. (1921): Psychologische Typen. Bascher Verlag, Zurich. (高橋義孝訳: 人間のタイプ. 日本教文社, 1970.)
梶田叡一 (1980): 自己意識の心理学. UP選書.
梶田叡一編 (1988): 自己意識の発達心理学. 金子書房.
Kernberg, O. (1984): Severe Personality Disorders: Psychotherapeuhc Strategies. Yale Univ. Press.
Kohut, H. (1960): The Analysis of the Self. Intern. Univ. Press, New York.
Mahler, M.S., Pine, F. and Bergman, A. (1975): The Psychological Birth of The

Human Infant. Basic Books, New York.
Maslow, A.H. (1970): Motivation and Personality, rev. ed. Harper & Row, New York.
Noy, P. (1979): The Psychoanalytic Theory of Cognitive Development. The Psychoanalytic Study of the child, 34, 169-216.
齋藤久美子 (1980)：対象関係論から見た日本人の対人関係基質．祖父江孝男編：日本人の構造，91-111頁．
齋藤久美子 (1981)：人格の統合動機について――「自我動機」の観点からみた「自己」．京都府立大学学術報告34，92-105頁．
Spitz, R. (1965): The First Year of Life. Int. Univ. Press, New York.
Stolorow, R.D. et al. (1987): Psychoanalytic Treatment: An Intersubjective Approach. The Analytic Press, Hillsdale, New Jersey.
Symonds, P.M. (1951): The Ego and the Self. Greenwood Press, Conneticut.
Winnicott, D.W. (1965): The Maturational Process and the Facilitating Environment. The Hogarth Press Ltd., London.（牛島定信訳：情緒発達の精神分析理論．岩崎学術出版社，1977.）
Winnicott, D.W. (1971): Playing And Reality. Basic Books, New York.（橋本雅雄訳：遊ぶことと現実．岩崎学術出版社，1979.）

第4章
人格理解の理論と方法
(1991)

本章の紹介

　本論文では，まず理解とは何かという根本的な問いが発せられるが，何事も「ほんもと」から考えようとする齋藤らしいあり方が現れている。人格を理解しようとするときには，なんらかの関わり合い（関係）が前提となっており，対象者の人格を理解するということは，対象者との関係の理解であり，そこには理解する側の自己理解が関連してくるということが述べられている。この人格理解における基本的なあり方を前提としながら，人格理解に必要な理論や情報がどのようなもので，どのように処理される必要があるかについて考察されている。人格理解の主要な位置を占めるものとして，自己や自我といった心の中枢諸機構が取り上げられる。また，病理水準の違いによる人格情報の特性と取り扱いや，意識領域と無意識領域との往復のあり方が図を用いて解説される。最後に，行動，自己報告，投影法により得られる情報の特質と，それらの情報を柔軟に交差させながら総合し，人格を統合的にとらえるための情報全体の受け皿となる人格理論が求められることが述べられている。

1. はじめに

　人が人の「人格」を「理解」しようとするときには，何らかの「かかわり合い（関係）」という前提がすでにあるようである。「関係」がないところには「理解」が必要になることもないであろう。
　たとえば見知らぬ土地で夕暮れどき，人気のない一本道を彼方から誰かがやって来るという状況では，「危害を加えそうな人かどうか」を第一に，「道不案内を助けてくれそうかどうか」というふうに，まずは警戒心と自分本位の期待で，敵か味方かという一種本能的な最小限の「理解」がとっさに試みられる。これは人格理解というにはあまりにも，限局された相手への関心のあり方である。けれども，心理臨床場面でもどこか似たことが起こらないとは言えない。筆者が在外研修していたとき，ある外国の初心研修医が心理療法研修での患者への関心は，相手がすぐ「中断」しそうな患者かどうかの一点に絞られてしまった，たて続けに早期中断例が重なったから，と語っていたことがあった。
　ここでふいに次のような話を思い出す。
　家の近くの山道を歩いていると犬が一匹向うからやってくる。他には誰もいないところで，相手が犬とはいえ，一対一であるため多少意識過剰気味で気恥ずかしいような気分になってくる。すると犬の方も何やら同じように伏目がちの気配で通りすぎる。少ししてからそっとふり向くや犬もそっとふり向いた。
　これは尊敬するある哲学の先生ご自身の体験談である。何人かの教室スタッフ・院生と一緒にこの話をうかがったわけであるが，私には大変印象深いお話であった。
　両者の対等ぶりが，何ともほのぼのと奥床しく，相手に対する殊更偏った構えというものがなくて，存在と存在とが全体におのずと通い合っている感がある。押しつけがましくなく，はにかみ合う優雅ささえ漂わせて同じ地平で相手に開かれ，互いにそっと尊重し合っているかに見える。もし可能ならばその犬にインタビューでもしてみて，それがどのような体験であったか，

是非耳を傾けてみたいものである。

　人と人とが新鮮に触れ合う一瞬も，これと同じ要素，この基本的に大切な要素をもともと含むはずである。人と人とが何らかの接点の中で繰り拡げる「理解」という心の営みは，本来一方向的性質のものではない。心理療法の中での「人格理解」の過程を思うと尚更そうであるが，診断面接と言われるものの中での「アセスメント」も，評価者の都合に合った情報を被評価者から採取し，それを既存のカテゴリーにはめる作業になってしまう前に，もっとほんもとの情報の発生，あるいは生成を踏まえる視点が要るように思われる。

　「理解」とは何であろうか。何のためのもの，また本当はどの程度に可能なものであろうか。そこでわれわれは何をしようとするのか。

　少なくとも，臨床心理学の領域で必要な「理解」について，われわれがそれをどのように，どこまで行なおうとしているかをここで検討して行くわけであるが，それは人と人との間で起こっていく「人格理解」ということの原初的意味にいつもかかわらないわけにはいかない問題である。

2. 人格理解の基本問題——相互関係性

　私たちは，自己開示（self-disclosure）や自己告白をみずから進んでするしないにかかわらず，知らず知らずのうちにもいろいろに自分を表現してしまっている。Freud, S. が症例ドラの手すさびに触れながら，われわれ生命あるものは結局自分を隠すに隠せず，表現し続けながら生きていくものだというふうにとらえた通りであろう。ことば，表情，動作，行為，いろいろな創作物，また症状を通してさまざまに発信し続けることが，つまりは生きているということのようである。

　一方，われわれは，人が発信するそうした種々のメッセージ・表現に関心，興味を抱く。そして各人なりに受けとった種々の情報を組み合わせ，脈絡を追いながら，感情，動機，性格，価値観といった推測，判断を行なおうとする。臨床心理学や精神医学の専門家でなくても，「一体どういう性格の人物

か」という問いはしばしば発せられる。そしてそれに伴って繰り広げられる種々の解釈行為は，たとえば犯罪の容疑者をめぐる報道や噂を思い浮かべてみてもわかる通り，ごく日常的に人々の間をめまぐるしく往き来している。

人と人との間のこうした発信と受信の濃厚な交錯の中で育ち生活していくのが，人間関係的生きものとして人が在るあり方であるとしても，ただその入り組んだ網目の中で絡まり合いもつれ合っているだけというよりは，少なくとも「関係」圏内の人と人は，互いに相手の予測可能性を探ろうとする。また同時に相手にとって予期（期待）可能なあり方へと，自分自身の行動パターンの形成が促されていくわけである。

実は，生後ほどなくからこれは始められる。自我心理学から対象関係論の流れの精神分析的発達理論，それに加え，近年 Call, J.D. 他（1983）や Stern, D.N.（1985）ら乳幼児精神医学一派の精力的な研究が示すように，乳児は，母親の感情的，認知‐行動的応答性の予期が可能になっていくことでこの世に安心して根づくことができる。また母親側も，最大限度の共感的察知により，乳児の欲求，情動，認知‐行動にわたる諸反応を予期し，そのパターンへの母性的適応を行きわたらせる。すでに一つの「相互理解」がそこに見られるわけである。互いに交信しながら相手を読み合い，そこで調節や調律（attunement）が進められて，細やかな相互適合（fitting together）が実現されていく。母親の側の機能だけではなく，乳児の側の感情的・認知的な機能がそこに大きくあずかることが実証されているが，それは，人がいかに早期から，「人」情報についての敏感な符号化（coding）と解読（decoding）とにかかわり込んでいくかということを示している。

臨床心理学における専門的な人格理解も，基本的には，対象者をどう予期できるかを課題としている。いろいろな学派の心理療法的処遇，療育や矯正，種々の訓練その他多様なトリートメントにおいて，具体的な対象者について，どのような期待像を描くことができるか。土居健郎（1977）が述べるような「見立て」や予後診断をどのように立てることができるかについて，理論的な基礎づけと方法的工夫が行なわれ，まずは「処遇可能性（treatability）」が評価されようとする。

殊に精神分析的方法のように，対象者と治療者とが濃密に心理的相互反応を展開する，いわゆるインテンシブな心理療法では，いわば心が"工事中のごった返し"状態に置かれることにどれくらい耐えられるかについて，微妙な点を含んだかなり周到な予測が必要となる。「分析可能性」（analyzability）を何カ月もにわたる面接やテストによって評価する場合があるくらいである。

評価の具体的観点として，人格のどのような面が問われるか，あるいは人格の機能や構造がどのように問題となるかは，トリートメントのあり方との関連で一様ではない。「人格」を問題にしないとさえ言われる行動療法では，症状や問題行動のごく具体的な中味の査定に重点が置かれるであろう。また仮りに集団心理療法を考えてみると，認知的・感情的な社会学習機能，セルフ・コントロールと自己表現のバランス，共感性や他者理解またコミュニケーション能力を中心にした人格側面に注意が注がれるといった具合である。

トリートメントを前提とした人格理解では，その処遇の全体的有効性と共に，実際のトリートメントの場における対象者との「関係」内容についての予測が求められることもしばしばとなる。

たとえば精神分析的療法の場合，どのような性質の転移が生じそうか，治療状況での退行はどの水準にまで到りそうか，行動化の程度，治療的仕事の同盟関係の見込み，といったものが，治療者側の具体的な治療体験のレベルで，予測されようとするなどである。そこでは治療者自身の個性に基づいて焦点の置かれ方が違うといった微妙な点もあり，したがってその場合の「人格理解」とは，対象者の人格理解と同時に治療者自身の人格の「自己理解」が合わさったものになると言った方が適わしい。

このことは，たとえばヒステリー性格，あるいは強迫性格の対象者が苦手，また他方親和性（興味）を感じるのがメランコリー性格，といったふうに，いろいろな「患者選択」が起こりうることにもかかわる問題である。

対象者の人格理解は，実のところ，対象者との「関係」理解であり，それはまたとりもなおさず，治療者の自己理解へと回帰しないわけにはいかない問題であることに気づかせられる。

「人格理解」が，いかに人と人との間の相互表現，相互理解という「関係

性」に，また対象理解と自己理解の相互連関に根ざしたものであるかに注目しないわけにはいかない。

それは常に「関係」の予期，また「関係」の実現そのものにかかわっている。「近づく」方向と「遠ざかる」方向の両方にわたり，また「融合」と「分離」の要素，さらには「受動」と「能動」の要素を含めて，人と人とが互いに「関係」における位置を定めそして交流することの中にはいつも，「人格理解」の営みが含まれるのである。

心理臨床の場における，1つの専門的な「人格理解」も，専門的な「関係」を前提とし，その「関係」の中に組み込まれて展開するという特質を持ちながら，同じように考えられる。

この「関係」理解は，「関係」の予測がすべてでなく，実際の治療過程の中でのコンタクトやラポートの具合，また抵抗や転移・逆転移と言った次第に濃く入り組んだ「関係」の展開，治療的スタンスの変動など，治療過程における「関係」評価に及ぶ。先述のように，ここにおいては殊に，クライエントについての人格理解と治療者自身についての人格理解とが緊密に絡んだ中での吟味が進められるわけである。そしてさらに，治療過程全体についての評価が，当初の予測とも照らし合わされながら，その治療の有効性，妥当性をめぐって行なわれようとする。その場合には，問題行動の消失など外的，顕在的事実についての客観的チェック，また，人格変化についての第三者的評価が加えられる。しかし同時に，治療者によるクライエント理解，「関係」内容の理解，治療的変化にかかわる直接体験，そしてまたクライエント自身の自己理解や自己体験の変遷そのものを除外しては，全体としての評価が成り立たないのをわれわれはよく知っている。

外側からの理解・評価と，内的体験次元のそれとは，臨床心理学における人格理解の理論的・方法的な課題全体を縫って流れる実に基本的な問題であろう。この点を踏まえた検討を行ないたいと思う。

3. 人格理解のための理論——中枢機構に関する構成概念

　人格理論の多様性は周知のことである。またすでに少し触れたように，心理臨床の具体的な実践方式によって，「人格」についての考え方が一様でないのも事実である。
　しかし一方で，自我力（ego-strength），欲求不満耐性，自己価値（self-esteem）あるいは自己像，自己意識，自覚や病識というふうな，大体常に顔を出すコンストラクト，かなり普遍化した，人格の鍵概念的なものもすでに存在していて，いつのまにか一種の"共通言語"にあたるものがある程度存在するようになっている。
　気質，性格特性・類型といった人格の個性的内容に関しても，たとえば分裂性 - 循環性，あるいは外向性 - 内向性など，同じく"共通言語"域に達しているものがある。
　臨床心理学ではこうした人格の個性的な内容面にも関心を寄せ，測定的・法則定立的な方法をも，個性記述的方法と合わせて用いながら，個性へのアプローチを試みている。一口に個性と言っても，「本来のその人らしさ」から，たとえば Winnicott, D.W.（1963）による「偽性の自己」，つまり本来の個性を意味する「真の自己」とは逆の，いわば"適応のための適応"スタイルが固まった「かりそめ」の個性とも言うべき他律的・防衛的ファサード，また「病前性格」と言われるような，現在前面に出ている病態の背後に隠れ後退している個性というふうに，いくつかの性質のものを考えなければならない。
　そのように必ずしも単純にくくってはしまえない「個性」であるが，何はともあれ，その人本来の個人的な人格資質がより自由にまた十分に実現されていくための，必要な心理的共同作業を進めようとするのが心理療法であることに違いはなく，「性格を変える」ことが直接意図されるのでない点も重要であろう。そこではどのような「個性」であろうと，その個性を"いじる"というふうなことではなく，むしろそうした個性，人柄の持ち味を備えた一人ひとりが，みずからが主人公になって自己管理，自己運営のはたら

きを拡充させつつ，潜在的可能性の解放を果していくことが主テーマとなる。そうした中枢的な精神機能の予測と評価は「人格理解」の主要な位置を占めないわけにいかないであろう。

　それはまた心の構造や機能を静態としてではなく動態としてとらえることでもあり，心の可変性への関心と，それに対する適切な心理臨床的介入の試みへとつなげられていく考え方でもある。

　そのように動的な自己管理，自己運営の仕組みを心について考えていく理論が，臨床心理学的な人格理論としてはずせないのは，臨床経験の積み重ねに依って来たるものであり，必然的な帰結だと言わねばならない。

　そうした心の中枢機構への関心は，人格研究全般にも及び，最も多く引用され今や古典的な人格定義となった Allport, G.W.（1937）の考えも，それを代表的に示している。つまり，個人の内側の力動体制（dynamic orgamzation）という基本視点に立ち，それは心理・生理的システムであるが，環境に対するその人独自の適応を規定していくと考える人格定義である。ここでの「力動」は精神力動論におけるよりはもっと広義であり，また内側の心の仕組みとその作用を想定している点は，意識野の現象的自己から自己概念にわたる「自己理論」，つまりわが国でよく知られる Rogers 派の心的機構についての考えをも包含している。

　そして同時に精神力動論の流れの中での詳しく体系的な「自我」の理論，また近年それに加わってきている，Kohut, H.（1970）一派をはじめとした「精神分析的な自己理論」も，Allport が言う，心の内的仕組みに依拠する人格理論に相当するものである。

　また近年認知心理学の中でよく登場する「自己スキーマ」「信念（beliefs）」「内発的動機（intrinsic motivation）」などは従来の行動主義的観点では"ブラック・ボックス"扱いにとどまっていたものである。心の内部機構に関する構成概念がそのように次々と登場し，さらには，「無意識」概念を持ち込んだ説明さえ認知心理学の領域で試みられようとするのが見られる。

　これらのことは，刺激‐反応の連鎖の中で観察可能な顕在資料だけに関心を限定するあり方から，目に見えないものへと考察世界を広げる動きだとも

言えよう。「見えないもの」についてずっと以前から理論構成を進めている物理学，先端自然科学としての物理学とそれがどう比べられるかは別として，「見えないもの」，つまり心の内部への認知心理学的アクセスの流れは，現実的に従来の臨床心理学的知見と合流する面を含んでいる。

たとえば Silberschatz, G. と Sampson, H. (1991) は，感情と認知の両機能に関する諸研究を展望しながら，認知的評価と感情反応との不可分な関係を検討している。つまり，既得知識が精神内界で，自分自身と世界に関する意識的・無意識的な「信念」を構成し，現実状況の評価システムとなり，この「信念」が，たとえば「自分は今居るところで不当な評価に曝されている」という現実認識を導き出すと，不満や怒りの感情反応がそれに伴うというわけである。ところがその一方で，感情は人の評価システムの生得的部分を成していて，人が自分自身や現実，さらに「関係」を理解するときの内的手がかり (signals) として，評価と経験の決定的導き役 (guides) をするというふうに考えられてもいる。となると，そもそも「信念」の形成そのものに感情がかかわっていたと見なければならない。「信念」→感情反応の方向だけでなく，その逆方向をも含めて，この「信念」は，まだ十分明確ではないものの，内的機構にかかわる一つのダイナミックな構成概念だということになりそうである。

認知と感情は，一般心理学においても最近いっそう多くの関心を集める問題となってきていて，Piaget, J. の時代の，認知（知能）は行動の方向づけを，感情は行動へのエネルギー供給をするといった考えの水準からさらに進んだ，詳細な研究が，精神力動的知見を汲みながら試みられつつあるように見える。

一方精神力動的自我心理学におけるこの点の認識はすでに以前からあり，たとえば Brenner, C. (1989) がその点の認識を総括して次のように述べている通りである。

結局，感情 (affects) はすべて，快，不快あるいはその両方がまざった感覚的性質を帯びているが，それは，思考，記憶，願望，つまり観念 (idea) を含む複雑な心的現象であって，感情の発達と分化は自我発達と対応するというふうに見るとらえ方がそれである。

精神分析的自我は，心の内部の仕組みの中でも"中央執行機関（central executive）"として位置づけられるものであるが，認知，感情，体験，行動，心的統合にわたる諸種の機能を含むものとして考えられている。

　先述の「自我力」という人格理解のための"共通言語"をとりあげた場合，その中味について最も分化した説明を具備しているのは，この精神分析的自我の概念であろうと思われる。

　Bellak, L. 他（1973）も，その中味を多面的，また総合的に概念化し，同時に具体的な評価の観点を検討している代表的な一人である。(1) 現実検討，(2) 判断，(3) 現実感覚，(4) 感情，衝動などのコントロール，(5) 人間関係（対象関係），(6) 思考過程，(7) 自我過程としての適応的退行，(8) 防衛機能，(9) 刺激負担調節としての防壁機能，(10) 一次的，二次的な自律装置，(11) 総合‐統合機能，(12) 熟達‐有能性がそこで問われているが，それら12の内容は，先述の認知，感情，行動，体験様式を含めたとらえ方になっている。

　そこにはまた，Freud（1915）が精神生活の基本的な三双極性（polarities）として重視していたものと対応するような形で，(1) 主観体験面と客観面あるいは自と他の面，そして，(2) 肯定面（快的性質）と否定面（不快質），またさらに，(3) 能動面（働きかける方向）と受動面（受けとる方向）といった双極的な視点が組み込まれているのが見られる。自我を，また人格を問題にするときに，そうした双極的な基本的精神様態が常にかかわることは，経験に照らしてみても肯けるものがあり，大いに興味深い。

　こうした自我の機能性と構造性は，無意識から意識の領域にわたるものとしてとらえられているが，それらは自我単独の系内の閉じたあり方をしているのではない。自我機能内容が衝動と外界の現実との関係を含んでいることはすでに示した通りである。自我は外界や内界の他の作用とのぶつかり合いの中で機能しているのであり，また全体的な精神構造の中に位置づけられてあるものである。原始的な衝動の総体であるエス，内的規範や裁定の審級としての超自我とともに，内界の構造を構成しながら，外界との間でと同時に内界におけるそれらと相互に作用し合いつつ，力動的過程を生み出している

のが自我だというふうに，見られているのである。

　自分をまもり（自己保存），同時に適応的にかかわり合うことを，能動と受動の両方向で繰り広げながら，潜在的可能性を開発・解放して，自分らしさの実現化（actualization）を進めるという全人格的な営み，その営みのかなめにあたる機構を想定して，それを「自我」として組織立った概念構成を行なったとすると，その「自我状態（ego state）」は，人格の全体状態に関してかなりの代表性を持つことになろう。

　超自我やエスについての直接評価を試みるよりも，それらの作用を背負っている自我機構に専ら焦点が当てられるのが通常であり，自我に関して，①発達的形成とその障害，②病態化水準，そこでの相対的に健康な要素や負の要素，③内容的特徴が検討されようとする。

　筆者（齋藤，1990b）編注もこの自我機構をもう少し詳細に吟味しているが，そこで同時に，通常"自我"，"自己"という呼び方がさまざまに当てられる人格の中枢機構について，従来の研究の展望をもとに，3つの大きな概念次元を取り出している。必要に応じて，もしそちらを参考にしていただければ幸いである。

4．人格理解のための一つの全体的視座

　図1は筆者の試案であるが，人格理解を具体的に試みようとする臨床状況において，そこに持ち込まれる人格情報とその処理の全体的なアセスメント視点の布置をひとまず単純化して示してみたものである。この図をもとに人格理解の現実的作業を再考してみたいと思う。

　長方形全体を，人格表現の溜りであるとすると，その中には，自己観察・自己理解の中に取り込まれ得るもの，つまりいわば自己モニタリングが可能で，有効な主観的・内的体験次元に乗りうるもの（Ⓢ）の領域が存在する。そして他方，他者からのみ見えるもの，他者による観察・理解にゆだねられ

編注：本書第3章参照。

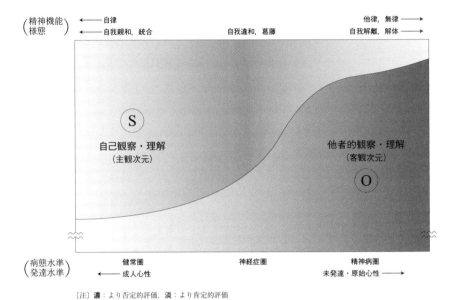

[注] 濃：より否定的評価，淡：より肯定的評価

図1　人格理解の位相

てしまい，自己観察・理解の中には入り得なくなっているものの領域（◎）があると考えられる。これは想像以上に広範囲に及ぶ可能性がある。

　もともと人は誰でも観察者であると同時に被観察者であり，誰もが人からの観察，また理解の対象となっているわけである。だから図の左側ほどⓢ領域が広いのは，そこが他者の観察・理解と縁がない領域だという意味ではなく，他者専有的観察・理解ではない，自己理解が及びうる領域であることを意味している。結果として，現実的には左側ほど，いわば主観と客観の両次元が有効な相互参照的はたらきのもとに広く重なり合っていると言えるであろう。

　人が自分自身の全体像を見ることができないのは単に視知覚だけに限らず人格把握においても同じである。それに比べると他人の全体像の把握の方が多少とも可能なくらいではないだろうか。ともかく他者の目が入り込む余地は図の長方形枠の広い範囲にわたって想定されねばならない。この「他者」

が心理臨床の専門家であるとすると，一般のいろいろな他者よりも，観察や理解について理論的・方法的枠組みを備えている。また対象についての受けとめ方の歪みについても自己観察を利かせた修正，あるいは自分自身の受けとめ体験そのものをもパラメーターとして活用した，メタ観察・メタ理解がより可能なはずであろう。

　その例としては精神分析学派における転移と逆転移関係の吟味を通した患者理解，またRogers派での，セラピストの内的「一致（congruence）」感覚や「有機体的経験（organismic experience）」レベルの内的メッセージの感受を介したクライエント理解といったものがある。

　一般の「他者」では，たとえば近しい他者の場合，"思い入れ"が"思い込み"に転じたり，またあまり近しくない他者の場合，表現されている情報の処理が粗く紋切型把握や独断に終ることも少なくないのを思うと，この「他者」のあり方こそが実に重要な要因となる。

　この「他者」が専門性を培っているほど，クライエント理解は，単なる対象理解であるよりも，専門家自身の自己知，自己理解がより大幅に参加したものとなっていく。「人を見る」ことが，自分の内側に照らし出されたその人の映像や反響に注意を向けるという意味で，より「自分自身を見る」ことに近くなっていくのである。メタ心理学という概念の底にはこの意味合いをうかがうべきなのであろう。

　さて「他者」的観察・理解についての補足はそのくらいにし，図が示しているⓈとⓄの比重に触れると次の通りである。

　左側ほどⓈの範囲が広く，自分のことをみずからとらえ直したり，主体的に体験したりすることがより多くできることを意味する。つまりこのⓈの比重の大きさはより発達・成熟をとげていること，健常であることと関連しており，また精神機能全体の自律度の高さ，自我親和性や統合性を基調とする体験のあり方が優勢な精神様態と対応する。そして，図中の濃淡が示す通り，自他いずれからも，相対的に肯定的な人格評価を得ることができている。

　次いで右に移動し中程に進むにつれて，「自己理解」領域がだんだんと減少傾向を示し，次第に「自己理解」の届かない他者専有的な観察域が広がっ

ていく。そして濃色は自己否定性を際立って示していて，そこまで否定的ではない他者からの評価との間に濃淡のずれが生じている。これは神経症の貶価的な自己観察，葛藤や自我違和性を基調とする体験の起こりやすさと対応し，自律的はたらきに使われる自我エネルギーが次第に減少して，防衛や症状形成に偏向する方向へと精神様態が移っていくことでもある。

続いて右側の精神病圏に向かうに従って，自己観察機能は低下し，「自己理解」の"守備範囲"はぐっと縮少されていく。精神病圏といっても，精神分裂病の他にうつ病，さらには境界例も含まれるなど，内容は一様でないので，実際には分化したとらえ方が当然必要となるが，全体として見ると，疾病理解・病態理解をはじめとして，人格理解は次第に当人自身の手を離れ，他者の手に移るという経過をたどっていく。

その中では，人格理解といっても次第に個性的な特質はとりあげられなくなり，「病前性格」といった扱いに後退しがちなことはすでに述べたが，それは，その人の個人的同一性が病者同一性におおわれていくことでもある。疾病分類を強く求めるクライエント，たとえば，「うつ病」や「心身症」という診断名を好んで受け入れるかに見えるクライエントなどは，「理解の他有化」の程度をさまざまに帯びて，そうした「病者同一性」にむしろ依拠した自己をうかがわせるあり方を示す。また"精神分裂病者は秘密を持てない"とよく言われるが，病態水準がその辺まで重篤化すると，図のように，Ⓢ領域が後退してⓄ領域が支配的になっていく。つまり個人の人格は，まるで他者に明け渡しでもするかのように，他者の観察と理解のままになる方向へと向っていく。

この右側域では，中間域とはまた異なったⓈとⓄとの間のずれがある。つまり，他者からの人格理解にはかなり否定的な（精神障害の徴候の明確な指摘などを含めて）評価の度合いが高まるのに，それがⓈの中に反映されていないというか，Ⓢの内容は見かけの上で左側と同様になるというずれ方を示す。「病識欠如」という診断的チェックがすぐ連想されるところであるが，自己理解機能そのものの障害，したがって「自己報告」の信憑性の問題が生じるわけである。自分自身に本当に焦点を当てた"自己に関する"情報とそ

れをみなせるかどうか，むしろ"意見水準"の，"self-relevant"ではないメッセージではなかろうかといった問題が，自己報告について生じることになる。

　たとえば齋藤（Saito, K., 1979）他の筆者の研究データでは，一貫して分裂病群の自己評価が，見かけの上で正常群と同じか時に上まわるかしている。種々の質問紙の結果は，正常群と分裂病群に統計上有意な差がなく，神経症群のみが，両群から大きく隔たって否定的な評価を一貫して示す。自己報告資料の意味については後にとりあげるが，神経症群におけるそれを図1の濃淡に示したような内容の，やはり一種の歪みとして見るとしても，それは分裂病群のものと異質である。神経症群のものを，一つの「否定方向への肥大（negative inflation）」を含む自己像としても，分裂病群におけるものが，単純に逆方向への肥大として対置されることにはならない。「意見水準」とか，「self-irrelevant」とかいったとらえ方は，そのあたりのこと，つまり自己観察や自己関心そのものが本来の機能を放棄しているあり方を指す。

　この領域では，精神機能全体が自律性を失って，たとえば"作為体験"がそうであるように，他律化（さらには，混沌と無律化）していく。自我解離性が支配し，統合の崩壊（解体）が体験様式を特徴づけていく。これを機能的退行の極端化と見る視点に照らすと，その未分化さ，原始性，現実性・合理性の無さという点では，未発達な心性と重ねて見られる面を持つであろう。

　確かに未発達で幼いということも，また精神の障害状態が重くなることも，自分で自分をとりしきり得ないことではあり，「他者の目」を先取りした「自分の目」の利かせ方は極めて限られる。その分他者の観察のままになるという点では共通していると言えよう。

　以上，図1について，健常から精神障害へと人格機能水準の変化を伴う個人間変動の視点から考えてみたが，同時に視点を一人の個人に移して個人内変動を考えてみることも可能だと思われる。

　一つには横軸を心の「垂直方向」を示すというふうに仮りに読みかえてみると，Ⓢはいわば，意識領域の方，また現実的・合理的な「二次過程」的精神作用の方により多くかかわっている。他方Ⓞはより無意識的で，いわゆ

る,「覚醒レベル」も相対的に低いところの, そのためⓈ的な自己観察を利かせたアクセスができにくい領域, 原初の快・不快原則が支配する非現実的な「一次過程」作用下で情報処理が行なわれている領域に属するというふうに図を用い直してみるとどうであろうか。

　人々はふつう, ⓈとⓄを往復しながら生活している。Ⓞへの方向は退行方向, また夢や自動書記など, 自我のチェックが弱くなる方向であり, Ⓢへの方向はその逆の進行 (progressive) 方向である。そのシフトが, 既述の創造的・適応的意味をもたらしうるのは, 人格が健常で柔軟な状態にある場合である。図1の見方を変えることになるが, 健康であればあるほど (それも, 単に無難に適応する以上の意味で) 右つまり下層への潜行と, 左つまり上層域への浮上の上・下幅が大きく, その間の往き来がより自由で自律的だというふうに見ることができるであろう。

　同じ見方を神経症圏の人にあてはめて見ると, 下 (右) 方向の自在な動きが防衛によって制限されつつ, しかし常に下方の勢いに圧迫されて防衛にエネルギーを消費する中で, 全体としてシフトが狭くなっていくというふうに説明されるのが通常である。一次過程的作用も「自我違和体験」化しやすく, 混乱や悩み, 葛藤をもたらしがちだというふうに見られる。(自我違和, 自我親和といった体験様式は, もともと各病理水準に固有のものではない。)

　精神病圏の人の場合は, 上 (左) 方向への浮力 (進行) が弱く, したがって現実との接触から後退して下 (右) 層の無意識的力に身をまかせたままになりやすい。そのため目覚めている間も夢の中にいるような精神様態におおわれて, 正常な人のように夢世界が格別の意味を持つこともなくなり, 全体的にメリハリやリズムを失った精神生活に傾いていく。

　「エス」つまり「It」の語が, 無意識域の衝動の総体に対して当てられているが, 誰にとっても, この下層領域の原始的作用体は, 個人のコントロールを超えた内なる大自然, それも個別的命名のしようがない混沌と理不尽な非人称レベルの他なるもの, 結局「It」としか呼べないものである。

　たまたま図のⓈとⒶは観察・理解の主体が自分自身にあるか他者にあるかということであったが, 上のように横軸を垂直に置きかえた見方を加えると,

多少ややこしくなる嫌いがあるかも知れないが、そこには次の点が同時に暗示されていることにもなる。つまり自己の内の「他」なるもの、「非自己」をとらえる仕事は、「外なる他者」にゆだねられるほかなく、自分自身が直接手を染める仕事とはなりにくいということである。

これは、質問紙法による内省資料が、ほとんど被検者の自覚的統括下に置かれたまま、検査者という他者がほとんど解釈的再評価を加えることのない直接資料としてあること、そして、もう一つ、実施から反応の意味づけまでが、被検者の意識的コントロール下よりも他者（検査者）の手の中にあるところの投影法が存在すること、この対照的な二つのものが方法として存在していることとも対応する面を持つ。

以上横断的に見たときの対象差が、そのまま個人の心の中の垂直的位相と重なるところがあるという点を、同じ図から読み直してとり上げてみた。そこには期せずして「自己理解」の特質とその限界、そしてまた心のより無意識層にかかわる情報を誰が有効な「他者の目」で受けとめ、どう処理・理解するかという根本の問題が提示されたわけである。

別の他者にあずけるかのように表出される内部の「非自己」関連の情報は、その解読もまずは他者の目を通して行なわれる。すでに表出されたものであっても、当人にはあまりに不透明な、いわば「偽装情報」になっているため手にあまって処理しきれない。個人の系内だけでは情報処理が利かず、自と他の系が合わさる他はない。訓練や専門的学習によって投影水準の情報、夢などの「自己解釈」が可能になっていくとしても、それはいったん確かな他者の目を経ることをしているはずである。あるいはまた、自己体験（self-experience）を極め進む中で培われた自己観察の目が、「他者の目」の域にまで拡充するという、ごく非凡な場合に限られるということもあるであろう。

そのように見ると「他者の目」とはどのような目か、意識的な注目のことか、それとももっと潜在意識の感受性が作用している目か、といった問いが生じうる。確かに、意識域のことは自分の意識つまり「自分の目」で、下意識の比重が高くなるにつれ、外からの目にゆだねられていくとしても、だからと言って、一人の人の意識は自分の意識と他者の無意識を、そして自分の

無意識は他者の意識がというふうに単純な交差図式が想定されて終る問題ではない。このあたりは臨床経験をかなり持つことによって理解できる面があろうが，たとえば Freud（1912）が「患者の提供する無意識に対して，自分自身の無意識を受容器官としてさしむける」のが分析者の仕事であるとしたことを，どう追体験しうるかということなどとそれは関連する問題であろう。

　ごく素朴に，他人の無意識と自分の無意識とどちらに気づきやすいかと問えば，言うまでもなくひとの無意識であろう。けれどそれは当人の自覚の及ばない癖とか，思わず知らずしてしまった行動といったレベルの話であることが多く，無意識的精神活動のテクストを読むようなことが同じように簡単にいくというのではない。

　専門的習熟との関連をも含めて，根本的には，自分自身の無意識的受信機能，およびそれが意識とどう回線を開いていくかが問題となる。無意識が加わった精神力動の解読には，解読者自身が無意識に開かれることが要るのであり，無意識的メッセージは無意識経由で，ただし無意識と意識の共同作業がそこにさらにつけ加わることが必要な点は十分考察に価することであり，まだまだ検討の余地を多く残している。

　無意識同士の交信があるとすればそれも含めて，無意識情報の集積と解読を試みる経験が重ねられていくことこそが，自分の無意識およびひとの無意識を通した，無意識的精神活動全般の特徴，またそこに通底する大小の法則性について理解を進めることにつながっていく。たとえば夢における類型夢の抽出，また顕在夢，潜在夢を通して，夢の内容的諸要素に関して象徴解釈の一般定式化が試みられることも，その例であろう。

　また種々の投影法における反応についての一般的解釈があること，さらには，治療面接状況での，投影同一視を含むいろいろな転移また逆転移の一般的理解・解釈が存在することも同様の例である。

5. 人格理解のための各種の情報とその総合

1. 行動情報

最も外に顕わになった，「客観的事実」水準の情報がこれである。内容的にはいくつかのものが次のように含まれる。

(1) 心理療法面接における直接観察情報

これは「関与観察（participant observation）」により得られるもので，関与観察者の要因，被面接者との間の「関係」要因に規定される。関与と観察が相助的にはたらき合い，表現促進的な効果が生まれていく中で，「自由に漂う注意（free-floating attention）」のあり方が利いて，どこまでリアルな行動情報を得ていくことができるか。これは実は生やさしい課題ではなく，このこと自体が臨床的な総合能力の産物だと言わなければならない。

この観察は刻一刻展開され，また被面接者の方も観察者であるので，"eye contact"が「見られているのを見る」ことの相互交換でもある通り，観察と被観察の連鎖こそが瞬間瞬間に治療関係を生成させ，編み上げていく。言うまでもなくこうした送信と受信の重奏のような相互観察は，視覚に限定されたものではない。相手の筋緊張が強いとこちらの身体も知らないうちにこわばるというふうに，身体全体が互いに受信器のようになることは，Merleau-Ponty, M.（1953）の「体位の受胎」という言い方がある通りである。

こうしたミクロの相互的な行動観察（非言語表現の観察）の積み重ねがまとまりを持った印象形成へと進む。ただしたとえば「分裂病感」のような瞬時の"本質直観"的印象形成もありうる。

そうした印象形成にかかわる一般的行動側面としては，菅野（1987）がリスト・アップした次のようなものがあげられる。

①時間的行動……予約・終了時刻への適応行動，対話中の反応時間など
②空間行動……座る位置どりなど
③身体的行動……視線，表情，身振り，姿勢，癖など
④外観……服装，髪型，化粧など

⑤音声……声の大きさ，音調，語調など

(2) 現実生活場面での行動情報

これには病院などの施設にいる事例の場合にスタッフが観察した行動など，専門的視点でとらえられたものの他，さまざまな情報提供者による「行動化」情報や，偶発的な「逸話」情報が含まれる。就職や留学といった大きなものからペットを飼うといった身近なものまで大小いろいろあり，本人が事後あるいは事前に報告したりする。

生活史聴取の中での重要情報としてあがってくるもの，治療的文脈の中で注目されていくものなどが，さまざまにある。行動というのは本人が作り出す具体的「現実」である点が重要である。それはまた多くの場合，周囲にはね返りそこからまた新しい現実を生んでいくという点で現実過程そのものであり，まさに予断を許さないところがある。その人が「何をしたか」が人格理解にとって持つ重みは実に大きいと言わなければならない。

(3) 条件観察における行動情報

(2) とまた (1) も相対的に自然観察的条件下の行動資料であるのに比して，心理テストや人為的に設定した何らかの実験状況といった一定の限定条件下での観察がある。

これは明確な共通条件があるため，個人間の相対的比較が可能な行動情報を得る方法である。

後の投影法では「テスト行動」の範囲だけでなく，検査者へのかかわり方など，周辺の行動も観察の対象となる。また自己報告法における「反応スタイル」や投影法における「反応継起」あるいは反応の脈絡や流れといったより微視的な行動情報もある。

いわゆる「ストレス面接」は，神田橋（1990）もとりあげるように，被面接者を意図的に追い込むような質問や態度によって，いわば高「感情負荷」下での「限界反応」を見ようとするものの一種である。それは部分的に用いられる場合も含めて，やはり行動の条件観察の一種と言えるであろう。

このように，条件が一方的に課せられるほど，「関与観察」でないとは言えないにしろ「観察」の面が優勢になり，ときには「関与なき観察」に近似した状況となる。

種々のものを含め，行動情報は，言語的な自己内省報告と対照的に，「自己理解」圏にすぐには入り難い無意識的メッセージの面を多分に持っている。それだけに他者の観察と解読にゆだねられるところが大きく，図１の主に◎域に属する点でも特徴的な，意義深い情報である。

2. 自己報告情報

心理臨床では，クライエントが「みずから語り伝える」ことを真中に据えて，治療的関係，治療的仕事が繰り広げられようとする。その意味で「自己報告」の占める位置は極めて大きいわけであり，たとえばRogers派では，自己報告にみられる「主観」の世界に焦点を置いた治療的理解の理論と方法を提示する。

ただ「みずからを語り報告する」ことをすべて同じ意味次元で受けとめるわけには行かないこと，治療的対話状況での「自分語り」の一通りでない意味については筆者（1990a）も検討を試みた通りである。

質問紙法による自己報告は，質問者が目の前にいない状況で自問自答するという，いわばＱ＆Ａ形式の，極端に構造化された面接の代替物と考えることもできる。たとえば病院での予診時の自己記入や心理臨床の受理段階で主訴を記すことなどはその最も直接的な例である。面接の簡略型変法として質問紙を見たりするのはそうしたことからである。「自己報告」は多様な形をとりつつ心理臨床の主要な位置を占めているため，詳細な検討が要るであろう。

ここでは，自己報告情報として，そうした質問紙，殊に標準尺度化されて，回答を位置づける枠組みが一応概念的・方法的に仕上っているものへの応答をまず念頭に置いて考えてみることにする。わが国ではY-G性格検査，MMPI，などに代表されるものがそれである。

(1) 自己報告の受けとめ方——「反応歪曲」と反応解釈

自己報告データはわれわれに何をメッセージしているか，たとえば，Y-G検査において「D」型と分類される報告結果を例として用いながら考えてみよう。

「D」型とは，情緒安定，社会適応的，活動的，非内向的，主導的といった内容的特徴を持つ。実際の項目はもっと具体的日常的な行動レベルにできるだけ降ろして記述されているので，問いのねらいが被検者から直接丸見えというほどではないが，全体として右記のような特徴を備えた「D」型に向かうおおよその方向性は，各項目の応答毎に被検者が選び取っていると考えられる。

その方向性とは，ごく大まかに言いかえると，「私は自信を持ってちゃんと，積極的能動的にやっています」という極めて肯定的な自己評価への方向性である。この結果をどう見るか，その受けとり方は一通りというわけにいかない。「社会的望ましさ（social desirability）」，つまり，こういう答え方が「社会的に望ましい」ものと良い評価を得るだろうという価値意識がそこにかかわることはまず第一に問題になる点である。これは，たとえば就職試験ではこの型に傾くとか，また「自分をいいように印象づける回答を」と教示変更すると，同様に「D」型優勢になるなどの実証的資料が数多く見られる。

また臨床的に躁状態にあったりして，自己高揚や自己肥大が生じているときには，やはり「D」型化が起こりやすい。したがって臨床場面では逆に，そうした質問紙結果から微妙な病像理解が可能になることもある。

それらのことから，質問紙回答があてにならないと思ってしまうよりも，次のようにメッセージのいろいろな意味合いを可能性として考えながら，仮説的に受けとめ直すと興味深いところがあるのではないだろうか。

質問例「私は誠実である」……**回答例**「はい」

①その人は「誠実である」。

②その人は「誠実である」と自分のことを思っている。
③その人は「誠実である」（と自分のことを思っている）と答えた。

　上の例は一つの項目に対する回答についてのものであるが，先述の「D」型といった全体的回答パターンを問題にするときも基本的には同様に考えてみることができる。右の①②③は回答についてのこちらの受けとり方，それも時には無意識にそうしているかも知れない受けとり方である。
　①は報告内容をそのまま客観的事実と読みかえるとらえ方である。このとらえ方ができるためには，回答者のいわば正直な報告と，それ以上に正確な自己客観視が，自明の前提のようになっていなければならない。
　②は，被検者がそう思っているという回答だとみる受けとり方である。したがって，思うところを答えているという点で答え方は正直であると前提されるものの，そう思う思い方が正当かどうかを問う余地を残している。「反応歪曲」という点からすると，故意にあるいは意識的に答え方を歪める歪曲ではない。無意識的な，防衛的歪曲あるいは自己欺瞞（self-deception），そしてまた，自己観察や自覚，自己共感（self-empathy）の機能が関係する「自己理解」の不全が問題になるような歪曲が想定されるであろう。
　③は回答を最も客観的に，まずは暗黙の「解釈」をいっさい排除して受けとめるあり方である。回答を，「その人はそう答えた」という反応行動（response behavior）または表現行為（showing performance）としてとらえる。その分逆にその「行為の意味」が解釈に向けて開かれていると言えよう。回答者がそう答えたのは，あるいは自分についての思い方をそのまま伝えない，意識的に表現を歪めた結果（たとえば先述の「社会的望ましさ」のバイアスから）かも知れない。それは被検者の現実の自己理解（それが歪んでいてもいなくても）の中身の反対を答えたのかも知れないし，また自己理解のあり方が定かでないのに，「かりそめ」の答えや「意見水準」（既述の分裂病の場合など）の自己解離的答えをしているだけかも知れない。そしてまた一方②のように自己理解のあり方そのものが，知らないうちに歪曲を含んでいるかも知れない。そのように，「答える」という行動の意味を，回答者

に関する他の情報や状況要因，心理的文脈などを背景に，問い直す余地が広く残されているのである。

　この③に比べると，①は「自己理解」が的確でそれがまっすぐ報告されているといういわば完全無欠な回答なのだというふうな「解釈」を早々に下した受けとめ方に等しい。①もそして②も，本当は③からスタートしたときのそれぞれ一つの「解釈」のあり方なのである。

　このように見ると，自己理解についての直接情報，ときには①のように"客観的"人格情報でさえあるかに見られてしまいそうな，"公表された"自己像（"published" self-concept）については，それを現実的に受けとめようとする限り解釈的な再理解が，むしろ必要だということになる。

　というよりは素直に利用しているかの受けとり方の中にむしろ，上に見たような知らず知らずの「決め込み」，短絡的な「解釈」が無自覚に入り込んでいる可能性がある。ごく即実的に受けとめた後，意識的に解釈の余地を探ることこそが，臨床的に意味のある自己報告の扱い方ではないかと思われる。

　これは心理療法的対話状況でまさに実践されていることであり，対話的チェックができない質問紙ではあれ，同じ基本的な見方を備えていることが必要だと思われる。

(2) 自己報告の具体的問題――実証的チェック

①質問項目

　MMPI（ミネソタ多面人格目録）がL（虚構点），F（妥当性点），K（修正点），また「どちらともいえない」に回答した項目数という4つによる信憑性チェックを含むことはよく知られる。けれどこれでどれだけのことが片づいたかはしばしば議論されるところであり，少なくとも先述の観点はそのまま基本的な問題として残る。

　ただMMPIの場合，創始者Hathaway, S.R.は患者が話すことへの並はずれた感受性により経験的意味の大きい項目作りに成功したとされる。否定的な（健康でない）内容の項目ばかりで埋まっていても，項目数が550項目もあることが手伝って，各問いの含意は読みやすくない。経験的な内容記述と

いうことは，そもそも病理を直接に示すとは限らない記述を含むことであり，これは MMPI の項目内容を見ると肯けるところである。

質問の内容が，その背後の構成概念および経験に照らして妥当であるか，また回答者の「自己理解」の世界に適切にかかわりうる（はまる）ものであるか，そしてその質問の文脈および量の適切さは大変重要である。これは直接面接をするときも同じであるが，標準版として広い対象への共通質問となる項目の選定は，後に因子的検討や等質性検討にゆだねるところはあるにせよ，根本のところでよく吟味してなされねばならず，また使う立場からも一つ一つの項目への注目は大切である。

よく用いられる等質性検証の α 係数（内的整合性の指標）の高数値が必ずしも意図通り唯一のコンストラクトの測定を保証するものではないなどの議論（Rorer, L.G., 1990）があることもそれをよく告げている。

②反応スタイル

自己報告を「反応行動」として見る観点を先にとりあげたが，もう少し具体的に，項目内容に対してよりも，一定の「反応スタイル」への偏向に支配されて回答が生じることに注目する視点である。これは言わば紙筆自己報告についての「行動観察」のようなものであり，臨床心理学における，「表現の受けとめ」という仕事の基本問題に触れている点で興味深い。

日本人はアメリカ人に比べ三件法以上の回答方式の場合，肯定や否定がより不鮮明な中間域の答えを選びやすいといわれたりする。また，人によって質問内容にかかわらず"違う"という答え方に偏向した反応スタイルをとる場合があったりする。

反応スタイルは，逆転項目での反応変化のチェックや，正誤質問における肯・否定回答折半（balanced keying）方式を用いて検証されるのが一般である（Messick, S., 1981）。後者は，正答が"肯定"形式の回答と"否定"形式の回答の両方から半々に与えられるよう，質問項目を用意しておく方法である。

先述の「社会的望ましさ」という特徴的な構えは，項目内容に選択的な注意を向けるという，内容への際立った偏向であったから，この反応スタイル

とは一種逆の問題であることに気づかせられる。

③方法の有効性と臨床的使用

具体的な質問紙の方法的有効性は，まず信頼性と妥当性に関する一定の統計的検証法を用いて検討されるのが通常である。臨床的にはそのように尺度としてすでに確立している方法から抽出される情報が，臨床経験の中で実際どのように有用であるか，臨床的意味をどのように持つかが問題になる。

結果の標準スケール内位置は，経験的再解釈を通して，さらに新しく生きた用いられ方をするのである。

先にとりあげた「D」型自己報告結果も，たとえば躁うつ病の双極型の事例であれば，個人内の変動（フレ）の指標に，また心身症では，そうした自己意識の肯定性と身体症状との解離度あるいは「身体化」機制の重篤性の理解の手がかりに，また神経症圏か精神症圏かの微妙な弁別が要る事例においては，むしろ神経症圏を否定する方向の仮説にかかわる資料に，というふうにいろいろな臨床的使われ方が生まれていく。

またそのように際立って肯定方向をとる自己報告を，自己愛，反動形成（防衛機制），自己欺瞞性，自己観察力や自己現実感，さらには自己同一性の問題といった観点から，より細かく仮説を立てて事例を見直すことに用いていくこともありうる。

このように結果を全体的な臨床的理解のための理論的文脈の中に移し直すことを通して，各情報の生きた発見的使用が可能になっていく。

3. 投影情報

投影法については，そのテスト技法の説明はすべて省くことにする。そして，投影情報の送信と受信の相互関係にかかわる心のはたらきについて考えたい。それによって，「人格理解」という心の営みにおける投影⇄解読の連関を，基本的に検討しておきたいと思う。

それにより，自己報告資料を用いる場合よりももっと，人格理解における，評価者（assessor）と被評価者関係の相互力動的な姿が如実に読みとれるのではないだろうか。

(1) 投影反応の遍在性

描画法，連想法，刺激素材構成法といった類の，いろいろな投影テストが存在する。別にテストをしないと投影水準の表現をキャッチできないわけではない。面接の中での対話にもそれは見られる。「きっと先生は私に少しも変化がないことにうんざりして……」と言うクライエントが，治療者に気がねしているというよりも，自分自身の「うんざり」を治療者の方に投影している可能性があると考えられるなどである。

その時々の投影表現は実に多様に存在するが，投影法は，高密度の投影情報を集中的に入手し，それを組織的に整理・分析するための標準的な枠組みを備えている。同じ課題条件への反応が多数集まることにより反応のタイプやパターンがとらえられ，個人差が浮き彫りになる他，課題の特質・意味そのものの理解も深まる。それによって反応の理解もさらに前進するというわけである（齋藤，1988a）。

クライエントの自己理解が届かない心の位相にも理解のリーチを伸ばすことが必要になるのは，すでに図1に見た通りであり，また自己報告情報が何を意味しているかの検討によっても示されたことであった。自己報告データがそのまま（額面）では意味を完結し得ず，そうした意識的内省資料の背後にあってそれを規定している心的メカニズムを，もう一つ考えに入れてくることが要ること，その結果としての一種の"パーフォーマンス"，"反応行動"というふうに自己報告資料をとらえてかかることが要るのを見た通りである。

全体としての人格像は，他者による受像抜きには完成を見ることがなく，自己像の限界についての十分な理解が要るといったことは，案外われわれが日常体験の中ですでに熟知していることに思えてくる。

投影情報は，意識体系のルールの外で産出され，精神力動をくぐる中でいろいろによじれて変形し，明るみの世界に出るに及んでは姿を変えているので，その意味については不透明さを免れない。したがってそれにただ意識の網をかぶせるだけでは，もともとのメッセージをすくい取ることができにく

い。
　無意識的な精神活動が「反応」を起こし，まず無意識がそこで投影情報を受けとめるという可能性，無意識経由の受信が想定されることはすでに述べた通りである。投影反応の受けとめは，意識下の受話器にゆだねられながら，それと意識の論理とが共同して，「意味変換装置」を含めた受信機構が編成され，そのもとに進められるというものであろう。そしてまた実際にそれを組織的に行なうための理論と方法を持つのが専門家でもある。

(2) 投影法における反応の情報価──投影的送信とその受信の相互関係

　ロールシャッハ反応を例にとって見よう。心理臨床の専門家なら誰でもすぐ思い浮かぶ，最もコンパクトな第Ⅴブロットについて，次のような全体反応をわれわれはどう受けとめるであろうか。

　①あげは蝶
　②踊り子がふわっと広がった大きな羽をつけて後ろ向きに立っている。華やかなのに，後ろ姿が心細そうで，ぽつんと孤独。
　③何かどろどろに溶けたものが両脇の方に落ちていっている。ドローッとしていてとめどなく落ちている。

　ほんとうはすべて読者の印象に委せるべきなのだが，少し述べ進めていくことにする。それぞれはわれわれに違ったインパクトを持つはずである。
　①は公共反応とされることからも，一つのまとまり安定した形象として，意識的，認知的な納得をわれわれに与える。言ってみれば反応者の意識次元でブロット処理がかなり完了してしまった反応，ブロットのあいまいで混沌とした刺激要素にまみれてしまうことが，少なくとも結果的にはあまりなかった反応と見られる。その分，われわれの方も大体のところ無意識回路にゆだねない受けとり方をしている反応表象だと思われる。
　実際の反応理解は言うまでもなく，反応表象だけでなく，「どのように見たか」，その反応様式や態度，言語表現や説明のすべてを含めて行なうし，

また一図版の一反応だけからの決めつけを行なうのでないことは言うまでもない。また「あげは蝶」という表象の意味についても当然，全体的な表象継列を含めて検討されるわけである。したがってここではそうした個人の全体的人格理解とは全く異なる文脈で，反応例を扱っていることになる。

　②の場合，われわれの心はどのように刺激されるであろうか。①よりはまず「人」表象であることが，反応とこちら側の心との距離を知らないうちに縮めるようである。TAT図版の中に「人物」が含まれることが被検者を同一視的に図版中に引き入れ，「主人公分析」を意味あるものにすることを筆者（1973）は別にとりあげたが，それと類似の状況がここで考えられる。女性ならば（あるいは女性と限らなくても）つい「踊り子」との同一化が起こっているかも知れない。また同一化の如何にかかわらず，何かエロス的，自己愛的な衝動要素，また身体感覚が，快-不快原則のもとに喚起されることがありうる。また華やかさ・自己顕示・高揚とその逆方向への後ずさりとある種の孤愁や衰微，外向と内向，躍動と静止といった両価性も無意識に訴えるものを持つはずである。

　そして同時に「心細そう，ぽつんと孤独」ということは，被検者の自己体験的な感情の調子，また自己存在感覚をうかがわせ，こちらの「意識的現象野」にその反映像を投げる。そしてまた，こちらの自己存在（existential self），さらには同一性感覚にも反響する何かがあるかも知れない。それは同時に，その人が自分のことを「心細い自分」ととらえているのではないかという，相手の自己理解についてのこちらの理解が起こることでもある。

　これは意識体験の次元で受信されるものをこのように多く持ちながら，もう一方，無意識への配線プラグの備わり方で受信のあり方が変る反応というふうに言えそうである。

　③の場合は，②とも①とも異なっている。かなり混沌とした，しかしどこか深層を揺さぶる力を湛えた反応表象である。そのインパクトは生理的に訴える原始的なインパクトでもある。3つの中では全体として最も強烈，それも心もとない強烈さを秘めた反応ではないだろうか。

　意識体系に照らせば，あやふやでとりとめなく，漠然と不確かな「未構成

概念」、「低レベル」の反応に過ぎないことと、他方じわっとしみ込んでくるような不気味な侵襲力を持つこと、この2つが大いに注目される。

　この反応は他と違って、意識的自己理解域にはっきりした入り方をするよりも、意識下次元に直接メッセージを送ってしまう方の反応であろう。筆者自身が、3つの反応についての印象をこのように書き記している中で、②と比べても分かるように、この反応については筆者の記述の仕方が用語の上でも最も漠としたものになっていることに気づかされるのである。

　特にこの第Ⅴブロットは他のブロットよりもあいまい度が低く、ロールシャッハ法独特の「混沌化リスク」が少ないこと（齋藤, 1988b）を知っていれば、③の反応に出合ったテスターは、内心「言葉を失う」ところがあるのではないだろうか。カオス化要素が少なく、したがって"流散"の傾向は極めて弱いため、①のような投影度の低い固形化した反応が出やすいこのブロットにおいてさえ"溶けて流れる"くらいになってしまうという自我状態が一挙に仮説として浮かぶところであろう。

　反応が持つ「カオス化」の強い方向性は、検査者の精神活動をもカオス化の方向に導き、原始化、構造喪失への不安を喚起して、不安定にさせる。これは、意識的統制の及ばない、"不意打ち"の、しかも無意識系の"地続き"的受信である。ロールシャッハ法では、よく考えてみると検査者の「反応受けとめ」体験にも、被検者の「刺激－反応」体験とよく似たことが起こっているわけである。

　まず「カオス－脱カオス」力動の中に被検者を投げ込む刺激・課題状況を用意して、そこをどう通過するかに注目する。それによって自我を、コントロール力、認知・感情的体験様式、現実検討と適応的（創造的）退行のはたらき、自己と対象に関する表象と「関係性」などの面にわたって評価しながら、無意識を含めた人格の力動性を理解しようとする。それがロールシャッハ法なのであるが、そのような理解は、3つの反応例をこちらが受けとめる仕方として上に例示したような、評価者側の体験を土台にして進められるのである。

(3) 投影反応理解と「心理臨床」心性

　刺激の解釈（いろいろな形の刺激理解）としての反応と，その反応の再解釈である評価者の受けとめ体験とは，殊にロールシャッハ法のような「始源」質の刺激から出発する場合，一種「入れ子」的になってしまうのを見た。

　そのことは，他人の投影反応への感受性とは，自分の内側で起こる「その反応への反応」に開かれた感受性に他ならないというふうな見方を促す。そしてその感受性は意識下で起こる自分自身の未分化で不透明な体験に向けてできるだけ開かれた感受性である。

　自分という一個の受信装置，それが意識下の層に根を張って機能を豊かに拡充することは，心理臨床の訓練全体の中で暗黙に期待されていることである。ロールシャッハ法においてもメッセージを複合的に濃縮させている投影情報の処理に関して，そのような受信装置の効力に頼るところが大きい。

　他の投影法でも同様であるが，反応を便宜上記号化し分類したり整理したりして，全体を見渡しやすくする手続きが備わっている。そして数値化したサイン・アプローチが行なわれるが，大切なことは，記号はあくまで反応の最小限の略示に過ぎず，生の反応を呼び出すための「目印」だという点である。いつの間にか，この「目印」だけを追いそれを数え上げて機械的な読みとりに終始してしまうことも起こるようであるが，それでは折角の投影メッセージの実質を逃がしてしまうことになるので，十分注意が必要である。

　以上，行動，自己報告，投影の3種類にわたる個人資料が，それぞれどのような特質を持っているか，またどのような発せられ方をしている情報であるか，基本的な問題について見直してみた。

　それぞれは他と異なる性質のものでありながら，また一方，交差した見方が自然と要求される面を持っている。このことは自己報告が意識外の心的メカニズムに規定されるという点にも示されていたが，投影情報からも，より意識的な自己理解・自己体験の位相にかかわる情報の受信が行なわれなければならない。投影反応には，同じ自己像と言っても，より深層次元の，意識からは解離した，より原始的な自己感覚を示すものまでが入り混って含まれ

ているのが通常である。

　また行動情報にも，意志的，長期計画的なもの，また意図的自己演出を意味するものなどがあって無意識動因に占有されたものばかりではない。

　このように見ると，さまざまな人格情報を柔軟に交差させながらそれらを総合し，人格を統合的にとらえる見方が必要となる。そのためには，各方法毎の各論を超えた，全体に通底する人格理論，情報全体の受け皿になりうる人格理論が求められる。その受け皿によって，有限の資料は意味を得，生かされるのである。

　ただその場合，まず理論があってそこから臨床資料にあたるという方向が唯一といったことではない。臨床実践の中でさまざまな表出に触れる中で起こる関心点，疑問点をもとに，臨床家自身がそれぞれ新たに「問いを発する人」として，既存の理論の中にある先達の臨床経験を参照しながら，発見的に学び進むことが大切だと思われる。

　人格理解とは結局一つの新しい人格的出会いであろうから，そうした新しい発見に向けて常に謙虚に開かれていることが，なによりも不可欠なことであろう。

文　献

Allport, G.W. (1937)：Personality: A Psychological Interpretation. Holt, New York.

Bellak, L., Hurvich, M. & Gediman, H.K. (1973)：Ego Functions in Schizophrenics, Neurotics and Normals: A Systematic Study of Conceptual, Diagnostic and Therapeutic Aspects. John Wiley & Son, New York.

Brenner, C. (1989)：On pleasurable affects. In R.A. Glick & S. Bone (Eds.)：Pleasure beyond the Pleasure Principle. Yale University Press, Newhaven & London.

Call, J.D. et al. (1983)（小此木啓吾監訳：乳幼児精神医学．岩崎学術出版社，1988.）

土居健郎（1977）：方法としての面接．医学書院．

Freud, S. (1912)（小此木啓吾訳：分析医に対する分析治療上の注意．フロイト選

集 15. 日本教文社, 1969.)
Freud, S. (1915) : Instincts and their vicissitudes. In Standard Edition, Vol. 14, 117-140. Hogarth Press, London.
神田橋條治 (1990) : 精神療法面接のコツ. 岩崎学術出版社.
菅野純 (1987) : 心理臨床におけるノンバーバル・コミュニケーション. 春木豊編 : 心理臨床におけるノンバーバル・コミュニケーション——ことばでないことばへのアプローチ. 川島書店.
Kohut, H. (1970) : The Analysis of the Self. International Universities Press, New York.
Merleau-Ponty, M. (1953) (滝浦静雄・木田元訳 : 眼と精神. みすず書房, 1966.)
Messick, S. (1981) : Constructs and their vicissitudes in educational and psychological measurement. Psychological Review, 89, 575-588.
Rorer, L.G. (1990) : Personality assessment: Aconceptual survey. In L.A. Pervin (Ed.) : Handbook of Personality—Theory and Research. Guilford Press, New York.
齋藤久美子 (1973) : TAT, 心理診断実習のまとめ. 倉石精一編 : 臨床心理学実習. 誠信書房.
Saito, K. (1979) : Scores and Response Behaviors in the ES Scale as an Inventory. The Proceedings of the 1979 International Congress of Personality Assessment, 191-198.
齋藤久美子 (1988a) : インクブロットの色彩効果. 山中康裕・齋藤久美子編 : 臨床的知の探究 (上). 創元社.
齋藤久美子 (1988b) : ロールシャッハ反応と脱カオス. 山中康裕・齋藤久美子編 : 臨床的知の探究 (下). 創元社.
齋藤久美子 (1990a) : クライエントの"自分語り"について. 京都大学教育学部心理教育相談室紀要 17, 23-27.
齋藤久美子 (1990b) : 自我とパーソナリティ理解. 三好暁光他編 : パーソナリティ 臨床心理学大系 2. 金子書房.
Silberschatz, G. & Sampson, H. (1991) : Affects in psychopathology and psychotherapy. In J.D. Safran & L.S. Greenberg (Ed.) : Emotion, Psychotherapy and Change. The Guilford Press, New York.
Stern, D.N. (1985) (小此木啓吾・丸田俊彦監訳 : 乳児の対人世界. 岩崎学術出版社, 1989.)

Winnicott, D.W. (1963) (牛島定信訳:情緒発達の精神分析理論. 岩崎学術出版社, 1977.)

第5章
臨床心理学と発達理論
(1995)

> **本章の紹介**
>
> 　臨床心理学において，発達がどのように考慮されるべきかについての論考である。まず臨床対象者の理解において，発達的標準がもつ意味が検討されている。クライエントの微妙で，個人的な変化は標準では捉えきれないことを指摘した上で，クライエント理解を相対化させる契機となる一つの外的で現実的な物差しとして有用であることが述べられている。そして，発達の「段階」と「方向性」の考え方について，近年の早期発達研究までを視野に入れながら，最初の敏感期という意味での「特定段階」はあっても，以後いつでも再スタートするだけの強い潜在力を持つ発達テーマが存在すること，臨床においては常に低次から高次への一方向を単純に取るとは限らないが，「未分化→分化」など基本的な発達方向の認識がクライエントの変化を捉える上で有用であることが述べられている。また，早期発達研究における原初的二者関係の知見が，二者関係を基盤に据える臨床心理学において，どのような点で有用であるのかが検討されている。

1. はじめに

　もし乳幼児，たとえば0歳前後の子どもを2年ほど観察したとすると，本当に止めようもない変化を目の当たりにすることとなり，その圧倒的な「自然の展開」に私たちは目を見張らずにおれないであろう。

　Piaget, J. も認知能力の発達を，「教えられたのではない直接的な身体経験」や「自発的発達」に基づくものとしてとらえたが，確かに外部からいくら周到に操作を加えても，発達の「基底プラン」そのものを超えることはできないと言われる。

　漸成説で名高い Erikson, E.H.（1963）も，胎生学的概念である「漸成的発達（epigenesis）」の原理を次のように説明する。

　「成長するものはすべて『予定表（ground plan）』を持っていて，すべての部分が1つの『機能的統一体（functional whole）』を形づくる発生過程の中で，この予定表から各部分が発生し，その各部分は，それぞれが優勢になる『時期』を経過する。」

　このような「基底プラン」の見解は，子どものめざましい変化を基礎づける，確かな自然のレディネスとしての「発達」へと関心を向けさせるものであろう。

　ただし人間の場合にはそうした生物学的基盤に加えて，複雑な環境条件，そして環境と個体とのかかわり合いが重要な要因となって発達が規定されていく。

　臨床心理学は，生物・心理・社会的な全体存在としての個人の「変化」とかかわっていく。その「変化」をめぐる概念としては，まず積極的な方向のものとして，成熟，成長，発達という基本的なものがあるが，ここでは「発達」で代表させることとする。というのもそれが，最も広く使われ，また単に"より大きくなる"こととは違った，機能性や構造的複雑性の変化をすでに包括的に意味しているとされるからである。

　実際問題として，臨床心理学はこの「発達」の負の側に注目し，負の側からスタートしながら，ユニークな個人についての発達的理解と具体的な臨床

的対処を進めようとするのである。

　負の側と一口に言っても，実に個別化しており微妙さに満ちているが，全体としては，種々の「発達障害」の徴候，また発達的固着・問題反復，退行や発達的遡行（retrogression）などがさまざまに含まれる。

　心理臨床家は，そうした負の側の問題を入り口として，人格理解を進めながら，治療的人間関係の中で新たな「変化」が生じていく過程に関与する。その過程は紆余曲折しており，決して前進ばかりではなく，後退もいろんな意味合いで生じる。臨床家は，そうした行きつ戻りつの展開，発達的回復あるいは新たな創造的前進など，多様な展開にかかわり合いながら，独自のフィールドの中で「発達」を学び続けていると言ってよい。

2. 臨床心理学と「発達的標準」知見

　臨床実践の中で知能検査，発達検査のたぐいの物差しは，歴史的にも実に古くから使われてきていて，すでに自明化しているくらいである。また描画テストでも，たとえば"一線枝"といった「発達指標」を抽出して日常よく用いている。子どものプレイ面接において，「『三語文』がしゃべれた！」と言語発達評価をしたり，身体運動技能の上達を評価したり，また「かんしゃくをすぐ起こさず待てるようになった」と，感情耐性や自我コントロールを評価するなどもしているのである。認知，感情，言語，行動，また人間関係についての一般的な発達軸は臨床的日常の中にすでにいろいろ取り入れられているのに気づかせられる。

　ただし，臨床対象者とは，発達軸の標準目盛りどおりをたどったりはしていない人ばかりである。そのように標準物差しがアダになりそうな人々にとって，「標準」はどのような意味を持つのだろうか。たとえば次のような場合。

　ある5歳の自閉傾向女児がいる。プレイルームでは，「イヤ」と「アケテ」など数語が発語のレパートリー。また決まってチューリップを3つ並べて描くだけ。これらが一般の5歳児に比してどれくらい限られ偏ったあり方であ

るかは，誰にも想像できる。そして同時にこの状態は，同年齢児とのつき合いを極めて困難にしており，そのことをめぐる親の悩みと親子関係の問題が種々生じていることを考えさせる。結局，5歳児一般という「標準」をひとまず念頭に置いてみることから，本人の発達水準だけでなく，ヨコの関係，親や他の保育者とのタテの関係を含めて，生活状況全体へとある程度理解が促されていくのである。

そして，その子が幸いなことに臨床的に好転して，半年ほどで「サヨウナラ」「コンニチハ」「○○取って」と言い，さらにセラピストが歌うのを一部一緒に口ずさむ，はやりの漫画をステレオタイプながら模描する，また，遊びも乳母車押しや魚つりゲームなどへ拡がるというふうに変化したとする。

当人にとってのこの実に「大きな変化」を，再び「標準」に照らしてみると，標準物差しを頼りに「伸び」そのものの評価をそれなりに得られはしても，やはり5歳代の子ども一般との落差が解消されているわけではないのを知る。臨床家は，クライエントなりのめざましい，そして意味深い変化と，「標準」との厳しい落差に直面しなければならないのである。こうしたことは子どもの場合に限らない。が，臨床家には，クライエント個人の変化を何よりも貴重に思うところから，クライエントの能力を全体的に高く評価する傾向もあるだろうと思われる。

「標準」は，微妙でしかも個性的な変化を到底とらえ切れるものではないが，一つの外的で現実的な物差しである。大雑把すぎて使いものにならないとか，視点が画一的であるとか，臨床感覚にフィットしないところは多々あるとして，臨床家に一つの現実をつきつけ，クライエント理解を一種相対化させる契機となる点では，有用であるかと思われる。単純化された物差しの仕上がりの背後に，「多数のサンプル」があることも軽視できないであろう。

「個人」の理解にとって，「一般」という背景をどのように活用するかということは，たとえば医療に比して対象事例数がどうしても限られる心理臨床領域の現実からしても，十分検討されてよい問題であろうと思われる。

近頃はやりの「博物学的思考」は，多数が開示する「本質」に強い関心を寄せるものであるが，一人の「個」を掘り下げて本質を感得しようとする

「臨床的思考」との対比においても，興味をそそられるものがある。

ただ何はともあれ，こうした「標準」の背景をなす従来の発達研究は，知能，言語，身体機能，社会性，道徳性など，個々の領域別に進められてきており，研究の成り立ちや方法論も個々別々である。そして，それぞれのデータに基づき標準測度として作成された「発達検査」などがあるわけである。実際に，個人の特徴はそれらでどこまでカバーできるか。臨床家は，臨床対象となる一人ひとりが，あまりにもユニークで，またあまりにも複雑な全体存在であることを教わってしまうのである。

そうした中で，臨床心理学にとっての発達研究，また発達心理学にとっての臨床知見の意味，これが最近の重要な学問的関心事となってきている。それだけ「心」への関心がとみにインテンシブになってきているということであろうが，心の理解のために有用な知見は，臨床心理学も旺盛に取り入れていきたいものである。

3. 発達の「段階」と「方向性」に関する理論

(1) 発達の段階についての考え方

発達の「段階」や「時期」の区分は，それ自体が大変な仕事だったはずである。たとえば，Freud, S. のリビドー発達段階（口愛期，肛門期など）は，生物学的基礎を持つ一つの伝統的なとらえ方である。それは，Eriksonの「ライフサイクル」論においても，発達基軸として組み込まれているが，他の多くの精神分析的発達論の中でも柱となっているものである。

心が全体として発達的に変化していく過程での重要な「転向点」，あるいは「節目」またひとまとまりを成すと見なされるいくつかの「時期」は，何と言っても，磨かれた専門的感受性による観察と理解の下に発見的にとらえられ，その後，経験・検証の積み重ねを経てきている。

Eriksonの全生涯を視野にした発達表は，すでにあまりにも有名であるが，図1もいろいろ現実の人生経験を含めた全体図である。「段階」を分節させてとらえることと，大きく人生全体の視野を得ることとが緊密に結びついた

このような見取り図は，一方で大変一般化された人生の「里程標」でありつつ，そこにごく個人的な生活史が刻み込まれていくという意味深長な視座でもある。

こうした種類の段階区分がある一方，たとえば後にも触れる Mahler, M.S. ら（1975）の分離‐個体化過程の下位段階区分，「再接近期」を頂点とする発達的節目への着目は，筆者（齋藤，1993a, b）編注も検討したが，単なる発達早期の特定の時期に限らない，より普遍的で根本的な心的危機・ジレンマの理解を促している。それは心のリアリティを細やかに洞察したものだけに，思春期における依存と自立をめぐる深刻な親子葛藤の問題，また境界性人格障害の対人メカニズムなどを理解する上で，今や不可欠な視座となっている。Blos, P.（1962）や Masterson, J.F.（1972），Kernberg, O.F.（1975）ら周知の理論の源をなしながら，大いに生産的な効果をもたらしているのである。

それは，結果として，個々の発達の時期に特異的なものが次々現われては次々と過ぎ去っていくとする伝統的見方を超えさせ，最初の敏感期という意味での「特定段階」はあっても，結局はその特定段階に限らない，以後いつでも再スタートするだけの強い潜在力を持つ発達テーマ，クリティカルな発達テーマの存在を示唆するものとなった。人はそれぞれそうしたテーマを個性的に抱え続けながら生きているというわけである。

Klein, M. における「妄想・分裂態勢」，そして「抑うつ態勢」という最早期の対象関係の内的体験過程も，0歳時期に特異的なものではなく，生涯にわたりいろいろなところで顔を出すものだと考えられているが，これも期せずして，同様な見方である。

実際近年の動向としては，Stern, D.N.（1985）が，0歳時から対人世界の体験を通して形成されていく自己存在の同一性感覚，つまり「自己感（sense of self）」の生成について示したような，「発達ライン」的見方が目立つようになってきている。これも，最初に現われる敏感な形成期において，良くも悪くもすべてが終わってしまうとする，一種の非可逆的な考え方とは異なる

編注：本書第7章参照。

第5章 臨床心理学と発達理論

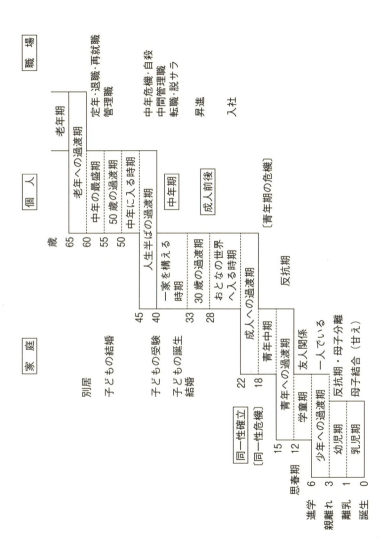

図1 ライフサイクルとストレス (Levinson, D. J., 中井吉英訳, 1992 を前田が補足, 1994)

見方である。ということは，後のいつの時点でも，過去と同じ発達テーマがいつでも新たにスタート地点から再展開する可能性があり，プラスとマイナスいずれの方向にであれ，同じテーマがそのときどきの文脈の下に反復されるという見方である。そして，こうした最初の節目の時期や最初の敏感な生成の時期そのものに関しては，個人差を超えて普遍性があるという見方に，各理論は立っている。

　Stern は同書で取り上げたある症例によっても，その「発達ライン」的見方の臨床的有効性を伝えている。

　具体的には，30代の女性弁護士が自己無力感とオフィスでの空間条件への強い怒りを訴えるという事例であるが，スターンはそこに0歳時にすでに形成期があった「中核自己感」の問題を見ることで有効な治療展開を得ることとなった。

　つまり全体として有能で共感性もある弁護士でありながら，仕事場の空間条件に関しては模様替えをしきりに計画する（ただし実行には移せない）など，こだわりが強い。ある部屋が会議室に変更されて，彼女がそれまでそこにふらりと立ち寄っては街の風景を眺めていたのにもはやそれができなくなると怒りを爆発させ，そうしたオーバーな反応が職を危うくさせかねない状況になった。また無力感というのは，何かにつけて自分が積極的に目標を追求することをせず，今の職業も人のすすめに無抵抗に従った結果だというふうな基本態度と結びついていた。

　それらを，身体活動に根ざした「自己発動性」感覚の問題ととらえる中で Stern は，彼女が8～10歳時リウマチ熱などで寝たきりになり，窓を開けに起きることも許されずに，何もかも親がしてくれるのをただ待つだけの身であったという生育史エピソードにたどり着いた。身体次元の「中核自己感」が，本来の生後6，7カ月ごろの時点ではない8～10歳の時点で新たに危機を迎え，「自己発動性」の感覚の重大な傷つきが生じたことが一点，そしてさらにもう一点は30代になって再び同じ「自己発動性」のテーマがクリティカルに再燃したこと，この2つに注目してみると，「段階特異的」ではない発達的原テーマのあり方というものが理解できるであろう。そしてこ

のように重要な原点的体験世界に触れ直すことが，臨床的展開を左右していくわけである。

(2) 発達の方向性についての考え方

次いで発達がどのような「方向」に向けて展開するかの認識は，クライエントに起こりつつある変化をとらえる上で，むしろ「発達段階」よりも役立つところがあるかと思われるので，いくつかに触れておく。

たとえば，「まわりの人々が皆自分に非難がましい気持ちを抱いている」という思いで苦しんできた対人恐怖症状の人が，カウンセリング経過の中で，「まわりの人々の性格もいろいろ。人をすぐ馬鹿にする人も，人を緊張させない素直な人もいる」と語るようになったとする。カウンセラーがこれを重要な「変化」として評価するとき，その評価は単に対人恐怖の症状がやわらいだととらえることにあるよりも，（対人的）体験様式が，まわりを塊状に「未分化」にとらえてしまうあり方から，まわりの人々について「分化」した見方ができるように変化したことへの評価を意味しているであろう。

外界を認知的・感情的に体験する心的機能様式そのものが，そんなふうに他者を一般化するよりは差異化してとらえるという現われ方に変化しているという理解である。それは「未分化から分化へ」という基本的な発達方向の認識に基づいている。それにより，クライエントの話の仮に一つの断片ではあれ，そこに潜むポジティブな「変化」の意味，それもより基本的な水準での変化の意味が正当に受けとめられることとなる。そのように基本的なところに目を向ける受けとめ方はさらに臨床家の適切な応答を生んでいく。そして，そこから自然と"発達促進"的に作用する治療環境も用意されていき，治療関係全体への効果の波及も期待できるのである。

現実に，治療状況での「変化」はこのようにプラスの方向ばかりではない。たとえば自由連想の中で意識の覚醒レベルが低下するとともに，急に心の働き全体が現実性を失うこともある。あるいはまたそこで不安が急に強くなり，「信号不安」から，もっと未分化で原始的な脅威体験である「パニック不安」の水準へと退行するというふうに，マイナス方向の「変化」とも縁の深いの

が臨床である。
　発達的方向性の原理は，このようないずれの方向の「変化」にしろ，臨床家がそれを受けとめ理解する上で有用な基軸になる。それは表面に現われる微妙な「変化」の徴候を感受する上で，またそこで潜在的に何が起こっているのか，「変化」のより基本的な意味と，その大きな筋をとらえる上で助けになると思われる。
　このように，臨床的変化の理解と深くつながる発達的方向性としては，この
　　a 未分化→分化
の他にも参考になるものがある。そのうちのいくつかを次に簡単に示しておく。
　　b 無律・他律→自律
　Piaget や Kohlberg, L. の道徳性発達，また Loevinger, J. ら (1970) の自我発達が，全体としてたどっていく方向がこれである。また，村上 (1974) がまとめているような人格機能水準の病理的低下，つまり能動性意識の低下や作為体験などの病的後退は，逆方向をたどる「変化」の例である。
　　c 部分・断片性→全体・まとまり
　たとえば Kohut, H. (1971) の自己心理学における「自己」は，断片的な時期，誇大性と現実性との間の分裂，そしてさらに一方に自己愛的な全能性への無意識欲求があり，もう一方に低い自己評価や自己空虚性がある中で，両者間の分裂が特徴となる時期から，やがて融和的なまとまりを得ていく時期へと発達的に推移することが知られる。他の対象関係理論においても，"良い" と "悪い" の二つの面に分裂しつつ「部分」に止まっている自己や対象の表象が，やがて統合されて「全体」性を獲得していくこと，Mahler らの研究 (1975) に照らせば，対象や自己の「恒常性」（コンスタンシー）が成立することとして，同じようにこの方向への変化がとらえられている。
　また反対に，過剰刺激の侵襲など心的外傷体験が，再び「自己」を断片化の方向へと逆行させる場合がある。たとえば被虐待と多重人格との結びつきを示す最近の臨床例などがそうである。
　この発達「方向」は，「認知的情報処理」に関してすでに一般に指摘され

てきたことであった。

d 具体性・外在性→象徴性・内在性

認知機能の質が発達的にこの方向に向けて変容することは，よく知られている。また精神病水準にまで重篤化した精神病理にあっては，たとえば内的ファンタジーが外的現実と同じ水準の「具体思考」の形をとり，象徴的思考の体系の方は効力を失って次第に解体していくといった，逆向きの変化もある。

何と言っても，「内在化」は人格機構の形成にとり不可欠なメカニズムであるし，「外在化-内在化」の軸はそれだけで，心のダイナミックな仕組みのさまざまな面について理解を促す。この「内在化」の様態は一通りではないが，比較的身近に生起する「同一化」を見てみても，そこには「原始的・一次的同一化」→「選択的・二次的（自我）同一化」を発達的方向として認めることができる（齋藤，1988）[編注]。

また「具体性→象徴性」を「特殊性→抽象性」に置き換えてみると，近年の早期認知発達研究では，Bower, T.G.R.（1974）が「抽象」の絶えざる「特殊化」こそを発達と見，またStern（1985）も「抽象的な純形式処理」が発達的に先行することを示す数々の実証的データを提示し，むしろ逆の発達的方向性を主張している。

e 非構造性→構造性

人格がより構造化されていくことは，治療的変化の方向として臨床的に期待されることであるが，それはBlank, G. & Blank, R.（1994）によると次のような内容的特徴を備えていくことである。ここでは精神力動的にとらえられたそれらの特徴の一部を挙げておく。

(1) 欲　動

　　自我が有能に働いて欲動を水路づけている。"結びつき"を指向する欲動のあり方がはっきり認められる。

(2) 自　我

　　行為のリハーサルを思考で行なう。感情や欲動を迂回して解放するだ

編注：本書第6章参照。

けのコントロールが可能。欲求不満・不安・葛藤に耐えうる。自己観察が可能。自我に役立つ退行が可能。
(3) 防衛システム

不安が信号の役目をし，必要な防衛を作動させる。分析場面で「抵抗」しうるだけの有能な防衛レパートリーがある。
(4) 自己，対象関係

両者が表象化された内的世界が構造化されて成立している。自己表象と対象表象はともに「恒常性」を確立しながら分化しているが，時折自我が必要とするところに応じて「脱分化（dedifferentiation）」することも可能である。二者関係に固執するあまり三者関係に入れなかったりすることがない。
(5) 感　情

自己表象と対象表象に対して，それらの一方に偏ることなく情緒エネルギーが向けられる。アンビバレンスな感情にも，自己と対象の恒常性に依拠して耐えられる。感情が"全く良い（all good）"か"全く悪い（all bad）"に極端に二分割されるあり方ではなく，いろいろと陰影に富むあり方をとる。よく分化して幅の広い内容のものが感情レパートリーとして備わるようになり，ふさいだ気分，高揚した気分，悲しみ，憎しみ，満ち足りた気分など多様化する。ちなみにGreenspan, S.I.（1991）も感情の分化したあり方として，微妙な綾がわかるかどうか，また感情表現が微妙なニュアンスを含んだものであるかどうかに注目している。

たとえば，漠然とした生気の乏しい表情のもう一方に，大変心外だという表情の中に，当惑と驚き，期待，それどころかニヤニヤ調子などが微妙にまざり合った感情表出を対置させてみた時，後者はかなりの心的健康と適応性をうかがわせるというふうに評価するのである。

上のいろいろな特徴は，人格の発達的構造化の現われとしてとらえられるものであるが，そのまま，人格機構の治療的変容の「方向」と見なせるものでもあろう。

古くはLewin, K.（1936）も，トポロジカルに人格構造の発達的分節化を

説いたが，精神内界の発達的構造化の問題は、「自己」や「自我」という人格中枢機構の形成をはじめ、欲動・動機体系の階層的構造化として広く論じられてきている。

臨床場面で生起する心の「変化」は、短期的・状況的な変動にしろ、より長期的な展開にしろ、いつも低水準から高水準へという一方向を単純にとるとは限らない。見かけの表層的徴候が、基調・基層の流れと矛盾した方向をとるなどさまざまある。また、たとえば成人が状況に応じて幅のある防衛機制の使い分けをするのにも見られるように、同じ一人の人の中で、より原初水準のものと進んだ水準のもの、発展方向（プログレッション）と退行方向（リグレッション）とが同時に併存するなどのことが起こる。生きた心の動きは多方向・多重性を免れ得ず、決して単純ではない。臨床場面では、ことにそうした心のあり方が凝縮して現われると言えよう。

ただ、いかに方向や水準が多重化して現われるとしても、その複雑さ・多重性の個性的なあり方の受けとめは、一つひとつの発達的方向や水準を大きくとらえる軸についての理解あってこそ可能なことである。

その他発達の「方向性」としては、「全能性→有能性」「（自己）中心化→脱中心化・相対化」「錯覚→脱錯覚」「快感原則主導→現実原則主導」「自己愛→対象愛・向社会性」「原始性→中庸性・社会化」などが一般に取り上げられる。これらは臨床場面における人格変化の方向としても、いろいろな形で生じていくものである。

4. 臨床心理学にとっての早期発達研究

発達早期への関心は近年とみに高まり、理論面でも実証研究面でも密度を増してきている。

発達早期を問うことは、まず心の働きを原初に立ち返って発生レベル、そして生成レベルでとらえ直すことである。そしてまた、第一次養育者（プライマリケアテイカー）と乳幼児との関係、一般的には母子相互作用、を吟味し、対人関係が個体発達に対して持つ根本的な意味をうかがうことに自然となっていく。

「初期経験」の重視は，精神分析の伝統的考えだけではなく，比較行動学からの認識でもあったが，最近はテクノロジーの高度化を背景に，人間の早期観察も精緻化しミクロ分析されて，多くの発見的データが提示されるようになった。

近年は「宇宙のはじまり」「生命体のはじまり」「物質の超ミクロ組成」などと，いろいろな領域で「はじまり」や「ほんもと」が問われようとするが，そのことは，あまりにも多様化・複雑化した現象面が「本質」を見えにくくしていることとも無関係ではないであろう。競争原理と"都市化現象"の下に次第に厚いファサードが，人の自然な心の息吹きを覆い込んで行きがちな昨今である。人の心の働きや仕組みは，もともとどうなっていたのかと新たに問わねばならないような時代背景の下に，早期発達についてますます強い関心が生じているのかもしれない。

では臨床心理学にとって早期発達研究は，どのように基本的な有用性を持つのであろうか。

そもそも精神分析へ，「人生早期」と不可分に「母親」が鮮烈に導入されることになったのには，Spitz, R. および Bowlby, J. のホスピタリズムやマターナル・デプリベーションの研究が大きな契機となっている。「母性剥奪」あるいは「愛着（attachment）と喪失（loss）」の問題が，子どもの心身の衰弱や発達の遅れ，時には死とかかわる重要性を持つこと，また早期に母親と「分離」させられた場合，その時期や期間によって心身の障害の程度および回復（再発達）が異なることが，具体的な事実としてセンセーショナルに示され，第一次養育者が持つ意味の重大さが，適切な環境刺激の問題とともにクローズアップされることとなった。以後 Winnicott, D. W.（1965）が，小児科臨床を通して「一人でいる赤ん坊というものは存在しない」，つまり赤ん坊は母親とペアでのみ存在しうると，子どもの存在の成立そのもの，さらには「存在の連続性」にとって，母親がいかに決定的な意味を担うかを強調するなど，理論が展開してきている。

また前後するが，Klein（1975）の乳児における破壊的な対母親関係幻想の理論などへと母子関係重視の流れが展開する中で，最近いっそう注目され

るものとして,「母子相互作用」の精緻な研究がある。
　こうした最早期の母子関係重視は,具体的な一人の母親の影響力と責任を問う観点と言うよりは,「原初の人間関係世界」の意味が人間にとって重いということ,人間にとってそこが育ちの源としてあらゆる可能性を湛えていることの,発見に満ちた認識なのである。
　臨床心理学は,この基本的に重要な意味を孕んだ「二者関係」を基盤に据えていると言えるであろう。心理療法における臨床家 - クライエント間の入り組んだ「関係」の理解には,この原初的二者関係の知見が,すでに不可欠になっている。事例検討においても,クライエントの人間関係や,いろんな面を縫って流れる根本的な体験様式を問う時には,その人自身の内なる母子関係世界の基質,つまり原初的体験世界の基質がごく自然に問題になっていくが,そこでも結局個人的な「二者関係」基盤が,新たな治療的「二者関係」の中で,問い直されているわけである。
　心理臨床は,クライエントの「関係世界（relational world）」が,新たに設定された「臨床家との関係」の中に敷き移されながら,そこで再体験され問い直されていくことを仕事としている。だから,「愛着」や対象への「基本的信頼」,「情緒交流」など,「関係世界」における中核的問題が,それをめぐる防衛とともに,おのずと再登場しないわけにはいかない。そうしたことから,二者関係と縁の深い臨床心理学が,早期人間関係知見から学んできたことは,すでにたくさんになっているであろう。中でも,二者関係の複雑で微妙な問題,発達を促進したり妨害したりするさまざまな「関係」のあり方を究めようとする近年の研究は臨床心理学にとって興味深い。筆者（齋藤,1995）も検討したように,Mahler, Stern, Pine, F.（1985, 1990）らの知見は,もともと精神分析臨床によって鍛えられた目での洞察的な乳幼児の発達観察に基づくものであるだけに,心の本質に迫っている。単に早期の段階に特異的な知見と言うよりはむしろ,人間の根源的な受苦やジレンマの体験,発達的挑戦（developmental challenge）とそこでの苦闘を鋭くとらえ得たものとなっているのである。
　そうした知見は結局,以下のような3つの基本点で臨床心理学的に有用で

あろうと思われる。

1．一人の「個」としての人格機構の形成は，対人的「関係」の形成と不可分に展開することを発達的現実に密着しつつ，具体的に提示したこと。

それが，早期の母子相互作用を直接観察した詳細なデータ（ビデオ記録）によってリアルに伝えられ，説得性も大である。成人患者の回想に基づく「再構成的乳幼児」，あるいは「再構成された早期対人関係」とは異なり，このリアルタイムで直接観察される母子の実像は，対象関係論的人格理解を飛躍的に前進させたと言われる。

Mahler らが一般健常母子（「平均性」を周到にチェックした対象）について縦断的に臨床観察を続けた「分離‐個体化」研究においても，0歳から3歳ごろまでに母子関係と自我形成とが緊密に絡み合って展開する，曲折に富んだ発達過程が詳らかになっている（齋藤，1993a）[編注]。

それは正常な「自閉」と「共生」という自他未分化期から，次第に自他分化の徴候が現われ，重要な「心理的孵化」へと到る生後8カ月くらいまでの過程，次いで母親という愛着基地から，外界への関心と探索への熱中に向かう「分化」への試行段階としての14カ月ごろまでの過程を前半とするものである。ところが，以後さらにスムーズに前進を重ねるかと言うと，そうはいかずに，分立した個が安定して他者との「関係」を営めるまでの間に，かなり激しい苦闘の時期が介在する。その苦闘が頂点に達する危機的時期を，Mahler らは「再接近（rapprochement）期」としてとらえるが，そこで，「個」の能力の気ままな開発と，それに伴う機能的快の体験への没入か，あるいは緊密な共感的「関係」の中に身を浸すか，相反するこれら二つの方向に引き裂かれる子どもの姿を浮き彫りにするのである。どちらの方向への指向性も劣らず強くなる時期であるだけに，子どもは，認知・感情・行動・人間関係体験の各面で図2に示したような双極性の「両価傾向（ambitendency）」，強い発達的ジレンマの中で混乱する。それは母親にとっても対応の難しいストレスフルな状況であり，母子間の緊張が高まって生後

編注：本書第7章参照。

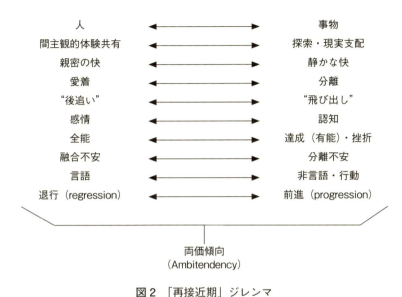

図2 「再接近期」ジレンマ

最大の二者関係危機を迎える。この危機の中味には,「分離不安」優勢の女児と「融合不安」優勢の男児など本質的なところでの性差も見られ,それが自己存在の大きな揺れの中でジェンダー・アイデンティティの初期形成と密接にかかわっていく点を筆者は別に検討した(齋藤,1993c)[編注]。

　この時期は,身体機能に伴う体験世界の変化,衝動の高まり(かんしゃく,強情,執拗さ)をカバーし切れない自我未熟,共生的全能性の後退に伴う自己愛の傷つきと自己価値(セルフエスティーム)の調節困難,未熟な言語表現と有機体的全一体験との間の解離など,乗り越えられねばならない発達上の問題が複合化する節目的時期であるだけに,子どもの心的負担は想像以上に大きい。ところが重要なのは,Mahler のビデオ記録が克明に映し出すとおり,子どもがそれほどの心の揺れそのものについては訴える術を持たず,それを独りで背負ってしまうことである。Stern の研究においても,母子間の情動調律をめぐって,双方の間のズレを,子どもが独り無言のうちに抱え込み,さらには「仮りそ

編注:本書第9章参照。

め」に無理な合わせ方をすることでとりあえずそのズレそのものを埋めようとする。そのような大変早期の過剰適応の詳細な実像にわれわれは触れるのである（齋藤, 1993d）[編注]。

Stern 自身が実証したような最早期からの認知的有能性が, 強い「関係」希求性と合わさって, たとえ「仮りそめ」でしかなくても「関係」を維持したいがための孤独なズレの繕いを生み, そのように偽りの「関係」が「個」を犠牲にしてしまうこと, そしてそこで生じる根底的な自己疎外が, やがて深刻な病理をも生んでいくことを「臨床発達」的実証研究がデリケートに示していっている。

Stern の一つの鍵概念である「他者と共にある自己 (self being with other)」がどのように成り立ち, 体験的に組成されていくか, 自他関係系は個の系を支えるか, あるいは妨害するか, そうした点に関して, クリティカルな状況をいろいろな深刻さで背負っている事例が提示され, 「関係」と「個」の形成の不可分さについての刺激的なメッセージが放たれているのである (Stern, 1985)。

また, 現実の早期「愛着」関係が, 対象表象や関係表象となって内在化され, 安定した肯定的養育者表象, 情緒的恒常性を特長とする「関係」表象が精神内界に定着するにつれ, そうした内的な対象関係世界が, 外的対象関係に影響を及ぼすスキーマ的（「内的作業モデル」）機能を担うようになっていく。愛着理論の基本的視座は, そのように結局は「関係」の内在化による「個」の機構の形成というところにあるわけである。

その他, 臨床心理学にとっての早期発達研究の有用性として, 次のような点がある。

2. 知識も対処行動力も持たない早期の外界体験, そこでの認知的・感情的刺激処理のあり方を知ること。それは, 人が心理的に追い込まれ, クリティカルな状況に身を置く時に最小限発揮しうる心的機能, 逆に言えば, 大変原初的な心の働きの効力につき認識を深めることである。それはまた, 重

編注：本書第 8 章参照。

い病理水準にある人の中にも備わっている基礎的な心的機能を適切にとらえ，評価することにもつながるであろう。と同時にもう一方，早期の発達障害や発達阻害的環境のあり方が，早期であるだけにいかに深刻な意味を持つかについても認識を促される。文字通りナイーブな心であるだけに，侵襲や脅威となる刺激インプットが，心的機能のさまざまな障害や歪みをどのように生んでいくか。その微妙で多様なあり方について，直接観察が豊かな発見的データを通して，臨床心理学的に意味深い数々の示唆を提供している。人がもともと持っている有能性と傷つきやすさ，心の病理や障害の原型に相当するものもそこから読みとれるのである。

　3．「はじまり」の時期は足りないものだらけと言うよりはむしろ，すでにあらゆるものがそこに含まれていること。想像以上に早期に次々とそれらの萌芽が見られると同時に，それらは生涯を通して，何回もいろいろな状況下で改めて「発達的仕事」として復活し，その都度，個々人にとってそれが再びスタートラインから取り組み直すべきテーマとなる。そうした考え方も緻密な早期研究から導き出されていったわけである。

　それは，幼い子どもの中にすでに「大人」があり，大人はいわば同時に「子ども」でもあるという理解のあり方を促していく。何はともあれ，早期の理解はとりも直さず人間そのものに関する極めて基本的な理解であることを改めて私たちは思い知らされるのである。それはすでに見た，「発達ライン」（「発達段階」説とは異質の）の見解と軌を一にしながら，単に子どもを「擬成人化」して見る，あるいは大人を子どもになぞらえて見過ぎるというようなことではなく，もっと人間の心について，基礎的な学び直しを求めるものであろうと思われる。

　発達的理解ということは，改めて「過去」の復刻版を作り，生育や能力的習熟の経過を時間順に並べ直すことではない。「過去」はすでに個人の内界に沈澱しながら，いつもさまざまに作用し続けていること，個人の心の世界の成り立ちや仕組み全体を，内奥や基底の層を含めて受けとめようとすると，そこには「過去」が，また「発達史」が息づいていること，しかもそこに相当なエネルギーが貯えられていることに，自然と気づかないわけにはいかな

いのが心理臨床である。

　人がいかに「過去」の影響下にある歴史的存在であるかは、もはや古典的な精神分析だけの認識ではなくなっている。最近では「世代間伝達」の規模で、個人の「内なる過去」の重要性が問い直され、詳細に事例検討されるようになってきているのである (Cramer, B., 1989)。

　発達的達成の帰結を、何歳時には何ができ、何ができないかという形で、いわば当の個人にとって"経験から遠い"第三者的客観的スタンスで一般化してとらえ、標準的物差しを作るのが従来の発達心理学にしばしば見られる研究スタイルであった。ただ近年は、臨床心理学との接点において、さらにそれを超えるあり方が新しく探り求められているのか、わが国でも「臨床と発達」がテーマの学術シンポジウムがよく組まれるようになってきた。たとえば1994年の日本教育心理学会大会のシンポジウム「子ども理解のための発達研究と臨床」でも、発達心理学の側からむしろ、筆者を含む臨床心理学分野の者以上に、間主観的に体験を共有するかかわり合いが発達にとって大変重要な意味を持つのだと、具体的データを通して示され、興味深かった（齋藤ほか，1995)。

　そこで、単に発達の結果を追うのではなく、心の発達的営みやそこでの「もがき」そのもの、また発達を促す、あるいはまた逆に阻害する契機そのものを、ミクロに、また生きたままに理解しようとする研究スタンスがもし志向されているのであれば、臨床心理学との親和性が大変高いということであろう。

　それは個体にとっての発達的体験のリアリティが取り上げられるということである。そしてもう一つ、そうした間主観的交流という「関係」の現実が、いわゆる「内的作業モデル (internal working model)」を構成して精神内界に生き続け、いろいろな場面でいつでもそのときどきの体験を方向づける働きをするというふうに、「内なる過去」の視点が、個々人のいまの体験世界を理解するためにはずせないものだということである。「発達」的視座が臨床心理学にとって持つ基本的意味もそこにあるであろう。そうした「発達」的視座は、図1のように、近年大きく生涯全体へと時間軸を伸ばしなが

ら，臨床心理学にとって有用な参照枠を提供するようになってきていると思われるのである。

文　献（＊は参考文献）

Blank, G. & Blank, R. (1994) : Ego Psychology: Theory and Practice. Columbia University Press, New York.

Blos, P. (1962) : On Adolescence: A Psychoanalytic Interpretation. Free Press, New York.

Bower, T.G.R. (1974) : Development inInfancy. Freeman, San Francisco.

Cramer, B. (1989) : Profession Bébé. Calmann-Levy, Paris. (小此木啓吾・福崎裕子訳：ママと赤ちゃんの心理療法．朝日新聞社，1994.)

Erikson, E.H. (1963) : Childhood and Society. 2nd ed. Norton, New York. (仁科弥生訳：幼年期と社会Ⅰ，Ⅱ．みすず書房，1977, 1980.)

Greenspan, S.I. (1991) : The development of the Ego: Inplications for Personality Theory, Psychopathology, and the Psychotherapeutic Process. International Universities Press, Madison.

Kernberg, O.F. (1975) : Borderline Conditions and Pathological Narcissism. Jason Aronson, New York.

Klein, M. (1975) : Love, Guilt and Reparation and Other Works 1921-1945. The International Psycho-analytic Library, 103. The Hogarth Press, London.

Kohut, H. (1971) : The Analysis of the Self. International Universities Press, New York.

Lewin, K. (1936) : Priciples of Topological Psychology. McGraw-Hil, New York.

Loevinger, J. et al. (1970) : Measuring Ego Development. Jossey Bass, San Francisco.

Mahler, M.S. et al. (1975) : The Psychological Birth of the Human Infant. Basic Books, New York. (高橋雅士ほか訳：乳幼児の心理的誕生――母子共生と個体化．黎明書房，1981.)

Masterson, J.F. (1972) : Treatment of the Borderline Adolescent: A Developmental Approach. John Wiley & Sons Inc. New York. (成田善弘・笠原嘉訳：青年期境界例の治療．金剛出版，1979.)

村上仁 (1974)：異常心理学．岩波書店．

Pine, F. (1985)：Developmental Theory and Clinical Process. Yale University Press, New Haven and London.（齋藤久美子・水田一郎監訳：臨床過程と発達Ⅰ，Ⅱ．岩崎学術出版社，1993.）

Pine, F. (1990)：Drive, Ego, Object & Self: A Synthesis for Clinical Work. Basic Books, New York.

齋藤久美子（1988）：同一化と人格発達．京都大学教育学部紀要 34，14-25.

齋藤久美子（1993a）：子ども理解の方法と理論――縦断的観察研究を通して．岡本夏木編：子ども理解の視点と方法．新・児童心理学講座 17，23-66. 金子書房.）

齋藤久美子（1993b）：乳幼児の発達心理――最近の話題とその臨床的有用性．臨床精神医学 22 (5)，517-521.

齋藤久美子（1993c）：ジェンダー・アイデンティティの初期形成と「再接近期」性差．精神分析研究 37 (1)，41-51.

齋藤久美子（1993d）：セルフ・レギュレーションの発達と母子関係．精神分析研究 36 (5)，478-484.

齋藤久美子（1995）：精神分析と早期発達研究．小此木啓吾・妙木浩之編：精神分析の現在．現代のエスプリ別冊，26-38. 至文堂.

齋藤久美子・岡本夏木ほか（1995）：子ども理解のための発達研究と臨床――心の基礎研究．教育心理学年報 34，3-7.

Stern, D.N. (1985)：The Interpersonal World of the Infant: A View from Psychoanalysis and Developmental Psychology. Basic Books, New York.（小此木啓吾・丸田俊彦監訳：乳児の対人世界．岩崎学術出版社，1989，1991.）

Winnicott, D.W. (1965)：The Maturational Process and the Facilitating Environment. The Hogarth Press, London.（牛島定信訳：情緒発達の精神分析理論．現代精神分析双書第Ⅱ期 2. 岩崎学術出版社，1977.）

＊北田穣之介・馬場謙一・下坂幸三編（1990）：精神発達と精神病理（増補）．金剛出版.

＊前田重治（1994）：続図説 臨床精神分析学．誠信書房.

＊小川捷之・齋藤久美子・鑪幹八郎編（1990）：ライフサイクル．臨床心理学大系 3. 金子書房.

＊Parkes, C.M., Stevenson-Hind, J. & Marris, P. (Eds.) (1991)：Attachment Across the Life Cycle. Tavistock/Routledge, London.

＊Thomas, R.M. (1979)（小川捷之・林洋一・新倉涼子・岡本浩一訳：ラーニングガイド――児童発達の理論．新曜社，1985.）

第Ⅱ部
発達理解1
乳幼児発達研究・精神分析的発達論・自己形成と関係性

第II部 概説

齋藤の精神分析への関心の中心は発達論であることにまず注目したい。精神分析において発達論は，発生論の側面も兼ね備えている。つまり，その人がどこからどのようにやって来たのか，つまりは「はじまり」を深く理解しようとする視座であるとも言えよう。これは，ロールシャッハ・テストであれ，心理療法であれ，齋藤の臨床思考に一貫する姿勢ともつながっているように思われる。つまり人をいわば「腹の底」からの手ごたえを持って捉えようとする齋藤の基本姿勢の表れと言ってよいだろう。

精神分析全体を見渡した場合，1970年代から80年代に花咲いた発達研究の目覚ましい成果，特にStern, D. N. が要約し紹介した早期の母子関係性や早期の乳児の関係性形成能力の研究群は，学派を問わず精神分析理論と実践の根幹に影響を与えたと言って過言ではないだろう。もちろん，発達心理学内部においても，人間の心の発達は，早期の関係性という母胎から立ち上がってくるという考えが主流になっていくという大きな方向転換が生じていったようである。

こうした点で，齋藤がすでに1988年の時点（第6章「同一化と人格発達」）で，当時の発達心理学に衝撃を与えていた「新生児模倣」現象の発見に言及していることは興味深い。模倣は早くても0歳台の後半に起こって来る心の働きと考えていた発達心理学者たちは自分たちの発達観を根底から揺るがされた。新生児に模倣の能力が備わっているとしたらそれは生来的なものであり，ゆえに発達の本質を構成しているものに違いないわけである。

以上の問題意識は，精神分析の流れの中では主に同一化の問題として論じられてきたものであり，齋藤はまず，Freud, S. に端を発する，この大変錯綜した概念を主に対象関係論的自我心理学の流れの中で丹念に吟味していく。そこでは，絡み合うようでいて，安易な結論や図式化に飛びつかず，常に「頭と腹の底から」実感できる考えに至ろうとするような，齋藤に典型的な議論の進め方がみられる。そして，この複雑な議論の中で次第に，他者との関係の中で初めて自己が立ち現れるとともに逆に自己が脅かされてもしまいうるというジレンマに人間の根源的ジレンマをみる，齋藤的主題が立ち現れてくるのをみてとることができよう。

こうした「はじまり」の理解を，人間理解の原点に定める齋藤の臨床探究の出発点として，そもそも乳幼児の心の理解はどのようにして立ちあがってくるのか

という原理的問いを抜きにしては始まらない。この必須の問いに対する齋藤の答えの一端を第7章の「子ども理解の方法と理論」にみることはできるであろう。ここで齋藤が示しているのは，一見「科学的もしくは客観的な方法」で浮かび上がって来る子どもの姿に満足せず，生きている子どもの生の姿を捉えるような方法を求め続ける飽くなき態度である。それは観察，そして「観察の目」の重要性に行きつく。この認識は，1994年度と1997年度に文部科学省科学研究費補助金を得て齋藤が主導して行われた2つの研究に具現化されている（齋藤他 1996; 1999）。特に，「幼児の遊びと対人行動に関する臨床的観察機能の研究」においては，臨床家の観察機能訓練のために，家庭での母子交流の場面を集めたビデオを作成している。

このようなしっかりとした観察を通じて，特に母子関係の中から子どもの自己がいかに立ち上がってくるかを理論化していった Mahler, M.S. の分離 - 個体化論に齋藤の関心は集中していく。とりわけ，関係性と自己の確立のジレンマが端的に現れる最接近期危機という主題に深く没入していく中で結実した論考が，第8章の「セルフ・レギュレーションの発達と母子関係」，そして第9章「ジェンダー・アイデンティティの初期形成と「最接近期危機」性差」である。前者は，自己調整という視点，後者はジェンダーという視点で，個の確立と関係を持っていくこととの間に内在するジレンマという，人が自己やアイデンティティを確立していくうえで常に立ち返らなければならないジレンマの「はじまり」に齋藤は注目し，その諸相を丹念に，そして力動的に描き出していく。

Mahler に引き続き，齋藤の心を捉えていったのは Stern の仕事のように思われる。上述の「セルフ・レギュレーションの発達と母子関係」において，すでに「自己調節的他者」という Stern の概念を持ちだして論じているが，齋藤は，とりわけ無様式知覚に裏打ちされた生気情動（vitality affect）という概念，そしてそれによって開示された，経験の位相に魅了されているように思われる。それは怒りや悲しみなどのカテゴリー情動とは異なり，言葉にならない，形や輪郭のみで示されるような「情動」であり，おそらく「腹の底から」生きている子どもの現実を理解しようとする齋藤からすれば，最も彼女の捉えようとする現象に肉薄する視点であったと思われる。これらの Stern の仕事などを援用しながら，第10章「「関係」恐怖の基型——自他交流の快苦ライン」において，自己は人との関わりから立ち上がるが同時に人との関わりにおいて圧迫されうるという問題に取り組んでいる。ここでは，ヘンリー・ムーアの有名な彫刻を基に，調和的な母子関係，硬

直してしまった母子関係，そして表面的には子どもに沿っているが実は母親の要求を子どもに押し付けている母子関係などの諸相が描き出される。本章が大変興味深いのは，あいまい刺激から「意味」ある形態を抽出するロールシャッハ・テストと，本章で齋藤が指摘する関係性の原点にある「はざま」性との関連づけを軸とする形で，ロールシャッハ・テストと発達研究の知見とのつながりが指摘されている部分である。発達研究とロールシャッハ・テストという齋藤のもっとも重要な関心主題との実りあるつながりが本章に示唆されていると言えよう。

続く第11章「かかわり合う能力──心理力動的検討」は，前章で論じた主題をより包括的にかつ整理した形で展開した，齋藤の人格の発達 - 発生論の集大成というべき論考である。MahlerやStern らの理論を自身の実感に照らし合わせて理解し，母語によって表現され，いわば齋藤版のMahler-Stern 理論に昇華されていると理解できるかもしれない。例えば，情動調律や誤調律は「ノリ」や「ズレ」といった言葉で表現されている。ここまで形を変えながらも一貫した主題であった関係性と自己確立の相克という問題は，「対人関係調節過程」と「自己内調節過程」の相克という形で明確化される。そして，両者の間に相補的な循環過程があるのか，偏りやゆがみが生じるのかという力動的な視点が観察事例を挙げながら，詳細に展開される。「親密な心の通い合い」と「心の自由な単独行動」とのせめぎ合いという主題は，発達 - 発生論という枠にとらわれず，齋藤の人間理解の中核を占めるものと言えることが，本章の読者は了解するであろう。人は，人と関わることで自分自身になるわけであるが，同時にその関わりは人を縛り自分自身でなくなりもさせる。しかし，関わりを断ち切ることも自分自身であることを妨げる。こうしたジレンマの中で，いかに親密な心の通い合いをもち，かつ自由に自分自身でいられるか。これが齋藤の人間理解の中核的問いであると言えよう。本章には，上述した科学研究費補助金を得て行われた観察研究からいくつかの幼児の観察事例が提示されていることも特筆される。これらの事実から，本章には，心の発達に関する，齋藤の文献的探究と観察研究実践の成果が込められていると言ってよいだろう。

わが国の臨床心理学の中で，実のところ，発達研究や発達心理学の成果に関心を向け，積極的に取り入れてきた流れはあまりない。むしろ，発達心理学もその一部である基礎心理学と異質なところで展開してきたところが多分にあったと言えるかもしれない。その中にあって，ここまでみてきたように，齋藤は発達研究や発達心理学に旺盛な関心を持ち続けた数少ない臨床心理学者であると言えるだ

ろう。第II部の最終章「臨床心理学にとってのアタッチメント」は，こうした齋藤の立場からの，アタッチメント研究への応答である。アタッチメント研究は，精神分析に源流があるもののその後はむしろ発達研究や発達心理学の流れに属するとみなされてきた。しかしながら，Main, M. や Fonagy, P. による再興隆のおかげで，今日に至るまで臨床実践に直結するような研究成果が続々と発表され，心理臨床の重要な一角を占めつつある。本章では，このアタッチメント理論に関して，これまで展開してきた齋藤版発達 - 発生論の立場から論じられている。

　第II部に収められた論文群は，知的な参照枠としての発達理解というよりも，冒頭に述べたように目の前のクライアントを「腹の底から」実感を伴って理解する際に，参照枠となるような発達 - 発生論的枠組みを読者が持っていくことを手助けするのではないかと思われる。Mahler や Stern が書いていることを知的に理解するのではなく，その言葉の意味するところを自らの臨床実感と照らし合わせたところに引き付けることができるまで粘り強く取り組み続ける姿勢は，それ自体がクライアントを深く，かつ地に足の着いたところで捉えようとする齋藤の臨床姿勢（そして「観察の目」）に通じる。したがって，これらの論文群を読むことは，読者がそのような臨床姿勢を実感する経験でもありうるだろう。

(平井 正三)

文　献

齋藤久美子 (1996)：幼児の遊びと対人行動に関する臨床的観察機能の研究．平成6・7年度 科学研究費補助金報告書，1–170．

齋藤久美子 (1999)：子どもの対人行動の臨床教育的観察研究：臨床児と一般健常児を対象として．平成9・10年度 科学研究費補助金基盤研究成果報告書，1–160．

第6章
同一化と人格発達
(1988)

本章の紹介

　同一化という概念の諸側面を，精神分析的自我心理学の枠組みの中で，人格発達的見地からその正負の意味合いを検討した論考である。社会心理学等では，同一化と模倣とを同等と見なし行動レベルで評価するが，精神力動的には多様で相反する（無意識的）感情が動因となっていること，同時に自他の表象形成に前進的また退行的にかかわっていること，それゆえ人格発達との関連では，一次的同一化と二次的同一化に分けて考えることが可能だし重要であることが述べられている。自己と他者（関係性）との相互連関的変容過程への齋藤の探究は，この後，Stern, D.N. をはじめとする実証的な乳児の関係発達研究に基づく論考に触発されていっそう深まるが，ベースとなる精神力動的発達観がよくわかる論文である。

人格発達を自と他（対象）の力動的関係の展開の中でとらえていくことの必要性は，近年の発達早期に関する種々の心理学的研究の進展ともあいまって一層強調される傾向にある。筆者もこれまで行って来た人格の中枢機構としての「自我」，「自己」の研究を，さらにその発達の面でより詳細化して行こうとするとき，自他関係とその内在化（internalization）の個人史を理解することの重要性は，殊に臨床実践の中で，自己・自我形成の個別的な具体像にふれていく上でも，極めて大であることを思わせられている。

　ここでとりあげる同一化（視）は，そうした自己と対象との間の互いに入り組んだ関係の実像にアプローチしようとするとき，個人によって実際に生きられている経験のレベルからあまり疎隔することのない，現実感をたたえた有効な視点を，提供するものではないかと思われる。われわれにとってこの「同一化」が，たとえあまりに種々雑多な形においてではあれ，すでに日常的に身近な誰しもの体験として遍在していることは，この概念の中に潜んでいる一種のバイタリティや，この概念自身のメタ概念として洗練されにくい生な基質をすでに伝えているであろう。したがってその分，概念的にはどうしてもグローバル，未分化，多相的・多義的なものを扱うことになってしまうが，筆者はそうした多義性そのものに注目し，必ずしも分節しにくいこの概念の中に含まれるさまざまな位相を吟味してみることそのことが，通常では見えにくい自他関係の重要な意味を微視的に照らし出すことにつながるのではないかと考える。

　同一化に関するこれまでの心理学的研究には，主に社会心理学の領域で，対人知覚や観察学習の実証的研究があり，モデリング理論に基づくモデル模倣行動成立度を結果的に同一化の程度と見做す実験的研究が Bandura, A.（1965）をはじめとして行われたり，Kagan, J.（1958）や Sears, R.R. et al.（1965）らをはじめとして人格特性レベルの親‐子間同一化の研究が行われたりして来たのが主流であった。わが国でもこうした流れの研究が柏木（1966）や萩野（1969），春木（1970）によって展望され，また具体的実証研究が他に松田（1973, 1977），森下（1979）などによっても行われて来ている。しかし，そこでは背景理論や概念のあいまいさ，そしてそれに伴う方法論の

問題がすでに種々論じられて来ており，実験状況の中で成立する模倣反応や，自己像または理想自己像と親像との類似性といった指標の中に含まれる同一化的意味も，同一化の生成過程およびその人格の組み込まれ方にまで踏み込んで十分説明されるまでに至っていない。

これらのことは先述したように，この概念の中に，複合した心理的現実が含み込まれていること，また極めて個別的な人間関係史の中に根を下ろした多相性が存在することと関係しており，顕在的な資料によって明確にアプローチしていくことになじみにくい性質が感じられる。

そこで本稿では，まず同一化の根本的な考え方について理論的・概念的な検討を試みようとするものである。理論的枠組としては，筆者が臨床実践を通して有用性を経験している精神分析的な力動理論における発達的見解と，かなり微視的な対象関係論的自我心理学の立場に今回は比重がかかって行くかと思われる。それはその理論が，筆者のこれまでの自己・自我の研究に，内在化された具体的人物表象，また現実的な対象関係様式を通して，内容面を，具体的に盛り込んでくれる理論であることにもよる。

1. 同一化の定義

(1) 同一化と類縁概念

「同一化」は決して聞き馴れない語ではない。それどころか一見身近な日常体験として，われわれはその意味をすでによく知っているようにみえる。それは，この語が，模倣，同調行動（または反応），社会的促進，"群集心理"（"集団ヒステリー"），情動感染，共鳴，感応，といったいくつもの類縁的内容のものを早速思い出させることともつながっているであろう。

それらはどれも一般的によく生起する，いろいろな程度また質の自他交錯あるいは自他境界後退の現象であり，誰にとっても憶えのあることとして，かなり具体的に，その時の行動像や感情状態が想起されるのではないかと思われる。同一化はそれらとは異なる別個の概念なのか，またはそれらを含み込んだ上位概念的なものであるのか。この問いは簡単に答えられ片づけられ

てしまうよりも，まず，それら類縁概念をそれぞれ眺め直しながら，実生活の中で生起する人と人との間の距離の変動をもう一度吟味することから始めることも有意義ではないだろうか。

　ともあれ，上に挙げた関連概念群は総じて，人格機能が一種他者指向化した状態，主体がその主導性や自律性をいろいろな程度に後退させた状態を指していることにもなる。上記のものに，さらに，"憑依"や"(誇大)妄想"といったものを並べ加えると，一層その印象は極立つであろう。こうした性質は，同一化を考えていく上でも見落せない重要な側面ではないかと思われる。

　物理的な現象に，たとえば，2つのコイルが互いに接触していないにも拘らず，一方に電流を流すと他方のコイルにも流れるといったことがあるが，人と人との間でも，ある種自動的とも言えるくらいの相互感応や共振的な伝播現象は否定し難く存在する。近年乳児，それも生後1～2ヵ月程度の乳児が，人の顔面の動き，たとえば舌を出したり口をとがらせたりするのを見て同じ顔面動作をすることを実証するいくつかの実験があるが，そうした早期の反射的な模倣も同様な現象のように見ることができるかも知れない。確かに乳児が相手の動作を丸ごと受胎でもしたかのように，また相手と自分が同じ身体の仕組みを持つことをすでに知ってでもいるかのように，視覚と運動とがそうした見事な共応を示すことは何とも不思議なことでさえある。

　別々の個体でありながら，人と人との間にはいろいろな形の交叉状態が生まれる。それはまた，相手の方に強度に注意を惹かれている状態，あるいは知らず知らず捲き込まれて"われ"が失われて行っている状態というふうに言えるものであるかも知れない。とは言えその捲き込まれや"われ"が相手に吸収される程度またその質はさまざまである。またそれは一時的である場合もあれば，持続して人格機能全体の他律化が，さらには無律化が深刻に問題になっていく場合もあるであろうし，そうした事態が無意識的あるいは原始的に進行していく場合と，他方意識的な自己モニターがそこで何程か可能である場合といったものがあるであろう。その他，対象との距離がそのように急激に縮まるとき，それが快的，肯定的な感情質と，不快で否定的な感

情質，さらには無（失）感情的な性質といったものの中の，どのような感情を伴っているかといった観点，そしてさらに重要なものとして，そのように対象に引き込まれるという一見受動的，消極的さらには退行的に見える心的過程が，人格の主体によってどのような意味を持ち，より大きな流れとして，さらに主体的な再統合の過程をたどっていくかといった観点があると思われる。

後者は，より本質的な深い意味での主体の能動性・自発性の問題にかかわるが，対象の中に自分自身を移し入れながら，そこで主体自身の再活性化や自己解放ひいては再創造が，全体的な結果として行われるあり方にそれはつながっていくものである。その場合には，もちろん，対象の側にも活性化が相互的に起こる可能性が含まれ，正しい意味での共感の世界や，感情共有体験はその実例であろう。

同一化はこうした拡がりをすでにはらんでいるいわばグローバルな概念として，むしろそのままにとり挙げられる必要があると思われる。臨床実践にかかわる心理学には，他にも，こうした"nice slang"的な概念が少なくないが，多相的な心理的現実を掬いとろうとしているそうした概念は，逆に，その豊かな内容の吟味を待っているとも言えるし，また，人が特に対人的世界で展開する体験に本来備わっている複合的な性質，両義的であったり多義的であったりする生きた姿そのものへの接近を，促しているようにもみえる。心理療法状況における面接者‐被面接者間の関係も，一つの対人的世界として，まさに同じ性質を持ったものに思える。

(2) 模倣と同一化

模倣は上記の関連概念の中で包括性の高い概念である。そこには，乳児の反射的な動作模倣に加えて母‐子の心理的共生期における交互的な情動模倣といった発達早期の，あるいは自我が能動性を極度に失った病態などに見られる，自動症的な動作模倣といった水準のものなどが含まれる。そしてまた，行動の学習といった能動的意図的な水準のものを模倣が意味することもしばしばであり，無意識的‐意識的，受動的‐能動的，未分化‐分化，一時的‐

持続的・目的的といったふうに,いろいろなものがみられる。

このようなことから,模倣と同一化は同義的に扱われることもあり,既述の社会学習論的同一化実験においても,模倣行動の成立が実質的に同一化とみなされていたが,精神力動理論においてもこれと似た扱いの場合もありながら全体的には,Schafer, R. (1968) が模倣を同一化の単に1つの側面,しかもメタ心理学的用語よりは記述的用語だとするような考えが主流だといえる。また模倣は主として顕在的な行動水準の概念であり,同一化は精神内 (intrapsychic) 過程あるいはメカニズムにかかわる概念であるとも言えるであろう。そして模倣行動は,精神内過程として進行している同一化の産物である場合は多いと思われるが,単に一時的な認知‐行動水準のものにとどまる場合も明らかに存在する。

同一化そのものを考察するに先立って,ここでより直接経験的な周辺のものを若干見直しているのは,それらが「同一化」の身近さを思い出させながら,同時に体験に根ざしたその意味内容に触れさせるものであることによるが,そこでもう少し模倣との関係にふれておくと以下の通りである。

Kernberg, O. (1977) は,子どもが母親の模倣行動をどのようにとるかを同一化マトリックスの指標としてとらえているが,Meissner, W.W. (1971) も分析関係の中で患者が示す治療者模倣に注目しながら,模倣の意味を重視して考える人の一人である。被分析者には分析者のちょっとした癖や語り口がコピーされることは少なくないが,模倣は純粋な外界知覚と内在化 (internalization) との間の中間的な移行域に属するもので,主に無意識過程に属すると Meissner は考える。模倣が背後の同一化を反映している可能性は少なくないが,どのような性質の同一化を反映しているかは吟味に値するというわけである。つまり,分析者との治療的に望ましい関係展開の文脈でとらえられることもあれば,不安や脅威を感じる相手をなだめようとする無意識的な防衛作用に基づいていることもあり,後者はいわゆる「攻撃的対象との同一化」(Freud, A., 1936) でもあるが,それはむしろそれ以上の深い同一化を防ぐ意味合いを帯びていたり,また理想化を伴った強力な対象と合一したいというナルシシスティクな動機に支配されていたりし,見かけとは

裏腹に，本来の意味での治療の進展が妨げられることになる。

　しかし，模倣は学習の重要な形態であり，現実に対処する自我機能が，発達の早い時期ほど特に模倣を通して要素的部分的に獲得され，それらの部分機能が練り上げられて自我の有効な執行能力（executive capacities）が育っていくこともよく知られるところである。Meissner が，Kernberg と共に，模倣をもし同一化として考える場合は，「試行的同一化（trial identification）」であるとしている点も参考にされる。

　また，White, R.W.（1963）は，発達初期の音声模倣にはじまる言語の生成獲得過程を Piaget, J.（1945）の見解に照しながら，模倣の産物として見ているが，模倣と同一化との区別はある種恣意的になる嫌いはあれ，"誰かがやっている何らかの行動を な し た い" というのと，"誰かのようでありたい" というのとはやはり同じでないとの見解をとる。模倣には，物売りの声をとっさにまねるといった単純な即発的遊びレベルのものもあるが，同一化と関連づける場合には，モデルの示す行動がどのような個人的重要さを持つかの観点は確かに抜きにできないであろう。White は，同一化をむしろ特殊な模倣のあり方，つまり，モデルの copying が個々の行動を超えて概括され，モデルのようでありたいという性質，モデルのように有能であろうと試みる性質を持ったものであるとしている。このように積極的な同一化メカニズムに基づく模倣の場合は，たとえば子どもが熱中するごっこ遊びの中にも見られる通り，望ましいと感じるモデルの行動レパートリーをかなりの複雑さで再演しながら獲得し，実際に身につけていくこととなる。

　以上のように，模倣の側の多義性と，同一化に内包されるであろう意味の拡がりとによって，両者の関係はあまり単純にとらえることができなくなるが，Meissner や White が指摘するような基本的区別を踏まえた上で両者のさまざまな絡み合いを見ていくと，たとえば，模倣が何らかの同一化の結果であるだけではなしに，逆に，具体的な模倣活動が，いくつか行動型を蓄積して行く中で，良きにつけ悪しきにつけ同一化を先導して行くといった，両者の関係をめぐるいろいろな実態に触れて行くことができるのではないかと思われる。

(3) 同一化の基本的意義

次には同一化の意義そのものに焦点も移すことにして，一般心理学で詳細化されなかったその意味内容を，発達的な精神力動論の文脈の中で，以下見てみたい。

まず，同一化の定義は，通常 Freud, S. の考えにさかのぼられる。そこではまず貪欲な口愛的器官様式との関連が問題にされ（Freud, 1915），そうした身体原型に基づく，同一化の原始的な母型としての体内化（incorporation）の機制，つまり対象を幻想的に"食人（cannibalism）"よろしく，体内に取り込み外界から消してしまうという，対象への結びつき欲動と攻撃的な破壊欲動とが入り混った，両価的な心理機制の考察が展開されることになる。

ついで同一化が問題にされたのはメランコリーの分析体験を通してであり（Freud, 1917），メランコリー患者が，情緒的固着関係にある相手と離別（対象喪失）したときに健常者が離別体験の中でたどる経過，つまり対象との絆を一つ一つ断念して行きながら，過去の対象にふり向けていたエネルギーを現実に向け変えていくという経過をたどらずに，むしろそれを無意識的に自分に向けるあり方である。つまり自分自身が知らないうちにかつて心的エネルギーを備給していた対象そのものと同一化を起こし，かつその対象とのかかわり方を，自分自身を対象に繰り拡げる中で，愛情対象への両価的感情が自分に向けられるにいたり，自己非難（self-reproach）を強く伴った一種のナルシシズムへと退行する。この場合の同一化は，自分の内部に対象を取り込むという点で原始的な体内化のレベルであるが，体内化が本来身体作用そのものを指すものであることから，より広く心理的な次元の事象を指すために，「取り入れ」あるいは「摂取（introjection）」の表現が用いられていく。

そしてこの「取り入れ」の対極に，自分自身の中から取り除き外在化させながら自分以外の対象にそれを帰属させる，「投射（projection）」のメカニズムを置くことによって，同一化理論を新しく充実させる方向に向かっていったとされている。ただ，メランコリーにおける上記のような取り入れは，パラノイアに見られるような，自分の中の不快なものを非現実的に外に追い出

そうとする「投射」機制と共に，原始的な防衛のあり方を意味するもので，同一化の病理としてとらえられる。これらは後の研究者達によって「原始的同一化（primitive identification）」の中に含めて考えられていくわけである。

　続いて同一化はそこに含まれる感情面の方に注目して考察が進められることとなるが，「他の人との感情的結びつきの最初のあらわれ」（Freud, 1921. p.105）が同一化であること，これは本当の意味での対象へのエネルギー備給（object cathexis）に先立つものであることが示された。これは近年の対象関係論の展開の中では，0歳段階の中の共生期（Mahler, M.S. et al., 1975），あるいは，自己対象融合の時期（Kohut, H., 1971）の母子一体的な相互融即，さらには初期的次元での共感的疎通関係にその典型を見ようとするものであるが，Freudにおいては，このあたりは細分化されないで，前エディプス期全般にわたる特徴としてとらえられている。感情的結びつきの重要なあらわれとして，たとえば，幼い男児が父親の強さや有能さに憧れ，父親のようでありたいといったふうに理想像化した感情を持つ例が示される。しかし男児はこの段階では賞讃の対象でもあるが同時に愛情対象でもある父親を所有したい（←"食べてしまいたい"）とも感じているという点で，やはり「体内化」原型の両価性をひきづっているのを Freud（1921, p.105-106）は見ようとする。

　同一化の中で，「感情的結びつき」は重要な要素であり，心理学的実証研究において愛着とか対象への肯定的な感情評価が同一化強度の変数として扱われることもこれと関連する。「結びつき」における感情内容については，Freudがまず指摘した，いわゆる口愛期リビドーのあり方に特徴的な愛情対象との結合は，相手と合一しながら対象を無化することであるという両価性以外に，さらに多様な中味を考える必要があるであろう。たとえば，対象への賞讃的感情のもう一方に，対象が持つ力への恐れや敵意，さらには羨望といったものがそれであるが，こうした両価性，あるいはそこに含まれる攻撃質の感情要素は，同一化を妨害するどころかむしろそれを強化させる方向に作用するといった，ある種呪縛的な形の，無意識的で原始的な同一化のあり方は，臨床実践の中でさまざまに観察されるところである。

Freudは同一化における感情的結びつきの作用を，集団心理学的にグループのリーダーと他のメンバー達との関係の中にも認め，メンバーはリーダーを自我理想の代理的体現者としながら，いわば自分が直接追求することの不可能な目標を間接的に追求する中で，メンバー相互間に思いやりある結びつきが生じることを証明している。この場合は指導者という強者との理想像的同一化（ナルシシズムの一変容形）と，同じ立場にいる成員間相互の同一化の両方が考えられるのではないかと筆者には思われるが，グループがこの2つの同一化のいろいろな配分によって成り立っているのは事実であろう。

　Freud理論における同一化の考えの中で最も知られるのは，エディプス期葛藤を通しての超自我（自己審級機構）形成であるが，それは上記集団心理学の延長上で考え進められている。Whiteが鋭く指摘するように，この時期の同一化説明は一般によく受け容れられているかに見えるのとは逆にFreudの同一化理論全体の難解さを露わにするという側面を確かに持っている。

　Whiteの論旨に沿ってこの点を見ると，結局，同一化の本来的に正当な意義がここで再び問われざるを得なくなることも確かである。その要点は，子どもにとっては自分自身の自己愛エネルギーが旺盛に備給された上述の"万能"的理想像（自己との境界が十分定かでない）のようでありたいと，初歩的な同一化をしていた親との間で，"父親が母親と愛し合っている"という面との同一化（"自分も母親と未熟なレベルながら異性愛的に愛し合う"）を少なくとも絶対に放棄しなければならない。その放棄を迫るのは父親の威嚇であり，審級であるが，そうした攻撃者（制裁者）の規範までをも，これまでのように理想像との合体という質の同一化によって内在化すると考えるのは，上述のような同一化放棄の様相が強く含まれることを思うと，矛盾するであろう。したがって，こうした禁止の内面化は単に「取り入れ（introjection）」としておき，その「取り入れ」を通して，母親との間の，（小児異性愛的）目的が禁止された関係を子どもは受け入れていくとした方が混乱が少ないと考えられていくのである。

　こうした論究自体が，「同一化」と称される心理的世界の複雑さと，また概念検討の余地を種々われわれにつきつけてくる。しかしどのような言葉を

当てようと，対象関係史の中での心理的現実として上述のような事象が起こっていることは確かであり，心理療法過程の中では，微視的にこうした中味の心理体験が，被面接者の語り出しの中に顔を出していて，全体の治療的展開にとっての重要な意味を持っていくことが少なくない。

　Freud は上記により主に次の見解を提出したことになる。①同一化の口愛的起源，②メランコリーに典型的にみられる，対象喪失に伴う退行，つまり，憎悪をはらんだ対象が内面化されて，自分自身がその対象代理となる同一化。これは Freud が，大まかな発達的視点として，「現実対象の選択」をより前進的（progressive）なもの，何らかの形で選択されていた対象が同一化的に内在化（internalization）される方向を，対象選択の世界からの退行（regression）とみたことでもある。③子どもが理想像である親のようでありたいという，まだ自‐他融合的な要素を残した，原始的で先駆的な対象選択。近年の対象関係的発達論においても，この自‐他共生の心理的世界は，以後の自‐他関係の発展，また人格形成のための豊穣で不可欠な基盤だとして一般に大へん重視されている。Freud も，同一化を，退行やナルシシズム的基盤，あるいは口愛期の両価的破壊性といったものに考え照して，どちらかといえば，あまり発達的前進的ニュアンスではとらえていないようにみえる全体的な印象の中で，次のようなことを述べているのが注目される。「……同一化は，模範とした他の人（Ich）を型どって，みずからを形成するということである。」(Freud, 1921, p.106) という観点がそれであるが，これは，本稿で後にとり挙げる自我同一化や，選択的同一化そのものではないにしても，人格発達における同一化の積極的・建設的意味につながるものが示唆されているかも知れない。またこれは Ricoeur, P. (1972) も指摘するように，性衝動の対象ではない，人そのものと"共通性"を知覚するたびに生じていく同一化というふうに見ることもできる。また，"否定性"のまだ入って来ない，共生期の自・他融合体験という原型的同一化世界を思い出させるものであるとともに，Fairbairn, W.R.D. (1944) が重視する，人の原始的な「対象希求性」を連想させるものでもある。

　④ Freud (1923) が，精神装置論を自我，エスなどと合わせて展開する中

で，エディプス葛藤解決の過程に含まれる，これまでとは違った，「父親」が母‐子の間に割り込んだ中での三者関係的葛藤収拾の営み。その中でむしろ「取り入れ」といった方が適切なような，価値の内在化があり，その結果精神の構造化が進められる点で意味の大きなもの。

他に，既述の集団成員間ダイナミックスや，またまだ同一化を本格的に論じる以前 (Freud, 1905) に，ヒステリーについての症状模倣という形の同一化が指摘されていた。後者は③のような感情移入の中で生じるのとは違った，身体言語レベルの，意識とは解離したところでの同一化である点が特徴的である。

これら臨床観察を土台にした，主に病理的な同一化の諸見解も④のように次第に一般理論化していき，自我発達論的方向性が開かれていく点は，後の研究者による同一化諸理論に照して興味深い。たとえば②で典型が示されたような，対象選択に同一化がとって代ることは，病理的意味あいだけではなしに，重要な対象との人間関係様式が内在化され，また対象に備給されていたエネルギーも内に溜められていくことであり，そうしたものの蓄積が自我構築にあづかるあり方がさらに考察されていくことになるのである。

2. 人格発達における同一化の意義

(1) 同一化と取り入れ，投射，内在化

「取り入れ (introjection)」を「体内化 (incorporation)」の心理的一般表現として，すでに Ferenczi, S. の用語でもあったものを Freud が用い，また White がそれを Freud よりも厳密に同一化と区別して用いようとしたことは既述の通りであるが，全体として「取り入れ」は，Kernberg (1966, p.246) が「最も原始的で基本的な水準の内在化過程においてみられるもの」と述べ，またそれは衝動の影響下にあって感情の色合いを強く帯びているとしたように，より原始的な，また発達史的には初期の "intaking" だとの考え方が一般的である。「投射 (projection)」も同じ水準のものであり，体内化とは逆の「排出 (ejection)」という身体原型が考えられている。両

者には"快"対象と"不快"対象がそれぞれに対応するが，どちらも自己と対象が分立しない未分化な状態を基盤にしたものである。Knight, K.D. (1940, p.335) は「同一化は……常に取り入れと投射のメカニズム両方の微妙な絡み合いに依拠している」と述べ，境界例などに見られる「投影同一視 (projective identification)」を「取り入れ」と「投射（投影）」の合わさったものだとする Meissner (1980) の考えもそれに類するものと見られるかも知れない。いずれにしろ投影同一視は，内的対象 (internal object, また introject の語もあてられる) を分裂させて一部を外の対象に帰属させ，そのように内から外に投射したものと接触し続けるあり方である。自我は自分の内にはなくて外に在るとでもいうべき信じ込みのもとにその接触を続けるという，幻想の対象関係であること，その対象は実は自分自身を外に転じて作り出したものであるため自と他の混同 (confusion) による産物であり，また主として攻撃的な関係が展開される点で，それは共生世界における"快"中心の融合 (fusion) とは異なっている。また既述のように，Freud が対象へのエネルギー備給か，それともそれが内側に回収された同一化かというふうに，両者を両立しがたいものとしてとらえたにもかかわらず，そこでは，その二者が区別され難いくらい原始水準の，非現実的な心の作用が想定されることも特徴的である。

この投影同一視は境界例水準の病理的同一化として昨今よく知られるものであるが，その幻想性や魔術性は，こうした病理的なものだけに見られるのではない。Jacobson, E. (1964) は，前エディプス期の中のより早い方の時期に幼児が母親と万能的に一体存在であるとの幻想を抱く時期，さらに進んで，母親という愛情対象の所持品を持って同じ仕草で腰かけるといった模倣をしながら，そうしているといつのまにか対象のように自分が変身でもするかのような魔術的ファンタジーにひたるという水準の同一化が一般に見られることに触れる。そこでは，"自分＝対象そのもの"と"私＝対象のような (like) もの"とが分化していないわけである。幼児の遊びを見ていると，一人でこうした"変身"の世界に，一時にしろ，ひたっている光景にはよく出くわすが，これは「原始的前エディプス的同一化」あるいは「原始的感情

的 (affective) 同一化」と呼ばれている。

　Etehegoyen, R.H. (1985) によってもこうした水準の同一化について諸家の考えが展望され，全体として「取り入れ」本来の意味に頼った，直接的で，アルカイックな，また未熟で情動的な「一次的 (prinary) 同一化」として記述されている。Klein, M. (1955) も「取り入れ」と「投射」が初期発達における中心過程であり，同一化はそれらのメカニズムの自然の結果として生じるとするなど，初期の同一化の中味の説明が諸家によって種々試みられようとする。White や Kernberg らのように同一化をもう少し発達的に高次のものへの用語として取って置く立場においては，単に「取り入れ」と呼ばれる方がふさわしいものは，結局「一次的あるいは原始的同一化」とされ，他方後述するような「二次的同一化」が狭義の同一化にあたるものとした用い方がより多くなっていく。本稿でも一応この概念分けに従うこととする。

　こうした同一化については次項でさらに取り上げる前に，「内在化」に触れねばならない。Kernberg (1966) は，「取り入れ」，「同一化」，「同一性形成」を3つのレベルの内在化過程と考えて，それらを包括的に「同一化システム (identification systems)」(p.242) と名づけている。そして内在化は，対象表象，自己表象，そして具体的な感情状態の3つの構成要素から成ると説明しながら，結局それらの要素を含んだ内在化によって精神構造が発達的に築き進められるとする対象関係論的自我心理学の立場をとっている。また「内在化」の問題を重視する Schafer も，内的な精神構造は，周囲の環境と個人との間の調節関係 (regulatory interaction) が内的な調節機構に敷移されることつまり「内在化」の結果として築かれ，それがとりもなおさず人格そのものであるといった見方をしている。

　その他 Leowald, H. (1979) のように，内在化を，体内化，取り入れ，同一化がさまざまな程度に含まれる広義の機能様式として考え，したがって「内在化」ともう一方の「外在化」(externalization) を大きく対置させる形の概念設定がなされる場合もある。

　しかしこのような比較的ニュートラルな見方に終始するよりも内在化の積極的な意味を吟味しようとする見解の方が優勢だと言える。そうした中で

Kohutはより微細に内在化を吟味している人の一人で，微細なあるいはマイルドな欲求不満体験がなければ幼児は母親に大きく包まれた万能幻想から出ることができないこと，それがほどよくあることによって"万能"の錯覚をあまり痛手を蒙らずに解くことができることに注目する。そのとき相手の現実対処機能をミクロに少しずつ内在化させて，それが次第に消化吸収されつつ全体的にまとまる方向に変容しながら自己が形成されていくとしながら，彼はこれを「変容性内在化（transmuting internalization）」と呼んでいる。

内在化の構造生成的意味は重視される傾向を強めているが，それは，Blank, R. & Blank, G.（1980）が構造化と分化と内在化とを相互連続過程としながら，内在化を一つの創造と見る（p.61）視点にも，よくあらわれている。

(2) 同一化の発達的変遷

まずより早期の原始的同一化があるが，この発達的意味は，何よりもそこに原始的な情緒的愛着が想定されるところにあり，それは結局共生期の重要性に集約されていくことになる。Silverman, M.A.（1986）もこの共生期の意味を再考しているが，相互共感的な感情体験を蓄積しそこで基本的な満足を得ると，それは生涯続くものであり，共感性の発達と愛情のための鋳型であると共に，種々の"喜び"体験における一時的・可逆的退行の"ポイント"にあたるものとなると見る。そして，この「共生的一体世界」に入れないと，「対象関係の世界」に結局入れないこととなり，不適切な共生体験は，精神病への道を開くものであると結論する。これは将来発達の母体となる，「"よい（快的）"内対象（"good" introjects）」から成る，いわゆる「"純粋快（pure pleasure）"世界」の重視であり，万能的錯覚を保障された自己存在の成立を意味する原始的同一化が，"自我核（ego-nuclei）"（Kernberg, 1980）を生み出すとする考え方である。Freud（1927）は"大洋感情"という共生期的言葉を使いながら自閉や共生のことに言い及ばないまま「一次的ナルシシズム」概念を提出したが，やはりこれが変容過程を含みながらも自我発達のための源であると考えていた。既述のように，人格発達上重要な

「自我理想」を，一次的ナルシシズムの代理的担い手と見ていたことにもそれが現れている。

　幼児はやがて対象吟味を進めながら，より広い対象世界に興味を拡げて自己・対象一体を解いていこうとし，また外界探索という目標追求のためにも，攻撃的エネルギーが用いられていく。母-子間に愛着行動と分離行動の往復をめぐって2人の折れ合いに難しさが生じてくる2～3歳頃になると，先述の原始的同一化の質がその事態を左右する。つまり満足のいく快的な introjects が中心的に定着している度合に応じて，このときの母子関係の危機は子どもにとり大きな脅威にならず，対象像も"快"と"不快"の間の動揺に耐えて，次第に全体としての恒常性を獲得する方向に向かう。他方一次的同一化が「"不快な（bad）" introjects」を伴っている度合に応じて，ここでの欲求不満や苦痛の体験は子どもにとって過剰なものとなり過ぎ，対象イメージが否定的な方向に不安定に変動する中で，いわゆる見捨てられ不安や分離不安に圧倒されてしまうわけである。そのため「対象恒常性」やそれに伴う「自己恒常性」も形成されにくくなり，また脅威から身を守る原始的防衛が敷かれる中で発達的前進が疎まれ，境界例などの重篤な人格障害が結果されていく。先述の Kohut による「変容性内在化」はこの場合の欲求不満の建設的なはたらき方を意味しており，不満を通して幻想的二者一体の世界から離脱しながら，現実的な対象像と自己像が生成する中で，いわゆる「現実自我」が形成されていくあり方である。

　二次的同一化（secondary identification）の観点は，このあたり以降における現実的な自我機能・構造の形成にかかわるものだと言えよう。これは自己と非自己（not-self）が未分化な状態から抜け出て，次第に対象が分立してくる経過の中で，対象について，認知能力の発達も加わった現実検討が種々試みられた上で起る同一化である。したがってこれは，一次的同一化の場合のように一体感的感情体験を生み出したり，全能感幻想を生み出したりするものではなく，その意味ではそうした心地よい幻想世界の解体を意味するものである。しかし現実的限界がありながらも，自分自身の行為によって具体的な効果を生み出して行ける有効な機能的レパートリーを獲得し，それ

を内的に構造化して行くこととかかわる同一化である。したがって結果的に生成する自己表象も対象から一層分化したものであり，そこには"対象とかかわり合っている"という観察を含んだ自己表象も含まれる。また感情的色合いも，Kernbergが指摘するように，先の同一化の場合のように強烈ではなく，またあまり漠と拡散しているのでもない質のものである。

　こうした同一化は，したがって，もし同一化対象との関係が強い情動に支配されすぎていれば，それは，たとえば興奮させられたり拒絶されたりする形で相手に捲き込まれることでもあるために，二者が未分化になってしまい，本来の意味で，起こりにくくなるであろうと思われる。もっとおだやかで安定した，確実感のある感情状態が基盤になっている場合にこそ，そこでの対象は明らかに距離を失わないで分化してとらえ易くなり，Jacobsonが「選択的同一化」と呼んだような，子どもが自分自身の自我形成状況に見合う対象の属性に，みずから選択的に注目する中での同一化が，主体的に生じていくと思われる。この同一化の過程は必ずしも意識的意図的なものではないが，自我が自律機構を修正的に発達させていく営みとして，常に自我の資源になるものを探索し続けるという一種の前進的な能動性の中から，生み出されてくるものと考えてよいであろう。

　Rank, B.（1949）は，こうした二次的同一化を促進したり妨害したりする母親のあり方を考察している。自他の区別をはっきりつける方向に発達を促すような環境を提供しない母親は，母親と同一化する子どもの能力そのものをもいびつにしてしまい，統一的な人格と現実原則の発達を共に妨げてしまう点の考察である。また同じくRank, B. & MacNaughton, D.（1950）が，単一の機能を自我が断片的に同一化によって発達させて行く以上に，衝動をコントロールしたり，総合的に自己調整したりする機能，また現実を全体的に吟味する機能の発達は，母親の安定した全体像の内在化を中核としてこそ進められうるとするのも興味深い。

　適度な欲求不満は，共生的世界における一次同一化的な良き対象の内在化によって支えられながら，自我機構構築にあづかっていくが，さらにエディプス期といわれる幼児期後半にいたると，既述のような複雑なダイナミッ

クスの中で，葛藤を介した重要な同一化，内在化を生起させていく。それによって自己観察やより大きな原則による自己コントロール機能，性同一化を含めた自己像と，対象像の分化・拡充が果たされていく。エディプス葛藤は，一般に言われる通り，愛情関係を失うおそれや報復的攻撃を受けるおそれと言ったものを含む脅威的体験でもあることから，この期の同一化は，攻撃者への服従的同一化といった防衛的な性質を帯びていることも否めない。Whiteが「同一化」と言わずに，「原始的同一化」と同義的な「取り入れ」概念をあてた意味もそこにあるが，実際に，そこまで到ることができずに，再び母親との"合一錯覚"を何とか作り出そうとする自・他未分方向への退行も種々見られるのである。

　病理水準の診断に，前エディプス期にとどまっている水準かどうかの基準設定が多用されるのも，もしこの期の重い負荷を通過できれば，より堅固な自他分立と能動的でより全体的な形の自己構築に向けての強力な推進力が得られるという重大な発達的岐路がそこに意味されているからである。最近注目されるいくつかの人格障害は，そうした推進力を獲得するのとは逆に，自己破壊的な万能性のために，対象と感情的つながりが持てなかったり（一次的同一化による"悪しき（不快な）" introjectsが自己-対象破壊の方向に万能性を発揮するために），すぐに原始的対象関係が内的に活性化されて，二次的同一化を特殊なファンタジーによって歪めたり困難なものにしたりするといった，エディプス葛藤対処以前のレベルにとどまる発達障害を示している。

　一次的から二次的レベルに向けての同一化の発達的変遷が望ましい形で進んで行った場合には，同一化の人格形成的意義はより大となっていく。つまり同一化は，自と他を心理的に，感情を伴って結び合わせるという側面と，一方，対象吟味によって，「他」の中の「自」と違う部分，また別の「他」とは一層違う存在である「自」といった，"違い"の同定，あるいは差異化を含んでもいる点で，前進的に自・他を再創造する性質を担っていると言うことができるのである。

　同一化を総合的に見るとそこにはいろいろな様相が含まれることに気づか

される。建設 - 破壊，対象の質の"快"-"不快"，退行性 - 前進性，防衛性 - 発達性，さらには，一時性 - 永続性，（表面的）浅さ - 深さといった特徴をさまざまに含むのが改めて思い浮かべられる。そして同一化によって内在化されるものは，人格特性や態度，行動型，いわゆる"自我興味"といわれる動機や価値にかかわるもの，思考，感情，など広くにわたっている。

　臨床的にはいくつもの同一化の病理が観察されるが，筆者が最近特に注目しているものに境界例レベルの症候群の同一化の問題がある。境界例と一口に言ってもさまざまなものが含まれるが，その中には，自己自身の存在同一性を築いていくことに着実に資する形の同一化とは異質の同一化が少なからず筆者には経験されている。見かけの上では容易にいくつもの対象像のコピーになり，その時々に仮りそめの自己高揚や，自己肥大的充実のようなものは実現されているようでありながら，やはりそれは一時的で完成することのない，長い目で見ると次々と使い捨てられ，着替えられていく同一化であって，逆に，自己の側の空虚性がそれらを通して再確認されていく。

　Meltzer, D.（1975）の「付着同一化（adhesive identification）」に示される，表面的で単純な，ことばばかりで空虚な，一貫性や深みのない，皮膚レベルの，単なる模倣に過ぎないのではないかと思わせる同一化のあり方の見解も参考にされるところである。他にも個人単位ではなく家族の中で成員間に無意識的に生起する・さまざまな形の，"folie-a-deux"的基質の原始的相互同一化など，同一化の面から問題が照らし出される場合が少なくない。

　また治療場面における面接者と被面接者の間の「同一化」関係は，転移の問題とも絡んで，たとえばMeissner（1981）が患者の"悪しき"introjectsの力を"分析者"introjectsによって減弱させていく例を報告しているように，具体的に吟味されるべきものを多く含んでいる。

　以上，本稿では，同一化をまず概念とその背景理論について吟味し直してみた。人間が起こしてしまう，あるいは能動的に生起させていく同一化を，自己と他者の「存在」の発見，拡充，改変の過程として，また内在化による自己表象と他者表象の発達的形成過程としてとらえながら，人格の中枢機構

構築にかかわる全体的な道筋を考察した。同一化の健常なあり方と病理について の種々の具体像に関する検討や，発達のより細かい段階の吟味は後の稿 に譲ることとする。

文 献

Bandura, A. (1965)：Influences of model's reinforcement contingencies on the acquisition of imitative responses. J. Pers. Soc. Psychol., I, 589-595.

Blank, R & Blank, G. (1980)：Beyond Ego Psychology—Developmental Object Relations theory. Columbia Univ. Press, New York.

Etchegoyen, R.H. (1985)：Identifieaton and its vicissitudes. Intern. J. Psychoanal. 66, 3-18.

Fairbairn, W.R.D. (1944)：Endopsychic structure considered in terms of object relationship. Int. J. Psychoanal., 25, 70-93.

Freud, A. (1936)：The Ego and the Mechanismus of Defence. Intern. Univ. Press, New York, 1946.

Freud, S. (1905)：Fragment of an analysis of hysteria. S.E.7.

Freud, S. (1915)：Instincts and their vicissitudes. S.E.14.

Freud, S. (1917)：Mourning and melancholia. S.E.14.

Freud, S. (1921)：Group psychology and the analysis of the ego. S.E.18.

Freud, S. (1923)：The ego and the id. S.E.19.

Freud, S. (1927)：The future of an illusion. S.E.20.

春木豊，都築忠義（1970）：模倣学習に関する研究．心研，41, 90-106.

Jacobson, E. (1964)：The Self and the Object World. Intern. Univ. Press, New York.

Kagan, J. (1958)：The concept of identification. Psychol. Rev., 65, 296-305.

柏木恵子（1966）：同一視に関する最近の研究．教心研，14, 230-245.

Kernberg, O. (1966)：Structural derivatives of object relationship. Intern. J. Psychoanal. 47, 230-253.

Kernberg, O. (1977)：Object Relations Theory and Clinical Psychoanalysis. Aronson, New York.

Kernberg, O. (1980)：Internal World and External Reality. Aronson, New York.

Knight, K.D. (1940)：Introjection, projection, and identification. Psychoanal.

Quart. 9, 334-341.
Kohut, H. (1971): The Analysis of Self. Intern. Univ. Press, New York.
Leowald, H. (1979): Reflections on psychoanalytic process and its therapeutic potential. The Psychoanalytic Study of the Child, 34, 155-167.
Mahler, M.S. et al. (1975): The Psychological Birth of the Human Infant: Symbiosis and Individuation. Basic Books, New York.
松田醒 (1973): 幼児の母親模倣行動における母‐子関係の影響. 心研, 44, 79-84.
松田醒 (1977): 母親言語行動の模倣における母親同一視要因の影響. 心研, 48, 208-215.
Meissner, W.W. (1971): Notes on identification J Clarification on related concepts. Psychoanal. Quart., 40, 277-302.
Meissner, W.W. (1980): A note on projective identification. J. Amer. Psychoanal. Assoc, 28, 43-67.
Meissner, W.W. (1981): Internalization in Psychoanalysis. Intern. Univ. Press, New York.
Meltzer, D. (1975): Adhesive identification Contemp. Psychoanal., 2, 289-310.
森下正康 (1979): 親和性と親子間の価値感・性格の類似性. 心研, 50, 145-151.
荻野醒 (1969): 同一視に関する心理学的研究——方法論的一考察. 名城大学教養課程部紀要 2, 59-78.
Piaget, J. (1945): Play, Dreams and Imitation in Childhood. Norton, New York, 1951.
Rank, B. (1949): Adaptation of the psychoanalytic, technique for the treatment of young children with atypical development. Amer. J. Orthopsychiat. 19, 130-139.
Rank, B. & MacNaughton, D. (1950): A Clinical contribution to early ego development. The Psychoanalytic Study of the Child, 5, 53-65.
Ricoeur, P. (1972): De l'interprétation, essai sur Freud, Edition du Seuil. (久米博訳: フロイトを読む. 新曜社, 1982.)
Schafer, R. (1968): Aspects of Internalization. Intern. Univ. Press, New York.
Sears, R.R. et al. (1965): Identification and child rearing. Stanford. Univ. Press.
Silverman, M.A. (1986): Identification in healthy and pathological character formation. Intern. J. Psyehoanal. 67, 181-192.
White, R.W. (1963): Ego and Reality in Psychoalalytic theory. Psychological

Issues, Monograph 11. Intern. Univ. Press.

第 7 章
子ども理解の方法と理論
―縦断的観察研究を通して―
（1993）

> **本章の紹介**
>
> 　タイトルから子どもの心を理解する方法や理論を教示・解説する内容を想像していると面喰ってしまう。子どもの心を理解するとは如何なる営みかという根本に立ち返り，その問いと向き合った，齋藤ならではの論考である。Mahler, M.S. らの分離‐個体化過程の縦断的観察研究を，その準備・計画段階より追体験的にたどりながら，理論や経験，人為的な方法という枠組みの両義的意味合い，また研究過程で生じた客観的・評定的データ収集から記述的あるいはメタ観察的データ収集への修正，観察データの読み取りの集積から最接近期危機概念という有用な概念（観点でもある）の創出などから，学ぶべき事柄を指摘する。分離‐個体化過程は一つの発達理論として知らない者はいないが，その研究プロセスの吟味を通して，方法と理論について深く考え抜かれている。

1. はじめに

　日頃臨床心理学的に一人の子どもを，また特定の子どもグループをどう理解するかにかかわっている者にとって，理解のための方法と理論は，大変身近で重要な問題である。

　殊に一人の発達しつつある子ども全体が対象になるほど，そもそも「理解」とはどういうことなのか，それはおとな側のどのような心の営みであり，またおとなの心と子どもの心との間のどういうやりとりであるか。それは，相互の「関係性」にどう規定されながら，また「関係性」そのものにどう作用していくか。

　そうした問いを何度も発し直すことをしないと子ども理解の仕事をリアルに進めていくことになっていかないのではないかと思われる。

　既存のいろいろな方法でデータをとればとるほど理解が充実するというふうには単純に行かない以上，問いは根本の方に向かわざるを得なくなる。

　子どもを理解することは，常に発達的に変化しつつある心の実態に触れるということであり，静態的(スタティック)にというよりはいつも「進行形」的動態を見ていくことが求められる。

　また子どもの心のはたらきのどこかの面に関心を限局しないでいこうとすると，結局のところ，「パーソナリティ発達」のレベルで子ども理解を試みるべく，そのために必要な観点や変数の総合的設定を課題としなければならなくなる。それは理論と方法両方にわたる課題であるが，一足飛びにパーソナリティ発達に向けての集約的なアプローチに到達することはできなくても，そうした研究的指向性を持つことが，子ども理解をより生きた全体性へと，有機的に進めることにつながっていくのではないかと思われる。

　ではパーソナリティ発達という観点で実際に子どもをどう見ていくか。視座をどう定め，それによって理解を進めるための方法をどう具体的に創案し組み立てるか。

　これは，たとえば認知能力の発達を研究する場合なら課題解決場面を操作的に設定してそこでの成績を分析するという方式で研究のユニットを定めな

がら，コンパクトに積み上げていく進め方をするのに比べると，それほど簡単にはいかない問題である。

やはり人間の心の全体性ということにかかわっていかざるを得ないとすると，どうアプローチするかは実に大きすぎるくらいの課題だと言わねばならない。

面接，テスト，作品分析，遊びを含む行動分析などいくつかの一般的方法があるとして，具体的にそれらをどう選定し組み合わせるか，また新たな方法を編み出すか。特定の子ども，またはいろいろな集団を対象としてそれを考えるとき，実際にはそれら既存の方法が用いられることが多くなるが，大切なことは，それらいくつかの方法で得られた子どものデータから何を読みとるか，データを本来の「理解」に向けてどう活用するかであろうと思われる。

それはやはり根本のテーマに戻ることでもあるが，そもそもおとなの目は，子どものありのままをどこまでオープンに，また細やかに追うことができるものであるか。そのことをも問題にしないと，本当の子ども理解に向けて研究が進んでいかないのではないかという，筆者自身の自問がある。

子どもについての情報は「関係性」の要因によっていつも規定されているということがすでに一般認識になっているとしても，そのことを当事者感覚でリアルに自覚することは案外むずかしい。それは，子どもへのアプローチをいつも相対化し脱中心化する営みにつながる問題である。またそれによって，さらに子どもそのものにもう少し適切にアプローチできるのではないかという積極的努力をも意味していると思われる。

そこで，本稿では，そうしたこもごもの問いに立ち返ることを含めて，おとなが子どもを見るというほんもとのテーマと深くかかわりを持つ「観察」をとりあげたいと思う。「観察」という基本にもどって，おとなは子どもの何をどう見るか。子どもの側はおとなの「目」にどういう反応を起こすか。おとなの目が到達できない部分をも考えに入れると，子どもにとりおとなの「目」が持つ意味は何か。そうしたことを多少ともじっくり追ってみることは，われわれ子ども理解に関心を持つものにとって有意義なことではないか

と思われる。

「観察」はやはり対象理解にとって，どの手段をとる場合にもついてまわる，いわば基本的方法である。

ここでは縦断的に時間をかけて子どもの観察を続けながら人格発達過程をとらえようとする一つの研究例として，Mahler, M.S. らのものをとりあげながら，子ども理解をめぐる問題点の検討を試みてみたい。

2. 「発達」研究とそのための情報，理論

もし，こちらが特別の操作を加えることなくまた環境条件にも特別の偏倚がない中で幼児を3年間追跡するとすると，それは止めようもなく子どもに生起していく「変化」を追うということになっていく。

「発達的変化」が抗いえない力強さで内発していくことは，つまりわれわれの目の前に発達データが与えられてしまっているということであろう。研究素材は子どもの方からどんどん放出されるわけであり，極端に言うとそれらをできるだけ素直に，その自然のままを掬い上げることがもしできるとすれば，データの流れから「発達的変化」が読みとれてしまうということにさえなりそうである。

もちろんその「自然のまま」がいかに掬いとれるかは簡単な問題ではない。「発達的変化」という圧倒的な自然の展開を掬いとるための人為的備えをわれわれはどう適切に持ちうるか。そこにはパラドクスが潜んでいて，「自然」にアプローチするための堅固な「人為」というものが問題になるはずである。それは理論と方法にわたる枠組みを備えるという意味での「人為」で，そういう「人為」を通すことによってはじめて，対象の「自然」なあり方を受けとめるこちら側の「自然」も解放され，それが対象理解のために有効に作用することになるということがありうるであろう。

「自然」はできるだけ「自然」によって迎え入れられることが要り，あまり「人為」を整備して「自然」に接近すると，結局「自然」を逃がしてしまわないかという思いがなくもないが，結局のところ，逆説的に，研究者側の

「自然」条件を整えるための「人為」ということの必要性を思い知る。

　仮に最初からあくまでも「肉眼」での接近を試みようとしても，知らず知らず個人的枠組み（バイアス）に潜在的に頼ることがふつう起こってしまうであろう。自覚的にはっきりした人為的枠組みを持ち込むことは，そうした未分化な見えない枠組みのはたらきを後退させる。そして今度はその枠組みを自覚的に相対化することにより，その枠組みを超えて，もっと広い「自然」の地平へと向かう自由が獲得されていく。

　そのようなことがありうるのを，筆者も臨床心理学的実践から経験するが，その「枠組み」とは外在的な「構造」設定に限られるのではなく，経験的訓練を経て内在化された，また理論が「自己体験化」されて，内的な「情報処理機構」となったものを含むと考えられる。それは，開かれた，柔軟な感受性の内的ネットワークとでも言うべきものであり，それは広い意味で「観察の目」をどう養っていくかという問題でもある。

　具体的には，「発達的変化」を受けとめる「場」を，どのように設定するか，視点や基準を誰がどのように定めながら，なるたけありのままの「自然」を反映したデータの収集を行っていくか。そして同時にそのデータをいかに発見的に，また体系的統合的に読んでいくかである。研究者の総合的レディネスが問われるところであろう。

　ここでとりあげる一つの研究モデルは，「自然観察法」に準ずる長期的縦断観察研究であるが，「発達的自然」に最大限度開かれたデータ収集とその記録を組織的に，また科学的客観性を何とか保ちつつ行っていくか，そしてそこから新しい発達理論をいかに創造していくかという，根本的な大テーマとのいわば一つの"格闘"過程でもある。したがって「子ども理解」という仕事をめぐる実にさまざまな課題と論点の"貯水池"のようにそれを見ることもできるであろう。

　子ども理解のための一つの「現場的仕事」の丹念な報告でもあるそうしたMahlerらの仕事に目をやることを通して，問題点も具体的に浮かび上がり，今後に役立つ実際的な検討が可能になっていくのではないかと思われる。

1. 子どもに関する情報

広い年齢範囲にわたる子どもをひとまとめに念頭に置くことは無理なので，ここでは既述のように，いわゆる「直接観察価」の高い，早い発達時期の乳幼児について考える。

(1) 行動情報

直接観察の記録は殊に客観性が必要な場合，顕在的な行動情報が重視される。その点幼児は素直で豊かな行動情報の提供者である。またそれは自意識のフィルターを通さず「自然」を伝える情報でもある。Winnicott, D.W. (1965) は，「反応」させられるのでなく，心おきなく「存在する」ことで人生を始めることの重要性を指摘したが，幼児の行動は，心の自然のままが外的「かたち」をなしたもののように思われる。その唐突さや浮動性，不整合，変転といった性質はおとながすでに失ったものである。筆者が大学生に遊戯療法の子どもをロールプレイしてもらったとき，「どうしても行動に辻褄を合わせてしまう」というロール・プレイヤーの感想が多く興味深かった。

一口に行動と言っても，行動の意味あるいは質がすでにおとなと同じでないわけである。後述のMahlerらが客観的に観察可能な行動から内側の心的過程の推測が可能であると考えたのも，このように行動相互の整合的つながりよりも，心と行動とのつながりの方がより直接的に優勢であることと関係しているであろう。

行動の内容には①空間移動など粗大な行動，②手先の運動など微細な行動（①とともにたとえば「目的指向性」の有無，人あるいは物という対象の種類によって運動の質が異なる），③目の動き，首・上半身の運動（まだ抱かれている時期には，対象への心理的接近と回避も目の動きを中心に頭部あるいは上半身の動きに依る），④ほほ笑み，泣き，発声，表情，顔面の行動，⑤摂食，排泄，睡眠，着脱衣など生活習慣的行動，などがある。

それらは認知的-感情的・社会的，受動-能動，快-不快，攻撃的（破壊的）-友好的（建設的），自発的-順応的，自律的-他律的，一時的-持続的，断片的-総合的，紋切型-創造的など，いろいろな評価次元を含ませ，また，コントロール，テンポ，活動水準，器用さ，生理的・心理的同調性などの観

点を加えることにより，理解が分節し，心理的特徴の把握へとつなげられていく。

(2) 言語情報

低年齢では言語行動として行動情報に含めることもある。これには表現言語，理解言語の両方が含まれるが，象徴機能の本格的獲得へと向かっていくことで，現実と非現実，外界と内界というふうに幼児の心の世界が二極化していくことにも目を向けることが必要となる。Stern, D.N.（1985）は自己表象が，言語獲得により社会的合意を得た言語的表象部分と，そうした社会的認められ方をしない（disavowed）私的表象部分に分かれ全一的でなくなることに注目している。言語を通した対人関係と，直接行動的な対人関係とはどう違うか，そこでの自己感（sense of self）の違いの問題も言語情報に内在する検討点であろう。

(3) 描画などの作品，造形的表出情報

子どもの絵や粘土細工などは認知能力的情報としてだけでなく，心理状態や特性，さらには人格傾向にかかわる情報とされる。殊に描画は視覚的に全体が"一目瞭然"のコンパクトな情報であることから，色使いや内容的特徴，構成などに注目した発達的研究や，感情や人格適応の診断のためのテスト化も種々行われている。その中には，自由画や例示した「バウム」など課題画がある。

(4) テスト情報

発達検査，知能検査，CATや上の課題画など幼児向けの投影検査など，成績が標準集団内での位置を示すもの，あるいは標準検査状況の提示により個人間比較が可能になる情報がある。この種の情報への依存度をめぐる論議，適切な使用のあり方をめぐる論議が近年多くなっているが，一定の標準的枠組みにより構造化された情報を得ることの意味が，自由度の高い，非構造的状況からの情報との比較の中で問われながら適切に組み合わせて活用されるべきである。

幼児の場合は，全体として自由度の高い構造のゆるやかな状況からの情報収集が主になるが，後にMahlerらの研究において，母親の「不在状況」の

190　第Ⅱ部　発達理解 1

3歳男

3歳女

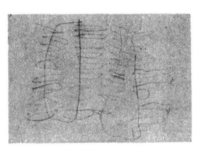

4歳男

4歳女

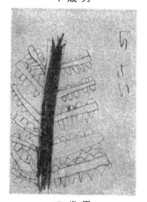

5歳男

小学1年男

図1　樹木画（「実のなる木」描画テスト）例（林・一谷，1973）

設定のように，相対的に構造化された場面から，子どもの一種の「限界反応」に相当する情報も高い密度で抽出される。それらは情報収集の構造条件が重要な意味を持つことを示しているが，いろいろな条件差の下での情報の比較と総合が子ども理解を豊かにすることは確かである。

またおとなからの供述や環境をめぐる情報，さらには Mahler らが親にテストバッテリーを実施したように親の心理的特徴についての情報も，親や環境条件，そこでの「関係性」により直接的に規定される度合の高い低年齢児の場合には殊に重要である。

情報は多種多量であるほどよいというわけではなく，また現実には常に限られざるを得ないが，各種の情報全体の受け皿になりうるような人格理論の有無によって，有限のデータが柔軟に関連づけられうるかどうか，それぞれ意味を得ながら生かされるかどうかが分かれていく。齋藤（1982, 1991）はこの情報収集と統合の問題について検討している。

2. 発達の基本原理と理論
(1) 基本原理

Erikson, E.H.（1959）は，人間を身体的・心理的・社会的（対人関係的，社会・文化的）次元を含む多次元存在としてとらえながら，それらを統合する主体としての自我の漸成的発達（ego-epigenesis）を理論化した。漸成的発達（epigenesis）は胎生学的概念だとされるが，発達は一定の成長と発達のリズムによって規定されながら，また一定の秩序と順序をもって次々と展開していくとの考え方である。そして各段階ごとに優勢な機能や関係の様式が適応を成り立たせていく過程に注目していく立場である。

「成長するものはすべて『予定表』（ground plan）をもっていて，すべての部分が一つの〈機能的統一体〉（functional whole）を形づくる発生過程の中で，この予定表から各部分が発生し，その各部分は，それぞれの成長がとくに優勢になる〈時期〉を経過する」というのが一般的な漸成原理だと，Erikson は説明する。

これは生物学的色彩の濃い見方ではあろうが，生物学的基軸抜きに，つま

りたとえば純社会的に発達をとらえることがあり得るか否かを考えてみても，それは一つの基本的観点というべきものであろう。発達の順序性，臨界期あるいは敏感期，また発達的方向性といった一般的な心理学的見解も，すでに生物学的基盤と密接にかかわっていることを改めて思わせられる。

　何より忘れないでいたいことは，発達研究が，Eriksonにおける「漸成」に一つ代表されるような，個体の中に内蔵されている成長と発達の基底プランに，いかに依存しているかということである。その分，そうしたいわば発達の「自然」が提供する情報をいかにそのままに受信するかがわれわれの重大な責任になっていく。

　心理学的操作をいくら周到に加えても，基底プランを変更し，それを超えることはできない。種々の個体差や，個体内の変異がそのバリエーションとして多少生じることはあるとしても。

　早い話，幼児がどうして衣類を自分で着たり脱いだりしようとし始めるか。親の膝から這い出て少々の打撲にもめげず外界の事物に向かおうとするのか。言語を獲得し，自己認識・自覚を含めた意識的体験世界を拡充し組織化していくのか。また自己価値（セルフ・エスティーム）にいろいろなレベルでこだわり，その傷つきに対抗したり回避したりする方略を，それも万能感幻想といった非意識的（無意識的）また非合理的操作にわたる方略までを，種々編み出そうとするのか。

　たとえば上のようなことについても，それらが周りの人為的働きかけに本来起因するものではないことを（影響を種々蒙ることこそあれ）われわれは知っている。それらの抗いがたい発現力，発達的活力に感服しながら，その内発作用と環境側の作用との相互関係に目をとめ，経過を追うのが仕事となるわけである。

　「生得性」ということは「一般」のレベルでも「個人差」のレベルでも問題になるが，たとえば，Sternが巧みに実証的裏づけを駆使しながら論じようとする，生得的な抽象化機能を備えた高次の認知能力もそのような見方に基づいているであろう。またPiaget, J.における，「教えられたのではない直接的な身体的経験」や「自発的発達」の観点の下に知能をとらえる見方も同

様である。
(2) 理　　論

　子ども理解にとり，理論的基盤をどう据えるかという重要な問題がある。もろもろのデータが本来の色彩（意味）を発するためのいわば光源の役が理論に期待されるであろう。

　理論の充実がまだまだ求められる中で，「観察」はそうした問題の「原点」に位置するのではないかと思われ，そのことを今一度考えてみようとするものである。

　一つにはそれが刻一刻と変化する生きた心の営みに直接出会い，それに触れることである。静止状態に対象を固定するとか，対象の代理物（たとえば「作品」とかテスト成績）を目の前に据えるというのとは異なり，変転する対象像を追うだけでも実は大変な作業である。またその作業は単に視覚的に対象を追っているだけではないであろう。そこにはあらゆる感覚，さらには予感までが総動員されているはずである。生きて行動し続けている人間の観察とは，カメラのレンズの機能とはおよそ異なり，心的機能を総動員した情報統合を各瞬間瞬間試みながら，一方で次の瞬間へと受信作業を開き続けているという，あくまでも未完結な動的過程の真只中での作業である。ミクロに見れば「観察」は，それ自体が時々刻々の「仮説検証過程」，いわば修正発展的な「理論構成」の過程でもある。ある瞬間の情報から次の瞬間が予想され，その予想が裏づけられたりまた逆に棄却されたりということが起こり続けるのが「観察」の過程であろう。「理論」の産出とはもともとそうしたナマの展開をくぐりながらそこに潜む筋に出会って行くことではないであろうか。

　「創造的な観察」に向けて，われわれはもっと感受性を磨き，貪欲に努力を傾けるべきであろうと思われる。

　臨床場面はいつも関与しながらの「観察」の場であるが，どこまで子どもの心に新鮮に出会う体験ができているか，そこで心と心との間のはたらき合いをどう展開させ，同時に何を学びとっているか，いつも反省させられる問題である。

「理論とは事実から意味を引き出すものである。……（中略）理論なしでは事実はキャンバスの上にばらまかれた無意味な点の集まりにすぎず，子どもが，なぜ，どのようにして，発達するかを描くことはできない」とThomas, R.M.（1979）が述べることは，「観察」という基本的で，最も豊かな直接性を持つ方法にとっての根本課題を示唆している。

観察が理論を生む源であることと，理論が観察を支え，ほんとうに意義ある生産的な観察を可能にさせること，この２つがいかに相携え合って生じ，さらに相乗効果を生むような循環関係を発展的に成り立たせていきうるか。それは研究におけるいわば「生命線」であろう。

子どもが顕わにする複雑で多彩な具象的事実と，個々の事実の意味連関を指し示す抽象的公式としての理論体系へ両者の不可分な関係については改めて言うまでもない。臨床家だけでなく実証的研究者も同じく，この「具象」と「抽象」との間を自在にまた活発に往復することが要るであろう。それは「観察者」が内面化された自分自身の基準を持つことである。それによって「観察の目」を確かで有効なものにしながら，その一つの枠組みを足場に，より自由で新たに開かれた観察が展開され，それがまた理論の深化につながるといった相乗性が期待される。

3. Mahler らの縦断的な臨床観察研究とその検討点

近年 Mahler の研究は米国の発達心理学の概説書にきまって登場するようになったが，Erikson の場合と同様，発達の段階的推移の図式的紹介にとどまるものも多い。

ここでは，研究者の具体的な観察の目とそこに映る子ども像，また自然状況を重視しながら実証的研究を組織的に行おうとする，データ収集から体系的整理・分析に至る方法的工夫に少し立ち入ってみたいと思う。観察と理論化との発見的・生産的循環関係など，大がかりな縦断的研究（0歳代から3,4歳まで）の「現場」性，具体性に富む実像に触れ直すことにより，子ども理解の方法と理論をめぐるさまざまな問題の検討に資することができればと

考える。Mahler ら（1975）の研究報告書と，筆者も見ることができた一部の観察ビデオ（教材用）をもとに，研究的営みそのものを少したどってみることにしよう。

これまでに述べた基本的問題点と，個々の子どもを休まず追い続ける，具体的でまさにナマの研究的現実とが，実際にどう交差するか，研究者達がそこでどのような取り組み方をしていくか，問題意識を喚起するものが種々含まれているのではないかと思われる。長期間何人もの子どもの生きた発達的姿に目を離さず組織立った記録作成をし，そして同時に立論を並行して進める試みであるが，研究対象と研究スタッフをすべて含めた，「発達」が主役の，いわば"ドキュメンタリー"を Mahler らは伝えたとも言えるであろう。そこからわれわれはいろいろな検討点を引き出し，今後に役立てることもできるであろう。

1. 研究の輪郭
〈1〉観察リサーチと，臨床的研究との総合。

実証的観察研究の大がかりな計画のもとに方法が組織化され，健常児観察が進められたが，それに先立つ「共生精神病」の詳細な病理研究があるわけであり，「臨床の目」の利いた精緻な観察にも，そうした背景が関係している。

〈2〉「平均的な母親とその正常な赤ん坊」からなる対象群については予備調査・予備研究を通して周到に抽出されている。同胞順位，同胞数，両親の年齢・教育程度，宗教などがチェックされている。1959年から1968年にかけ，計38人の子どもと計22人の母親とが3年間と4年間の2群編成で対象となり，その中の5例は特に実証事例として集中的にとりあげられている。

〈3〉母親と乳幼児の「対」が主に観察のターゲットになった。約3年もしくは4年間，週1〜2回の継続観察が行われ，個別にビデオ記録が残されたが，3歳児については子どものグループの記録が加えられた。

〈4〉データ収集の多面的，組織的方法。

表1は，データ収集のあり方の全容を示している。非参加観察者はマジッ

表 1 データ収集

データの型	頻 度	時 期	方 法	記録者
1) 参加観察	一組の母・子に対し毎週1～2回 毎月約40回の観察記録	全期間	子どもの行動，母・子相互交流，集団内での母親の行動および，子どもや自分についての母親の所見，および，母親のパーソナリティを記述した2～4頁の記録	乳児室，幼児室担当の，研究精神科医と主任参加観察者
2) 参加観察者と非参加観察者による共同観察	9カ月まで毎週9～18カ月まで隔週 18カ月以降は毎月 毎月約25回の観察記録	データ収集の最後の5年間	母・子対の30～50分間の観察 2～5頁の走り書きの報告書	3人の参加観察者と非参加観察者
3) 領域観察	毎月約20回	データ収集の最後の4年間	分離-個体化過程に重みがかかるように選択された8領域に記録された（実例を付けた）推論的な公式化と判断2～3頁	非参加観察者
4) 母親との面接	毎週	全期間	子どもの発達，親-同胞-子どもの関係と，家庭の出来事についての3～5頁の報告書	研究精神科医と主任参加観察者の観察報告
5) 父親との面接	年1～2回	全期間（ただし，最初は定期的というほどではなかった）	子どもの発達と父・子関係についての報告書	研究精神科医
6) 撮影 選択された一連の行動を記録する母親と子どものフィルム	各下位段階に相当する暦年齢の指標に従って	全期間（ただし，後には，より組織化されている）	室内からの母・子の撮影映画観察記録は母・子の対の行動について説明する。 フィルムの注によって，フィルムの順が示される。	研究カメラマン
7) 家庭訪問	2カ月にほぼ1回の2～3時間の非形式的な訪問	全期間。ただし，当初はさほど定期的ではなく，後になって組織化された	特に児童センターでのグループでの行動と比較された，家庭状況における行動についての母親（時には父親）の4～5頁の報告書	主任参加観察者と参加観察者
8) 子どもたちの発達テスト	ほぼ5, 10, 18, 30カ月めに最低4回，一人ずつの子どもをテスト	全期間	標準発達テストの施行と発達プロフィールの準備	乳幼児テスター（本研究グループの構成員でない）

第7章　子ども理解の方法と理論　197

データの型	頻度	時期	方法	記録者
9) 母親たちのパーソナリティ・テスト	当初における母親全員に行った心理評価	母親ごとに1回	投影法テスト・バッテリー	臨床心理学者（本研究グループの構成員でない）
10) 年長幼児集団の観察	幼児のグループ活動毎に	グループ開始から	2〜4頁の報告書	参加観察者
11) 年長幼児の個人遊戯時間	幼児グループにいる時と，その後の1年間の毎週	グループでの最後の2年間と追跡調査の年	遊戯室にて，職員がマン・ツー・マンで実施した	主任参加観察者と精神科医

Mahler, M.S. et al.（1975）　邦訳本 pp.273-274.

ク・ミラーの後ろに控え，観察を走り書きで記録し，参加観察者と両者が独立に並行記録をとる方式を一貫させた。それは，行動継起などの正確な外的記述と臨床的記述とを統合させる記録法の工夫に役立ち，相互調整的に必要な記録を残すことにつながった。

「ビデオ記録」はそれらに比し，「証拠固め」のために使われた。撮影はカメラ固定式でなく，また研究メンバーであるカメラマンが，撮影の全般的ガイドラインをもとに，一定間隔の撮影を柔軟なタイミングで行った。フィルムは大へん厖大な量に及び，フィルム・ノートとともに「フィルム図書室」で整理され，保存される形をとった。

観察のための物理的場面はニューヨークのマスターズ児童センターにおいて，乳児室，幼児室，乳児のプレイペン，遊び場，母親控え所，観察室などからなる一定の2階建建造物が用いられた。自然発生的な子どもの行動や，母子関係が自然な設定の中で観察でき，臨床的で記述的な接近法が成立するように意図された。

遊具は人形，汽車，ピクチャーパズル他，カラフルなかなり多くのもの，また木馬など大型の遊具が用意された。空間は他の部屋を含めて行き来が自由にスムースにできるようになっており，母親が控える空間で母親達は自由に会話や読書をしながら，子どもを見渡すことができ，必要に応じていつでも近づくことができる設定になっていた。昼寝や排泄の世話，お菓子与え

などが母親の個性のままに行われうる気楽な雰囲気の状況が用意されていた。少なくとも週1～2回，午前中を使う定常観察が続けられた。

〈5〉観察の細かい手続きに発展的に修正を加えた部分があると，そのことをありのままに記録にとどめる方式が貫かれている。縦断的研究では観察条件を一定に保つことが困難な場合もあり，厳密な条件設定の視点からは批判を免れない。本研究では，いわゆる「定数」が変化することのないように，重要な観察領域に関する一貫した取材が心がけられているが，細かい点で必要な改良を加えることにはむしろ前向きな姿勢がうかがわれる。たとえば観察。記録方式についても，指標や行動評価様式の変化があった。それには，行動に「焦点」や「目標指向性」があるかについての記録を例にとると，ある時期に行動の段階評価法が考案され，①見るからにふらふらしていて滅多に目標を指向しない，から④典型的に目標指向性を示していてうろつくことがない，までの4評定点尺度にチェックする方式をとったところを，行動が生じるままを記述する方式に変更するといったことになった。この例は子どもの現実像の記録が段階評価式では明細でなく，また子どもによって案外記録量に差が生じがちになるといったことによる変更である。これは「計量化」の方向から「臨床的記述」の方向への変更でもあり，方法的に議論が生じるところであろう。

この点Mahlerグループの研究者達は，後者のような臨床的な記録作業方式をとる場合には，子どもに関する情報を観察収集するというその作業の過程が「発見」の過程と一体になっていくが，前者の評定的・計量的記録方式ではそのようにいかないという判断に立ったと報告している。重要な検討点であろう。

横断的研究であれば，2種類の方法を別々の対象群に用いてみることが可能であろうが，このように大々的な縦断研究では絶え間なく発達的変化をし続ける子ども達を「一回性」原則のもとに追い続けねばならないので，方法上の判断保留が許されないという点も，ここで忘れることができないと思われる。

〈6〉何を観察するか，そのカテゴリー設定は何回かにわたって，観察の記

述的収集資料と基本理論との関連づけを通して，より適切なものへと修正が試みられた。全体としては縮小し集約する方向に向かった。

①対象関係（母子二者関係，その他参加観察との関係なども含む），②気分，感情（快体験，不快体験），③人や対象物と関係を結ぼうとする衝動（リビドー）と他方，攻撃衝動の発達（両価性_{アンビバレンス}を含む），④認知・言語発達，⑤苦痛や欲求不満への耐性，⑥身体運動機能，身体像，⑦自己感覚，自己表象，などが重視してとりあげられた。

観察記録を再点検する仕事においては同一の研究スタッフが同じ整理項目を専門に担当し，対象児の全データを検討する形をとった。また各データ総合のために週2回のスタッフ会議を続けた。

〈7〉「行動」という顕在情報を最大限有効に用いるべく，観察視点の定め方がかなり検討された。これは大変重要な部分である。

たとえば対象への「近づき」行動と「離れ」行動という発達的に重要な観点に関しては次のような「行動」指標が使われた。移動行動による対人距離の変化だけでなく，視線や姿勢（抱かれているとき上体を離すとか，身体を相手に融け込ませるなどの），微笑，音声，また眠ること（相手から離れること），「イナイイナイバー」，母親の「顔調べ」（相手を対象化する距離のとり方）といった種々の指標によって頻度，タイミング，強度を含めチェックしようとした。

それらの「行動」指標はそのまま，相手との心理的距離のシフト，また情緒的相互作用の変動といった心理過程と並行していて，心理的指標と等価なものとして扱われている。

Mahlerらのこの研究は，精神力動的に発達における「精神内過程」を追おうとするものであるが，客観的に観察可能な行動指標にできるだけ依拠しようとする点に一つの大きな特徴がある。その成否や不十分さをめぐっての種々の論議も，研究の行程がこのように詳細に報告されていると，具体的実際的に可能になるであろう。方法上の種々の問題点，制約や実情に照らして結果を読むこと，またこの種の研究を企画するときの参考点や改良点を学ぶこともできると思われる。

また心理テストとして,子どもへの発達検査,母親への標準テストバッテリ（WAIS,ロールシャッハ,T・A・T）が用いられたが,それらの結果と直接観察所見との総合は,全対象にわたる標準的な人格発達の理解においてよりも,個別の事例研究の中で主に活用され,事例理解に役立てられるという扱いになったようである。

確かに日本では考えられないような規模の,盛り沢山な研究内容をどう一冊の書物にまとめ伝達するかということは,それ自体が,研究の現場的営為を伝えるものであるとともに,実にタフ・ワークであることを思わざるを得ない。殊に「臨床の目」の要素と実証的提示の要素とを総合させていくことの難しさは,筆者にとっても想像に難くない,実に身近な問題である。

2. 観察と理論構成——本研究の特徴と一般的問題

対象の自然な発達的展開のままをじっくりとらえながら,それを組織的に実証化しようとする息の長い方法的努力について,大よその輪郭を,以上に見た。

ここでは,観察作業と仮説的立論の不可分な関係,さらには実証を背景にした理論全体の分節化と体系化について,注目されるいくつかの点をとりあげる。そして子ども理解という大きなテーマの中で,問題をもう少し一般的レベルに広げながら,筆者自身考察を試みたい。

〈1〉盛り沢山の記述的データが溢れそれらに押し流されそうになりながら（研究者自身の弁）,重要な発達情報をいかにとらえ,生きた筋を見出していくか。それは実に大変な課題であるが,断片的水準の理論化の集積をまず心がける形で Mahler らはとっている。

子どもの生きた姿に接し続け,それを自然観察的基本態度で受けとめていくことは,実に大量の複雑な現象に開かれた態度を保持し続けるということである。

本研究でも,現象を小さな単位に分解し,単純化させて整理しようとの試みが,尺度化した行動評価の例に見られるように行われようとしたが,再び「記述」に戻っている。その方が変化を生成次元で発見的にとらえながら,

理論を産み出していくという,観察と理論化との一体化が起こりやすかったと述べられていた。「尺度作成」は,それ自体周到な作業を要求するが,他方「観察記述」のためのレディネスとして求められるものには,細部から洞察を得ることができる鍛えられた「観察の目」という厳しいものがある。またそこには既述のように基礎的理論枠をどこまで内面化して備えているかという,「現象」を受けかかえる「枠組み」の問題がある。芸術家のように一瞬のドラマティックな把握が起こるというのではない,もっと地道な過程であるとしても,創造的な心のはたらきがそこにはあるはずである。

本研究では,前段階の臨床病理的研究や一般児対象の予備的研究を通して仮説的に理論構成されてきている根底的な考え方の筋が,研究スタッフ間で共有されている。それは生物学的なものとは別の「心理的誕生」を意味する「分離-個体化」つまり他者と分立した自己存在そのものの成立を,全体としての発達的方向性として考えようとする基本的立場である。

〈2〉上の理論的断片は,観察から得るヒントの動的展開そのものであるが,関連する「断片」が吟味を経つつ組織化され,次第に理論の公式化へと向かった。それは既述の「観察領域」設定までの修正過程,またそれ以上に,分離-個体化過程の「下位段階」の設定過程につながっていくものであった。

「下位段階」設定は,「共生的な母・子共通の膜からの孵化」という心理的な第二の誕生を注視しながらその前後にわたる分離-個体化の過程をいかにすれば最適に記述し概念化できるかという最も重要な問題にかかわっている。1959年から1962年までの第一計画の縦断的観察研究を通してまず暫定的にそれがとり出され,さらに観察研究を進める中で精緻化されて4つの「下位段階」仮説が公式化された。それは今までにまだ存在しないオリジナルな発達時期設定であり,実証的観察研究の実施へという展開になったわけである。

臨床的諸現象に密着したところで発見的に生まれてくるいわば個々の試論が,すでに定まって在る精神分析的発達見解との照合を通して,どのように筋を結んで,新たな理論公式を付加していくことになるか,これは研究当事者の関心の中心をなす,実に興味深い課題であったことと思われる。

具体的現象を直接体験的にとらえ,そしてそれを体系化する仕事をいかに

進めるかということは「観察」研究にとって普遍的に重要な課題であろう。殊に長期間にわたる観察では，何度も古い記録に戻り直しながら，リアル・タイムからずれた情報の再統合を必要とするためなおさらのことである。以前の早い時期の観察記録を再点検して，その時点ではまだ焦点化していなかった行動特徴を再収集しつつ，体系化の仕事に組み入れるためには，その視点についての十分な理解と情報キャッチにかかわる研究者の習熟条件が問われないわけにはいかない。

また「下位段階」の個別的経過を検討するときには常に前後の段階の特徴との関連で，個別的文脈を追い直すことが要り，その意味でも行きつ戻りつの情報再収集が膨大な記録の中で繰り返されるという作業になる。

そうした研究からは子ども理解の実作業を，できるだけ研究者の目の位置で見てみることによって学び得るところが多々あると思われる。

表2は，細かい説明をここでは省略するが，前田（1985）が図表化した全体的な発達段階設定である。

〈3〉子どもの標準的な発達過程の研究を，下位段階を実証的に確認する形で進める一方で，個別的な事例観察と側面からのデータ収集とを合わせた詳細な事例研究が行われた。それらは，標準どおりにいかない種々の個人的発達特徴を描き出している。早すぎる経過，停滞へ遅延の各問題が，親子関係他の環境要因，子ども自身の意味深い偶発的エピソードの要因などを検討しながらとりあげられている。それらは，「標準」からの逸脱や変則性を現実的に提示するものであるとともに，「標準」的理解を大いに補い，肉づけるものとなっているところも注目される。「標準」過程の理論化はかなり一般性のある用語や概念によって展開されるのに対し，事例研究においては，より精神分析的な専門知識が必要な概念が縦横に用いられており，標準理論とは多少異質な記述部分が密度高く含まれている。たとえば排泄課題やジェンダー同一性の初期形成課題など，事例理解にとって無視できない微妙な問題点の精神分析的理解が進められようとするなどである。一般公式化と個性記述の問題を再考させるものでもあろう。

全体として縦断的方法によるデータの体系化が行われたが，同じ時期に対

表2 Mahlerによる乳幼児期の分離・個体化

年齢	発達期			状態	他の概念
1〜2月	正常な自閉期			自己と外界の区別がない	未分化段階（Hartmann）
	正常な共生期			自己の内界（あいまいなもの）へ注意 ↓ 緊張状態では外界へ関心を払う	欲求充足的依存期 （A. Freud） 前対象期（Spitz） 3カ月無差別微笑
4〜5月	分離・個体化期	分化期		母の顔，衣服，アクセサリーなどへの手さぐり（外界へ興味） 受身的な〈いないいないバァー〉	一次的自律自我 移行対象（Winnicott）
8月		練習期	早期練習期	母親の特定化 はいはい，おもちゃへの関心 一時的に母から離れる—触れる	8カ月不安（Spitz） 情緒的補給（Furer）
10〜12月			固有の練習期	気分の高揚—自分の世界に熱中 ・積極的な〈いないいないバァー〉 ・母を忘れるが，時折，母に接近し補給する，よちよち歩き 気分のおちこみ，分離不安	母を離れての世界との浮気 （Greenacre） イメージすること （Rubinfine）
15〜18月		再接近期		積極的に母に接近—後追い （まとわりつき） とび出し （母は自分を追いかけてくれる） 言語による象徴的接近 （象徴的プレイ） 〈世界の征服〉	肛門期（Freud） 快感原則から現実原則へ 記憶想起能力（Piaget）
25月		個体化期		現実吟味・時間の概念 空想と言語の交流 建設的あそび—他の子へ関心 反抗	対象表象の内在化
36月 ＋ α月	情緒的対象恒常性			対象恒常性の萌芽 対象と自己の統合 ↓ 全体対象へ	

前田（1985）による

象児すべての発達を比較していく作業は，個人差のある展開の中で共通する発達の「順序性」を検討する作業とともに，意味深い発見を固めていく上で重要である。

〈4〉行動レベルの多様な指標を，子どもの場合は心的過程と等価な顕在指標として扱おうとする考え方とともに，さらにその行動的徴候を自我機能の発現・発達の観点で再把握し，母子関係要因がそこにどう加わるか関連づけてデータが検討されようとしている。

たとえば，手先の器用さや感覚機能の成熟によっていろいろな対象に関する現実吟味行動（自我機能の重要な一側面）が起こっていくとき，母子関係の次元がそこに具体的にかかわる一つの日常的状況が次のように挙げられる。

子どもは視覚，触覚，さらには嗅覚といった複数の知覚様式を合わせて用いながら，母親の顔や眼鏡，さらには衣服，アクセサリーを調べる。Mahler らはこれを「税関検査（customer's inspection）」と名づけているが，このことを通して子どもは母親を対象化して吟味し，別個の存在としての母親像を自ら具体的現実的にデッサンしながら，「分離意識」を次第に発達させていく。このとき母親の方が，子どもに自分の顔や上半身をどれくらい落ち着いて，また心楽しく解放するか，子どもの気分や動作のペースに自然と生体リズムを合わせた（調律した）参加をするかどうかによって，身体側の成熟と自我機能それに対象関係とが一体化して統合的に発達するあり方が左右されていく。現実像としてもわれわれに十分想像できるところであろう。

それは大きな流れとしての「分離‐個体化」への方向を自然に促進するか，その流れを乱したり妨害したりするかどうか，それとの関連で，対象表象や自己表象が，それぞれ充実して分立していきうるかどうかということに結びついていくわけである。

早い時期の自我能力の発達は人間関係と密接にかかわり合っており，Mahler らが「母・子関係の土壌の中で育ち，母性的態度に非常に感応しやすい」と述べる通りであると思われる。「関係性」が発達促進や妨害の方向にさまざまにかかわることは近年強調されているが，その点をもう少し細かく次に見ることとする。

〈5〉母子ユニットに照準を合わせてそこでの「関係性」と身体・心理機能の発達とのつながりを具体的に観察する方法として，母親の「在」と「不在」における子どもの行動の比較が，研究全体の中では実験的趣きで行われた。

これは Ainsworth, M.D.S. et al.（1978）の愛着研究におけるような，ほぼ 3 分刻みの「場面プログラム」を組むというやり方に比べると，もっとゆるやかに自然な流れを重視する手続きの下に行われた。つまり母親の短時間不在を挿入し，母親の「在」→「不在」→「在」という状況変化への子どもの情緒反応，行動の変化，その間に参加観察者など母親以外の人へのかかわり方がどう変化するかといったことを観察するものである。

より具体的には，①遊び，②注意時間，③言語の理解と使用，④粗大運動技能，⑤微細運動技能，⑥目標志向性などに領域を分化させ母親の「在」と一時的「不在」とがそれらにどう影響するかを見る観察であった。

結果的にプラスとマイナス両方向の影響が生じたとの報告が興味深い。たとえばある幼児では④が「不在」時に低下するのに，他児にはその逆が見られることが観察される。前者では年齢以上に移動行動が発達していたが，それには母親の常にそれを促進する働きかけが背景にあり，他方後者では，母親の放任が特徴的でそういう方向づけをしない母親と，無目的にうろうろ移動しては転倒するという子どもの行動パターンとが一つのユニットになっていたのが，母親「不在」時にはそのユニット外の行動が開発され，上手に目的指向的に移動行動をとる能力を進歩させたと報告されている。

このような身体機能水準の自律的自我のはたらきの発現以外にもう少し微細で，行動指標への置きかえがそう単純明快にいかない，感情機能的側面についても興味深い観察がある。これはビデオによって直接映像を見ると実感しやすいものであるが，「練習期」には特に「不在」による「気分低下状態（low-keyedness）」が生じ，子どもによってはあらゆる行動がストップする。しかも行動だけでなく他の同室のおとなの顔もオモチャも含め外界のものを何も見ようとせず，もし何かを見ているとすればひたすら心の中の母親表象に目を注いでいるという印象の表情・姿をしている。このとき手にはオ

ムツ布など，Winnicott（1965）指摘のいわゆる「移行対象物（transitional object）」が握りしめられている姿が映し出され印象的であった。

　こうした反応の細かい内容には個人差があり，上のように内界に保存されている二者関係世界をひたすら注視するといった，内向的な方略に知らず知らず頼ることで一つの感情耐性（affect tolerance）を結果として発揮しうるとは限らない。泣き叫んで慰めようがなくなってしまう幼児や，観察者にぴったりくっつき眠り込んでしまう幼児といった種々の姿をとることになるのである。

　これら一時的「分離」への情緒反応もやはりそれまでの母子二者関係形成のあり方によって異なった内容のものとなる。あるいは逆にこうした分離反応の特徴が母子関係と子ども自身の発達的展開について，問い直しや修正へ補充を含めて，さらに理解を進めるための重要な手がかりとして用いていくという形をとっている。

　Bowlby, J. の研究（1951）がとらえた分離反応過程，つまり①「抗議（protest）」（母親を必死に求める行動。分離不安），②「絶望（despair）」（取り戻せない思いの中で関心は向けている。悲嘆・悲哀），③「情緒的離脱（detachment）」（母親への関心の撤収，防衛）を参考にすると，ここでの短い時間過程における子どもの反応の中にも，一過性にまたごく微視的なレベルで，上の3つの要素をうかがうことができるように思える。

　Spitz, R.A. と Wolf, K.M.（1946）が0歳後半期の乳児の隔離実験を通してとらえたいわゆる「依託的うつ病（anaclitic depression）」の症候（関心の減退や運動の緩慢化，無表情など）も，水準は別として，Mahler 自身が事例研究で考察している通り，一般児の「気分低下状態」と重なる面を持っているであろう。

　また Ainsworth らが実験観察を通してとらえた，母親に関する子どもの愛着のタイプ，①安定した愛着，②両価的（葛藤的）愛着，③回避の各特徴もここでの幼児の行動の細部に重ねられるようである。一般健常児とその母親が対象であるだけに母子間の愛着関係が基本的に成立している中での一時的分離反応であるが，反応の細かい質の面をとりあげると，いわゆる「母性

剥奪症候群」における深刻な分離反応の要素的特徴と重なる要素がうかがえる点も興味深い。

　Mahlerらのこの一時的母親不在状況での観察は，当初は実験的条件を一定にするために「参加観察者」は緻密な観察のみに専心する計画であったが，子どものさまざまな分離反応を受けて「世話をする」という母性機能をひきうけることになってしまい，「不在」時の条件が単純でなくなったことを認めている。これは乳幼児観察に臨床的感覚でかかわるときの一つの現実的成行きを如実に伝えているわけであるが，議論を呼ぶ一つのポイントであろう。

　ただ「参加観察」の訓練されたあり方として，個々の子どもに対する"母性的対応"の具体的中身そのものも，観察の重要な対象に加えられているということがある。事例研究の中にはそうしたメタ観察を細やかに伝える記述がみられる。

　〈6〉母子ユニットが自我発達にとって持つ意味を，子ども側の行動像から理解していくだけでなく，母親側の条件を問うことが当然求められ，研究原理にはその点も含まれることになった。

　しかし，母親評価には方法的にも容易でない問題がある。子どもの観察の場合と同様できるだけ顕在行動に頼った簡単な手続き（子どもの行動に対する母親の選択的な"促し"行動などの変数をチェックする）が考えられたが，実際にはこうした母親評価の研究は一次的位置を占めるものとはならなかった。既述の通り心理テストのいくつかのバッテリーが施行されたが，それらの結果を全体的に結合した母親評価の報告は行われていない。ただこの点に関しても，事例記述においては母親の要因が敏感にまた断片的にではなく全体像的にとらえられているのは見逃せないところである。

　たとえば臨床的な母親観察の評価の目は次のような点にも行き届いている。

　母親が子どもを連れて来る仕方はどうか。自分の身体の一部のように？　無生物のように？　あるいは別の一人の人のように？　またセンター内で物理的に子どもと離れた位置にいるとき情緒的にも離れているか，それとも「見えない絆」があるか。乳児の要求に応えるときの躊躇，速さ，適切さはどうかなどである。

これらを専門的に鍛えられた臨床観察の目として評価するか，あるいはもっと客観的で形式のととのったサンプリングとするべきであるなど批判や否定的な評価を下すというふうに，大いに議論のあるところであろう。

母親要因はパーソナリティのレベルで問うことは容易でないものの，重要な関心事として種々研究されてきている。

Winnicott（1965）の「ほどよい母親（good-enough mother）」や「抱える環境（holding environment）」，「自我支持的母親（ego-supportive mother）」，また Kohut, H.（1977）が重視する母親の「共感性」や「映し出す母親（mirroring mother）」また，Emde, R.N. ら（1983）による母親の「情緒的応答性（emotional availability）」，Stern（1985）の「情動調律（affect-attunement）」，「子どもの自己調節にともに加わる他者（self-regulatory other）」などの概念に込められた母親機能が個々の母子ユニットにおいてどう実現されているかを問う観点はすでに広く知られるところである。

また行動指標により「母性行動」を具体的に問う研究もあり，たとえば Brody, S.（1956）は，授乳状況の観察を授乳の規則性，姿勢，乳種など種々の条件の組み合わせの中で行い，「適切な感受性」「身体言語的コミュニケーション能力」「養育方法選択の動機」などの要因をとり出した。それらがどう合わさるかによって，母性行動が複数のタイプに分かれるとしている。

このように母親側の条件が加わった母子相互作用をベースにして「分離-個体化」という発達的展開が種々の様相を呈していくわけである。

実験的操作の下の代表的研究として，いわゆる「視覚的断崖（visual cliff）」を設定した実験場面で乳幼児が母親の反応を見ながら前進か停止かの行動選択を行うという「社会的参照（social referencing）」機能の検討があるが，母親の反応の単純に表面的特徴よりも，その特徴に潜むメッセージの本気度（authenticity）つまり一種のメタ・メッセージを信号として用いながら行動決定していると考えられる。したがって母親の反応は，子どもにとって単に「状況」レベルで意味を持つのではなく，もっと「関係特性」のレベルにおける子どもの予期的手がかりとしての意味を持つわけである。三宅（1990）はこの点にかかわる日米文化差を研究している。

母親の人格要因の問題は，この「関係特性」レベルにおいては無視できないことであろう。Stern (1985) における母子のかかわり合いの一般表象としての「内的作業モデル」的意味価の問題も同様であり，母親側の人格的特徴が，病理面を含めて検討されている。
　心理学的リサーチは，研究対象を母親にまで延ばすための方法論を十分充実させ得ていないというのが，少なくともわが国での一般的実情であろう。
　子ども理解にとって母親要因は重要でありながら，直接観察対象としにくいことを含めて，今後どこまでどのようにアクセスしていくか問題が残されている。典型的なあるいは代表性の高い母親の自己表出場面と，情報収集の方法とをどのように用意しうるか。臨床場面ではたとえば「母親面接」という長期対話的参加観察により，母親理解が進められるわけであり，Mahlerらの研究でも結局はそのような場面の集積の中から母親像が描き出されていっている。通常の実証的研究法による母親理解と，このような方法による理解とのギャップの問題も，情報収集や情報統合を合わせた理解の方略と質的内容にわたって，一度本格的に問われてみてよいことではないかと思われる。
　〈7〉パーソナリティ発達にとって重要な意味を持つ人間関係として，本研究でも父親，他のおとな（参加観察者），他児との関係が注目されていった。そのような関係世界の変化・拡がりは同時に認知と感情面にあたる自我機能の発達的変化と緊密にかかわっていくため，「分離-個体化」という理論方向を基本的に立てることにとどまらず，具体的な観察視座の拡充とそれに応じた観察条件の補充が問題として加えられる。
　個人と集団の「プレイ」時間が3歳時に設定されたが，前者は言語発達や空想遊びを詳しく観察するための，また後者は，同年齢仲間や親以外のおとなへの関心とかかわり合いを，子どもの自然な変化に即して観察するためのものであった。母子ユニットに照準を合わせた検討が中心になっていたそれまでの年齢段階にくらべると，確かにこの3年目の観察は素材そのものが異なった種類のものとなったが，観察の観点の多面化がそこにはあるわけである。
　つまり，まず言語や象徴機能，それと複雑化する感情体験とが紡ぎ出す空想活動，対象関係がある。それに加え，「性的自己同一性」形成（その性差

の問題を含めて),接近と回避の葛藤あるいは両価傾向 (ambitendency) で揺れ動く二者関係的感情世界を通過した後の,「情緒的対象恒常性」の位相が,また新たな観察の観点として加えられていく。そのように観点が増えるほど観察資料も分厚くなる中で,複合的なデータを体系的にとらえ直しながら,全体像を描き出そうとしていく中には,課題そのものの「進化過程」が同時に含まれることにも注目すべきであろう。

4. 子ども理解の精緻化・体系化と普遍化の問題
―― Mahler による「再接近期危機」見解を通して

Mahler らの研究は表2のように,「自閉」と「共生」の早期二種類の自他未分化の時期を経て,順序を踏みながら,また行きつ戻りつしながら次第に心理的に分離,個体化を遂げるために2年以上の期間を見込まなければならない発達的歩みをとらえ,一つの大きいスケールのものになっている。精神力動的な臨床の目を盛り込んだ発達研究の標準版としての評価を広く得ながら,近年では,Stern (1985) の刺激的反論を含めて,そこに丹念に回帰しながら再検討を試みる研究が生まれ,発達研究の根本視点にかかわる熱心な論議を引き出している。

乳児の認知能力の高さから早期「自他未分」を否定し,したがって「正常な自閉」と「正常な共生」の二時期を否定する立場,また,発達原理(方向)については,いかに二者一体 (dual unity) 世界から「孵化」し,自他分離しながら個体的心理機構の成立(自我機構,内在化された自他表象の恒常的成立)を果たしていくかの方向ではなく,最初から分化している自他が,いかに「共に在る」関係を充実させていくかの方向で見るべきだとする立場がある。それは Stern に代表される立場であるが,いずれも生後3年程度に注目した理論である。臨床経験を経た目からは,論点が実質的に嚙み合わないでいる面を見逃すわけにはいかないが,それを一つの"Mahler 効果"というふうにとらえながら,「発達」を根本的に再考する生産的な論議と,研究展開を,今後さらに期待していくことができるのではないかと思われる。

まず「再接近期危機」を少し具体的に，典型的な行動像によって見ると次のようである。

表2の通りこの時期はいわば分離‐個体化に向けての最後の「もがき」の時期であり，「再接近」とは，それまで「外界」に意気揚々と探索の足を延ばしていたのが，不意に，しかもギクシャクと母親戻りをする現象を指している。

再接近期における典型的行動像
(1)"飛び出し"と"後追い"両方向の行動

直立歩行開始の第一歩が母親から遠ざかる方向であったり，あるいは母親がたまたま側にいない時であることが多いことをMahlerらは観察し，初歩は「母親に向けて」でないのがむしろ通常のようであると，興味深い指摘を行っている。この期の"飛び出し（darting away）"の芽もすでにそこにあったということかも知れないが，ここでは，いきなり派手に鉄砲ダマのような飛び出しが見られる。結果的に母親が追いかけて抱きかかえたりするはめになるのだが，子どもの方がそれを予期しているともされる。

「再接近」とは「外界」から「母親」への一種のUターンである。"後追い（shadowing）"は，実際に何かと後を追う行動だけでなく，母親の動きを一つ一つ目で追うことなど，行動の他，視覚的な"つきまとい"あるいは"まとわりつき"による「接近」を指している。

形の上で真反対のこれらの行動はかなり激しくまた執拗なのが特徴的である。距離を広げる（分離）方向と，密着の方向とが，どちらも過剰に溢れて錯綜し，子ども自身とともに母親をも緊張と疲労に陥らせる。後に触れる両価性，「子ども自身も自分がどうしたいのかわからなくなる」くらいの未分化なジレンマである。

Mahlerは「非常に重要な情緒的転換点」に到った中での心理的苦闘として，この両価的行動の具体像に細やかな注意を注ぐのである。もう少し前までは，むしろ母親に無頓着な態で意気揚々と世界探検に向かっていたのが，いわば一転して，母親にこだわるようになる。そのことをとりまく子どもの

行動世界には次のようなことが具体的に生じているのではないかと理解が試みられる。

つまり，欲動がいかに旺盛に外界を志向しようと，具体的な個々の外界支配がそう簡単に達成されるわけにはいかない。目標達成を妨害する障害物にぶつかってもそれを乗り越えるだけの知識や技量は未獲得なため，思うようにいかないという頭打ち体験に見舞われて，それまでの「全能幻想」にヒビが入る。現実の壁というものが子どもにとり，次第に大きく立ちはだかることになるわけである。

自力の及ばなさを現実的に体験する瞬間に母親がつき添って間髪を入れず解決してくれるとか，そのときの心の揺れや痛みを，その瞬間共感的に吸収してくれるといったことが，これまでならばあたりまえのことであったのに，今は母親から離れたところに来すぎている。挫折の中に自分一人が放り出されているということである。

助けが来ず満足な結果が得られないことによる，非達成感や欲求挫折感だけでなく，そのときの心の揺れや傷つきのさまざまな内実を，その瞬間瞬間に「母親の心」が受けとめてくれないという，「置き去りにされた」感情が生じる。

子どもの側の心の体験の中身が行動範囲拡大とともに新たに多様化し，心にさまざまな波紋が生まれるのに，そこに「母親の心」が届いてこないという無念さ，独りとり残された痛みの感覚が「分離意識」の形成にかかわるとMahlerは見る。このあたりの観察と理解は，微妙な表情や瞬間の反応を通してデリケートに進められている。

たとえば次のような具体的なとらえ方の例がある。

〈B児〉12カ月頃までは早熟な歩行発達により外界探索が盛んで，ケガにも鈍感であった。ところが物にぶつかったり倒れたりすると必ず泣き，母親がそういう危険な状況のとき身近にいないことに気づくと見た目にもはっきりと困惑するようになる。また一方過度に，外界への無謀な「飛び出し」を繰り返すことによって母親に挑戦し（追いかけて抱き上げることへの確かな期待を思わせる様子で），母親を極度に疲労させた。

〈T児〉同じ年齢段階で,母親がドアの方に歩いたり空間移動するときにはいつでも母親の方に突進する。母親が視野から外れることに耐えられず顕著な「後追い」をし,またせっかちで不明瞭な言語を母親に集中的に発し続け,かんしゃくが他児よりはるかに長く続いた。

母親の対応が適切でないほど(情緒的応答性や,子どもの主観体験の共感的共有,また母親自身の心理的余裕などの点で),これらの「後追い」もひどくなる。外界探索は自分自身の現実経験や現実対処能力を培う機会であり,そこでは心的エネルギーは他者に向けてでなく,自分自身の「機能」にふり向けられるわけである。ところが「後追い」に典型的に見られるように,そうした心的エネルギーは,事物との能動的かかわりの世界から,「人」へと逆流しやすくなる。

少し母親のもとを離れても「探索」をすぐきり上げ,躍起になって戻ってくる。そして自分に関心を惹こうと,片っぱしからさまざまなものを母親の膝の上に積み上げたり,また逆にお菓子を床に撒き散らして踏みつけたり,やりきれないように床にころがってかんしゃくを起こすなど,興奮した駄々っ子になってしまうわけである。

(2) 執拗な母親支配と苦痛や悲しみの表情

たとえば木馬をゆらすよう母親に何度も要求するとか,すぐ機嫌を損ねて何もかもぶち壊しにし,母親に収拾の苦労を繰り返させるなど,母親に対して魔術的な万能性支配の行動をとり,それによって傷ついた自己万能性を幻想的に回復しようとしているかに見える。けれど根本的にはそれによって満たされえずに,表情には悲痛や悲しみが複雑に浮かぶ。無理難題をぶっつける罪悪感,「愛情喪失」の不安,またやりきれない両価的煩悶を伝えきれないという気持が推測されている。

(3) 自己価値の調節困難,気分易変,分離意識による動揺

万能幻想と現実への直面の間の往復は,自己の誇大感・高揚感と,自己卑小感・無力感との間の揺れであるが,両極的に気分が容易に変動しやすく,かんしゃくや依怙地,傷つきやすさが行動にそのままあらわれる。また自分の気持とそっくり同じ気持を母親が持つとは限らず,別々の心を持っている

との認識が、主観的交流を強く求める動きにつながりながら、すべて自他境界性の感じとりにかかわっていく。「共生膜」の外へと旺盛に這い出る志向性を持ちながら、この分離意識への耐性は低い。この時期には少なくとも一時的な睡眠障害が多いことも、そうした分離不安の現われとしてとらえられている。

分離への内発的志向がありながら分離へのとまどい・不安があり、また同時に母親のもとに完全に回帰してしまうと再び共生の淵に埋没してしまう不安があるという見方である。

それは分離-個体化に向かおうとする心にとって不可避な根源的ジレンマ、幼児にとっては重すぎるとも言えるジレンマではないかと思われる。そうした心のリアリティに迫る精緻な母子観察は、これまで心理学がとりあげた「反抗期」現象についての深い吟味を可能にするものでもあろう。

このように再接近期には、母子相互関係が葛藤やストレスに満ちたものになりやすい。「関係」に過敏になり、いらいらした絡み方をする子どもに感情的にまき込まれるのでなく、子どもの心的体験を共有しながら、子どもに安心して「外界との関係」に戻ることを可能にさせるような、母親の側の共感性と、また母親自身の自己同一性感覚（自己価値）の一種堅固な安定性、それに基づく子どもとの間の適切な心理的距離の調節が要ることになるであろう。けれどもそれは母親にとって容易なことではないはずである。

とは言えそうした中での母子相互間の調節が、子どもの内的調節機能の形成に大きくかかわっていくのである。

母子を原型とする早期の二者関係の中身を問うことが発達の基底的要素、中核的問題に光をあてることであるという認識は、臨床精神医学と密接につながった近年の乳幼児精神医学の諸研究にもよく現われている。Call, J.D.(1983) や Emde らの諸研究は、既述の Spitz や Bowlby らによる伝統的な研究に合流する大きな流れが一つ作り出されていて、児童心理学はもちろん、人格心理学、臨床心理学にとり示唆豊かな成果が提供されようとしているところである。

乳幼児への研究的関心は単に観察しやすい対象であるからという以上に、

人間の心のはたらきの「ほんもと」を問おうとする関心のあり方に発しているかも知れない。近年「宇宙のはじまり」から「身体のはじまり」「超ミクロ組成」というふうに「発生」次元への関心が強まっている。現象が複雑化し本質が見えにくくなっていることは人の心に関しても言えることであろう。現代的文化スタイルが，心の自然や本態を覆いかくして見えなくさせてしまい，さらに自己解離を起こさせてしまう方向を，年齢が進むほど強いられるとすれば，勢い「はじまり」の方に戻ることをしないと心の自然なはたらきに触れることができないということがあるかも知れない。

殊に Stern の場合は，いわば「はじまりにすべてがあり，そして人生のどの時期においても本当はすべてが"現役で"進行中」という意味の「発達ライン」的見解をとるが，それならばなおのこと，「現在進行中」の心理的内情の理解には，もとの「はじまり」時期の見解が重要視されるであろう。

Mahler のものも，重要な発達的変化の節目的時期をいかに押さえるかに，一つの研究的主眼を置いていたが，行動指標をできるだけ機微にわたってとり出す方式をとった 0 歳後半以降の，各発達下位段階の系統的把握は，少なくとも結果的に，生涯にわたるいろいろな時期に更新されていく「発達ライン」的原理を内包していると，筆者には思われる。「発達ライン」は発達を段階特異的区分に還元してとらえない観点である。つまりすでに過去の発達段階のものとして通過ずみの発達テーマとは以後かかわりがなくなると見る，一般的な「段階理論」に異を唱える見解ということである。

Mahler 自身のそうした言及はないが，殊に次に見る「再接近期」の抽出とその理解は，Mahler 理論の重心をなしているものであり，研究的にも最も力点が置かれているが，研究成果全体の中で最も独創性が高い。この深刻さに満ちた心理的課題は，別の発達時期の理解にとっても，また人格発達の病理や人格障害のメカニズムの理解にとっても，「鍵」的位置づけを得ながら，新しい理論を生むだけのインパクトを持っている。それらの中で，Abelin, E.L.（1971）の「養育的父親」理論の他，Blos, P.（1962）の青春期発達理論，Masterson, J.F.（1972），Kernberg, O.（1975）の境界例症候群の子どもからおとなにわたる理論などは，わが国でもよく知られる代表的な

ものである。

　生活年齢を超えた，また一般健常-病理を超えた理解の観点という扱いをMahler自身がしているものには，他に自己存在の同一性感覚の問題がある。Mahlerは「私が存在するという全体感覚的なもの」という最初期水準のものから注目し，自他境界形成や自他表象形成のさまざまな病理などを含めて，この「同一性」の問題をとりあげていっている。

　「再接近期」においても，自他分離と自他表象の組み替えが尖鋭化した問題となり，同一性危機を幼児なりに体験しなければならないことになる。Mahler（1971）は母子がいかに健常で良い条件を満たしていても，「再接近期の苦闘から無傷で出てくること」，また次の「情緒的自他恒常性」形成から三者関係の世界への困難なき移行ということはないのだと述べ，このあたりのことでは永続的終結点はあり得ないとしている。このような点も，Mahlerの考え方の中に「発達ライン」的見方が潜在していることと関連した見解のように見える。

　ともあれ「発達ライン」的とらえ方は，発達早期の充実した理解が普遍的な有効性を持つ可能性を想定しながら，理解を進めようとする立場であると言えそうである。

　「再接近期危機」の見解は，大きく見ると，人の心の一つの根源的ジレンマにかかわるものである。Freud, S.以来力動的な心のはたらきについては「現実原則-快感原則」「前進（progression）と退行（regression）」「自己愛-対象愛」というふうに双極的作用原理がいくつかとり出されてきた。

　またPiagetの「同化と調節」「中心化と脱中心化」など認知面での双極的作用もいくつか明らかにされてきている。

　「再接近期」の心の激しい揺れは，そうした見方からすると，いくつかのジレンマ，あるいは両価的な心の作用原理の新しい認識を，さらにわれわれに迫っていると言えるかも知れない。

　それらは，「共生的全能性-自我自律性」「分離-融合」「分離不安-共生不安」「外界探索（達成的野心）-対人的親密性（共感希求）」「愛情-憎しみ」などにわたる厳しい両価性であり，この時期にきてはじめて，子どもの

心の中で強い作用をもって現われることを，Mahler らの研究は，子どもの種々の微細な表出（表情の機微など）や行動にわたる顕在徴侯によって実証的にとらえようとした。

これらの心の作用は，子どもそれぞれによって異なった個性を帯びていき，以後も状況に応じていつでも顔を出すという，基本的な心のはたらき方の原版になっていくところがあるであろう。

以上のように子どもの心というものはあまり単純に想定してしまえるものではなく，今回のような乳幼児観察を見ても，心理的苦闘を孕んだ複雑な発達的様相をよく理解することが必要であることを教えられる。そうした理解へとおとな自身の心を十分近づけていくことによって，おとなを含めた心そのものの理解へとむしろ一段と開かれていくことを十分学びとることが必要だと思われる。

引用文献

Abelin, E.L.（1971）：The Role of the Father in the Separation-Individuation Process. In J.B. Mcdevitt and C.F. Settlage（Eds.）：Separation-Individuation: Essays in Honor of M.S. Mahler, 229-253, Intern. Univ. Press, New York.

Ainsworth, M.D.S. et al.（1978）：Patterns of Attachment. Erlbaum, Hillsdale, New Jersey.

Blos, P.（1962）：On Adolescence: A Psychoanalytic Interpretation. The Free Press of Glencore, Inc., New York.（野沢栄司訳：青年期の精神医学．誠信書房，1971.）

Bowlby, J.（1951）：Maternal Care and Mental Health. WHO, Geneva.（黒田実郎訳：乳幼児の精神衛生．岩崎学術出版社，1962.）

Brody, S.（1956）：Patterns of Mothering. Int. Univ. Press, New York.

Call, J.D., Galenson, E. and Tyson, R.L.（Eds.）（1983）：Frontiers of Infant Psychiatry, Vol. 1. Basic Books, New York.

Emde, R.N. and Sorce, J.E.（1983）：The rewards of infancy: Emotional availability and maternal referencing, In J. D. Call et al.（Eds.）：Frontiers of Infant Psychiatry, Vol. 1. Basic Books, New York.

Erikson, E.H. (1959): Identity and the Life Cycle. Int. Univ. Press, New York. (小此木啓吾訳編：自我同一性. 誠信書房, 1973.)

林勝造・一谷彊 (1973)：バウムテストの臨床的研究. 日本文化科学社.

Kernberg, O. (1975): Borderline Conditions and Pathological Narcissism. Jason Aronson Inc., New York.

Kohut, H. (1977): The Restration of the Self. Intern. Univ. Press.

Mahler, M.S. (1971): A Study of the Separation-Individuation Process and Its Possible Application to Border-line Phenomena in the Psychoanalytic Situation. Psychoanalytic Study of the Child, Vol. 26, 403–424.

Mahler, M.S. et al. (1975): The Psychological Birth of the Human Infant. Basic Books, New York. (高橋雅士他訳：乳幼児の心理的誕生――母子共生と個体化. 黎明書房, 1981.)

Masterson, J.F. (1972): Treatment of the Borderline Adolescent: A Developmental Approach. John Wiley & Sons Inc., New York. (成田善弘・笠原嘉訳：青年期境界例の治療. 金剛出版, 1979.)

前田重治 (1985)：図説 臨床精神分析学. 誠信書房.

三宅和夫 (1990)：子どもの個性――生後2年間を中心に. 東京大学出版会.

齋藤久美子 (1982)：性格・適応性の診断法. 伊藤隆二・坂野登編：講座 入門子ども心理学3 子どもの性格と社会性. 日本文化科学社.

齋藤久美子 (1991)：人格理解の理論と方法. 三好暁光他編：臨床心理学講座・アセスメント. 創元社.

Spitz, R.A. and Wolf, K.M. (1946): Anaclitic Depression: An inquiry into the genesis of psychiatric conditions in early childhood. Psychoanalytic Study of the Child, Vol. 2, 313–342.

Stern, D.N. (1985): The Interpersonal World of the Infant: A View from Psychoanalysis and Developmental Psychology. Basic Books, New York. (小此木啓吾他訳：乳児の対人世界. 岩崎学術出版社, 1989, 1991.)

Thomas, R.M. (1979): Comparing Theories of Child Development. Wadsworth Publishing Company, Inc., California. (小川捷之他訳：児童発達の理論. 新曜社, 1980.)

Winnicott, D.W. (1965): The Maturational Process and the Facilitating Environment. The Hogarth Press Ltd., London. (牛島定信訳：情緒発達の精神分析理論. 岩崎学術出版社, 1977.)

第 8 章
セルフ・レギュレーションの発達と
母子関係
(1993)

> **本章の紹介**
>
> 　一般心理学でも多様に用いられるセルフ・レギュレーションなる概念を，精神分析的発生・発達論から捉え直した論考である。Freud, S. の自我の総合機能（synthesizing function）に精神分析的理解の根を求められるとした上で，Stern, D.N. の「乳児の自己を調整する他者（self-regulating other）」の概念に着目し，関係調節との不可分性とそれを可能にする生気情動や無様式知覚というチャンネルについて概説する。さらに乳児と養育者とが非対称的な関係にあることから生じうる相互の調節上の問題が乳児のセルフ・レギュレーションに与える負荷を強調し，幼児期前半のMahler, M.S. の最接近期危機も「調節的」関係性の危機として捉え直せることを提唱している。

1. Self-Regulation 概念

 Self-Regulation（以下 S.R. と略記）は，一般心理学的にもグローバルな概念であり，実際には実証研究的な概念ユニットがそこに種々含まれている。注意の集中・持続，行動抑制・維持といった認知・行動面での self control，そこで用いられる方略（言語・メタ認知方略）の問題，また自己意識スキーマや自己モニタリングまた向社会的・道徳的態度など人格機構の問題，さらには α 波訓練など bio-feedback の問題などがいろいろな単位で検討されて来ている。

 そうした個々の資料は S.R. をめぐる知見や示唆を提供してくれるが，臨床的有用性ということからするとやはりもっと発生 - 発達的観点，あるいは生成次元に踏み込んだ理解が求められる。

 S.R. は，自我心理学に照らすと，Hartmann, H.（1958）の言う，適応，コントロール，総合（synthesizing）にかかわる自我機能と重なり，一次的自律装置レベルから問い進められていく問題である。

 そもそも Freud, S.（1926）は synthesizing function が強力になることを自我力の増強と関連づけながら，自我を，オーガニゼーションのみならず，人格システムのオーガナイザーであり調和化させるもの（harmonizer）というふうに説明している。これは「まとまり（coherence）」と「維持あるいは耐久性（durability）」の両方にかかわるものだという Neubauer, P.B.（1980）の言及がある。確かに S.R. は，バラバラに断片化したり，均衡を失って解体に向かったりすることがないように，また個体にとっての至適な（optimal）自己存在感覚が全体として（生物・心理・社会的に）保たれよりよく実現されていくようにとの方向で作用し続ける，基礎的で総合的な機能であると言えよう。

 それは生理的興奮，情動をはじめとする内的刺激との間での個体内プロセスと，また外界からの種々の刺激インプットとの間での対外界プロセス（対人世界を主とする）との両方にわたって，大きく言えば"不均衡"と"均衡化"との間の動的過程にたずさわるはたらきだと言えよう。そのとき，"均

衡化"には，たとえば"soothing"に代表されるような沈静化あるいは安定化の要素がかなり含まれるが，それだけでなく，喜びや生き生きした興味，リフレッシュといったもう少し積極的な楽しみの創出という面も合わせた見方が要るであろう。

　このS.R.は，"developmental challenge"と総称されるさまざまな要因，生物学的成熟，環境側の要請，生活史上の外傷的体験，個人の動機や期待などによる種々のストレスによって不均衡化を孕みながら，新しく組織化され直して厚みを加え発達を進めていくことが期待されるが，そこには同時に病的退行という方向も待ち受けている。S.R.はいずれにしても多相的に理解される必要があるが，その中でもintra-personalとinter-personalの2つの位相に特に注目していく視点が，近年の乳幼児精神医学において，母子二者関係の人格発達的意味を重視する丹念な研究の中心に位置している。本稿でもその2つの緊密な交互関係に注目しながら乳幼児のSelf-Regulationの発達についていくらか吟味を試みたいと思う。

2. 自己調節S.R.と関係調節

　Stern, D.N. (1985) の「自己調節的他者 (Self-regulatory other)」の概念に代表されるように，S.R.が発達最早期から人間関係的基礎を持つという見方が普及してきている。

　小此木 (1985) は，Freud, S. による快感原則成立の見解に源をたどりながら，母親が乳児の未分化な身体表出を読みとり，満足経験を手助けすることが持つ，決定的な発達上の転回点的意味（満足経験の記憶像が心の一次過程を成立させ，幻覚的に満足を作り出そうとするいわば原初的S.R.機能を生む）に注目している。Sternは「幻覚的満足」の考えには異を唱える論をとるが，母親が敏感に（共感的に）助ける関与のあり方をすることが乳児の側の調節的な精神機能の芽生えにとって決定的な意味を持つという基本的な考えでは同じと言えよう。

　Spitz, R. (1957) の外在自我としての母親機能や，Bion, W.R. (1967) の

母親が乳児のフラストレーションを読む「夢想」の見解でも，同じように生理的表出が心理的表出としての意味を獲得し，コミュニケーションの原型成立を見ているというふうに，母親の調節的「関係性」に注目する研究の全体的流れの展望が，小此木によって行われている。

「母性的養育の剥奪」という身近な調節的関係性の欠如や「二重拘束」コミュニケーション，Searls, H.F.（1960）の，唐突な矛盾の中に縛り込むコミュニケーション，そしてSternの「情動調律」不全などは，「調節的関係性」を負の方向からえぐったものであるが，それらは，「自己調節」を麻痺させ，ときに人格解体にまで至るほどの深刻な自己調節障害を帰結させる様子を如実に伝えている。

そもそも精神機能の種々の様式は，Erikson, E.H.（1959）の言う「器官様式（organ mode）」に加えて，さらに対人的「関係様式」が，内側に敷き移されて成立すると見ることが可能であろう。その場合「器官様式」つまり口，排泄器官，性器に代表される身体器官の機能様式は主に対象関係様式としてまず姿を現すとしても，各種の器官様式は内界の欲動や情動とのかかわり方，さらには認知様式にも変換されていく。また対人的な「関係様式」殊に，共感的な情緒的応答性（Emde, R.N. et al., 1983）や生体リズムの同調化，soothingやcomfortingあるいはactivation（活性化）さらには辛抱強い調節努力といった調節的かかわり方は，やがてself-soothingやself-comforting, self-empathy, self-harmonization, affect-toleranceなど内的機能に転じていくという道筋が想定できるであろう。子どもの個体内精神機構の発達における生物学的基礎と人間関係的基礎をどう見ていくかが乳幼児精神医学の重要な研究課題になっているように見える。そして後者については三者的「関係調節」の内在化としての超自我的自己調節機構の問題にまでは至らない段階のところに注意が集中している。

3.「調節」レディネスと基底条件

母親の側については，妊娠期間を通したいわゆる「pre-attuned」な準備

性が指摘され，泣きや微笑による母性行動（乳児への適応）の誘発され易さの他，新生児の表出を絶えず模倣しようとする傾向，「生物学的鏡（biological mirror）あるいは反響（echo）」(Papoušek, H. & Papoušek, M., 1984) などの対乳児反応が注目される。それだけに乳児側の個体条件の負の要素によって親の側が相互交流のシンクロニーという報酬を得られないという，親の方の傷つきの問題も生じていく。

他方乳児の側にも，Tyson, M. (1990) が，有機体的「自己調節システム」とまとめて述べるような，生得的ホメオスタシス維持システムを内在させている他，表情模倣や情動模倣，無様式知覚 (Stern, D.N., 1985) による多様な感覚情報の抽象的処理など高度の認知能力に基づいて対象世界に開かれていて，驚くほど活発な交流レディネスを備えているという見方が近年優勢になっている。

これら両者のレディネスに基づいて，母子間には社会的交流が最初から緊密に繰り広げられるが，この対人的やりとりには常に情動と生理的興奮の調節が基底的に含まれる。たとえばむずかる乳児に対して親が聴覚，触覚その他身体全体にわたる体性感覚的刺激を発すると，むずかり方の変化という反応を乳児の方が返していきながら両者の間でさまざまに相互調節的やりとりが展開され，やがて至適刺激範囲が見つかることにより乳児が落ち着き安定する結果になる。これは Stern の言う自己調節的他者のかかわり方が成功裡に実現される場合の一コマである。これは Pine, F. (1990) によると乳児にとって，おさまりの悪い刺激侵入の中で混沌としたストレス経験の方向か，予期可能な静まる経験の方向かいずれの方向に初期経験が体制化されていくかという決定的変化が起こる経験ユニット ("moments") としてとらえられるものである。

確かに相互調節的関係は，こうした精神機能の組成に決定的にかかわるモメントを含み，それが自己調節機構の組成へとつながっていくと考えられる。

Stern は間有機体的生理次元，間主観的な「心」の次元，社会的言語交流次元にわたり，2〜3歳までの「他者と共にある」自己調節を詳しく検討していて大いに興味深いが，そこで最も重視するのが「なだめてくれる生気情

動の母」と表現するような,生気情動（vitality affects）の位相での調節である。乳児は「子守り歌」も,強さやパターン化された時間的変化,賦活輪郭（activation contures）という無様式知覚的生気情動で受けとっている可能性が大であるが,とにかく「何を知らないかも知らない」状態でこの世に居ることを始める乳児である。外界の印象は,われわれが抽象絵画や抽象舞踊を見るときに似ていると言えるであろうし,いわば生気情動レベルの"抽象的"な情報処理以外にはありようがないというのは当たっていると思う。

ただ種々の実証資料が示すようにこの無様式知覚能力が極めて正確で高度の刺激弁別力を伴っている点を重視しなければならない。

関係調節には,単に生理的次元にかかわらずもっと間主観的心理次元や,社会的言語交流次元に至っても,この生気情動的感受性が重要なはたらきをし続ける。それは社会的言語交流次元に至ると,いわば脇役（勾配情報）にまわるものの,潜在的意味価はより大きくなると言ってよい。

そのように生気情動が関係調節の鍵を握るくらいであることは,調節促進的方向ともう一方,調節がほどよく行かないことによる負の効果（ダメージ）とを,それがいつでも起こしうるということである。

後者については,Sternが調律の成否を丹念に検討する中で指摘するように,乳幼児に対して基底的な自己存在感覚（中核自己感）にダメージを与えるくらいになってしまうことに留意がいるであろう。子どもには生気情動への高度の感受性・認知的処理方略を有しているが故の,鋭敏であるが故の傷つき,また深手を負う危険が待ち受けるという問題である。

これは刺激感受性の高さと同時に,"他者と共にある"相互調節的関係への強い希求性を背景にしている。広い意味でのsocial referencing,あるいはmirroringを求め,そうした人と人との相互シミュレーションを通してこそ,その調節関係の内的表象化によって自己調節機構が構築されていくわけである。それは「平均的に予期可能な」建設的方向をたどるとは限らずリスクを伴う。殊に子どもには全体としてこの「調節」状況では受動的な位置に立ち続けるが故の傷つきがあることを思わせられるのである。

もし関係の調節性に心底鈍感であり,それ以前に,調節を期待せず,そ

してもし調節が期待や好みに反していたりするとき,「そこがズレています。困ります。」という際どいメタ・メッセージを母親に投げかけられるくらい,母‐子間に対称性の関係がもし想定できるなら話は全く異なる。

　実際には子どもは母親を追い続け,ハズされると,本来の自己存在感覚の充実を犠牲にして,ただ母親をなぞろうとする。適切になぞってもらうという調節関係を得ることができないとき,子どもは母親を何とかなぞることで"仮りそめ"の相互調節関係を現出させようとさえする。けれどもそこでは,本当の自分の調子との間のズレを,他者の助けにより修復するといったことができないまま,ズレを独りで未分化にかかえ込まねばならない。自己調節の発達を障害させる根本的な問題がそこで生じてしまうことになる。

　Tronick, E. ら（1978）の次の研究報告は上記における乳児の敏感さをよく示している。

　——生後3カ月の子どもと自然な状態で相互交流していた中で突然顔の表情を止める（"stilled face"）と,子どもは当惑し引き込もる。その後無表情な相手の注意を引きたそうにする。——

　また Freud, A.（1965）は,抑うつ状態の母親と一緒にいる乳児が母親と同じ気分を自分の中に作り出すことで母親としっくり一体になっているような実感を手に入れるというふうに記述しているが,これは上述の子どもの方が母親をなぞる話であろう。

　人と人との間では,むしろ自然に生気情動感染が起こってしまうところがあると思うがそれが相互同調的に起こらず非対称化するとき,またそこにある種の一方的"操作"が入る結果になるとき,そうした「反自然」の作用が持つ影響には,容易な記述を許さない深刻なものがあるであろうし,高度のメタ理解が必要になるところであろう。Stern の克明な観察記述はそれへの旺盛な努力を伝えている。

　その Stern の観察の中には次の例も挙がっている。

　——オモチャを振ったりして遊べるようになった乳児の自然な興味・興奮の推移に逆らって唐突に割り込み一方的指示を与える母親を数カ月観察する

うち,乳児は侵入に無抵抗なまま,相手を通り抜けて無限の先の宙に目を凝らすという謎のまなざしを示すに至り,後の3歳時点でも感情の全般的萎縮が見られた。——

　このように関係調節の障害はさまざまにあるが,もともと相互調節的関係が持つ根本的意義は次のようにむしろ単純明快な性質のものであることを思い出しておきたいと思う。
　それはTurkington, C.(1984)の実証した大変シンプルな結果によってまずよく伝えられている。未熟児の呼吸調節不全がベット棚にとりつけられた「息する熊さん」のポンプ呼吸を調節することで(子どもの呼吸パターンに合うように)安定化してよくなっていく。
　自分以外の存在が,調子をなぞりながら「つき合ってくれる」ことで,この場合は生理的レベルの話であるが,有効な自己調節が得られていく。つまり,自己調節に対して同調的な他者関与が持つ,基本的意味を伝える例である。またS.R.の定義の中で述べたが,関係調節には,単なるホメオスタシス回復以上の面が含まれることも大切ではないかと思われる。「イナイイナイバー」遊びで興奮や覚醒の最も楽しい水準を,プレイフルなはぐらかしを交えて変化させながら,探り,発見していこうとする光景はそのよい例であろう。

4.「調節」危機としての再接近期危機

　Mahler, M.S.ら(1975)は,分離-個体化という大きな発達基軸を提唱し,長期縦断的観察研究によって,いくつかの重要な発達的転向点を見出しつつ実証的に下位段階区分を行った。その中で,Mahler自身最も重視している「再接近期」の子どもの行動像は,際立った特徴を持っていて少なくとも次のものが含まれる。
　①飛び出しと"後追い"両方向の行動
　②執拗な母親支配と苦痛や悲しみの表情

③気分易変，かんしゃく，依怙地，イライラ，睡眠障害

　この時期つまり1歳半頃から2歳くらいは歩行による空間移動という身体能力の獲得が母子関係において大きな位置を占めることになる。

　3カ月頃から乳児は視線（gaze）によって母親との社会的交流を調節するのが観察されている。視線を合わせたり外したり，目を閉じたり，ぼんやりと遠くを見るような焦点を外した視線になったりという具合である。それに加えて声の調子や表情，さらには上体や手の動きなどによってさまざまに心理的距離を，また刺激量を調節するようになっていくが，成長と共に，這い這いから直立歩行へと空間移動により直接的・物理的に距離を調節することができるようになる。

　このときより早期の場合と異なるのは，関心の対象が専ら母親に集中するのでなくなること，外界の事物に関心を寄せ接近行動を起こしながら「探索」に乗り出すことである。したがって母親という単独対象との間の距離調節ではなく，積極的に外界という新たな諸対象物に向かうという，もう一項加わった上での関係調節が母子にとって課題となってくる。このように外界に抗いようもなく心惹かれることは全く内発的で自然な発達原理を思わせる。

　この時期の一つ前の「練習期」段階から子どもは憑かれたかのように，またambitiousに，外界に向かうが，母親からの情緒的バックアップといつでも戻れる「安全基地」としての母親存在が関係調節の基盤をなしている。

　「再接近期」においては，このように"母親あっての外界探索"とは異なった様相が生じる。それは，①母親への回帰か②分離して自由行動をとるかという一つの葛藤図式として見られるかも知れない。ただそれは母親を選ぶか外界を選ぶかという単に三角図式化としてとらえられるほど幼児の心の内実は単純でないというふうに理解が進められるのである。

　と言うのは①は，共生的万能感の保持という，自己価値修復的意味（幼児は外界の現実という壁を前に自己の能力の及ばなさを感じ，それまでの万能的自己感覚が傷ついている）を含んではいても，それは非現実的退行的であり，自律的個体化への方向に反する。「共生不安」がここで，「愛情喪失不安」と交錯して生じていると考えられ，ここはさまざまな人格障害的病理

を含む発達上の分岐点として重視されるところである。ここでの共生不安は，先述の外界探索動機と合わせて，内発的な「成長動機」を思わせるものであり大変興味深いが，とにかくそうした progression に向うか，regression に方向づけされるかという"分かれ目"的意味をそこに見なければならない。

②は自他間の境界意識にかかわりを持っている。母親はいつも自分をいわば Spitz の「外在自我」的にカバーしてくれるとは限らないし，また同じ瞬間に自分と同じ気持ちでいるとも限らないという分離意識が分離不安を生むという見解である。これは①と絡んで「見捨てられる（放置される）不安」と「呑み込まれる（re-engulfment）不安」の交錯へとつながる。

このようなことから全体として両価的心性，その矛盾した精神内過程の行動的反映としての両価傾向（ambi-tendency）が，さまざまな非言語的，行動的表出を通してとらえられていくことになる。母親に執拗な要求をしながらも単純な満足だけではないどこか悲痛さが混じった表情を浮かべ，母親に対して愛情と憎しみいずれの気持ちを抱いているのかわからなくなっている。そのような，収拾のつかない気分のあり方が推測されるのである。

この時期，子どもは「外界探索」を指向し分離意識がいろいろ生じて行く中で，もう一方母親との「親密な交流」を指向し，このことに大へん過敏になる。いわば心と心との間の共感的調節を強く希求するわけであるが，Stern が見たような間主観的情動調律のきわどい問題がそこで生じていく。だが母親から物理的に離れたところで起こる子どもの主観体験に対してその都度十分応じていくことは母親にとっても容易なことではない。

またこの頃には次子の妊娠や誕生に伴う母親側の変化や家族変動，子どもに性別認知という心的負荷が加わったり，肛門的攻撃性の強まりに自我の対処機能が追いつけないなどの要因が重なり合う。さらに Stern も指摘するような，言語を獲得し始めることに伴って体験の全一性が壊れる問題がある。つまり全体体験が言語的表象化を得る部分と，言語に乗らず社会的承認を得ないままの部分とに少なくとも分断され，後者が子どもの心の中に独りとり残されてしまうといった問題である。このように種々の要因が同時に複合的に作用することによる子どもの心的ストレスは大変なものではないだろうか。

Mahlerらは事例研究によって，この辺りのことを細やかに記述している。
たとえば，次のH児のごく一部の記述を見てもそれがうかがえるであろう。

〈H児の場合〉母親から離れる行動が準備される9カ月頃から，本児は母親からの情緒的燃料補給（emotional refueling）を求める動きが盛んで，母親のもとに頻繁に這い寄ったり膝に乗せることを求めたりしていたが，そうした要求の強さは，母親が次の妊娠により本児への情緒的関心を著しく後退させていたことと結びついていた。その状態が1歳台後半からの再接近期にも持ち越され，本児は母親の心を惹く無言の策略をさらにエスカレートさせることとなった。両脇に重いオモチャをかかえて暑い中大汗かきつつ，母親のところへ運び込む遊びを繰り返した。それは息子に強さを求める母親の願望を背負った行動であったが……母親の方がそれに対し関心を増す応じ方をしない中で，その種の報われない接近行動は強調反復され，やがて抑うつ的になると共に，「自虐的に屈服する」メカニズムが身について行った。

子どもはこうした内的動揺そのものについて助けを求める術を持たず，分離-個体化の終わりの段階における苦闘を一人で持てあましながらかかえていくことになる。これまでそうした全体像は「反抗期」現象とラベルされて来ているが，単に"反抗のための反抗"あるいはそれによる"自我確認"というふうに大まかにとらえてすますだけでは子どもの心のリアリティを理解したことにならないであろう。
Wallon, H. (1941, 1949) はやはり2～3歳の特異な徴候に注目しながら「人格の危機」というとらえ方をしている。
何はともあれこの時期における，intra-personalとinter-personal両方の面にわたる「調節」の危機を十分理解することが必要だと思われる。
この場合母親の側に目を転じると，母親自身がこうした子どもの心の実情をどう感じとりどう対応するかという大きな問題がある。
たとえばそれまでと同じような母性心性だけで対応することは子どもに「共生不安」を喚起することにつながって行かないか。また母親自身それで

は，Masterson, T.F.（1979）が指摘するいわゆる RORU や WARU をかもし出してしまうことから，どれくらい自由になれるかと言った問題があるのではないだろうか。

子どもの感情的混乱にまき込まれないで，心的体験を共有しながら，さらに子どもに「外界との関係」を自由に展開させる余地のあるかかわり方ができるためには，母親自身の自己同一性感覚（自己価値）の堅固な安定性と心的成熟性が求められるところであろう。

Winnicott, D.W.（1965）の「自我支持的母親」の機能がこの段階では，また新たなそしてずっと高い次元で発揮されていく必要があるとも言えそうである。

ともあれ，この時期の「関係調節」は人格と人格との間の課題へと進んで来ているのを思わないわけにいかない。それが，分離 - 個体化を本格化させうるための「自己調節」機能の発達をどのように規定していくか，自験事例に照らしても，改めていろいろなことを考えさせられるのである。

参考文献

Balint, M.（1959）：Thrills and Regressions. Hogarth Press, London.
Bion, W.R.（1967）：Second Thoughts. Aronson, New York.
Call, J.D. et al.（Ed.）（1983）：Frontiers of Infant Psychiatry. Basic Books, New York.（小此木啓吾監訳：乳幼児精神医学．岩崎学術出版社，1988.）
Emde, R.N. & Sorce, J.E.（1983）：The rewards of infancy, Emotional availability and maternal referencing. In J. D. Call et al.（Ed.）：Frontiers of infant psychiatry. Basic Books, New York.
Erikson, E.H.（1959）：Identity and the Life Cycle. Int. Univ. Press, New York.（小此木啓吾訳編：自我同一性．誠信書房，1973.）
Fairbairn, W.R.D.（1952）：Psychoanalytic studies of the personality. Tavistok Publications and Routledge & Kagan Paul, London.
Freud, A.（1965）：Normality and Pathology in Childhood. Intern. Univ. Press, New York.
Hartmann, H.（1958）：Ego psychology and the problem of adaptation. Intern.

Univ. Press, New York.

Mahler, M.S. et al. (1975): The Psychological Birth of the Human Infant. Basic Books, New York. (高橋雅士他訳:乳幼児の心理的誕生──母子共生と個体化. 黎明書房, 1981.)

Masterson, J.F. (1972): Treatment of the Borderline Adolescent: A Developmental Approach, John Wiley & Sons Inc., New York. (成田善弘・笠原嘉訳: 青年期境界例の治療. 金剛出版, 1979.)

Neubauer, P.B. (1980): The role of insight in Psychoanalys. In H.P. Blum (Ed.): Psychoanalytic explorations of technique. Intern. Univ. Press, New York.

小此木啓吾 (1985) 現代精神分析の基礎理論. 弘文堂.

Papoušek, H. & Papoušek, M. (1984): The evolution of parent-infant attachment: New psychobiological perspectives. In J. Call et al. (Ed.): Frontiers of infant psychiatry, Vol. 2. Basic Books, New York.

Pine, F. (1990): Drive, Ego, Object & Self: A Synthesis for Clinical Work. Basic Books, New York.

Searles, H.F. (1960): The Nonhuman Environment. Intern. Univ. Press, New York.

Spitz, R.A. (1957): No and Yes: On the Beginning of Human Communication. Int. Univ. Press. (古賀訳:ノー・アンド・イエス. 同文書院, 1968.)

Stern, D.N. (1985): The Interpersonal World of the Infant: A View from Psychoanalysis and Developmental Psychology. Basic Books, New York. (小此木啓吾他訳:乳児の対人世界. 岩崎学術出版社, 1989, 1991.)

Tronick, E. et al. (1978): The infant's response to intrapment between contradictory messages in face to face interaction. J. Child psychiatry 17, 1–13.

Turkington, C. (1984): Psychologists help spot danger in crib. APA Monitor. April, 1984. 15. 38.

Tyson, P. & Tyson, R.L. (1990): Psychoanalytic Theories of Development: An Integration. Yale Univ. Press, New Haven & London.

Wallon, H. (1949): Les origines du Caractére chez l'enfant. Paris Press Universitaires de France. (久保田正人訳:児童における性格の起源. 明治図書.)

Wallon, H. (1941): L'evolution psychologique de l'enfant. Armand Colin, Paris.

（竹内良知訳：子どもの精神発達．人文書院．）

Winnicott, D.W. (1965)：The Maturational Process and the Facilitating Environment. The Hogarth Press, London.（牛島定信訳：情緒発達の精神分析理論．岩崎学術出版社，1977.）

第9章
ジェンダー・アイデンティティの初期形成と「再接近期危機」性差
(1993)

> **本章の紹介**
>
> ジェンダー・アイデンティティはその形成過程そのものの性差を検討すべきであるとし，その核が築かれる1歳半から3歳が分離-個体化過程の再接近期に相当することから，再接近期の様相の男女差の検討を通して，ジェンダー・アイデンティティの初期形成の性差を浮かび上がらせようとした論考である。再接近期危機で顕著となる分離不安と融合不安の拮抗した状況は男女で異なり，ジェンダー・アイデンティティの初期形成は，男女で異なる特徴をもつ再接近期の発達的ワークスルーと不可分に進行し，それがまた初期形成の性差を特徴づけることを考察している。

ジェンダー・アイデンティティ（性別同一性，以下，G.I.と略記）は生物・心理・社会的次元全体にわたる自己存在同一性の性別化されたあり方を意味しているが，大切なのはその同一性形成の過程そのものが，男女においてどのように異なった特徴を持つかということであろう。

ここでは殊に，その性別同一性形成そのものの性差が新生（nascent）段階でどのように見られるか，改めて検討してみたいと思う。

その新生段階は，小此木・及川（1981）もとり上げるような「核同一性」形成とかかわっており，早くは1歳半前後から多くは3歳前後とされる。その時期は，Mahler, M.S. et al.（1975）による「再接近期」段階とも対応している。

「再接近期」段階は長期縦断的観察研究を通して，いわば発見的洞察的に区分されたものであるが，その段階固有の行動特徴として，最初の解剖学的性差認識，それに伴う性差意識に関する具体的な観察結果が示されている。

ジェンダーは，欲動，精神構造，対象関係にわたる人格全体の機能・構造的視野でとらえられていくべきであろう。またそれは力動的な精神内過程としても外的「社会関係」的過程としても，そして外的物質的現実と心的現実（幻想を含む）の両方にわたり，さらには心と身体の統合の観点をも合わせて問題になっていくことである。

「再接近期」を通して進行し始めるG.I.形成のストラグルの具体像は，そうした複合的，多相的な問題のあり方を，早々と告げていると思われるが，以下，G.I.形成の初期過程そのものの性差に注目した検討を試みる。

1. 再接近期的発達背景

この時期はMahler理論の中で最も重要な位置を占めるが，1歳半ばから2歳代にわたって，「分離‐個体化」への展開がより本格化しようとする時期である。それだけに子ども自身と親の双方にとりかなりの心理的難関ともなるが，その危機的状況の構成要因には少なくとも次のようなものが含まれる。

(1) 二者関係の質的変容の要因

　自立能力を培いつつ分離を進めていく中で緊密な情緒的交流（体験の相互共有）というより高度な二者関係の実現を子どもは希求する。外界の多様な事物とかかわりを進めるほど「母親参照」や「自我代理・補助」の機能をその都度の行動文脈の中で求めるようになり，それが得られないことによる自己愛の傷つきも種々生じることとなる。母親の心と子ども自身の心との緊密な交流が必要だが，近づき過ぎることは，分離 - 個体化への前進と矛盾するし，適切な心理的距離の設定は幼児にとって容易なことでない。母親からの「遠心」方向と「求心」方向とのバランスの困難さの中で生じる，欲求不満や過敏反応によって，幼児自身がふりまわされる様相となる。

　分離意識が「分離不安」を，また情緒的接触希求が「再び呑み込まれる（reengulfment）不安」を生み，それらが，「見捨てられる（愛情喪失）」か「共生世界への埋没」かという深刻な葛藤になっていく。"抱っこ"の要求と"降ろせ"の要求の執拗な交替など，この時期に外的行動として顕在化する「両価傾向（ambitendency）」は精神内過程そのものである。

　この中で葛藤外の存在として新たに登場するのが父親であるが，それによって先駆的三者布置を潜在させた親子関係が展開し，分離 - 個体化と G.I. 形成が，男児・女児それぞれのあり方で，促されていく。

(2) 肛門期的攻撃欲動の要因

　かんしゃく，強情，執拗さが特に目立ち，そこに排泄訓練の現実的圧力も加わって，リビドー発達面での肛門期的特質が全体を覆うようになる。まだ未熟な自我の統制が及ばない攻撃性が突出しやすく，感情の調子も乱れ易い。肛門期的器官様式に由来する両価傾向，二者相互作用における加虐 - 被虐的要素も無視できなくなっていく。

　Seeling, B.J. & Person, E.S.（1991）は成人患者におけるサド・マゾヒスティックな転移を，再接近期段階におけるその要素の強さと結びつけてとらえている。母子関係のもつれ易さ，母親支配や母親からの分離意識に伴う原

初的罪悪感についても，また内的なフラストレーション・アグレッションの投影をうかがわせる「見捨てられ不安」や「愛情喪失不安」などについても，こうした攻撃欲動の背景が考えられる。クラインの「妄想・分裂態勢」との重なりが話題になるのもこの期のそのような特徴故であろう。

(3) 「自己価値 self-esteem」調節の要因

母親との共生的一体感に支えられた万能的自己感覚から，限られた現実能力の持ち主としての分離した個体感覚へと，自己価値の転換がここで迫られる。そこでの自己愛の打撃とそれに対する防衛操作がG.I.形成と密接に絡みながら，全体的な自己価値調節がこの時期の重要な課題となっていく。

(4) 言語・象徴機能の要因

言語が獲得されていくに伴い，Stern, D.N.（1985）が問題にするように，子どもの主観体験が言語的に表象化される部分と，言語に乗り得ず社会的承認の外に置き去りになる部分とに分断されて，「体験の全一性」の崩壊が生じる。前者は子ども自身にとり"仮りそめ"体験的自己疎外に，また後者は社会的関係疎外になっていきかねない。G.I.の新生期におけるこの「疎外性」の要素は，他者によって共感的に共有されることもなく，専ら子どもの中に無言のままとどまり続けるといったことと合わせて，重要な問題であろう。

再接近期では上記のような要因が錯綜して多重的に作用し合いながら大揺れに揺れる精神過程が特徴的であるが，G.I.形成への歩みがその中で始まることを十分念頭に置かねばならない。

あるいはG.I.初期形成がここで不可避に始まることから，この時期全体のストラグルが強まるという見方もありうる。いずれにしてもG.I.形成と分離‐個体化という全体的な発達課題とは互いに不可分に絡み合っていると言わねばならない。Sternは生後2年目の子どもの特徴を，「深刻，謹厳，慎重」と評したが，それまでの自由奔放さとはおよそ似つかわしくない姿を含めて子どもの全体的な発達像を念頭に置くべく，予め再接近期的背景に触れておくこととした。

2. 再接近期危機と親子関係，その性差

　分離 - 個体化の本格化に向かおうとするこの時期，分離意識と細やかな情緒共有や確認の希求，そして自律的達成動機の高まりの下に，母親との二者関係そのものの質的変容が起こって行く。それはいわゆる「全能の能動的母親（omnipotent active mother）」に全体として受動的であった子どものスタンスの変化とも言い換えられるであろう。そこには「解剖学的性差の発見」に始まる性別自己（身体自己および心理・社会的存在としての自己表象）の中核形成が組み込まれていて，仮りにも穏やかとは言えない展開が生じていく。主として二者次元の課題ではありながら，父親が子どもにとって意味深く加わって行くことにより，潜在的にあるいは先駆的に三者次元の要素も加味されていく。親子関係の新たな顕在徴候とその発達的意味が，男児と女児それぞれにおいて際立った特徴を示し始め，興味深い。

(1) 男児の場合

　分離意識に伴う分離不安・愛情の喪失不安が個体化に向けての自律能力の開拓・達成という指向性と相剋関係に陥ることがこの時期の危機の重要な構成要素となるが，この点の深刻さは全般に女児より軽度と結論されている。

　男児には一つ前の練習期のような外界の事物探索をさらに延長させ易い条件が，生物学的にまた母子関係的にあるようである。筋肉活動・運動能力，また欲動論的な特徴である肛門加虐的エネルギーの高まりも，男児では特に抑圧を蒙らずにアチーブメント活動と結びついていく。それに加え，母親も外界探索や物的現実世界の支配を男児的特徴として認め許容すると言えよう。そこに父親が登場し活動的に参加しながら男児をその方向に励まし導くとすれば尚更それが促進されることになる。

　Mahler らは直立歩行の第一歩は母親から遠ざかる方向に向かい，また母親の注意が外れているときが多いようだと述べるが，これはどちらかと言えば男児と母親との関係を，どこか集約的に象徴しているようでもある。

　Balint, M.（1959）の「フィロバティック」対「オクノフィリック」とい

う周知の概念がここで思い出される。それらは直接的には身体活動的概念であり，運動性のイメージが追体験的に浮かぶものの，同時に精神活動あるいは精神態度を包括的に，メタフォリックに指し示している。再接近期における両価傾向（ambitendency）も双極的な感情や動機がそのまま行動に反映されたあり方で，精神内過程と外的行動化過程とを等価的にとらえようとするものであった。そのようなことから，Balint の概念が含み持っている身体・心理・対人関係的リアリティや双極性は，全体として再接近期心性の記述になじむように思える。「フィロバティック」は，大地には足の裏だけをつけ，全身の平衡は自力でとりつつ未知へと出発する，まさに直立歩行の開始に象徴される。直立（erection）して有能性（competence）を身につけるべく乗り出しても，再び安全性に戻れるという暗黙の自信（錯覚的期待）があるという Balint の説明は，あまりにも練習期以降の子どもの指向性，殊にこの期にも尚男児に優勢な指向性そのものに見えるのである。

　対象（親）はそこへ向かう目標であるよりも独立活動の邪魔であり，適当に避けながら必要に応じ協力パートナーにさせるべき存在である。その間に物的現実界への対処スキルを磨くがそこでは分離不安よりもむしろ安全の錯覚があり，さらにスキルの上達につれスキルに支えられた（スキルの自動化による）「調和的一体世界」への幸せな退行が実現されようとする。つまり現実スキルの迂回路を通して，それまで抑圧を蒙っていた調和渾然的「一次愛」への最終的回帰が遂げられようとする。というような諸々の内容を含むその概念は，この期にそのすべてが当てはまるのではなくても，これから形成されて行こうとする男性 G.I. の性質，この期におけるそれへの基本的方向づけを言い当ててはいないだろうか。

　ただ，この「フィロバティック」が意味するように男児が錯覚的安全感の中に居るのかどうか。また親を道具的，能動的に巧みに使いつつ，スキル熟達に向けていわば「エゴ・オーガスム」に浸っていられるのかどうか。まして，より成熟した分離意識をうかがわせる「全体対象」的体験様式や「抑うつを情緒的に受け容れる」ことなどがすでに可能になっているか。それらの点は，エゴ・スキルの未熟や自己と対象の情緒的恒常性確立にまだ到ってい

ないこと，そしてこの期のもっと複雑な親子関係力動に照らすと，すべてがそうだとは言えない。

確かに男児は母親から"遠心"方向をとるところが大きな特徴である。それについては母親の居場所をわざわざ見に行きながら，実際には母親の側を通り過ぎて反対方向に向かう動きが女児より顕著であるという Mahler らの観察があるくらいである。けれども，それら全般の行動が練習期ほど意気揚々とはいかず，現実の壁と全能感の挫折を種々経験して，母親に対して接近‐回避の両価傾向が不安と共に多かれ少なかれ見られるようになるのがこの時期の特徴である。

そのような葛藤がある中で母親の「軌道」の外を指向することには，むしろこの期における「再び呑み込まれる不安」の強さが想定されるが，それは G.I. 形成とも不可分に絡んでいる。母親との脱同一化がここで必要になることと男児の"遠心"性とは関連があるであろう。共生的二者再融合は，ペニスが身体像の中で重要な位置を占め始めている男性同一性形成のスタートを危うくさせる，大きな脅威であっても不思議はない。

男児には母親にもペニスがあるとの幻想がかなり長く潜在し続けると言われる。とにかく男性器という一種類の性器を普遍的に空想していた，Jones, E.（1933）の言う，"proto-phallic"な段階から，この期には同じく Jones による"deutro-phallic"な段階への移行という重大なできごとが起こる。後者は"phallic"と"castrated"に人々が二分されるという認識であり，それは男性器と女性器に二分されるというとらえ方以前のものである。つまりペニスが"ある"と"ない"の二種類があるということこそが，まさに再接近期における「解剖学的性差発見」の内実である。男児女児それぞれにとって，その認識が，G.I. の中核形成を方向づけていくこととなる。

男児の場合は，"deutro"の認識により，Chasseguet-Smirgel, J.（1970）の言う母親に対する「勝利（triumphant）」の感覚を得，能動的態度（攻撃，回避，ときには保護を能動的に行う）に変化する。Mahler らの事例でも，この時期テディが母親にオチンチンを見せてからかうように威張って見せる観察があるが，上述の全能感の挫折にとって代って，「男根自己愛」，ペニス

の過大評価と言われるものが現実行動面で顕著に認められるようになって行く。女児への軽蔑も，Jones の言う"castrated"の否定，また自分は"欠陥"や"劣等"の逆の側に居るということの自己確認的意味を内在させつつ，目立っていくのである。

　この時期はまだ去勢不安の本格化以前というのが大方の見方であるが，去勢がありうることの潜在的感覚と，性器的活動を象徴する能動的あるいはサディスティックな，また penetrative な遊びが見られると Jones は指摘する。こうした新たな自己愛的エネルギー備給の増大に伴う対象関係からの部分的撤退と，フィロバティックにまた広い意味で崇物的に，探索世界へ向かうこととは，当然ながら関連し合っていると思われる。

　男児の性別発見は，それまでの二者関係的絶対の対象であった母親との，「差異」の強調（あるいは「差異」の保持），したがって「類似」の否認を促す。そのことが，齋藤（1983）[編注]が別に検討したような"分ける"ことや"隔て仕切ること（抑圧）"を特徴とする精神機能の発達につながる可能性が考えられるであろう。そのことはこの時期の「分離」と親和しながら，それと相剰的に「個体化」をも進め易くさせるであろうと思われる。

　ただここで問題になるのは，両価性の通過が比較的簡単に進むとした場合，それが同時に母親への愛着そのものの豊かな内的保存をも意味するのかどうかである。もし男根自己愛に引きずられ過ぎた分離-個体化であるとすれば，そうした一種の forced detachment が，潜在層ではそれと逆のあり方，つまり「母親回帰願望」対「G.I. 喪失不安」の葛藤，また両価的な対象スタンスといったものを，むしろ強く存続させる結果にはならないだろうか。実際の母子関係条件によって，再接近期におけるそうしたあり方は，実にさまざまになって行くと思われる。

　Freud, S. も母親と息子の関係におけるアムビバレンスの少なさを指摘した。また Block, J.H.（1984）は日常の典型的場面における母子交流の行動観察結果として，幼児期全体にわたり母親の応答性が，男児の方に

編注：本書第 13 章参照。

多いことを認めている。それらは、男児が母親から基本的に肯定的関心（positive regard）を向けられていることを感知している可能性をも思わせる。Block は、そのような基本的に肯定的な映し返しと、探索の自由をより大幅に許容することが合わさって、男児の「効力感（efficacy）」や「有能性（instrumental competence）」の発達を助けるが、フィロバットにおける原初的安全感幻想にも、このような現実的根拠がうかがえるかも知れない。これは丁度、女児における「ペニス羨望」を、母娘関係における母親からの肯定的関心や、好意的応答性が少ないことと関連づけてとらえる観点の、対称的に置する見方でもある。

　いずれにしても、男児の再接近期危機通過のあり方をいわば"早期終了（foreclosure）"的に見るとすれば、その正負の意味を両方考えておく必要があると思われる。

　男児がより安全に、またより早く再接近危機から浮上するという見方においては、上記のように母親とのゆるみのある関係と、同時に確実感を伴うリビドー供給がある一方、父親の存在が重視されないわけにいかない。再接近期の父親の意味が、母子間の葛藤的な呪縛関係から子どもを連れ出す、より自由で解放的な存在というところにあるとするのは、Abelin, E.（1975），Ross, J.M.（1970）他大方の見方である。そのこと自体は子どもすべてにわたることながら、G.I. 形成の観点から見ると、男児、女児で異なったそれぞれ特徴的な父親の意味が問われることになるであろう。

　男児にとってこの新たな喚起力を持つ存在が同性であることは大いに意味深いのではないだろうか。母親と原初的同一化関係にあった立場からすると、客観的には同性に当る父親が、心的リアリティとしては"異性"的存在さながらに"newobject"であろう。それぐらい新鮮な強いインパクトを持って男児を惹きつけ、母親の外に誘い出す父親という存在は、そのモデル価が極めて大きくそれによってこそ男児はファリック・ナルシシズムを一層強化させていくことになるのであろう。父親は、母親との「差異」を明確化させつつ、新たに「類似」の対象世界へといざなう、G.I. 初期形成にとって何より魅力的で強い味方なのである。

Jacobson, E. (1964) も「男児は女児よりも容易にしかも早くから男根的態勢を確立するし，それに伴って性的同一性を確立する。」と述べるが，父親のこのような誘意性（valence），母親との基本的愛着関係（愛情喪失不安の相対的少なさ）といった初期対象関係要因がそこにかかわっている。そのようなアクチュアリティとしての"母親離れ"（母親との脱同一化）には，その生物学的基礎として，Mahler らが指摘する「より大なる運動心性（greater-motor-mindedness）」，また「身体的自我感情の快活さ（buoyancy）」などがある点も無視できない。男児はそうした生物・心理・社会的合力によっていわば新たな"誇大自己"さながらのG.I.感覚を獲得し，その勢いこそが再接近期的発達の難関を突破させることになっているのかも知れない。そう見ると他方女児の方は，G.I.感覚が，再接近期危機をむしろ増幅させるあり方になっているところが対照的であろう。

　ところで男児のそうした危機通過のあり方について，もう一方負の面はさらにどのようにつけ加えられるか。

　母親との関係が上記のように表層と潜在層で二重化しているであろうことについては，Mahler らも，母親との分離における陰性感情の「否認」が，能動的攻撃的に外界に向かう動きの中で生じているというふうにとらえている。また，母親同一化が潜在的に強く存続することの問題や，将来，異性対象が狭義の性愛対象と，母親的愛着対象とに分断されて行くことにつながる原初的問題としてとらえることも必要かと思われる。

　父親との関係に関しては，この期における限り，全般に発達促進的でポジティブな意味が全体を覆っているように見える。それは主に母子二者関係に対する効果と言う点からであるが，父親はそのように一時期の発達的バイパスとしてとらえられて終る存在ではない。Jones が「2歳ではすでにある種エディプス的である」と見たり，Mahler が2歳以降にも及んでいく再接近期はエディプス期と重なって行くととらえたりしていることからも，エディプス的三者ニュアンスを含んだ父‐息子関係そのものをここで考慮に入れること，つまり"プレ・エディパル"と"エディパル"をいくらか重ねた父子関係の見方が必要であろうと思われる。

なるほど父親は，前エディプス的に男児のペニス愛的前進を支え，既述の"deutro"体験における"castrated"への不安を後退させる。中核的性別同一性を安定させるためのさまざまなavailabilityを備えた発達促進的存在である。母親との「類似」を否定しようとする男児の行く手に，新たに「自分と類似した対象（self-like object）」，それもはるかに強大で能力的にも憧れる他ない魅力的な対象を発見するとき，そこに強い愛着が生じ，それが「陰性エディプス」願望へと展開することは十分ありうる。潜在的母親同一化の実質的な中身次第でそれは，Tyson, P. & Tyson, R.L.（1990）がまとめて述べる「性対象オリエンテーションの葛藤（conflicts over sexual partner orientation）」の問題を生んでいくことになるであろう。男児がリビドー的憧れを母親にも父親にも向けるということ，それに伴う普遍的な「同性愛」レディネスの問題などは，この初期のG.I.形成過程と深くかかわりを持っているであろう。
　また多少につけ"エディパル"な要素の存在という点に目を向けると次のようなことが加わる。
　父親は息子に対する，フィロバティックな先達として，追従行動をさまざまに引き出す中で，支配性や"勝ち目のない相手"としての圧力を息子に向けていかないとは言えない。「原父殺害」をめぐる太古的掟の筋書きはすでにかなり早くから潜入しているかも知れないのである。父親は，息子が母親から離れる方向で自分と行動を共にすることは歓迎するとしても，他方母親に接近することについては否定的なニュアンスの複雑なメッセージを送る可能性があるであろう。他のことは別として，男の子として母親とかかわり合う仕方については父親は何も教えてくれず，父親と威勢よく連れ立っていても，ふと気がつくと父親のみが母親の元に戻って自分一人がとり残されるという体験様式を持たねばならないのが男児ではなかろうか。
　このようなある種の剥奪（deprivation）の要素を含む，男児にとっての父親の両義性，「男と男」としてよりも「男と"子ども"」としてこそ父親とは安全な同盟関係の中に居れることを，男児は，この時期すでに感じ始めているかも知れない。

この期の肛門加虐的な未分化な攻撃エネルギー，また自己愛的依存と攻撃欲求（ライバル感情）は全能の母親から父親へと対象を移すと言われるが，それは直接表現されるのでなく，Jacobson が「父親は，敵意が強いがために反動形成的によけい理想化される傾向がある」と述べるようなことになるのが，男児の場合であろう。

　父親を丸ごと愛情の対象にしてしまうことにも，また母親に満足な回帰を果すことも，いずれにもある種"行き止まり"を感じないわけにはいかないという，深いところでの欲求挫折は，最初に父親と威勢良くフィロバティックに出発するときの自己感情とはずいぶん違った趣のものであろう。Erikson, E.H.（1963）が「母親に対する性的関係において子どもは決して父親の代りになることはなく，また父親との関係において母親の地位に立つことはないという事実に，厳しい敗北感を味わう」と述べる通りだと思われる。

　Chasseguet-Smirgel は「父性的な法（paternal law）」として，分離，分割，区分，名づけを上げるが，これは母親からの脱同一化に味方する一方で，父親と息子との間の「区分」をもつきつけるところがあるであろう。Jacobson は「区別は中心的愛情対象とよりも，ライバルとの間で認識的に体験され，そのときライバルとの部分的同一化が起こり易くなる」というふうにも述べ，この部分的同一化の中に攻撃性が吸収されていくというあり方が父親との間で起っていると説明する。これは広義の「攻撃者との同一化」の意味と重なるとしても，さらに父親との「選択的自我同一化」への段階にいかに確かな歩みを進めるか。それは「情緒的対象恒常性確立」と絡みながら，男児の予想外に複雑な，G.I. 形成の過程を，ずっと先の思春期的収束に向けて進めさせる上で，重要な規定因であろうと思われる。

(2) 女児の場合

　「分離意識」が女児に強い負荷をかけ「分離不安」を大きくするという，男児とは異なる特徴がある。そのため練習期的徴候を男児のように延長させるより，母親への"求心"方向が目立つこととなる。それには現実対処への心もとなさ，遠くへ離れすぎて情緒的な母親参照や Stern が言う間主観的体

験の共有に困難が生じると言ったことだけによるのではない。母親との原初的同一化に大きく依拠した同一性感覚の揺らぎをそこにうかがうことが要るであろう。女性であるという原初的感覚（primitive sense of being female）が身体自己感だけでなく心的自己表象として定着するのは母親との早期同一化によってであるという一般認識からすると，母親と自分とが別々であるという意識は，男児とは逆に，早期のG.I.形成に逆らうものである。

そのために，行動世界が拡大していたところをUターンして母親と近い範囲の世界に戻るとすると，Mahlerが特に注目するこの期独特の両価傾向もやはり強まらないわけに行かないであろう。

Balintの「オクノフィリック」な態度と女児のこの再接近期危機徴候とには重なるものがある。"しがみつく"，"ためらう"を原語義とするように，対象（人）がむしろ邪魔であったりする「フィロバティック」とは逆に，常に対象を求め，対象に見捨てられることを恐れてしがみつく。そこでは，自分が対象にしっかりつかまっていることを，対象がしっかり自分を抱きとめていてくれることとイコールと感じるような未分化な混淆したとらえ方が生じているが，それは絶望的な執着である。皮肉にもしがみついている限り抱きかかえられることはあり得ないのだし，それは部分対象水準にとどまる体験様式である。というふうに説明されるこの「オクノフィリック」なあり方は，自己愛的また自体愛的である点では「フィロバティック」と同様ながら，より一層発達的にプリミティブであるとBalintはとらえている。全体として「オクノフィリック」に対してはあまり肯定的評価が与えられておらず，progressiveでない消極性や，欲求不満の中で停滞しているあり方という扱いになっている。

再接近期的両価傾向の際立ったものに"飛び出し"対"後追い"があるが，単純に見て"フィロバティック"対"オクノフィリック"との相似性が感じられる。もともと"両価性"ということでありながら，やはり前者に男児との相対的な親和性があり，他方後者は女児に，ということが行動観察からも言えるであろう。

ただし，男児が解放的で高揚したセルフ・フィーリングの下に"フィロバ

ティック"であるのに比べると,女児はもっとジレンマに満ちた複雑な感情の中に居るようであり,上記の通り"オクノフィリック"の語義とBalintの記述が持つ陰性のニュアンスさながらである。

母親と娘の基本的な絆の強さ,情熱的なまでの結びつきは,筆者(齋藤,1983)も別にとり上げたが.デーメーテルとペルセポネーの神話に例示される。そこではペルセポネーがハーデースとの世界からデーメーテルのところに戻るわけであるが,再接近期の女児は,そのように"遠心"と"求心"との間の均衡に落ち着くのとは様相を異にしている。むしろ"遠心"の自由を失ってしがらみの中に居るかのようで,心地よい満足がそこにある印象には少なくともならない。「呑み込まれる不安」よりも「分離不安」の方に傾いたこの危機心性は,男児よりも分離‐個体化そのものが難しいことを告げるものであろうか。

Mahlerらも「分離した個体になるという課題は,男の子に比し,女の子にとってより困難であるように思われる」と述べている。確かに自と他(母親)の「分離」の面だけでなく「個体化」のあり方,つまり自律能力の熟達も,外界探索的にスキルを開発し獲得するというあり方より,むしろ身近なところでの,模倣的・同一化的なスキル学習が中心になる。それは遊びやオモチャ選択において,女児の方が家庭生活や家族的人間関係の模倣遊びやあるいは絵本と言ったものに限られる傾向があり,遊びが既存の構造枠にはまっていて,あまり発明性や革新性のある遊びを展開しないという一般的な研究結果とも対応している。

では母親近域内での女児特有の再接近期ストラグルの意味をもう少しどうとらえればよいか。

既述の"deutro"的性別認識が,女児にとっては全能感や自己愛の重大な打撃という,男児とは逆の体験を生むことを,再接近期的ストラグルと結びつけるのが大方の見解である。女児のG.I.形成は男児のような自己満足からではなく,欲求不満や傷つき,失望からスタートするようである。Jacobsonは「女児はその性器の現実的イメージの形成と受容に,女性同一性の形成に,より多くの時間を必要とする」と述べている。女児の心理‐性的発達の難し

さは，種々論じられるが，再接近期的母子関係に照準を合わせると，そこでの強い両価性にかかわる攻撃的要素がまず問題になるであろう。

　母親に向けられる破壊衝動を Klein, M. (1932) は，口愛的欲求不満への攻撃性とその投影同一視的迫害不安による「妄想 - 分裂態勢」というあり方からとらえることを始め，女児の場合には，欲求不満の源である母親を破壊すべく，父親のペニスとサディスティックに同一化するというふうに見る。母親に対しては子どものあらゆる原始的衝動が向き易いが，攻撃性に関しても，その口愛的，肛門的な加虐性が女児において顕著であり母親の身体への攻撃空想とそれに伴う不安が強いことを Chasseguet-Smirguel も認めながら，そうした攻撃エネルギーをペニスに託すことができない点を指摘している。確かに「女児にはサディズムを外在化する機会がない」と Jones が述べる通りであり，同類である母親に混沌と全身から飛び散るような攻撃性を向けるなど，半ば対象（標的）無し，自己破壊と絡み合った攻撃性のあり方しかとれないところがあるかも知れない。

　母親への「しがみつき（後追い）」も女児の場合，どこか"えもの"をカニバリスティックにあたかも"捕獲する"かのような印象を受ける臨床事例に出会ったりする。

　攻撃性については，Kohut, H. (1977) は適切な共感的応答や映し返しが得られないことへの二次的反応としてとらえている。既述の Block は女児に対する母親や教師の応答性の少なさおよび省略を実証しているが，「かかわり合い（relatedness）」の内容攻撃性を還元する見方においては Kohut と同じである。それはたとえば西園（1990）の症例に記述されているように，「ペニス羨望」を母子関係的に説明する立場とも通底する見方である。「解剖学的性差の発見」が女児にもたらす否定的な効果も，性器認知そのものによるより，母親からの好意的映し返しの方にピントを合わせて見ていく方が，臨床的にも，experience-near な理解が可能になるということがあるであろう。ネガティブな"deutro"像は，むしろそうした母子関係の微妙な点を集約するメタファーの感を抱かせる。

　それにしても母親がそのように女児に満足を与えないような，Stern がと

りあげる「過小調律」傾向を，女児に示し易いとすれば，それは何故であろうか。一つには，同性として，自分と地続きの存在であるという安心，もしくはいろいろなことを，女の子についてはあたりまえだというふうに，どこか"たかをくくって"見る態度といったものがあるかも知れない。それは一面で母 - 娘の結びつきの強さを意味しているではあろうが，母 - 息子の場合と違って，母 - 娘関係では"類似"あるいは"同じ"という原則が全体を支配し過ぎているのかも知れない。それは，「ペニス羨望」論で見れば，「欠陥者」や「劣等者」という否定的な相互同一視を生み，そして，母親との"差異"や"分離"ということへの抵抗を増すこと，また分離や差異化への未分化な罪悪感をさえ生むことが考えられる。

　それには母親自身のG.I.形成のあり方が微妙にかかわるが，女児にとってはこの期に必要な自己価値の調節が，母親との間の関係調節と絡んで大変困難であり，その苦闘は激しい両価傾向につながっていくと思われる。そのようにいくつかのこの期独特の意味を孕んだ両価傾向は，日常的に次のような行動としても観察される。

　買物帰りなどで母子が連れ立って歩いているとき，2歳頃の女児が少しずつ母親から遅れ，2人の距離が広がり出す。そのうち女児は立ち止り母親の様子・反応をうかがう。遊び心よりは無言の真剣さが印象的で，次第に女児の方が母親をコントロールする調子を強め，道路に坐り込んでしまったりする。興味深いのはもし男児ならば，母親から離れて虫を追うなど道草をしたりするのに，女児に道草はない。標的はあくまでも母親である。「あたり前について来ると思っていてもそうはいきませんよ。」そして「もっとこちらに細かく心配りして，そちらが調子を合わせなさい」と身体全体でメッセージしているかのようである。母親がそうした女児の一方的な要求からズレて反応するほどにパニックに陥る。その時の攻撃エネルギーのすさまじさはまさに男児顔負けである。

　こうした日常エピソードは，不思議にこの時期の女児特有のものかと思われる。再接近期的母子のもつれ方を如実に示しているようで興味深い。

　怒り，恨み，抑うつ気分はこの時期の女児の特徴であるが，ここで父親の

存在に目を転じると,父親はそうした中での一種の"緩衝"対象,葛藤から自由で気らくな対象である他,女児にとって,言うまでもなく,憧れの新しいリビドー対象である。

男児では同じこの憧れ対象がつまりは同性ということになったが,それと対照的に,女児の場合は,ストレートに異性という憧れの対象に向かう点が特徴的である。そういえば,母親は親しみ深い対象でこそあれ,「憧れの対象」といった性質の存在ではないことに改めて気づかせられる。

Tyson, P. & Tyson, R.L. によると,女児は,2年目頃になると父親を新たなエロス的な仕方で求めるとしている。ただし,父親と娘がここで相互に誘惑的関係に傾くことは女児の G.I. 形成を歪めるというふうに考えられている。そのことについては父親側の条件と同時に,性差の発見以来の母-娘関係があまりにも「依存-敵対 (hostile-dependent)」の葛藤的性質を強く帯びる場合,父親へのリビドー備給が過剰になる傾向が指摘されている,と見られている。

男児においては"プレエディパル"と"エディパル"の交差をこの時期に想定して父親の意味を検討したが女児の事情は異なっている。つまり女児の G.I. 初期形成は母親との原始的同一化を基盤に,同一化対象(負の自己感情を起こさせる対象ではあるものの)の変更なしに進められる。そしてこの時期に対母親的欲求不満や葛藤の様相が加わるものの,父親の登場がここでの G.I. の形成にとり最重要要因ではないことも,この時期の女児にとって親子関係が持つ意味の基本的特徴であろう。母親へのファリックな態度はあっても母親への「陰性エディプス」はまず問題にならないというのもその一環である。

女児が"エディパル"な段階へ進むプロセスは男児よりはるかにゆっくりしているとされるように,まだまだ母親との間の自己完結的な「軌道」にとどまりながらその外に出て同一性形成を進める形にはならない。その中で母親との関係がいかに相互に regulatory になって行くかという課題の方が主になっている。

父親はしかし脇役には違いなくても,母親から欲求不満を蒙っている女児

に情緒的応答性を十分自然に向けて行くことによって，女児は，性別認識による傷つきを癒し，肯定的で快適な自己感情を持つようになる可能性がある。女児は性器からリビドーを撤収した分，それを顔や身体全体に向け変えると考えられているが，父親の応答性が，そうした表出性（expressiveness）を促進し，身体的自己愛の回復を助けていくというふうに，重要な側面援助のはたらきをするのである。

女児の父親理想化は，男児のように攻撃性の反動形成としてとらえられる性質のものではなく，むしろそれが肛門期的加虐性の抑圧を正負の意味を含めて促していくというふうにとらえられる。またFreudの古典的見方である，「羨望対象としてのペニス」の内的獲得物とも言うべき自我理想形成，そしてさらに創造性を考える見解がある。

そのような中で女児にとっての重要な課題は，母親を「選択的自我同一化」の対象としうるような母子関係次元へと，関係性の質的変容を進めることであろう。そこに，この時期の発達的 work through の困難さと期待とがある。

3. 性別同一性（G.I.）形成の再接近期的分岐と「性別自己」の方向づけ

以上再接近期危機とそこでの親子関係の意味の性差をめぐって，G.I.初期形成にそれがどうかかわっていくかについて検討を試みた。

男児と女児では，G.I.初期形成のあり方に異なった特徴がみられる。自己愛，全能性の自己・他者表象，リビドー・カセクシスの対象，母子関係，父子関係などにわたる発達的変化についての異なった特徴であるが，再接近期は，同一性の性別化に向けて重要な分岐点的意味を持つことが理解された。

また，分離-個体化テーマが本格化に向かう再接近期的苦闘とこの時期のG.I.形成の課題とについては，両者の因果関係よりも，互いに不可分に絡み合った関係に注目する他ない。

そうした中でのG.I.初期形成は，ある種 forced differentiation とも言うべ

き心的負担，全能感や自己愛の脅威や傷つきと"自己限定"を子どもに負わせる面があるのも印象的である。そこに含まれる多くの矛盾や，自己疎外，関係性疎外などの要素，さらに無意識のアルカイックなファンタジーなどを加えた，外的現実とはまた別の心的現実などが，そこでは交錯している。自然な"統合"に向かうG.I.形成への歩みが進められることの容易でなさを改めて思わせられると言うべきであろう。

Sternの言う「拒否された（disavowed）自己」や，孤絶した「私的（private）自己」など，多くの残余的自己の問題が「性別自己（gendered self）」の形成には潜在していくことと思われる。

ともあれ，このような再接近期的分岐は，齋藤（1990）[編注]がChodorow, N.（1978）や，Bakan, D.（1966）らの考えをもとに検討したような，女児における「relational」な要素を主体とする性別自己，そして男児における「separate」な要素を主体とする性別自己というふうに，各特徴を持ったG.I.の形成をすでに方向づけるものである。こうした「性別自己」の内容面のより詳しい吟味，またG.I.形成の障害や病理とそれにかかわる要因の吟味など，今後さらに検討を進めるべき，大切な問題が残されている。

参考文献

Abelin, E.（1975）：Some further observations and comments on the earliest role of the father. Int. J. Psycho-Anal. 56, 293–302.
Balint, M.（1959）：Thrills and Regressions. Intern. Univ. Press.（中井久夫訳：スリルと退行．岩崎学術出版社，1991.）
Bakan, D.（1966）：The Duality of Human Existence. Beacon Press.
Block, J.H.（1984）：Sex Role Identity and Ego Development. Jossey-Bass Publishers.
Chasseguet-Smirgel, I.（1970）：Feminine guilt and the Oedipus Complex. In I Female sexuality, ed. J. Chasseguet-Smirgel. Univ. Michigan Press, pp. 94–134.

編注：本書第14章参照。

Choddrow, N. (1978): The Reproduction of Mothering: Psychoanalysis and the Sociology of Gender. Univ. California Press.

Erikson, E.H. (1963): Childhood and Society. Norton. (仁科弥生訳：幼年期と社会 I, II. みすず書房, 1977.)

Jacobson, E. (1964): The Self and the Object World. Intern. Univ. Press. (伊藤洸訳：自己と対象世界. 岩崎学術出版社, 1981.)

Jones, E. (1933): The Phallic Phase. In Paperson Psycho-analysis. Beacom Press, 452-484, 1961.

Klein, M. (1932): The Psychoanalysis of Children. Hogarth Press.

Kohut, H. (1977): Restration of the self. Int. Univ. Press.

Mahler, M.S., Pine, F., and Bergman, A. (1975): The Psychological Birth of the Human Infant. Basic Books. (高橋雅士他訳：乳幼児の心理的誕生. 黎明書房, 1981.)

西園昌久 (1990):「内的幻想と家族」洞察と変化：内なる両親と現実. 精神分析研究 34 (1), 45-51.

小此木啓吾, 及川卓 (1981)：性別同一性障害. 現代精神医学大系 8 (性的異常 5), pp.233-273. 中山書店.

Ross, J.M. (1970): Fathering: A Review of Some Psychoanalytic Contributions on Paternity. Int. J. Psycho-anal. 60, 317-327.

齋藤久美子 (1983)：性アイデンティティ. 精神の科学 5, pp.175-220. 岩波書店.

齋藤久美子 (1990)：青年後期と若い成人期——女性を中心に. 臨床心理学大系 3, ライフサイクル, 163-176. 金子書房.

Seeling, B.J. & Person, E.S. (1991): A Sadomasochistic Transference: Its Relation to Distortions in the Rapprochement Subphase. J. Amer. Psychoanal. Assn., 39 (4), 939-966.

Stern, D.N. (1985): The Interpersonal World of the Infant: A View from Psychoanalysis and Developmental Psychology. Basic Books. (小此木啓吾他訳：乳児の対人世界. 岩崎学術出版社, 1989, 1991.)

Tyson, P. & Tyson, R.L. (1990): Psychoanalytic Theories of Development: An Integration. Yale Univ. Press.

第10章
「関係」恐怖の基型
―自他交流の快苦ライン―
（1994）

本章の紹介

　対人恐怖に代表される「関係」恐怖心性の理解に，「関係調節」と「自己調節」の両調節の困難という観点から迫った論考であり，情動調律に代表される発達早期の前象徴的交流がもつ負のインパクトから大人の精神症状の定式化を試みた「調節」概念の応用の論文である。ロールシャッハ・テスト反応に対する思索も取り入れながら，自他の「根源的なはざま性」を「なじめるもの」「近いもの」として戯れる健康さからは対極にある，圧倒される「意味喪失の不安」から逃れるための自己破壊的スクリプトとして「既知化」せざるを得ないものとして「関係恐怖」を捉えている。また芸術家Mooreの母子の彫像の一つを例に挙げ，「関係恐怖」の基型を，意味を見出すことを否定し馴染めることを拒否する「関係調節」に見出そうとしている。

人はどれくらい心の交流を欲し，それによって満たされ支えられるか，他方混乱し傷つき，苦悩するか。

自己存在を充実させることと相剋的に結び合うような快い「関係」体験なのか，あるいは自己存在を脅やかす苦痛な「関係」体験なのか。人はそれによってどうなって行くか。またどうしようとするか。
「対人恐怖」という症候も，そうしたことを考える糸口になり，また示唆をいろいろ含み持っている。ただ昨今では，幾種類かの人格障害との関連や，病理幅などについて認識が進み，一つの疾病単位としては，輪郭が定かになりにくくなっているが，「関係」をさまざまな水準で苦悩や失望として体験する自己存在の問題を，「対人恐怖」心性はリアルに提示し，問い直させるものであろう。
ここではその問いを人生最早期に戻して進めることになるが，それは最も新鮮な「関係」体験および自己感(センスオブセルフ)に照すことによって，学ぶものが豊かになることへの期待があるからである。そして最早期の心は，単に遠い過去に済んでしまったものではなく，近年注目される「発達ライン」の考え方の通り，何度も反復され同時に可変的で，いわばいつもそれが「スタート地点にある」という"現役"的意味を担っていることにもよる。表題の「快苦ライン」のラインはそれと同義である。
それにしても，乳幼児の心の精緻な研究がどんどん進められるという近年の動向の背景には，人間の心のはたらきの「ほんもと」を「はじまり」によって知ろうとすることがあるであろう。「宇宙のはじまり」，「生命体のはじまり」，「超ミクロ組成」へといろいろな領域で「発生」次元への関心が高まっている。あまりにも現象が多様化・複雑化して「本質」をおおってしまったため，勢い「はじまり」に本質を問わざるを得なくなっているということでもあろうか。
ここでは3枚の彫刻写真を入れている。いきなり話が飛ぶようだが，それらは，人にいただいた Henry Moore (Bowness, A., 1986) のある作品集の中から，たまたまこの原稿を書いている途中で目に入ったものである。

第 10 章 「関係」恐怖の基型　255

Ⓐ　Henry Moore（母と子）
　　1953年

Ⓑ　Henry Moore（ロッキングチェア No.2）
　　1950年

Ⓒ　Henry Moore（はしご形の椅子にすわる
　　母と子）1952年

私自身 Moore 芸術のことにはうとく，また解説なしの作品集なので製作意図などもわからないが，まず写真に目をやっていただいたときの印象はどうであろうか。私としては書いていたことの主要なものをそれらが，一目瞭然に，言葉よりはるかに雄弁に語ってしまっているのに大へんびっくりして，よくまあこんな作品があるものだと目を奪われたが，読者にとっても，おそらく意味明快な共通メッセージではないだろうか。すでに本文に言葉を並べてしまっているが，先に作品映像から目で汲み取っていただいた方が得策なような結果となった。

1. 「対人恐怖」心性と自他関係様式

「対人恐怖」は，人と居るときの「居心地」が「快」ではなく「苦」に傾いており，同時に，定まらない居心地をもてあます心性であろう。しかし対人的かかわり合いへの希求や執着，また接近‐回避のジレンマ，対人世界からの後退の水準としてはさまざまなものが含まれる。

したがって，その水準にもよるが，「日常の関係」について個人的な一定の予測（思い込み）を持ち，次第にそれが一つの否定的・消極的な自他関係スクリプトのようになって行くことで，「関係」はいわば自己中心的に定常化され，ますます自由に開かれた間柄から遠のくことになる。

私がかかわっていた「自己視線恐怖」の事例でも，心理療法経過の中で，「自分がまるでひとり相撲をとって勝手に倒れているようなもの……」と述懐することがあった。

それは予め主観的に作り上げた他者像，関係像に支配されているという点で，ある種「他律化した自己中心性」という矛盾を含んでいる。

もともと「自己中心性」は認知機能に関する Piaget, J. の見解でよく知られる通り，視点の転換が利かず，相手の方に立場を逆転させた見方や第三者的客観的見方ができないことを意味するが，それは力動心理学的には「願望充足」主導型の心のはたらきである。

しかし，「関係」恐怖の自己中心性は欲動の解放に単純に結びつくよりは，

もっと閉塞的な，苦しい自縄自縛の世界である。
　自己中心的スクリプトが敷かれてしまうことは，現実認知の歪みや狭隘化の問題としてだけではなく感情体験における問題として，全体的に理解して行くことが求められるであろう。
　不安・緊張・葛藤，また自己価値（セルフエスティーム）の毀損や敗北感，そしておびえと同時に羨望や憎しみ・恨みなどの感情が交錯すること，また弱気とその反面の対抗感情が並存することなどが一般に指摘される。いずれにしろ人との関係性そのものに焦点化された尋常でない自意識，「関係調節」の困難とそのはね返りとしての「自己調節」困難，またそれに伴う収拾のつかない感情状態の慢性化といったものが対人恐怖に特徴的であろう。その点で対人関係というものが人にとってどのようにのっぴきならない意味を持つか，そのことを根本的に問い直させる契機を，われわれはそこに見なければならないのであろう。
　人はすでに人生最早期に「自己調節的（機能をもたらしてくれる）他者存在」に恵まれるかどうか，その他者と相即的にかかわり合う中で，「他者と共にある自己（self being with other）」(Stern, D.N., 1985) が存立しうるかどうかという，人格発達上の重要な分岐状況に身を置かねばならないことが，近年，乳幼児の対人関係研究によって知られてきている。そこでの知見は，「対人的相互作用」の相互適合的調節をめぐって起こる現実のさまざまな問題と，乳児の自己機構の形成に対するその影響，相互作用の不適合性や失調・不全が持つ発達的影響などを具体的に示していて学ぶところ大である。
　対人的相互作用という自他関係系の中で再均衡化（ホメオスタシスの修復）への方向づけが得られず，またそれどころか安全が脅やかされむしろ不均衡化が増すとすれば，「興奮」の残余物は，そのエントロピーのまま再び自己系に逆戻りしてその内部を浸すことになる。その結果人は，「自己調節」機能がおぼつかない個体として独りとり残され，収拾のつかない不安をかかえねばならなくなる。
　青年期に好発する実際の対人恐怖症候の基底にも，そうした自己調節の苦悩があるであろう。
　ただ青年期ともなると乳幼児の場合と違って，自他の直接接触の間に，自

己スキーマや動機・価値システムという，情報変換装置が一つ加わった心の機構を備えるに至っている。

それはたとえば，「自分は人にうとまれ，どうせ理解されない」，「自分と気の合う人はまず居ない」，「人間関係は苦痛なだけでプラスにならない」などの思い込みスキーマ，つまり一種のスクリプトをいつも携えて対人場面に臨むということでもある。それは常に負の結果を先取りするスクリプトであり，そのようなものがあるからこそ現実のよくない結果を呼び込んでしまうのだというふうに，悪循環が指摘できることも確かであろう。けれどもそこには，同時に苦しまぎれの防衛である可能性もみなければならない。

つまり，どんな予期不能なことが起こって自己存在が脅かされるかわからないという，恐ろしい未知状況を，予め「既知化」しておこうとする，苦肉の安全操作なのかも知れないということである。

それは投影刺激を前にしたときの体験を連想させる。

筆者は臨床場面でロールシャッハ・テストを用いることが多いが，偶然にできた「あいまい刺激」と反応の自由度の高さからなるその課題状況は全体として，依拠できる外的手がかりの乏しい，未知・未確定の状況であり，それがさまざまに「宙ぶらりストレス」を触発する。

それは混沌とした刺激が自己存在の混沌化，自己同一性感覚の状況的な拡散を誘発するストレスであり，底深い不安である。

また混沌と未分化でありながら，そこに色彩や入り組んだ素材刺激が錯綜して，感情への原始的刺激価が強く潜んでいる。それらによる不意打ちは，おそらく「対人恐怖」において最も恐れられている質の刺激ではないだろうか。それにどう反応するかには，したがって対人的かかわり様式が反映されるであろうと期待されるのである。

実際に，ある30歳の，重篤な対人恐怖症者は，どのブロット刺激に対しても，刺激の中に自由に分け入ることのない，しかし強い色彩に引きずられた，同じコンセプトの反応を繰り返した。それは「人が大勢集まっている会合の雰囲気」などのコンセプトである。この反応内容自体も象徴的意味を帯びたものであるが，同じコンセプトの繰り返しという刺激対処様式は，先述

の先取りした「関係」スクリプトを思わせるものである。
　アニメを見ても逆にわかるように，ナマの人間の表出は，実に微妙に入り組んで複雑である。普通，人は自分がなじめるものをそこに見つけることでひとまずケリをつけようとする。それは「他者」の中に，いわば「自分（自己映像）」を見つけることでもある。
　そのようにして不可知なものに圧倒されることなく，それを「近しいもの」へと変えることがあたり前にできるためには，「見る」と「見られる」の相互交換が象徴するような，「共に在る関係」がすでに前提として成り立っていることが要るであろう。
　そのような「かかわり合い」の世界に入るに入れない在り方というものを，上記の反応表象は反映しているようである。
　筆者（1988a, b, 1991）はロールシャッハ課題の特質についていくつか検討したが，その中で引いた坂部（1976）の「はざま」性不安の見解は，対人恐怖体験ともかかわりが深い。そこでは混沌の中から，方向づけと意味づけをもってものごとが「かたどられる」かどうかという，「かたどりの源」でもあり，同時に，存在そのものの根源的不安，意味喪失の不安を湛えているのが「はざま」性だと説明されるが，対人的「関係」不安・恐怖は，まさにこの「はざま」性の脅威体験であろう。
　そうした「はざま」性を，新しい可能性とたわむれる方向で，プレイフルに体験し，それを新しく「かたどる」作業に集中することを通して，自己発見や自己再創出の機会をみずから作り出しうるか。あるいはそうした自己関与から身を引くいろいろなあり方をとるか。「はざま」性へのかかわり方には個人差が実に大きいことを，ロールシャッハ課題は教えてくれるのである。
　Mooreの作品写真Aでは，後にも触れるが，母親の，単純な拒否以上に多義的な顔が不気味である。身体の二重拘束的姿態と共に，子どもを根源的不安に曝す「はざま」状況に追い込んでいるように見える。大きく見開かれた子どもの眼は単なる欲求不満よりは原初的当惑と意味喪失不安を表わしてはいないだろうか。
　掲載した写真はすべて母子像であるが，「関係調節」と「自己調節」の対

人恐怖的混乱については，早期の母子相互作用の不適合や失敗の知見が助けになる。他で筆者（1991, 1993a, b, c）[編注]も考察しているが，次にそれをとり上げて「関係」の負の効果に主に焦点を当てながら検討を試みる。

2. 早期母子相互作用に見る，自他関係の快苦体験ライン

近年，新生児の刺激体験能力について多くの実験‐観察研究が進められているが，興味深いデータが詳細に提示されて，まさに発見の連続である。

乳児が生後2週間以内にすでに大人の表情を模倣するという視覚と筋肉運動間の相互変換的固有覚フィードバック機能の他，視覚と聴覚あるいは触覚という異種の知覚様式を交叉させて調和化し，弁別する機能を持つことが実証的に示されている。

それは無様式知覚（amodal perception）と呼ばれるが，たとえば，目かくしをして「ザラザラ」と「ツルツル」の2種の触知覚刺激を口唇に触れさせ，その後2種の刺激実物を同時に映写すると，その時触覚の対象となっている映写刺激の方を弁別的に注視するといった異知覚交叉機能のことである。

知識と経験なしに何故これが可能かの問いに対する答えは逆説的に次のようなものである。知識ゼロ故に前面に出る他ないところの，おそらく他の動物とも共通した，物理的形式への高純度の感受性であり，まさに抽象的と言うべき情報処理こそが依りどころとなるということである。

これは Bower, T.G.R.（1974）や Meltzoff, A.N. と Moore, M.K.（1983）など多くの人に実験され，Stern, D.N.（1985）が自身の実験・観察を含めて総合的に検討している。

「何を知らないかも知らない」状況で強味を発揮するのが，この純形式処理であり，乳児は認知というより情動面も合わせて，その点で有能性を発揮する。つまり喜び，悲しみ，怒りなど快・不快の感情も各カテゴリーに分化させてというよりも，リズム（時間パターン）・強さ・形の共モダリティ的

編注：本書第7, 8章参照。

普遍特徴によってとらえるのである。それを Stern は「生気情動（vitality affects）」と名づけるが，それは感情交流の上でも大きな原初的効力を持つ。

このように乳児の方にも，ごく初期から刺激受信しながら外界と相互作用するための，レディネスがあることによって，母親側が妊娠期間を通して身につけて来ている，全身で乳児に合わせる「反響（echo）」(Papoušek, H. & Papoušek, M., 1982）機能を発揮することとの間で，相互交流シンクロニーの実現が可能になって行くのである。

思えば，母子二者関係は互いに未知な者が初めて出会うことから始まる。殊に乳児の方は「この世が初めて」なのであり，その「初めて」づくしの相手を受けとめ世話する母親は，あまりにも自分と落差の大きい，非対称過ぎる相手とかかわらねばならない。その意味では，第一子でなくても，「関係」そのものは，新たな一回性のスタートである。近頃は胎内研究データにより，出産以前からの相互作用も報じられるが，やはり"はじめまして，私がママよ"は歌詞以上にリアルそのものであり，独特の鮮烈な出会いが意味深く生じているはずであろう。

ライフサイクル論で周知の Erikson, E.H. は，1981年の第1回国際乳幼児精神医学会の特別講演で，新生児室を久しぶりに見学し，乳児のじっと凝らした眼，世界をとり入れようとする貪欲さ丸出しの眼に驚いたと述べたが，近頃わが国で製作されるビデオフィルムも，そうした新生児の凝視，「新生児の視覚的敏捷性」とも呼ばれる，眼の旺盛な活動を伝えている。口を通して受動的に外界をとり入れるだけではなく，乳児なりのそうした遠感覚的走査によって，少なくとも「覚醒不活動状態」(Wolff, D.H., 1959）では積極的に外界を受信しようとしていることが知られてきている。そしてその中で最も身近な母親が最大の受信対象になって行くことは言うまでもない。

Pine, F. (1985) は「視愛（Scopophillia）」の概念により，子どもがいかに身近な世界を見ることを快体験としているかを論じている。対人恐怖症者ももともとは見ることを喜びとし，また目と目の交流を期待する人だったわけである。

そうした外界への基本的関心と先述の刺激処理機能とを乳児が合わせ持つ

ことにより，Emde, R.N. ら（1983）の「情緒的応答性」，Stern の「情動調律（affect attunement）」や Kohut, H.（1977）の「映し出し（mirroring）」など親側の一連の共感的対応が乳児に敏感に受けとめられ，緊密な二者関係の形成へとつながって行く。

そして最近の二者相互作用の精緻な分析は，現実に生じる相互作用のさまざまな姿，まだ二人が関係をスタートさせて程ない頃から明暗を分ける，いろいろな姿をわれわれに見せてくれる。

抑うつ症状が強まったり，分裂病であったりする母親といった極端な例では，あまりにも相互作用の否定的特徴が一目瞭然に際立ってしまうが，もっと微妙な明暗の観察記録が細やかに提示されるので，教わることが実に多くなっている。

それは一言で言うと，二者間の相互作用的「ズレ」の問題，逆に言うとほどよい「ノリ」あるいは「響き合い」の問題である。「ノリ」はこの頃言葉としてはあまりにも多用されているが，Stern の「コミュニオン性調律」に代表されるような「ノリ」は決して上すべりのものではなく子どもにとって過不足のない自然なほど良さを持った，しかも真性（オーセンティック）の相互シンクロニーである。そこには新鮮な活力，また子ども自身にとってその時必要な「自己調節（セルフ・レギュレーション）」を支え助ける，自然な生命性が，平静化の方向も含めて，備わっている。

Moore の彫刻 B には，まさにそれが見られる。同じ揺り椅子の揺れを同期的に体験しながら，自然に生き生きと遊んでいる。弾んだ体の線が母子両方に現われており，全体として生体リズムの同調化が実現されて，楽しく調子よく「ノリ」合っている印象ではないだろうか。椅子と母子の三体が一つになって活気を漲らせている。

これはCと対照させると一層印象がはっきりする。

Cの方は，母親の坐居も姿勢も緊張し，硬直していて，顔も上にそむけられている。子どもは母親に向かいながら，いつ後にのけぞり落ちても不思議はないような姿勢で，母親との間の心地よいシンクロニーは生まれそうもない。身体全体の線にどこか孤独な緊張があり，Bのように遠心力に身を委せ

得ないでいる。母親との間の根本的「ズレ」を思わせ，両者は近くに居ながら離れ離れに見える。

発達早期，人は生理的興奮や情動の喚起など個体内圧力と外界からの種々の刺激入力との間で，個体内プロセスとしても対外関係プロセスとしてもホメオスタシスの動的回復の課題にきわどく曝され続けるが，それを自力で果すことは不可能で，常に「なだめてくれる生気情動の母親」の存在を必要とする。つまり調律的な「関係調節」が成立することを通してこそ「自己調節」が実現されるというふうに，個人内過程と個人間（対人関係）過程とが，殊の他一体化した状況に置かれているのである。

それは乳児にとってはリスクを伴うことでもある。「自己調節的他者（self-regulatory other）」の機能が現実に「関係調節」を相互適合的に実現させうるものであるかどうかは決定的に重要なことであり，「自己調節」機能が身について行くかどうか，それに伴って自己存在感覚が充実して行くかどうか，それらの成否がそこにかかっているのである。

厳密に見れば，乳児の方が全く受身的に「調節」を他者まかせにしているのではない。はじまりから旺盛に外界に目を凝らしていた乳児は，見ようとする一方ではなく，Beebe, B. と Stern, D.N.（1977）が3〜6カ月児について把えたように，精巧に調整された視線回避行動をとることによって，母親の視線をフイと避けるなど過剰刺激を自ら調節する。早期殊に重要視される「アイ・コンタクト」も実際は，視線合わせと視線回避の両方を複雑に含む見つめ合い行動である。また他に拒否行動をさまざまにとること，また泣き叫ぶ・むづかる・ほほえみかける・求めるなど，「関係調節」を指向する行動は多様である。

母親の方がそれらの必ずしも分化していない表出の解読に成功し，不快の除去・再均衡化・満足がもたらされるとき，その体験の記憶が快感原則（心の一次過程）を成立させ，「快」世界という，心の組織化にとっての基盤ができる。そしてそこから「快」「不快（苦痛）」の分化が次第に枝分かれして進むが，まずは記憶の中の満足体験を幻覚や幻想によってでも作り出し保持しようとする，というのが Freud, S. の説明であるが，そうした心的過程も

また，原初的な一つの「自己調節」心理を伝えていると思われる。乳児を助ける親の調節的「関係性」とその障害をめぐる研究の歴史は小此木（1985）に詳しく，また，現代の関連研究動向に関しては渡辺（1992）の展望がある。そこでは「関係」が心楽しい調和的充実へと方向づけられていくものよりもむしろ「関係」の喪失や過重負担，脅威といった自己存在をおびやかし縛る方のものがその多層的な要因とともに，検討の中心になっている。

　結局自己系を支持しない，さらには妨害する自他関係系はさまざまに存在するが，その最も深刻な影響，また人が本質的に最も恐れるものは何であろうか。

　よく知られている Bateson, G. の，相反する同時メッセージの混淆状況を意味する「二重拘束」や，Searles, H.F.（1960）の「人を狂気に駆りたてる矛盾した呪縛的コミュニケーション」，Winnicott, D.W.（1965）の「"原始的苦悩"に陥らせる，不連続に部分化した過剰刺激」などはその大変深刻な例であろう。それらが意味するものは，あまりにも唐突かつ強烈に侵入し，また正反対の極への反転や，多重化が含まれる刺激に曝される状況である。

　そしてそれらは，予測の極端なあざむき，「あてにするスベのなさ」に追い込むことを意味してもいる。

　母子二者相互作用においても，早期ほど，形・強さ・リズムという単純な生気情動的形式性が鍵になり，すべてがそこに変換されたコミュニケーションの明快さと，そして同時に他方易操作性という両義的問題が生じる。

　それは見せかけの形式的「ノリ」の陰に，全体の流れ（文脈）の上での「ズレ」が隠されて進行する危険であり，その「ズレ」は不意に顔をのぞかせて子どもを困惑させる。子どもにとっては，表層の「ノリ」ともう一方で潜行する「ズレ」という二重構造は，情報統合するすべのないものである。

　それは，今起こっていることが一体何なのか得体の知れない体験，同定不能な体験であり，したがってそのこと自体は最も訴えようがなく，そこからの救出を助けてくれる他者を求めるなどは及びのつかないことである。それは実に特殊な，そして決定的な孤独体験でもある。そのために，自己存在が癒しということから切り離された，深手を負ってしまうのである。

写真Aには，母親からの誘惑と拒否という混淆メッセージが，子どもの自己存在を根底から震駭させるさまを伝えていてそこに，「関係」恐怖の原基を見る思いもする。

とは言え，苦悩する母子相互作用に対する治療的介入は一方で，さまざまな工夫のもとに，旺盛に進められている。

その中でこの4月に来日講演するCramer, B. ら（1988）の，母親の心的表象に注目した母子同席心理療法は，殊に注目を集めている。それはすべてビデオ記録しそれをミクロ分析して実証研究の対象とするものであるだけに，データが大変明示的具体的である。たとえば報告されている10カ月児ジュリアンと母親の事例は，母親の方が乳児の攻撃性を著しくおそれるという母子関係である。そこでは母親は，乳児がひざの上で身体をゆすり胸に頭が当たるとすぐ，自分が「痛めつけられる」と感じで身体を守る（写真Cはまるでそれをそっくり描いてでもいるかに見えてくる！），また子どもが母親に優しく近づくとそれを「疲れている」と受けとり，突然熱心にハンカチを突っ込んでジュリアンの鼻掃除に全神経を集中させる。そういった有様が細かく報告されている。

そのような不可解な「ズレ」の背後には，母親自身がより先の世代から引きついで持っている心の中の問題，また母親の発達早期からの自他関係史があるとされる。そして，それらが，ジュリアンとの関係の中でそっくり再演されるためのシナリオ作りにあずかっていることが，ジュリアンの一つ一つの反応行動のお蔭で解読されていくのである。

母親と乳児との間では，Freudが言うような「無意識同士の送信受信」が殊に際立っており，同時にそうした内的過程を，乳児が行為化して目に見えるものにしてしまうところがある。

とは言え，それは断片的で微細な，また瞬間的な行動徴候であることも多く，したがって，全体の相互作用文脈とも合わせてそうした細部を見逃さないだけの，鍛えられた洞察的な観察眼が求められて行く。

母子二者に限らず，人と人との間の相互作用には，深層の要因を含めて，一人一人にとり本当は只事でない意味が満々と湛えられているということを

改めて思わせられるのである。

引用文献

Beebe, B. & Stern, D.N. (1977): Engagement-disengagement and early object experiencs. in N. Freedman & S. Grand (Ed.): Communicative structres and Psychic Structures. Plenum Press, New York.

Bower, T.G.R. (1974): Devlopment in Infancy. Freeman, San Francisco.

Bowness, A. (Ed.) (1986): Henry Moore Vol. 2., Complete Sculpture 1949-54. Lund Humphries, London.

Cramer, B. & Stern, D.N. (1988): Evaluation of Changes in Mother-Infant Brief Psychotherapy: A Single Case Study. Infant Mental Health Journal, Vol.19, No.1. pp.20-45.

Emde, R.N. & Sorce, J.E. (1983): The rewards of infancy: Emotional availability and maternalreferencing. in J.D. Call et al. (Ed.): Frontiers of infant psychiatry. New York.

Kohut, H. (1977): The Restoration of the Self. Int. Univ. Press, New York.

Meltzoff, A.N. & Moore, M.K. (1983): Newborn infants imitate adult facial gestures. Child Development 54, 702-709.

小此木啓吾 (1985): 現代精神分析の基礎理論. 弘文堂.

Papoušek, H. & Papoušek, M. (1982): Vocal imitations in mother-infant dialogues. Infant Behavior and Development (Special ICIS Issue), 5, 176.

Pine, F. (1985): Developmental Theory and Clinical Process. Yale Univ. Press, New Haven and London. (齋藤久美子・水田一郎監訳:臨床過程と発達1, 2. 岩崎学術出版社, 1993.)

齋藤久美子 (1988a): インクブロットの色彩効果. 山中・齋藤編:河合隼雄教授還暦記念論文集 臨床的知の探求, 上, pp.20-41. 創元社.

齋藤久美子 (1988b): ロールシャッハ反応と脱カオス. 山中・齋藤編:河合隼雄教授還暦記念論文集 臨床知的の探求, 下, pp.279-293. 創元社.

齋藤久美子 (1991): 不安の心理臨床——ロールシャッハ法による不安理解. こころの科学40 特別企画(不安), pp.66-71. 日本評論社.

齋藤久美子 (1993a): セルフ・レギュレーションの発達と母子関係. 精神分析研究 36 (5), 478-484.

齋藤久美子（1993b）子ども理解の方法と理論――縦断的観察研究を通して．岡本夏木（編）：児童心理学17（子ども理解の視点と方法），pp.23-66，金子書房．
齋藤久美子（1993c）：乳幼児の発達心理――最近の話題とその臨床的有用性．臨床精神医学22（5），517-521，国際医事出版．
坂部恵（1976）：仮面の解釈学．UP選書．東大出版会．
Searles, H. F. (1960)：The Nonhuman Environment. Int. Univ. Press, New York.
Stern, D. N. (1985)：The Interpersonal World of the Infant: A View from Psychoanalysis and Developmental Psychology. Basic Books, New York.（小此木啓吾：乳児の対人世界．岩崎学術出版社，1989, 1991.）
渡辺久子（1992）：乳幼児精神医学の現代的動向．精神分析研究36（5），460-470．
Wolff, P. H. (1959)：Observations on newborn infants. Psychosomatic Med. 21, 110-118.
Winnicott, D. W. (1965)：The Maturational Process and the Facilitating Environment. The Hogarth Press, London.（牛島定信訳：情緒発達の精神分析理論．岩崎学術出版社，1977.）

第11章
「かかわり合う」能力
―心理力動的検討―
(1998)

本章の紹介

　Stern, D.N. の情動調律に関する研究をもとに，不可分の循環系として展開する自己調節（個人内調節過程）と関係調節（対人関係調節過程）の正負の顕れを概観し，「調節」をキーワードに心理力動論また乳幼児発達の諸概念を位置づけた，発達と臨床にまたがる包括的な論考である。中でも齋藤が監訳した Pine, F. の概念である「静かな快」や Winnicott, D.W. の「一人でいられる能力」に言及し，「かかわらない」関わり合いを支える環境としての「関係調節」機能への着眼は，情動調律概念を敷衍し押し広げるものになっている。乳幼児の関係発達研究が隆盛となり，ともすれば「関係」一辺倒となりがちな情勢の中，「個と関係を行きつ戻りつする」多様なあり方の中に，その子ども（と養育者）独自の調節の特徴，ひいては子どもの人格形成と対人関係の営みを不可分に理解しようとする齋藤の一貫した姿勢が読み取れる。

1. はじめに

　人は自分以外の人と「共に在ろう」とします。これは近い距離に一緒に居るというふうなことではなく、ましてやその方が便利だからでもなくて、「心が通い合う」中に身を置きたいということです。

　「心が通い合う」とは、乳児が母親の視線を受けて視線をじっと向け返す、泣いていたのに抱き上げて優しくゆするとおとなしくなることなどです。手足をでたらめに機嫌よく動かしているのに対して「そらそら元気！　元気！」と声をかけたりすると、ちょっと動きを止めて母親の方を見るや、再び調子を上げて手足を動かすというふうな、人生早期のいかにも原始的でシンプルな、まだ定まった形をなしていないものにまで遡って見ることができるでしょう。それが「笑いかける」、「笑い返す」というところまで行くと、Sander, L.W.（1977）の「社会的微笑遊び（social smiling play）」のように、まざれもなく通い合っている喜びが、積極的に「かかわり合う」形で体験されます。

　生後ほどなく母親の顔を見て「表情模倣」する乳児や、子どもと子ども、また子どもと大人との間で起きる「情動感染」、いろいろなレベルの「感応」や「共鳴」の現象もそうですが、これらはもっと自動的なプロセスとしての相互反応です。

　ごく初歩的で「意図性」さえ不明な、それら主体のコントロールの及ばないものを含め、無意識 - 意識、身体 - 精神、受動 - 能動、非言語 - 言語、未分節 - 分節、自我関与（感情移入的）- 自我非関与、現実性 - 非現実性、快 - 不快といったいくつかの次元のものを加えると、人と人との間の作用の及び合いが実際にどのようなものであるか、「かかわり合い」をめぐるいろいろな特徴をうかがうことができていくと思われます。

　心の「通い合い」と言うと、まずは何かほのぼのとした人間味に富むプラスの意味だけが浮かぶかもしれません。でも本章のテーマである「関係調節」あるいは「調節的交流」の機能の観点から見ると、それらの不全や障害、また充実した共感体験を伴うものだけでなく、無視や拒絶、敵意や反発、操

作や搾取，皮相性や偽り性，意味多重なものなど，痛み・傷つき・混乱の体験を伴うものをも視野に入れていく必要があります。それらによるいろいろな影響のもとに，全体として個性的な「関係性」の世界が生み出されていきます。

　ここでは，乳幼児期という早い時期にその基礎工事がどう展開されるか，近年の細やかな早期研究の実績をもとに検討を試みます。「関係調節」というときの「調節（regulation）」は，たとえば適応のための「方略」との印象を与えるかもしれませんが，少なくとも小手先の技術ではありません。この世で人と共に「生きる」ということの根幹を成しつつ，必ずしも意識されずに，たゆまず営まれ続ける心のはたらきです。そのはたらきは，外界との循環系を成り立たせ，情緒交流など広い意味での「エネルギー交換」，別の言い方をすると「流れる」過程を作り出すはたらきで，身体性にも根ざしています。こうした「流れる」循環チャンネルの形成は個人の内界にも求められ，心の中の過程がどこかで堰止められたり，裂け目ができていたりして「流れ」に支障が生じると，それが，いろいろな「自己調節」の失調や不全，障害として問題になって行きます。

　「関係調節」と「自己調節」は本来不可分に関連し合いますが，両者はそれぞれが「流れる」動的な均衡化に向けて手を結び合っています。それこそが，心身を合わせた存在として「生きる」ことを，また社会的相互作用の中で共存することを意味しているのです。

　個人内プロセス（intrapersonal process）として自分自身と疎通する内的「流れ」と，人間関係プロセス（interpersonal process）として展開する他者との間の「流れ」とは，どちらも常にスムーズにいくとは限らず，不十分さや困難，歪み，いろいろな阻害状況が生じます。それらを含め「調節」はこのように内側と外側を合わせて，個人の「存在」にかかわる重要な鍵概念です。

2.「かかわり合う」ことの背景

(1)「かかわろう」とする根本動機

そもそも人と人が居合わせる場合，相手を何ら感知せずに居ることはまずなく，放っておいても身体や情動また認知の作用が及び合います。

身を守り生きようとする本能が，生命同志の探り合いと，共存を求める動きとを，とっさに生み出さずにおかないのか，早々にかかわり合いの発端が生まれます。

基本的には「接近‐回避」，「反発‐親和」などの軸上のどこかで反応が瞬間的に生じていくと思われますが，人間の乳児と母親（第一次養育者）の間では基本的に「接近」と「親和」の方向をとるはずです。妊娠期間を通して母子の間ではあらかじめ生物学的折れ合いが準備されてきており，「母性的没頭」など母性行動へのレディネスは，乳児の泣きや微笑でさらに活性化されることが細やかに説明されます。

母親は古今東西を問わずと言ってよいくらい，乳児には多少とも大げさな表情，楽しい気分のユーモラスな遊び心，ゆっくり目のテンポなどでかかわり，子どもの表情や発声，動作による感情表現を引き出します。そして母親の方から「生物学的鏡・反響」（Papoušek, H. & Papoušek, M., 1984）と言われるような乳児への自動的な反応を繰り出すわけです。

ただし子どもはこの絶大な母性的関与（コミットメント）にただ引っぱってもらっているだけと言うのではありません。

比較行動学的な「愛着」研究が示すように，対象との絆を求める動き（bonding）が，最初期の子どもに顕著に生じます。「懐く」ことなくして生存はあり得ないのをまるでよく承知しているかのように，全身でアピールする姿が印象的です。それを受けとめる親の側のレディネスがそこにセットされているのは，子どもにとりまさにありがたいことと言わねばなりません。Fairbairn, W.R.D.（1952）は人の根本動機に「対象希求性」があると指摘しました。それは人が人を求めるのは，自分の中にある欲求を満たそうとの目的からではなく，「かかわり合う」ことそのことを目的としてなのだという

意味です。「相手」は，欲求充足の手段としてではなく，"呼べば応える"ような「関係」が展開できるところにこそ意味があるのであり，人は根本的にそうした相手を求めるというわけです。

とても人なつっこく，元来人に絶大な関心があり，応答し合う関係を求める人間は，新生児の頃からじっと眼を凝らして周囲を見ます。その貪欲さは驚きであると，かの Erikson, E.H. は 1981 年の第 1 回国際乳幼児精神医学会講演で触れています。眼を覚ましたまま格別何かを求める欲求は示さずに，まわりを眺めやる「覚醒不活動状態」(Wolff, D.H., 1959) の下で，乳児が最大の関心を寄せるのは，母親です。Pine, F. (1985) が「視愛 (Scopophillia)」という特別のとらえ方をするくらい，身近な「第一次養育者」とその人と共に居る身近な世界とを「視覚的敏捷さ」で追うのは，それがまさに「快」体験だからだろうと思えます。

「共に在る (being with)」ことをこの上なく強く求めることが，対人関係の基盤にあるのだと，Stern, D.N. (1985) は終始強調します。「個」としての自己存在実感が成立し充実するのも，また心身の不均衡を再均衡化に導くのも，この「共に在る」世界が成り立ってこそなのだというふうに，「関係性」と「個」との結び合いを人間存在の基本原理と考えます。この基本原理が「かかわり合う」心のはたらきを生み成長させて行くととらえるのです。

このように何よりも対人的交流そのものを求めてやまない私たち人間は，心の響き合いにことのほか敏感です。響き合うことで「共に在る」ことが実感され，そして同時に自分自身の存在感覚が賦活されます。それによって生き生きした存在世界が開けるわけですが，その分響き合わない場合の傷つきもまた大きいと言わねばなりません。

この「かかわり合い」体験の正確なフィードバックには認知能力の貢献があります。

(2) 認知能力，身体的・認知的体験の関与

「かかわり合う」ことは，認知と感情のはたらき，心と身体のはたらきがすべて含まれる全体的なやりとりですが，Stern は認知的な能力基盤を重視

して，その有能性を実証する細やかな実験データを集積しています。母子の間の緊密な交流には，想像以上に誤まりの少ない認知能力があずかっていることについて，丹念な実証が試みられています。

　人には初めから相当精度の高い「認知的有能性」があり，それが，人間関係を現実的に体験することを支える上で重要な役割を担うと考えられます。たとえば自他を区別してとらえることが早くから可能なのには，向き合って同じ動作をし合っている2人が，互いの動作が自然と微妙にズレるその時間的なズレを，0.5秒以下の範囲内でもキャッチできる認知能力を持つことによるとされます。つまりこの微細なズレの感知が，「こちら側」と「相手の側」とが別々に存在しているとの体験へとつながるため，二者が混然一体化してしまうことがなく，二者の間にもともとその「スキ間」があることによって，「かかわり合い」も成り立つのだと考えます。

　それは，自他が一体化する「二者単一体 (dual unity)」的な「共生」の期間を，生後半年くらい見込もうとする Mahler, M.S. ら (1975) の見解が正しくないとする考えでもあります。

　Stern の「共に在る」体験世界は，二者一体的な「共生」ファンタジーにおおわれたものとは違い，むしろ現実そのままに相手を認知しながら作用し合っているものだというわけです。精神分析的に言うと，融合ファンタジーを生む「快感原則」ではなく，「現実原則」こそが，ごく早い時期からの対人関係を動かす，支配的な原則だということになります。

　相手と全能的に一体化する幻想を伴いつつ自他の境い目がなくなるあり方とは違って，もっと現実的に相手を認知しながら，こちらとは別の存在としての相手とかかわるという，本来の「関係性」に必要な条件を，人は最初から基本的なところで満たしているとの考えです。

　逆にこれは，感覚器官にハンディを持つなどによって，対象についての現実知覚とそこからの現実情報処理が適切でない場合のいろいろな問題を考えさせることになります。それは，個人の知覚能力の問題に限らず環境条件の問題でもあります。つまり子どもの個体条件（気質や刺激感受性など）に適った環境のあり方をしているか，たとえばその子どもにとって刺激が過剰あ

第 11 章 「かかわり合う」能力　275

るいは過少であるなど，持ち前通りに認知能力が発揮されるのを促進するよりは妨げるような環境側の問題はないかという問いを生んでいきます。

　近年よく使われる「欠損（deficit）」という概念があります。環境からの認知的・感情的な刺激インプットの不十分さ，またその情報処理を，他者と共体験的に進める日々の営みが"ほどよく"なくて，かなり手薄で限られたものであったことを意味します。このようなことも，環境が認知的・感情的な現実検討能力の発達にいろいろな影響の持ち方をすることを考えさせます。

　また対人的「かかわり合い」における認知基盤について，次のようなことが検討されています。

　対人的かかわり合いとは，「感情交流」だと言い換えてよいくらいだと思われますが，人間関係におけるその感情の行き来は，基本的なところで，感情内容よりも感情の「形式」にピントを合わせて情報処理されているところに注意を向ける必要があります。

　Stern の「無様式知覚（amodal perception）」のように，多様な感覚的・情動的情報は，それが人の声であれ，身体接触感覚あるいは揺すられる体性感覚的なものであれ，「強さ」やリズム，抑揚やパターン，全体の調子といった，「形式」の方にピントを合わせて進められる面があります。異質な刺激の受けとめ（情報処理）に一種"共分母"があるという見方です。

　これは，個々の感情の内容（たとえば，怒りなのか喜びなのかといったこと）にピントが合わされるよりも，喜びだとか怒りだとかにかかわらず，それが強いか微弱か，また尻上がりの上昇パターンか下降パターンか，断続的か持続的かといったことの方にピントを合わせて知覚・認知的にキャッチされ，また身体レベルでもそれが敏感に感受されることを検討する「生気情動」の見解があります。

　「何を知らないかも知らない」くらいに知識を欠く発達早期では，それだけが，最低限ながら唯一確実で有効な刺激受信の方法なのです。「感情交流」が，感情の種類以上にこうした基底形式に依拠していることから，後にもとり上げるような「生気情動（vitality affects）」レベルの交流を考える研究が生まれて行きます。

「生気情動」は、感情カテゴリーが何であれ、そこに伴う強さや時間的推移、調子など活性の形態として現われ、感情交流はそうした活性形態の直接的な送り込みと受けとりのもとに進められるととらえます。純形式処理とも言えるその営みには、身体的感受と認知のはたらきが大きくかかわっているわけで、乳幼児の場合はことにこうしたコミュニケーション・モードに比重がかかりますが、成人においても言語や概念内容の方に主役を譲っているように見えながら、一見目立たないところでそれらは底力を発揮します。その分大人ではメッセージが複雑化する中で、「かかわり合い」が動いていきます（齋藤、1993b）。

3.「かかわり合い」と「調節」

(1)「情動調律」という原初的交流

映画「E・T」で異星人のE・Tが地球の子どもと出会い、大へんな驚きと緊張が双方に起こりましたが、やがて相手の発声や動作の模倣が試みられることで、強烈な違和感は一転して大いなる安堵と親密感へと変わりました。そしてそこから深い情緒的結びつきができていく話がとても印象的でした。

そこでは一つ一つを一生懸命模倣しようとするかなり意図的な試みがあったのでしたが、「情動調律（affect attunement）」の成立過程としてもそれは読みかえられるでしょう。

「合わせる」と「合わせてもらう」が瞬間的に相互反転するなかで、先述の「響き合い」が生まれる、そうした2人の営みを「情動調律」とSternは呼びます。本格的な調律は、生後半年をすぎ8・9カ月くらいになって、たとえば親が何かを指差す時、その指そのものではなく指差す方向に視線を向けるというふうな、間主観性体験あるいは間情動性体験ができるようになってのことです。生後のもっと早い時期から、「生体リズムの同調化」など「前調律（preattunement）」にあたるものが、もっと身体的で素朴な形の調律として存在します。まさに人と人との間で生じずにはおかない、「感応」や「響き合い」の奥行きというものを思わせられるのです。

人と人が出会い，コミュニケーションすることには，いろいろの程度や質の「情動調律」が伴います。相手の情動状態を感じとるや否や，すぐそれを映し返す表出が，表情や声，動作，雰囲気などで自動的に生じますが，リゾナンス，エントレインメント（生体リズムの同調化），シンクロニー，チューニング，マッチングというふうにいくつかの言葉や概念がそれに当てられます。それら一連のものによって，何が言われようとしているか，全体的に感じとり易くなるかと思われます。

「シンクロ」という言い方が近ごろ何だか流行っています。水泳競技のことに限らず，「時代とシンクロできるかできないか」と言うふうによく使われますが，「自分本位」のライフ・スタイルが優勢な一方，時代や世間の風潮からとり残されるのをおそれる心性があるのでしょうか。一対一の人間関係の場合も，自分自身の平衡を維持することと，相手との調和関係を維持することとはいずれも放棄できないものの，それらの両立がいつも約束されているとは限らないという心もとなさが，そこに潜在しています。

重要なことは，「情動調律」がまさに"いま，ここ"で進行するそのとき，それがほとんど意識化されない自動的なプロセスとして生じることです。認知的なモニタリングの外で，意識のコントロール外で起こっていくが故にかえって「関係」を左右する強い影響力が存在していると思われます。まして母子の二者関係では，母親という絶対的な相手にすべてをゆだねている子どもにとって，起こっていることに対して，他の場合と違ってここが気にいらないなどと注文をつけることはできません。子どもには知識や経験の背景がないこともあって，母親とのかかわり合いを相対化できないので，その分受ける影響は絶大となります。

発達早期から日々体験し続けていく調律関係は，「二者対」によって特徴がいろいろですが，それぞれなりのものが蓄積されて，知らず知らずのうちにそれが子ども自身の個性的な「関係様式」の基型となっていきます（齋藤，1993a）[編注]。

編注：本書第8章参照。

臨床心理学の領域では，そうした「関係」基型の不全さや歪みなどいわば「負」の方向からの，またかなり遡行的な方向での接近が中心になります（齋藤，1993d）。最近私たちが母子相互作用の実像に関心を寄せて行った，一般母子の乳幼児長期観察研究（齋藤他，1996）でも，リアルタイムで，個人差（「母子対」差）に富んだ相互作用の数々に触れることができています。

「情動調律」という，非言語的で見過されやすい，ミクロの交流パターンは大へん簡単に言ってしまうと，双方の調子の「ノリ」と「ズレ」のパターンです。「他者と共に在る」ことを求めるのが根本動機である以上，人は基本的に「ノリ」指向に違いありません。「ノリ」には生命過程の趣くままに安んじて身をあずけておれる心地よさが，他者のバックアップを得て，満ち満ちています。

すでに述べたように，「情動調律」に関して，Sternは「喜び」や「怒り」「驚き」などの情動の内容はひとまず脇へ置いて，どのような情動カテゴリーであれ，その強度，時間的推移パターン，リズム，形態といったいわば抽象的な形式面に注目しながらそれを「生気情動」としてとらえます。これは，知識ゼロの状態で情動情報を処理するときの最も有効な手がかりです。原初的でいわば最低限の情報処理にかかわるものでありつつ，普遍的な通用性がそこにはあり，効力大です。

大人も今まで見たことのないもの，たとえばUFOのことを語るときには，この「生気情動」レベルでUFO特徴を語ることになるでしょう。またシュールレアリズムの作品の印象を人に伝える時も同様です。

乳児は視覚や聴覚，また触覚など多様な知覚モードでの外界体験をカテゴリー化してとらえるだけの知識がないこともあって，モードを超えた基底特性とも言うべきこの「生気情動」の次元で情報処理を行っています。それがまさしく「身体性」にしっかり根ざした情動であることも大きいと思われます。「ノリ」という形の調節成立も，この「生気情動」の地平を置いてはあり得ないと言ってよいでしょう。

(2) 調節的交流と「情動調律」パターン

Stern は，母子の情緒交流を直接ナマで観察しながら，まるで「感情の物理学」に集中してでもいたかのように，感情の「純形式処理」に注目しましたが，この着眼点を幼児期前半頃までの観察研究の中で貫くことで，これまでよく見えなかった「関係調節」の微妙なところを，実に発見的に精緻にとらえることができています。

Stern の中にある精神分析臨床の目が，さまざまな調節の失敗や歪みを克明にえぐり出し，既述のように高い認知能力を持つ乳児がどれくらい「ズレ」に敏感か，またそれ故に人知れずそれによって傷つくかを例証しましたが，その数々の仕事は示唆に富んでいます。

「ノリ」に関しても無条件に肯定して終るのではなく，見せかけの「ノリ」あるいは「ノリ」のための「ノリ」のような，真正の (anthentic) 調節でないものには批判の目が注がれます。「ノリ」がいかに日常的に有効な教育戦略に（「ノリ」の調子によってうまく一つの行動を別の行動に移行させたり，物をとり上げたりというふうに）用いられているか，つまりはどれくらい子どもの側は「ノリ」指向で，何とも抗いがたく親の術中にはまってしまい易いかを明らかにしました。親と子がこの点で非対称，つまり対等でない間柄にあることを具体的に示したわけです。

真正の「ノリ」としての「コミュニオン性の調律」は，唯一両者が対等に「ノリ」合っている間柄で，H. Moore の影像の B（p.255 参照）（Bowness, A., 1986）に象徴されているような，自然な生命感，一方通行ではない相互的なシンクロニーが伝わってくるものです。母子はどちらがどちらにというのではなく，両方がそれぞれを超えた共通基盤（シーソー）の調子に即しており，そこに身をゆだね合っています。

「ノリ」についての Stern の慎重な目は次の指摘にも及びます。子どもの側が無理して合わせるよう知らないうちに強いられてしまう「偽性」の調律です。極端な一つの例ですが，うつ病の母親との間で，子どもは自分自身の自然な調子をなぞってもらえなくて，どうしても低めの調律か，無反応か，ときには唐突な強い拒否反応かに出会うことになりがちです。これらは「過

小調律」「無調律」「誤調律」などに当るものですが，子どもは母親と「共に在る」感覚を何とか創り出したいばかりに，自分の方から相手に見合う低いレベルにあらかじめ調子を下げてしまったりします。そしてそれが慢性化すると子ども自身も抑うつ状態にあるかのように見えることがあります。また，全く逆に，母親の調子を大幅に補いもり上げようとするエンターテイナーのような高調子になる子どもも居ます。これらはどちらも，子ども本来の自然な調子が，偽りの調子へ無理にズレることを余儀なくされて，交互的なやりとりのはずが，独り相撲へと転じてしまっている例です。

　ここで像C（p.255参照）を見ると，母親の座居の緊張，硬直した姿勢と上にのむけられた顔，そして子どものやはり硬直した，後にのけぞり落ちるのを自力で持ちこたえているように身構えた姿勢，怒りを感じさせるこぶし，それに母親の胸元の硬い楯のような防護物が印象的です。母は椅子に，子どもは母の膝に乗ってはいても二人に安心やくつろぎはなく，こわばった緊張が漂っており，母と子の間には相当な心理的隔たりのあるのが伝わって来ます。

　互いに「ノリ」を共有している像Bにくらべると，目と目の触れ合いも，身体と身体の触れ合いの余地もなさそうですが，母親の明からさまで過剰なまでの拒絶と防衛には，子どもから攻撃（迫害）される幻想が介在しているのを思わせるくらいです*。子どもにとって，母親のそうした過剰防衛は，一層欲求不満と当惑をつのらせるものでしょう。「調律」としては母親の側の「無調律」，それに「関係調節」そのものの拒否がうかがわれます。

　　*　Cramer, B.（1988）の事例ジュリアンの場合，母親が自分の生育史の特別な
　　　　事情を背景に，子どもの攻撃性を著しくおそれて，抱いているジュリアンの
　　　　頭が胸に当たると「痛めつけられる」と感じ，疲れて身体をあずけようとす
　　　　るジュリアンにはいきなり熱心に鼻掃除に及ぶといった有様でした。

　目をAの像（p.255参照）に移すと，このCの明らさまな拒否が単純に見えてくるくらい2人の「関係」は複雑です。
　他の2つよりも抽象化された造形のやはり「母と子」の像です。左側の母

親は像Cよりも子どもをしっかり膝に乗せ，2人の距離も腕の長さだけの近さですが，その腕は子どもをしっかりつかみながらつっかえ棒がはさまっているかのように子どもをその距離に止めおいています。張っている乳房に向けて子どもは大きく口を開けているものの，腕が授乳姿勢に入らせません。「誘惑」しながら同時に近づくことを「拒否」するという極度に矛盾した母親のかかわり方に子どもは身動きできず立ち往生の様子です。この場合母親の顔面が具象表現でないために，仮に子どもが，今起きている感情状態について母親を参照しようとしても，母親の感情は汲みとれず，「社会的参照（母親参照）」が不可能です。感情情報の処理は麻痺してしまうほかありません。

　よく知られるBateson, G.の「二重拘束」やSearles, H.F.（1960）の「人を狂気に駆り立てる矛盾した呪縛的コミュニケーション」，またWinnicott, D.W.（1965）の「人を"原始的苦悩"に陥らせる，統合不能な過剰刺激」，さらにFairbairnが鋭く指摘する，「『欲求を刺激しながら満たさずじらす母親』と『拒絶的で高圧的な母親』とが一対となった母親像の混乱」というふうに，重篤なレベルの「関係」障害をとり上げる一連の見解があります。像Aには，Bの楽しいコミュニオン性調律の下での相互調節や，Cの硬化した「調節」拒否に比べて，存在が根こそぎ揺らぐくらいの混乱があります。「生気情動調律」および全体的な「関係調節」の深刻な問題が感じられるのではないでしょうか。それは当然「自己調節」をも麻痺させずにおきません。

　このように「関係調節」の障害にも極度に深刻なものがあるわけですが，それは当然，「自己調節」という個人の内側の調節プロセスの深刻な障害につながらないわけにはいきません。

　「情動調律」はあらゆるコミュニケーションに潜在する，相互活性化（mutual activation）と折れ合いの過程です。母子の間ではほんもののコミュニオン性調律の場合のみ文字通り相互的な「ナゾリ」と「ノリ」の積極的な実現があるのですが，それ以外は結局，子どもが母親のなすがままになるしかないという母子の非対称性が特徴的です。

　「無調律」や「誤調律」など子どもに合わせられない母親，たとえば高揚

した調子のところだけを「ナゾル」が他には応答しないなどの「選択的調律」や、子どもの調子にくらべてオーバーすぎたり、低調すぎたりする「過剰調律」や「過小調律」というふうな、ひずみのある合わせ方をする養育者の問題が具体的にとり上げられますが、子どもがそれを正したり異議申し立てをするなどあり得ません。二者だけの完結世界の中では相手を対象化したり相対化したりすることは不可能な上、体験をとらえ直すメタ心性もまだ育っていないため、何が起こっているのかわからないまま、相手にひきずられ、逆に自分の方が合わせるともなく合わせてしまう結果、自己疎外が生じて行きます。

　子どもが大人に合わせることは、それだけで子どもの「自己発動性」が犠牲になる大へんなダメージです。そのうえ「情動調律」というミクロ世界では、子どもの側がただ孤立無援の"沈黙"のうちにそのダメージを背負い込んでいく他ありません。Stern はそこに鋭く光をあて、子どもの「個」の形成が、「ズレ」た「関係」によって歪み、停滞していくさまを詳らかにしています。

　本来「調節的交流」には互いの間で微妙な「交渉」や「修正」をする余地があるはずで、そのやりとり自体が、交流をより緊密なものへと展開させて行くと思われます。そうした微妙なやりとりの中で子どもは調節する能力、かかわり合う能力を培って行くはずですが、早期のこのミクロな交流地平でのかなり一方向的なあり方は注目に値します。

　私たちの研究（齋藤他、1996）でも、実にいろいろな「関係」パターンがあった中に、言語と動作の両面ではたらきかけや反応が極めて少ない母親と居合わせている〈T女児〉の場合、いつも独りではしゃぎながら、まとまりなく浮遊するような行動をとり続けているのを観察しました。また逆に、声を好きに出すなどはまるであり得ないことのように、ひっそりした独り遊びの雰囲気を全身でかもし出している〈K男児〉の場合、かたわらに居る母親はいつもお定まりの位置で壁に背をもたれさせて、ほとんど無言のままべったり座ったままの姿勢をくずさないというあり方をとっていました。いずれも一般母子の例ですが、母親の方からの「ナゾリ」や「ノリ」が目立って少

図1 「個」と「関係性」の相互過程

ないのが印象的で，その基調は，1歳代と2歳代の約2年間変化しませんでした。いずれも図1に示した母親の側からの「情緒的応答性」(Emde, R.N. & Sorce, J.E., 1983) や「映し出し」のメカニズムがあまりはたらいていないため，子どもの側が母親の方を折々に見て情動シグナルを確認し自分自身の情動体験を確かめるとか，行動の適否を判断すべく「社会的参照」を試みるとかが稀なのが特徴です。

もともと本当の自然な「ノリ」は，互いにその種のチェックを交わして微調律し合う面を含みます。修正や挑戦を試みて，より快的な「ノリ」をプレイフルに模索しながら新しく創り出そうとするところがあります。それによって「個」も「関係」も共に活性化されながら，「ノリ」とそれに加え反面の「ズレ」の微妙な意味を共に学びとって行くことが期待されるわけです。

それにくらべると先に上げた2つの例の場合には，本当の「ノリ」の楽しさや充実感が体験されていないようです。微細な「ズレ」を感じとること，それに共同で対処すること，それらを学ぶ機会の不十分さが続くと，人間関係における交互性（reciprocity）や対等性（turns-taking）という，Emdeの言う細やかなルールを会得できにくくなるかと思われます。実際〈T児〉と〈K児〉の場合には，自己表現や伝達，子ども同志での「折衝」や「折れ

合い」，集団学習などの問題，言葉の遅れをめぐる検討が後に必要となりました。

4.「調節的交流」と「自己調節」

(1) 個人内調節過程と対人関係調節過程

　ヒトの子どもの場合，生物学的基盤としての「自己調節システム」がそれなりに備わっているとしても（Tyson, P. & Tyson, R.L., 1990)，他の動物に比して，「自己調節」が「調節的関係」に大きくゆだねられていることを見てきました。生理的興奮や強い感情状態にしても，それを自分自身では鎮静化できないで，「なだめる生気情動としての母親」が必要でした。外側から来るさまざまな刺激も，内側から乳児をつき動かす興奮も，共に乳児には過剰な負担であることが多いですが，それらに対して崩れた平衡（ホメオスタシス）が再び回復されるようにかかわるのは養育者です。そうしたかかわりがあってこそ再均衡化が果たされることの意味が，「自己調節的他者（self-regulating other）」という Stern の概念にこめられています。

　「情動調律」が相互調節的かかわり合いの基底にあり，コミュニオン性調律のような好ましい「関係調節」が結果として成り立つと，それは同時に，かかわり合っている当事者個人のなかで「自己調節」が成功をおさめることでもあります。たとえば不機嫌な子どもと母親が居る場合，抱き上げようとしてもイライラ拒否するばかりの子どもに，ふと右手か左手かどちらに切符があるか当てっこしようと母親が誘うと，そのうちそれに関心を向け，活発にやりとりする間柄へと関係が回復し，再調節されるといったことがあります。それは同時に子どもの中でのイライラが，楽しんで集中する精神活動の方向へと，再調節されたことを意味します。そういう具合に，対人的な関係プロセス（interpersonal process）と個人内の心的プロセス（intrapersonal process）との循環関係を見ることができます。

　乳幼児を世話する養育者は，活気づける方と和らげる（modulate）方との両方向で加減しながら，交感神経と副交感神経との間のバランスという点

でも適域が維持されるようにかかわるので,安定した子どもの場合は,極端に高かったり低かったりする刺激がその子に最も適った範囲の刺激体験を脅やかしたり,自律神経系のバランスシステムを乱したりすることがないように,護られていることになる(Schore, A.N., 1994)との見解通りだと思われます。

　図1にも示した「調節的関係」のあり方が,個人内過程に照り返って「自己調節」のいろいろなあり方を生んでいきます。すでに述べた通り,ヒトの場合は「関係調節」への依存度が大へん高いので,調節的な対人的かかわり合いの積み重ねが内在化していくことによって自分自身とのかかわり合い方,つまり「自己調節」の機能様式が形作られていきます。

　精神分析には口や排泄器官,性器官などの器官様式が,たとえば「受け容れる」,「排出する」,「融合する」というふうに心のはたらきの様式に敷き写されるという伝統的な見方がありますが,それと同様に「関係」様式が心の機能様式に敷き写されるであろうことにも,十分注目してよいと思われます。

　生き生きしながら同時に,和やかなくつろぎのある,遊び心に富んだ「関係」が実現されるように,双方が微調整,微交渉(micro negotiation)しながら「ノリ」合える関係を基調として築いていくと,たとえば無快楽症（アンヘドニア）や失感情症（アレクシサイミア）の傾向,あるいは自己愛的な共感欠乏の傾向を内側にかかえ込んでいく心配も少なくてすみ,感受性豊かに,しかし感情に押し流されないだけの感情耐性(Krystal, H., 1990)をもっていろいろなことを体験していく自信および自尊を伴った心の機能が育っていきます。人と共感的にかかわれることは,自分自身の心の機微をみずから汲みとる能力,つまり「自己共感(self-empathy)」の能力を持つことに結びつきます。もともと身心のストレスや興奮をなだめて平衡をとり戻させてくれる「自己調節的他者」の作用をいつもあてにできる状況があれば,それが次第に内面化されて自分自身をみずから慰めたり撫（なだ）めたりする心のはたらきへとそれが変換されて行く道筋がありました。「移行対象」としてのぬいぐるみや好みの曲や音色をお伴に,それを媒体として自分をなだめ平衡をとり戻すといった類の「自己調節」は,調節的交流の中で体験したものに基づいています。

主体的な心のはたらきは，発達早期にはことに，静かな状況で展開するのが通常です。まだ寝たままの運動能力が未熟な段階からすでに，まわりの世界の探索や感覚運動的な実験はさまざまに進められ，他者が侵入して連続性を絶たれたり，内外からの強い刺激に圧迫されない限り，それはまさに Pine, F. の言う「静かな快（quiet pleasure）」(1985) 体験の進行です。「自己調節」は，自分が高揚する方向と鎮静化する方向とが一つの軸となって，その間を個々人の至適範囲内で移動する形をとるわけですが，実際には静かに落着いた心の調子にいつでも戻ることができるという調節が，「調節的交流」の場合以上に，「自己調節」の基本条件になると言ってよいでしょう。それに役立つような「調節的交流」として，「平衡回復」や「なだめる（soothing）」要素，そして活性化の中でも，集中を自由に持続させる要素のある活性化を含む交流が，重要な意味を担うことになります。この点は，Winnicott (1965) が解く，「独りで居れる能力」，つまり人とのかかわり合いの中に身を置きながら，自己存在がそこに埋没するのとは違って，自律的な心のはたらきがかえってそこで活性化され充実して，本来の「静かな快」体験に内心身をひたす余地を生み出す能力と対応しています。

　人とかかわる心のはたらきと，自分自身の内界にコミットする心のはたらきとは，相矛盾するようでありながら，もともとは相互に不可分に結び合っているのです。

　「個」の機能と「関係」の機能とが相乗効果を発揮するもともとのあり方とは本質的に健やかで生産的です。たとえば，大江健三郎さんの息子の光さんは，母親のゆかりさんが静物画を描く側で寝そべって，長く途絶えていた作曲を再開することとなりました。ゆかりさん自身が描画に集中し，光さんが作曲に集中するというふうに，それぞれが独自に「個」として創作活動に身を置くことが，暗黙のうちに一つの「つながり」を生み出し，相手を侵襲することなく，深いところでコミュニオンの地平が開けていたのだろうと思われます。そしてその「関係性」がまた一方で「個」としての心のはたらきの集中と解放を促すというふうに，ゆったりした，また純度の高い相乗効果が両方の間に成立している，典型的な例だと思われます。

(2)「かかわる」こと，「かかわらない」こと

　「かかわり合う」心のはたらきの基底には人と「共に在る」ことを求める根本動機が横たわっていることが思い出されます。

　Winnicott は，「存在する」ことが「反応する」ことによって中断されるのを，発達早期においては好ましくないととらえました。この場合「反応する」とはほとんど「反応させられる」ことと同義と言えますが，言われようとすることは，心おきなく「存在の連続性」を生きることの大切さです。唐突に侵入するようなはたらきかけ，子どもの存在文脈に突然割り込み反応を求めることが極立つほど，この連続性は危機に瀕します。

　「独りで居れる能力（capacity to be alone）」と Winnicott が定義する重要な概念は，言うまでもなく，人から離れたところに居ることを指すのではなく，人と共に居ながら「独り」，つまり自己存在そのものであり続けられる能力を言おうとしているようです。Winnicott の理論は「依存」や母子の世界をとり上げているところから日本人の心性に親和性が高いように見えるかもしれませんが，むしろ徹底して「個」の育ちを尊重し，「関係」がそれを妨げたり損なったりしないか，大へん敏感な目を注いでいると私には思えます。

　つまりここで少し問題にしたいのは，「かかわり合う」ということを，もし，表にあらわれた顕在的な水準のインタラクションとしてとらえるだけならば，十分でないということです。

　人との「かかわり合い」は，誕生後のこのうえなく新鮮な「出会い」に始まります。人との刺激の出し合い，いろいろなレベルのメッセージの放ち合いといった，たゆまない「キャッチボール」の展開としてそれを大まかに見ることができるかもしれません。ところが必ずしも直接的な応答関係ではなく，先述のように，「個」の方に十分足がかかり続けている状態を支え，侵入せずゆるやかに包み容れるようなかかわり方が，大へん意味深く存在しています。

　これはいわば「個」が自由に解き放たれる「環境」が生み出されている状

況で,そこでは「個」の側に根が下りた充実が実現されていきます。それは「かかわる」ことをいちいちしなくてもよい状況でもあります。

先に上げた大江ゆかりさんと光さんの場合は,まさにこの「環境」が意味を持つ,「かかわらない」かかわり合いが生み出されている例だと思われます。

こうした「環境」レベルのかかわりは,空気のように意識されないところがあり,ただそれが途絶えたときにはじめて,その「欠如」に気がつく性質のものでもあります。たとえば母親が編みものをしていて,子どもがいくらか離れたところで黙々と一人遊んでいる光景,また遊戯療法の場面で子どもがセラピストから遠い位置でせっせと手細工に精を出していて,ふと声をかけられても生返事を返すか返さないかといった光景があります。この場合,母親やセラピストが居なくても同じかと言うとそうではなく,そのようにゆるやかに包み容れられている環境があってこそ,安心して自分自身の関心のままにひたすら自由な探索活動に興じることができるという点が重要です。

そのように集中的に,心遊ばせている体験を,Pine, F. は「静かな快」と呼びましたが,一見周囲から隔った世界に閉じ込もっているように見えるとしても,実は,確実にまもってくれている「環境としての他者」の存在を空気のように呼吸することができているのです。

世界に「基本的信頼」を寄せることができる,また「期待できる」との感覚を持てるようになることにも,こうした「存在の連続性」体験が大きくかかわっていると思われます。

このように「かかわらなくてもよい」,「かかわらないでつながっている」との体験基盤があって,そこから「かかわり合う」心のはたらきが具体的に立ち現われてくるというふうに,地と図はそれぞれ意味を担い合っていると思われます。

乳児が母親と目と目を交わし合いながらついと視線をはずし,対人刺激から自由になる瞬間を持つように,「かかわり合い」の内に居たり外に居たりする往復を含めると,「個」と「関係」の間の往きつ戻りつがどのように展開するか,その在り方は個人差に富んでいると思われます。また同じ人の中

でもいろいろな意味合いのもとに変動が生じます。

「個人内過程」の調節も，また「対人関係過程」の調節も単独で成立するのでなく，この往き来の中，つまり2つが循環し合う系のなかでこそ実際に展開していくのだということに，改めて気づかせられます。

その循環過程が相補的に生産性を発揮していくのが何より望ましいことですが，実際には両方の間の葛藤や矛盾，比重の問題がいろいろ生じます。ただたとえば両者の間のジレンマがマイナスの意味合いを帯びているだけなのかどうかを問うような，掘り下げた理解も求められます。次にこの点を少しとり上げ，「かかわり合う」ことに込められた複合的な意味の吟味を試みます。

(3)「関係調節」と「自己調節」のぶつかり合い

図2は，「関係調節」（R）と「自己調節」（S）の2つの過程がいろいろに相容れないあり方をするときのパターンと人格形成の障害タイプとを，ごく大まかに対応させて見た一つの試図です。神経症域や人格障害域，さらに精神病域，また「"かりそめ"の人格（as-if personality）」型などいろいろな病理レベルやタイプのものの「調節」障害は，成人の類別から発したものながら，子どもの障害理解にも参考になるかと思います。

またもう一つごく簡単に発達的なSとRとの間のジレンマ（以下SRジレンマと略）に触れておきます。

齋藤（1993a, d）[編注]は，2歳前後の顕著な特徴としてはじめて現われ，Mahlerらが生涯を通じて潜在し続ける対人関係ジレンマでもあるととらえた，「親密な心の通い合い」と「心の自由な単独行動」との間の相反性の問題をとり上げています。それが「融合不安」と「分離不安」に結びつきながら，幼児にとってSとRが両方困難になり，親子の間にも混乱が生じる状況を検討したわけですが，次のことが注目されました。

その混乱と苦闘はそれまでの親子関係の展開次第で違った様相を呈します

編注：本書第7，8章参照。

```
       S  ≒  R      健常型
      {S} ≒ {R}    「"かりそめ"の人格」型
       S  <  R      神経症型
       S  >  R      反社会・衝動型,自己愛人格障害型
      {S} ≷ {R}    境界例人格障害型
       S  /  R      精神病型
```
S:自己調節（{S}は偽性を,Sは現実からの乖離性を示す）
R:関係調節（{R}は偽性を,Rは現実からの乖離性を示す）

図2 「自己調節」と「関係調節」間のいくつかの
　　　比重パターンと人格形成の障害

が,それに加えてそのさまざまな様相には,人格形成上基本的に重要な意味を担う性差が認められることに注目し(齋藤,1993c)[編注],「分離不安」優位の(しかし同時に分離困難への欲求不満を含む,母親への両価的スタンスの顕著な)女児と,他方「融合不安」の方がジェンダー同一性形成と絡んで優位な(その分逆に愛着が強く潜在している)男児の心理力動的な問題を吟味しました。ここではその詳細な点に代えて私達の観察研究(齋藤,1996)から,あまり深刻な様相ではない,もう少し日常的行動として見られるその微妙な徴候を例示しておきます。

　たとえば,A女児は,やはり2歳過ぎに描画(搔画)に夢中になったかと思うとやにわに息せき切って少し離れたところに居る母親のもとに走りより,クレヨンを見せたりしながらよく伝わらない言葉で何かを報告する様子で話しかけ,再び息せき切って描画に戻るという往復行動を繰り返しました。

　他のO女児では,2歳近くになると,それまでは母親の近くに腰を据えて遊具を自分流に使いこなす豊かな遊びに集中していたのが,急に「お出かけ」遊びを始め,忙しそうに母親から離れて動きまわり,その動きの中で突然つっと母親に近づくや,O児にしてはよく伝わりにくい言葉で唐突に何かを大まじめに話しかけ,また「お出かけ」に戻るなどが見られました。O児

編注:本書第9章参照。

は「お遊び」の時間が終わることにも大へん過敏に，また心底悲しそうに反応し，「分離」ではなく「楽しく共に在る」ことを何とか続けたいと切望したのも印象的です。

　N男児の場合は多少違った現われ方をし，N児と母親とは基本的に調子がいわば「動」と「静」に分かれたままでした。2歳頃には，N児としては母親の方に過剰に合わせるぬいぐるみやママゴト遊びを時折し，一方母親の視野に入らないぐっと離れたところで大きい音を立ててミニカーを心ゆくまで動かしては少しそれを止め母親の背中を見やっていました。

　これらの例にもうかがえるように子どもそれぞれが，「接近」と「遠ざかり」の両価傾向（ambitendency）を見せながら，新たな「関係調節」課題に，比較的穏やかで微細な，また象徴的なあり方で，子ども自身懸命にとり組む個性的な姿を見せました。

　これらはいずれも，深刻さの度合いがどうであれ，心の独り立ちに向けての発達的挑戦として，大きな意味を持つジレンマです。「かかわり合う」心のはたらきは，このように「個」としての心の自律的機構の形成という課題と常に手を携え合いながら，いろいろな曲折や苦闘を経過する中で，成熟に向かっていきます。

　ここで主として発達の早い時期に注目したのは，「はじまり」の地点に戻ることで，心のそうしたはたらきの本質面に，また近年精神分析が提供する力動的知見（齋藤，1995）により新鮮に触れることができるとの考えからです。さらに「二者」中心の視点から「三者」視点へと視野を広げながら，「かかわり合う」心のはたらきの発達を展望して行く課題が残されています。

文　献

Bowness, A. (Ed.) (1986)：Henry Moore Vol. 2, Complete Sculpture 1949-54. Lund Humphries, London.

Cramer, B. & Stern, D.N. (1988)：Evaluation of Changes in Mother-Infant Brief Psychotherapy: A Single Case Study. Infant Mental Health Journal, Vol.19, No.1, 20-45.

Emde, R.N. & Sorce, J.E. (1983) : The rewards of infancy: Emotional availabillity and maternal referencing. In J.D. Call et al. (Ed.) : Frontiers of infant psychiatry. Basic Books, New York.

Fairbairn, W.R.D. (1952) : Psychoanalytic Studies of the Personality. Tavistock, London.

Krystal, H. (1975) : Affect tolerance. Annual of Psychoanalysis 3, 179-219.

Mahler, M.S. et al. (1975) : The Psychological Birth of the Human Infant. Basic Books, New York. (高橋雅士他訳：乳幼児の心理的誕生――母子共生と個体化. 黎明書房, 1981.)

Papoušek, H. & Papoušek, M. (1984) : The evolution of parent-infant attachment: New psychobiological perspectives. In J.D. Call et al. (Ed.) : Frontiers of infant psychiatry, Vol.2, Basic Books, New York.

Pine, F. (1985) : Developmental Theory and Clinical Process. Yale Univ. Press, New Haven and London. (齋藤久美子・水田一郎監訳：臨床過程と発達 1, 2. 岩崎学術出版社, 1993.)

齋藤久美子 (1993a)：セルフ・レギュレーションの発達と母子関係. 精神分析研究 36 (5), 478-484.

齋藤久美子 (1993b)：紹介――D.N. スターン著, 小此木他訳 乳児の対人世界 (臨床編). 精神分析研究 36 (5), 491-496.

齋藤久美子 (1993c)：ジェンダー・アイデインティティの初期形成と「再接近期」性差. 精神分析研究 37 (1), 41-51.

齋藤久美子 (1993d)：子ども理解の方法と理論――縦断的観察研究を通して. 岡本夏木編：児童心理学 17 子ども理解の視点と方法, 23-66. 金子書房.

齋藤久美子 (1995)：精神分析と早期発達研究――M. マーラー, D.N. スターン, F. パインの貢献. 小此木啓吾・妙木浩之編：精神分析の現在 (現代のエスプリ別冊), 27-38. 至文堂.

齋藤久美子他 (1996)：幼児の遊びと対人行動に関する臨床的観察機能の研究. 平成 6・7 年度科学研究費補助金研究成果報告書 (6451024), 1-170.

Sander, L.W. (1977) : Regulation of exchange in the infant-caretaker system: A viewpoint on the outogeny of "Structures". In N. Freedman and S. Grant (Ed.) : Communicative structures and psychic structures, 13-34. Plenum Press, New York.

Schore, A.N. (1994) : Affect regulation and the origin of the self: the

neurobiology of emotional development. Lawrence Erlbanm, Hillsdale, New Jersey.
Searles, H.F. (1960)：The Nonhuman Environment. Int. Univ. Press, New York.
Stern, D.N. (1985)：The Interpersonal World of the Infant: A View from Psychoanalysis and Developmental Psychology. Basic Books, New York. (小此木啓吾監訳：乳児の対人世界. 岩崎学術出版社, 1989, 1991.)
Tyson, P. & Tyson, R.L. (1990)：Psychoanalytic Theories of Development: An Integration. Yale Univ. Press, New Haven & London.
Winnicott, D.W. (1965)：The Maturational Process and the Facilitating Environment. The Hogarth Press, London. (牛島定信訳：情緒発達の精神分析理論. 岩崎学術出版社, 1977.)
Wolff, P.H. (1959)：Observations on newborn infants. Psychososomatic Med. 21, 110-118.

第12章
臨床心理学にとっての
アタッチメント研究
(2007)

本章の紹介

　心理臨床の実践経験，また Mahler, M.S. や Stern, D.N. らの発達研究に照らすことで，アタッチメント概念が含み持つ「『個』としての人格組成の問題」や，対人過程と対内過程の相互連関的意味合いを浮かび上がらせる。そうした観点から例えば安定愛着型は，関係の自由さや修復可能性に富むことで子どもの自律的個の能力の発達が促進されるという「関係」と「個」の生産的な相乗効果が期待されるあり方と捉え直されていく。この齋藤の理解は Beebe, B. らのバランス・モデルと類似しているように筆者には思えるが，さらに齋藤はアタッチメントの対極にある「分離」の体験こそが，「関係」と「個」の循環的発達の推進力となっていると見る。他方，臨床的関係性とその営みにも「分離」の要素が集約的に組み込まれており，それこそがクライエントの心の探索を促すことになる。したがってセラピストはクライエントのアタッチメント関係への巻き込みに注意深く対処しながら，クライエントが「これまでとは異質の『近しさ』」を体験的かつ発見的に進められるような「至適な距離（ゆるみ）」を見出し維持することが求められるとしている。

人生の初期体験，とりわけ人とのかかわり合いの早期体験を重視する動向は，発達心理学や臨床心理学をはじめ，すでに広範囲に及んでいる。アタッチメント研究はまさにその流れの中に位置しながら，「関係性」基質にアプローチするための重要な視座を提供して来た。

　母子という原初的二者のかかわり合いを丹念に吟味することには，いわば「はじまり」に学ぶことへの大きな期待，そこに本質をうかがおうとする暗黙の志向が含まれているのであろうか。「生命体のはじまり」，「宇宙のはじまり」など他の領域でも，同様に「ほんもと」への関心は旺盛である。

　臨床心理学でも，原初的二者関係は理論と実践にわたる重要なテーマであり，アタッチメントの問題につながる関連概念はすでにいくつか存在する。確かにアタッチメント研究の創始者である精神分析的「臨床 - 研究」者（clinician-researcher）の Bowlby, J. のように広く総合的視座のもの，養育欠如（privation）・剝奪そして分離という負の側と，肯定的・生産的な心の結びつきの側とを合わせて心身の生存条件を包括的に掘り下げ，問い進めるものは他に類を見ない。しかし，早期二者性関係に鋭く光を当て，その関係性が人にとって心理的にどのような意味で必要なのか，また人格機構の発達にそれがどのような影響をもたらすのかを，それぞれ鍵概念によって照し出そうとする研究は他にも数々存在する。

　まず人が何よりも心の交流が可能な対象を求める根本動機を備えた存在であるという「対象希求性」を前提に，それ故にその対象との関係性がもたらしてしまう数々の傷つきや人格形成の歪みに臨床的な目を凝らす研究が，Fairbairn, W.R.D.（1952）以来，Winnicott, D.W.（1965），さらに近年の Stern, D.N.（1985），Emde ら（Emde, R.N. & Sorce, J.E., 1983）他多く見られる。この点を本章では「関係性」実現と「個」の実現の問題としてとり上げている。

　また最早期の子どもに欠かせない心的体験を説く，有名な Sullivan, H.S. の「基本的安全感」やそれ以前の Freud, S. による「大洋感情（oceanic feeling）」をはじめ，Erikson, E.H. の「基本的信頼（basic trust）」という重要な鍵概念などがある。「調和混然体」（Balint, M., 1968）や「二者一体性

(dual unity)」(Mahler, M.S. et al., 1975) などの関係性概念も同じ系列のものである。これらはアタッチメント研究において個体の主観体験としての「安全感 (felt security)」(Sander, L.W., 1977) への注目があることにもつながるかと思われる。

しかし臨床心理学では，陽性の肯定的な観点よりも，まず「負」の側からの観点が先行するのが一般的なので，「基底欠損 (basic fault)」(Balint, M., 1968) や「ブラックホール」(Tustin, F., 1972)，「早期関係性障害」(Sameroff, A.J. & Emde, R.N., 1989)，また本稿でも検討する「早期分離外傷」をめぐる視点などに注意が向けられて来た。

このようにアタッチメントの問題にかかわる臨床的関連概念はすでにいくつか存在しているが，一般的対象児によるアタッチメント研究の成果と，これら臨床対象を通してとらえられた「負」の側からの知見とが，どのように生産的に合流しうるかは，これからの課題であろう。

アタッチメント研究については，たとえば数井・遠藤ら (2005) の充実した展望があるが，アタッチメント研究の詳細に関する筆者の熟知度はまだまだ低い。とは言え，臨床フィールドでは，すでにいろいろな形で現実に存在してしまっているアタッチメントテーマだけに，この機会に改めて検討を加えたいと思う。

アタッチメントの問題について，ここでは結局，臨床的立場からの経験的見解をとり上げさせていただくことになった。

1. アタッチメント研究に含まれる「関係性」視点と「個」の視点

アタッチメントはもともと人の間に形成される絆 (bonding)，とりわけ養育者 - 被養育者間の原初的つながりを問う「関係性」概念である。子どもにとってこの関係性基盤は，まさに心身両面にわたる生存・成育にとっての，不可欠な"寄る辺"であり，そのあり方が子どもに与える影響は測り知れない。

それは,子どもがこれからどのように人とかかわっていくかという関係様式の基型を定めてしまうほどのものではないかとの問題意識へとつながって,数々の研究を生み出した。

しかし注意を惹かれるのは,類別されるアタッチメント・スタイルの個人差とその規定因,スタイルの不変性と可変性など「関係」様式にかかわる研究が,実はかなり個人の心的機能様式それ自体をとり上げるものになっている点である。Bowlby, Ainsworth, M.D.S. 他,精神分析的背景を備えた研究者達が主な役割を果たして来たこともあるであろう。たとえば,"回避"や"両価性"などのアタッチメントの名称そのものも,観察される顕在行動の特徴以上に,暗黙のうちに心的体験様式あるいは心的メカニズムを指し示す名称になっている。

アタッチメント研究では,いつのまにか「関係性」の中に居る個人の心的機能の問題,自律的な心のはたらき・仕組みを内側に備えた「個」としての人格組成の問題をとり上げて来たのである。心の防衛や適応のメカニズム,感情反応,心的体験の調節機能などの視点を含み込んで,アタッチメント・スタイルが説明されるのもそれである。また内在化されて作用し続ける関係性表象(内的作業モデル:internal working model)が鍵概念として随所で取り上げられるなど,「個」人の内側の心的過程の問題もそこここで登場する。

近年の動向として,人格形式に重要な影響を与える,対人的関係性への関心の高まりがある。中でも発達最早期の母子間交流の機微には殊の外関心が寄せられて,リアルタイムでの観察研究が方法論的にも充実して来た(Call, J.D. et al., 1983)。アタッチメント研究もそれらと軌を一にしている。何より客観的な行動データに基づく研究スタイルをとりながら,そこに「臨床的な目」が常にあって,観察情報を解読する仕事が行われて来た。それはまた,内側の心的活動・メカニズムと,顕在化した行動など外側に現われ出た徴候との間を行き来しながら理解を進めるアプローチでもあった。

方法的には違うものの,たとえば Mahler, M.S. のいわゆる「分離‐個体化」過程の縦断的観察研究も,まさに外側に現われ出た対人的「関係」行動

と子どもの内側で生起する心的過程との対応性を考えながら行動の意味を問い進めるものであった（齋藤，1992，1993a，1993b，1998）[編注]。年齢が3歳までの幼児だけに，たとえば心の"葛藤"が，そのまま"母親への接近と遠ざかり"の反復行動になるなど，内面と外面の同時平行的な動きが生じることに注目しながら，対人的顕在行動とそこに潜在する子ども個人の精神活動の両方について統合的な理解を深めるべく，理論化が進められた。すべてが観察を通した新しい発見的な作業なのであった。この共同研究者の1人に「臨床‐発達」研究でわが国でも著名な Pine, F.（1985）が居て，何度か来日講演して知られている。

また周知の Stern は，乳児が生得的に備えている，認知的な刺激弁別能力や，「無様式知覚」により，知識なしに有効な対人情報処理を行う心的能力を詳細に実証した。そしてそのような「個」の能力が「他者と共に在る（self being with other）」関係性実現のために，対人刺激への感受性や対人反応・表現としてどのように発揮されるかについて，興味深いミクロ分析結果を提示した。そうした関係性の営みが子どもの心にどのように残り，独自の心的機能様式がそこからどう組成されていくのか。それを問う Stern の考え方の基軸は次の2つである。「自己感覚（sense of self）」つまり，発動性・自己感情・連続性・まとまり・歴史性などの要素を備えた主体としての「個」の機能がその1つ。他方「自己調節を支える他者（self-regulating other）」や「情動調律」の機能を介した自他間の関係性がもう1つの軸である。望ましい関係性は，真正の通い合いが適切な調律を伴って生じて行く中で実現されるが，必ずしもそう行かないのが現実である。これはそのままアタッチメントの成立過程におけるミクロの現実であり，Stern の研究は期せずしてそこをデリケートに照し出しているとも言えるであろう。

Stern の言う子どもの「自己発動性」や「自己感情」を受けとめる母親の側の感受性と情緒的応答性のあり方次第で，子どもは，支えや自己充実感・確実感を得ることにも，また逆に自己存在実感の不確実化・空虚化に陥るこ

編注：本書第 8，9，7，11 章参照。

とにもなってしまう。「情動調律」の過不足や偏り歪みなどを伴う関係調節の不全や障害がある場合，その関係性は，子どもの心の発達をいろいろな形で歪め，内発的で自然な精神活動を損うことになって行く。不安定アタッチメントとしてとり出されたものは，いろいろな姿を呈するこの不全なミクロ過程の累積結果だとも見られるであろう。

このように原初的二者の「関係性」と「個」の心的機構との相互連関的な形成過程を精緻に問う研究は，アタッチメント理解を進める上で示唆深いと思われる。

ここではその代表的なものであるSternの研究の中の１つの事例を紹介しながら，もう少し具体的に考えて見ることにする。Sternの観察は，臨床的省察の奥行きと絡んでかなり複合的だが，いかにもSternらしい機微を穿つ観察（Stern, 1985, pp.211-212）の概略を以下に示す。

生後10カ月の男児サム（Ｓ）と母親（Ｍ）の調律関係は次のようであった。——Ｍはもともと活気に満ちた人なのに，Ｓが顔を輝かせ腕をパタパタさせてＭを見た時，ただ堅固な調子で"はい，坊や"というのがＭの応答だった。Ｍにその対応について質問すると，ＭはＳの調子にはマッチしていないと思うが，それくらいが良いのだ。何故ならＳに調子を合わせるとＳの関心がＭの動きの方に移り，その後Ｓ自身が主導権をとることをＭに譲り渡しそうに思えるので低めの調子の反応の方がよいのだとの答えだった。

ＳへのこのＭの反応は，非常に受動的で主導性に欠ける彼女の夫のようにはＳになってほしくないとの思いに由来する一つの方略であった。しかしこのように歪んだ調律は，素直に同じ調子を共にするときのような共体験的感覚が生じないため，結果として子どもの方が母親の調子をとり入れる"情緒的な盗み（emotional theft）"を余儀なくさせられてしまう。これはＳが結局受動的に合わせることであり，Ｍの意図に反するまさに皮肉な結果であった。そして重要なことは，子ども自身の自然なはつらつさが排除されて，ほんもののＳ自身ではない"偽性の自己（false self）"に変えさせられてしまったＳがそこに居る結果になったことだ——と考察を加えている。

子どもは，早期の緊密な交流の中で，一次対象としての相手から実にさ

まざまな影響を受けるが，同じく Stern は，このような意図的方略の他に無意識の自動的過程として生じる，二者交流の中の多様なズレを詳細に吟味し，むしろそれらを不可避な現実としてとらえている。専らこの現実に曝される一方で，それを拒絶も告発もできない子どもの立場では，自分自身の本当の体験に即するより，結局はやみくもに相手に合わせる行動様式を身につけてしまう。

　親の側が素直で自然な感受性と応答性を示さないことは，子どもの側が"期待に適った反応性（appropriate responsiveness）"を得られないことであり，関係性の質が損なわれて行ってしまう。不安定型アタッチメントが子どもの側の自己保存的防衛スタイルとしてとらえられるのも，上記のような期待が裏切られる体験に照すと，子どもにはやむにやまれないギリギリの対応であり，むしろ暗黙に強いられた親への過剰適応スタイルでもあろう。

　これに照すと安定型アタッチメントにおいて，実際には容易でないはずの自然さ・本心のまま（authenticity）のかかわり合いが損なわれないでいることが不思議になるくらいである。とは言え 60％以上が安定型に相当するとの大方の報告によると，従来からの一定の研究法に即する限りは，これが多数派，一般傾向という，まずは"安心"な結果であろう。

　いずれにしろ，臨床状況で，最初から安定型アタッチメントをうかがわせる相手に出会うことはまずない。また単純明快に，特定化されたアタッチメント・タイプによって相手を見ることが臨床の仕事になじむわけでもない。むしろ相手の関係性世界の現実の様相を，複雑なままに抱えるのが臨床的仕事である。

　上記の Stern の観察研究の仕方にも見られるように，単純ではない関係性について，潜在層や背景の広がりを含め，心的現実世界全体をできるだけ受けとめるアプローチが何より求められることになる。

　心と心との間に生じる作用には，原初の二者関係にはじまり決して予断を許さないものがあり，大小のリスクやクライシスも，あまりよく見えない形で含まれて行く。

　臨床家と対象者という二者においても，それは同じであり，両者は現時点

での新たな二者として作用し合うと同時に，精神内界に蓄積された過去からの対人関係基盤がそこに顔を出して，新版と旧版が錯綜したなだらかでない道をたどるのが常である。

アタッチメント研究におけるタイプ分類が示す，各種の全体的関係様式と，関係様式生成のミクロ過程の両方を視界に入れることが臨床的二者のコンタクト・交流の質の検討に必要かも知れない。

さて「関係性」と「個」の両機能を合わせて見る諸研究に関して，臨床的にも見落せない次の点があると思われる。

それは両者が悪しき循環関係にある場合，関係の微修正や再調節が大へん利きにくいこと，そのため，調節関係が好ましい質のものに変容しにくく，むしろ固定化が起き易くなる点である。心理臨床の仕事は，このかなり固定化された関係様式と「心のはたらき」に徐々に介入しながら，再調節のための手がかりを発見していくことでもある。

この点に関しては，後にも再度触れる安定スタイルのアタッチメントにおいては，関係に呪縛性（bondage）が少なく，もし双方の調節関係にきしみやズレが生じてもそれを修正し微調節し直していく余地を含み持っている。関係がいくつもの要素を含み持つことが，自由さや修復性につながるのではないだろうか。そしてそのような関係性は子どもを自然な自己発動性や探索活動へと解放することから，子ども自身の自律的個の能力の発達が促進されるというふうにゆとりある正の循環，「関係」と「個」との生産的な相乗効果を生むと考えられる。このように安定スタイルの場合には，狭く限定され，また不自由に囚われた他のスタイルに比して，次元の異なる豊かな展開が想定されるが，この点をめぐっては，次の節でも検討している。

図1は，「関係性」機能と「個」の機能の相互連関的展開について要点を全体的に示したものである。一つひとつ説明を加える余裕はないが，すでに近年の早期発達研究（齋藤，1995）などで，共通認識されている，主な概念や観点をとり上げている。

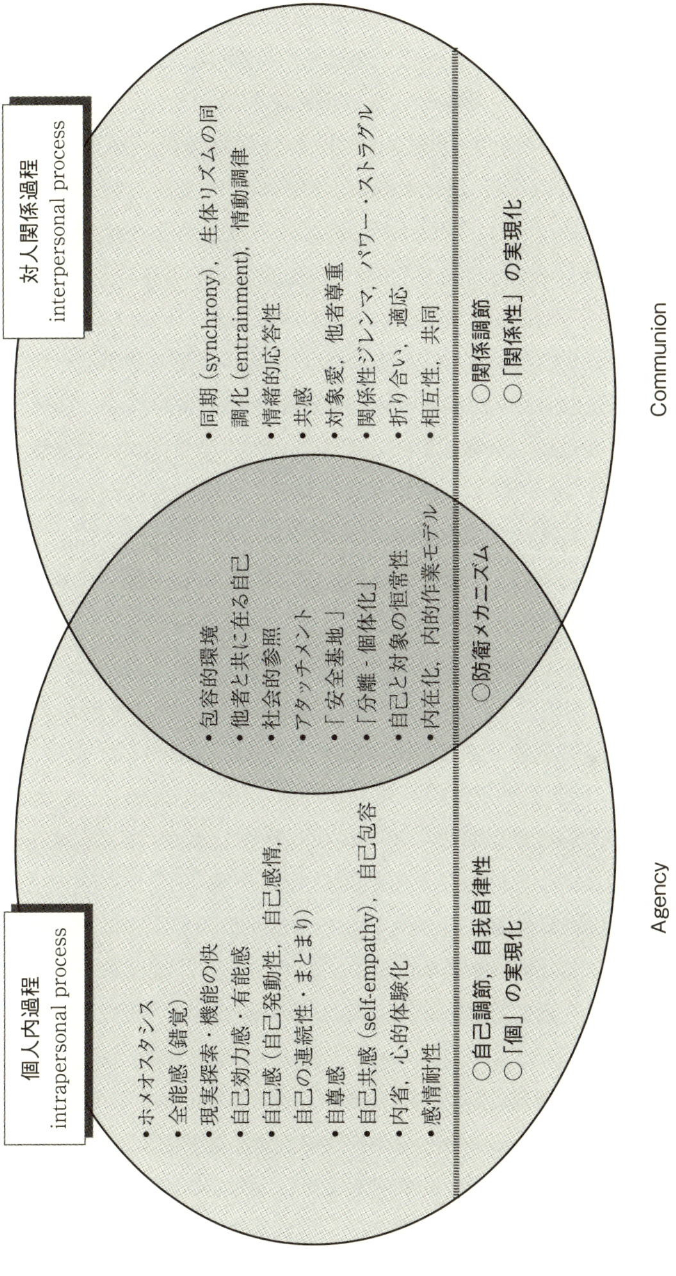

第12章　臨床心理学にとってのアタッチメント研究　303

個人内過程 intrapersonal process
- ホメオスタシス
- 全能感（錯覚）
- 現実探索・機能の快
- 自己効力感・有能感
- 自己感（自己発動性，自己感情，自己の連続性・まとまり）
- 自尊感
- 自己共感 (self-empathy), 自己包容
- 内省，心的体験化
- 感情耐性

○自己調節，自我自律性
○「個」の実現化

（重なり部分）
- 包容的環境
- 他者と共に在る自己
- 社会的参照
- アタッチメント
- 「安全基地」
- 「分離・個体化」
- 自己と対象の恒常性
- 内在化，内的作業モデル

○防衛メカニズム

対人関係過程 interpersonal process
- 同期 (synchrony), 生体リズムの同調化 (entrainment), 情動調律
- 情緒的応答性
- 共感
- 対象愛，他者尊重
- 関係性ジレンマ，パワー・ストラグル
- 折り合い，適応
- 相互性，共同

○関係調節
○「関係性」の実現化

Agency　　　　　　　　　　Communion

図1　「個」と「関係性」の相互関係

2. 「分離」の理解と「アタッチメント」理解

(1) さまざまな「分離」外傷とアタッチメント

　Bowlbyのアタッチメント研究が，当時の時代背景がかかわって生じた多くの母性剝奪（maternal deprivation）の問題への注目に端を発していたように，アタッチメントは，外傷的「分離」，それもかなり極端な心的外傷（トラウマ）を伴う「分離」への関心と表裏をなす形でとり上げられて来た。「分離」がそれほど人に深手を負わせるだけに，もとの結びつきが子どもにとりいかにかけがえのないものかを問う方向へと，問題意識が本格化したと思われる。臨床領域ではアプローチが全般に心的障害や病理など「負」の側からということもあり，筆者もアタッチメントに関して，まず「分離」の問題に注意惹かれることになったのかと思われる。実際，Ainsworthに代表される観察実験 SSP でも「分離抵抗」，「分離中の行動」，「分離解消後の行動」が鍵指標となっているが，「分離」を介さなければアタッチメントはとらえられないという暗黙の考え方，両者の不可分な関係の想定があったかに見える。

　日本人には，"別々"や"分け隔て"を嫌い，もともと人と人とが一体的に結び合う連続性・融合性を好む傾向があるとも言われる。だとすれば，「分離」はまさに痛ましい限りの，愛着こそが求めてやまない，必要不可欠なものという根底的な感覚が強いことになりそうである。日本語の「愛着」は心地よい語感を伴っていて，その言葉を発する人，そして聞く側の人も，ふと幸せな気分に包まれるところがないであろうか。

　ところで，それとは真反対の「分離」にまず目を向けるにあたり，一足跳びながら「分離」の破壊的影響，たとえば Tustin, F. が「自閉」として示す極点的問題に注目してみたい。

　精神分析的な児童心理療法家の Tustin は小児精神病水準の重篤な「自閉状態」への治療的関心から，原初の外傷的「分離」を問題にした。無力な状態にある子どもは，養育者や周囲の世界との一体的連続性という全能の錯覚（Winnicott）の中で心理的生存を続ける。それだけに早すぎてまだ備えや耐

性がないまま突然その一体的連続性が破断に見舞われ崩れ去る体験は，想像を絶するものであろう。養育的保護膜の外傷的剥奪，それまであった「絆」感覚それ自体も一挙に混乱に陥る言い知れない恐怖・破局の苦痛，また行き場を失った怒りの噴出などと共に，自己存在そのものが崩壊の危機に瀕することとなる。その結果，ギリギリの原始的防衛としての「自閉状態」（カプセル化など）に至る。というふうに深刻な「分離」の病理をとらえ，分離を衝撃的に体験することによる自己存在の中核的傷つきと，圧倒的無力感（「原初的抑うつ」）が問題にされるのである。

「自閉状態」は，こうした悲惨な分離エピソードの特異的産物などに限られるものではない。「起こりうる分離」へのおそれと合わさった自己崩壊不安を湛えて，人々の心の最深部に普遍的に存在する，「易傷性（vulnerability）」とも言うべきものなのだ。というふうにKierkegaardの「死に至る病」にも照した考察が進められ，臨床家の側は，この深刻な心的現実世界にかかわる時には，同じく自分自身の内奥に存在するこの原初的易傷性を通してこそ「関係性」への通路を開きうるのだとの見解を提示している。

この点は重篤な病理水準の対象には尚のこと，まさにその通りだと筆者にも思われる。いわば分離・自己孤絶化の根源的危機感覚の層をくぐることでやっと，つながりへの道が開かれて行くという，基底水準でこその交流可能性は，想像可能であり，納得の行くものである。

この種の人を根底から揺さぶり自己存在を存亡の危機に追い込むような「分離」は，たとえば虐待における「養育者」の突然の「消失」（James, B., 1994）などいろいろな形で生じ，誰にどのような形のものが降りかかるかわからない現実がある。人との近しい近接関係への心の姿勢や執着のあり方，つまりアタッチメントのあり方は，そうした「分離」の危機感を背負っているのであろう。

分離の外傷性は上記のような極端なもの以外にもいろいろな形をとって現われる（West, M.L. & Sheldon-Keller, A.E., 1994）。たとえばアタッチメントの不安定タイプにおいても，「調律不全」（Stern）は想定される。日常的な情緒的"行き違い"にとどまらず，「応答的存在」が「不在化」する体験

に曝され続けると,「相手と共に在る」自己存在実感も危うくなるなど,輪郭の定まらない「分離」の累積による外傷的関係性が生み出される。近しくかかわり合うことが,安らぎや充実感の代りに,緊張,混乱,疎外のリスクに満ちたものであれば,うちとけた真正のつながりとはおよそ異質の,"ズレ"や"ヒビ割れ"を含むつながりの不連続化が生じてしまう。このような瞬間的「分離」の侵入の外傷的効果,「緊張持続性外傷（strain trauma）」(Pine) など日常的に軽視できない問題が存在する。深刻なものとしては以前から指摘されていた「他者を狂気に駆り立てる」発信の仕方,つまり同一の話題提示の中で情緒的波長を一方的に切りかえる,あるいは同じ情緒的波長の下で話題を一方的に切りかえる問題,また刺激・挑発と他方欲求阻止・拒絶とがめまぐるしく交替する問題などがある（Bateson, G. et al. 1956; Searles, H.F. 1960; Laing, R.D., 1961）。これらは Stern が感情の調子（活性）の面をとり上げたのにくらべて感情情報の内容面をとり上げたものであるが,相互交流の一方的分断が情報処理を麻痺させて,自発的に去る（分離）ことも,近接しつながることもできない,宙吊りの孤絶化に人を追いやる問題を生み,重篤な精神病水準の人格解体的病理をもたらす一因ともなる。日常の何気ない交流の中に潜む,特殊な歪み方・侵襲性が,心理的関係性を全破壊してしまうほどの作用を持つことを伝える見解である。

　アタッチメント関係にとり破壊的な影響力を持つ「分離」外傷は,養育的対象とのつながりの破断,アタッチメント関係の剥奪・喪失,アタッチメント対象の極端な非恒常化,対象像の混乱,アタッチメント関係の調節麻痺などを伴う,さまざまな形の外発的分離体験の中で生じて行く。そこで重要なのは,そうした分離体験の中で言いようのない苦痛に苛まれている心の状態,そしてそれを「抱える」他者の心が差し出されるかどうかであると思われる。

(2) アタッチメントと分離の相互関係――「分離」とひそかに格闘する心

　ごく一般的に「分離（separation）」は,ひとまずアタッチメントの対極にある心的体験,「接」に対する「離」の体験というふうに,アタッチメントと相反的に見られるであろう。けれどもアタッチメント体験の中には常に

「離」の要素があり，またその「離」の要素がむしろアタッチメント形成を促したり強化したりするという，逆説的な現実も存在する。

たとえば，アタッチメントと関連が深いと思われる「基本的信頼（basic trust）」（Erikson, E.H., 1950）を考えてみよう。そこには「基本的不信（basic mistrust）」と言う次のような問題がある。最早期の乳児の多くが体験する母親の「不在」は，一時的にしろ乳児に母親とのつながりを見失わせ，安心感は一転して「足場を失う不安（自己破滅不安）」，「基本的不信」へと急転する。これは「絶対的依存」（Winnicott）状態にある乳児の立場としては当然のことである。ただし通常は，やがてこの母親「不在」が母親「在」へと再転じ，子どもは心身の平衡を回復しながら大きな安堵に至る。生活の中で不可避なこの両極の行き来は，子どもにとり厳しい現実でありながらも，むしろ"雨降って地固まる"のように「基本的信頼」の感覚はより確実化し定着の方向に向かう。また子どもが母親の「不在」を再び「在」に転じさせるべく，泣き声を上げて呼ぶなど，能動的にはたらきかけることを学んで行くことも重要であり，「基本的不信」から抜け出す行動の活発化が対処機能の獲得につながって行く。

実際にはこうした「分離」のあり方も多様であり，さまざまな質のものを考えねばならない。

「分離」の多様性は少なくとも次のような観点からとらえられるのではないだろうか。それらは，①外発性・受動性（—内発性・能動性），②予測可能性，③準備性，分離耐性，④持続時間（期間），回復性，⑤外傷的深刻さ（修復可能性），⑥「分離」体験を「抱える」条件，⑦"発達的挑戦"（Tyson, P. & Tyson, R.L., 1990)・発達的必然性，⑧顕在性・明示性（—潜在性・暗示・象徴性），⑨外的現実（客観的水準）—内的現実（主観体験水準），⑩「分離」効果（生産性—破壊性）。

このようにある程度「分離」を分化させてみると，その源に位置するアタッチメントのさまざまなあり方が，逆に照し出されるかと思われる。たとえば「発達的挑戦」に相当する，能動的な「分離」の動きが子どもの中から内発する様子については，表1にも示したようにMahlerらが詳細に観察した

表1 Mahlerによる「分離-個体化（separation-individuation）」

発達期・下位段階		大体の年齢	発達的特徴
未分化期 (nondifferentiation)			
	正常な自閉期	1～2カ月	・胎生期の名残り ・幻覚的全能感 ・一時的覚醒不活動（alert inactivity）
	正常な共生期	3～4カ月	・最初の愛着　・共生圏（symbiotic orbit） ・二者単一体　・生理的心理的平衡 ・「個」と「関係」の発達的土壌
分離-個体化期			
	分化期	5～8カ月	・見比べ（comparative scanning） ・税関検査（customs inspection） ・人見知り（stranger anxiety） ・心理的孵化
	練習期	9～14カ月	・外界への好奇心・意気高揚（"世界との浮気"） ・母親不在への過敏反応・混乱 ・気分低下状態　・空間移動　・事物探索能力 ・他児との遊び　・移行対象　・情緒的エネルギー補給
	再接近期	15～24カ月	・分離意識 ・両価傾向（"飛び出し"と"しがみつき"） ・欲求不満の高まり・不機嫌 ・「自己調節」・「関係調節」の困難 ・自己価値の傷つき ・強要（coercion）　・退行と前進 ・能動的「イナイイナイバー」 ・象徴的遊び・言語 ・父親とのプレイフルな関係 ・「悲しむこと」と「心から渇望すること」
	個体化期	24カ月～36カ月	・現実吟味　・長時間遊べる能力 ・母親不在への耐性 ・対象表象の内在化
情緒的対象恒常性確立期		36カ月～	・自己と対象の恒常性 ・情緒的に必要な表象の内的保存 ・同一人物の"良い"面と"悪い"面の統合的体験 ・自律的自我能力

齋藤（1995）によるまとめ。

が，子どもが母親との密着を解きつつ，母親を対象化してチェックしたり母親に背中を見せて外界の探索に向かう行動像が，もともとの母子間情緒交流のあり方により異なるのを見出している．表1に示した「練習期」あたりの個々の子どもの動きと母親側の反応が，その考察の重要な手がかりになっている．前節でとり上げたように，二者間のアタッチメントの質が，子ども自身の自由探索など「個」の自律的機能の発現を拘束しない，ゆるやかな包容性（containing）という好条件を備えたものか，もしくは別の質のものかが，子ども個人の自発的な「分離」を左右し，分離の心的体験および実際の行動像が多様化する．それは同時に探索活動の個人差ともなり，不安定型アタッチメントとして集約された複数のタイプはそれぞれ自由な探索活動を余念なく繰り広げるよりは，それが制限されたあり方を示しやすい．たとえば「アンビヴァレント」型を想わせる子どもはいつも相手の反応が気になって相手から解き放たれ得ず，情緒的に拘束された一種の"視野狭窄"の中で，ヒトやモノを広く観察したり探索したりする自由さを発揮しにくい様子である．プレイ面接場面においても，遊具や空間の探索に身を入れるより，セラピストの反応を過敏にうかがい，なれなれしさと邪剣さ両方の態度を示す．また「回避」型を思わせるものとして，セラピストとの発見的な共同注視や共同探索に入ることを予め避けるかのように，いわば自己完結的に自作のシナリオ通りを演じ，それをセラピストにも強要するプレイに終始する子どもが居たりする．両方とも，外界に起きる偶発的なできごとや，偶然目に入ったものを新鮮にとり入れていく開放性，"可能性とたわむれる"自由な探索性とは異質である．情緒的距離が，もつれて感情過多な「近」の範囲から「遠」の方向に振れにくい前者と，逆に一定の距離を隔てたまま「近」方向に移動しにくい後者であり，共に広い対象世界に自由に接近し，交流を広げて行きにくいあり方である．自発的能動的な大小さまざまの自由探索抜きに本来の発達促進的な「分離」が展開することはないであろう．また，重要なことは，「探索活動」そのものがすでに「分離」の要素を含むことである．子どもははじめ受動的に生じる母親「不在」におののいていたが，その後気ままな探索によりその「不在」状態を自らが作り出して行く．この場合，Mahlerら

の観察にもある通り,子どもは「不在」耐性に応じて母親の「在」を確認し,「情緒的エネルギーの補給」を得て,再び探索的"独り歩き"に戻る。これは情緒的な「遠」と「近」との間の往復でもあり,この情緒的行きつ戻りつを心の趣くままに実行しうるのは,"ほどよく抱える母親"という環境基盤,安全基地(Ainsworth, M.D.S. & Witting, B., 1969)あってのことである。

　実際の母親像は,子どもの行動像の多様性に劣らず多様だが,母親の側がいろいろな形の唐突な「母親不在」化や,一方的な「引き戻し」や「見離し(情緒的関与の撤収,あるいは拒絶)」の行動をどの程度とってしまうかなどが,子どもの発達的探索("「分離」練習")の阻害条件となって行く。幼児期に限らず思春期・青年期に至ってもこれと同型の関係性が認められている(Masterson, J.F., 1972)。

　このように「分離」をめぐるただならぬ情緒反応は,実は親の側にも,いろいろな程度と質で,また理くつ抜きに生じてしまう。そして子どもには親のその反応にもう一段再反応することで,さらに緊張の持続と不安定化が生じるのである。

　既述の分離外傷に照しても,子どもが親の「不在」に極めて敏感なのは当然であり,それだけにその不安や苦痛に耐えるためのさまざまな方略を繰り出しながら,ひそかに「不在化」の不安と格闘を続けることになる。大人は案外,子どもの内心の苦闘には鈍感なのかも知れない。子どもが,なぜ「イナイイナイバー」を,まずは受動的に,そしてやがて自分の方から能動的に反復実演するのかを思ってみても,「不在」体験の重さとそれへの孤独なとり組み,自己調整努力がうかがえるというものである。「カクレンボ」もその一つの変形である。さらに挙げるならばたとえば,Freud, S.の甥の独創的な「糸まき遊び("ない!""あった!"遊び)」(糸まきをベッド下の奥に投げ込み,摑んだ糸の先端をたぐって糸まきを手元に引き寄せる行動の反復)(Freud, 1920)をはじめ,「不在」を内心「在」に置き換える空想的で魔術的なまでの方略をいろいろ編み出すのである。

　周知の「移行対象」(Winnicott)も母親との近接に代る,子ども独自の近接対象物であり,「不在」を埋めるまさに自然発生的知恵・創造を思わせる

ものである。

　これらすでに広く知られる精神分析的理解は，科学的観察によってとらえられたアタッチメント行動の知見を，子どもの内側に潜む心的体験の現実によって補足するものであろう。

　いずれにしろこのように内側に起きる「分離」の波紋，そしてそれと格闘する対処努力は，それ自体が極めて健康で前進的な反応であろう。SSP (Ainsworth & Witting) において「分離抵抗」と再会時の気分回復までにわたる，言わばメリハリのある安定型アタッチメントの特徴があったことが思い出される。それは最もストレートな"「在」→「不在」→「在」"反応と言えよう。

　臨床の側からすると，安定型アタッチメントには感心する他ないのだが，基本的に自然さ素直さが印象的である。ただしそれは，決して動揺しないことや，感情の起伏がないことではなく，状況に素直に反応する開かれた心性を思わせるものである。親の側でも同様の自然さが多分応答性の特徴に現われて，感度のよい素直なかかわり方により，子どもをほどよく（good-enough）抱える，安全基地（→探索基地→分離基地）環境を提供し得ているのであろう。Belsky, J. & Cassidy, J. (1994) がアタッチメントの下位タイプを示したように，親子の実像には言うまでもなくこのような純型・理想型とは異なるさまざまなヴァリエーションがあり，また状況による変動も見られるのが現実である。

　何度か触れて来たMahlerらの一般母子ペアの継続観察研究は，全体として安定アタッチメント関係の範囲に入ると思われる対象に関するものである。母子二者の一般的関係性の変動の実際とその意味を，「分離」への微妙な動きに注目しながら発見的にとらえていく，一つのモデル的研究として影響力が大きく，これまでわが国を含め世界的に広く関心を集めて来た。

　表1に示した内容に全部触れることはできないが，10年計画で結局20数組にしぼられた0歳児母子ペア（「平均性」が周到にチェックされた）の3〜4年にわたる週1〜2回ペースの準自然観察の縦断的連続記録（ビデオ）を整理・分析した結果からごく要点だけをとり出したのが表1である（齋藤,

1995)。「分離‐個体化」は最初から想定された理論的概念ではなく，全員同時に観察を進める対象児たちが，認知・感情・身体活動・対人関係にわたる多元活動を展開していくリアルタイムの動きをとらえる直接観察資料からの，発見的産物としての発達的展開である。対象児達個々人の動きを縫って見出される継時的展開の「節目」と，一括りにできそうな時期的徴候を探り進めて行きながら，発達経過が表1のようにいくつかに区分（「下位段階」）されることになった。それらの区分を通して全体的に浮かび上がったのが，「分離‐個体化」と概念化される発達的方向なのであった。その筋道をなすのは，子どもが「二者一体性（dual unity）」の最近接状態（「融合（fusion）」がMahler らの概念である）から離脱していく営みである。母親を「対象」化し分化してとらえはじめ，まわりの世界に関心を広げ探索に乗り出して行くという一つの移行，そして「分離意識」が芽生えた心の状態の中で分離方向と母親への回帰・再融合の方向との両方向に激しく振れるもがきの体験への移行，そしてその双極的振れを通過しながら，「恒常的な対象存在」の内在化と，自己存在（特に自己価値）の再調節・修復・恒常化へと，何とか抜け出る移行である。本格的な自他分立（分離）と「個」としての自律能力の獲得へと向かう数年がかりの苦労の多い子どもの歩みを近々と追う，この研究自体がまさに探索的な営為であった。予測を超えて子どもが次々と展開して行く新しい動きは，研究当事者にとって最も発見の驚きに満ちたものではなかっただろうか。

　筆者も殊に表1の「再接近期」段階での子どもの展開が印象深く，「分離」がいかに子どもにとり孤独な心理的苦闘であるか，Mahler におけるような一般健常児のしかも「発達的挑戦」としてのまさに子どもの側からの自発的「分離」でさえこうなのかと，新たに目を開かせられる思いがした。2歳前後のこの特徴はアタッチメントとしては，不安定な「アンビヴァレント」型アタッチメントと近似しており，ビデオ記録でも，強情な反抗・かんしゃくと他方後追いしがみつきの両方にわたる強烈な感情のほと走りを見せている。「離」の方向は「見捨てられる」不安を，また「近接」の方向は「相手に呑み込まれ」て自己存在があやふやになる不安を引き起こす抜き差しならない

心地に陥っている状態と解釈されているが，この2つの質の不安はアタッチメント関係の中にそもそも潜在する不安だとも言えよう。1つ前の時期に自由奔放な探索行動に意気高揚していたことにも，すでに「分離」指向は含み込まれていたのだが，次には「分離」に向けて両価的に煩悶する心そのものが中心的な問題になるこの時期が到来したわけである。子どもの心は，再び全能的な心地良さに満ちた融合的密着への回帰と，それへの内心のレジスタンスとの間で揺れながら，ある種の深刻さ，謹厳さ，孤独性を湛えた微妙な雰囲気（aura）を漂わせるとMahlerの共同研究者Pineがとらえていて興味深い。「分離」に向うことで相手の心が自分に向かなくなるかも知れない不安に抗するこの内的レジスタンスは，まさに「成長動機」を思わせるもので，思わず深い感銘を受ける。ビデオ映像にも確かにどこか悲痛な，"やるせなさ"を浮かべる子どもの表情があった。表1にも記した「心から悲しみ，渇望する」まさに人間らしい性質を備えた心のはたらきそのものができて行くのも，この時期特有の，心が激しく揺れる体験の渦中にあって，それが人には肩代わりしてはもらいようのない自分の内側での体験であることを，苦労しながら感じとって行くことを通してであると思われる。

　この時期のもがきは，「関係性」の上での「分離」のもがきであると同時に，他者の心とは必ずしも連続し一体化しえない自分自身の「心」があるということの感得，"独り立ち"に向かう自律的な心を備えた「個」になって行くことへのもがきなのであろう。「分離-個体化」という主題は，直接観察的に発見した，「関係性」と「個」との相互連関的実現を指し示しながら，アタッチメントが本来含み持つ課題と密接にかかわっていると考えられる。

　以上，Mahlerの研究の紹介に紙幅をさいてしまったが，筆者の問題意識としては，大半が安定型のアタッチメントを示す一般対象児の，一見不思議なくらいに自然でまともな「関係性」と子ども個人の心的活動のあり方は，実は「負」の方向にも十分振れる心のはたらきを含み持ち，苦痛を伴う否定的な関係性感情や自己感情を，状況に即してむしろ生々しく体験する可能性を潜在させているのではないかということがあった。Mahlerらは，発達的に前進しようとする子どもは，世界に開かれて探索に挑戦する積極果敢

な心と，内側で「分離」と「再密着」に向けて両価的に振れ，もがき苦しむ心との持ち主であることを如実に示した。そして，そうした心の動きの振幅こそが，広がりと厚みのある心的世界を形造ることにつながることを示唆した。それは不安定アタッチメント型に特徴的な心性をも要素的に含み持つ心のあり方でもあることから，他者及び自分自身のいろいろな心の状態について思いをめぐらすことができる，mentalizing 機能（Fonagy, P., 2001）あるいは mind-mindedness（Meins, E., 1997）の発達をも可能にさせて行くと思われる。特定の固まり方をしたあり方や，また過剰反応一方で中身が定まらなかったりするあり方とは異質の，心の内側が豊かにダイナミックに充実して行く展開を Mahler らは示唆したようである。

以上，「分離」体験，換言すればいろいろな形をとるアタッチメント対象の「在」と「不在化」の振れ体験，そこでの外傷性の深刻さなどが，心のはたらきそのものの発達と，人との近しい関係性実現とにどうかかわっていくかについて，「分離」とアタッチメントとの関連の多様な現実に照した検討を試みた。

3. 臨床心理学にとってのアタッチメント知見

(1) セラピスト-クライエント関係とアタッチメント

臨床空間でのセラピストとクライエントは，特殊な二者関係の中に居る。人為的に設定された空間・時間の枠組に制約されながら一定の契約の下に，心の共同作業を進めようとする関係である。これは実生活における生存と生育のために不可欠な保護的供給を与える側と受けとる側というアタッチメント理論における原初的関係，二者の絆とは，はじまりからかなり異質なあり方であろう。

臨床的二者関係の基本的特徴をひとまず先に見直しておくと以下のようである。

①セラピスト-クライエント関係は，個別の課題ととり組む心の仕事の

「作業同盟（working alliance）」を基本としている。これは一種対等な双方向性の関係でもあり，単向的とされるアタッチメントのつながり方とは異なる。

②その心の作業は，両者の緊密な交流の中で展開するため，二者間には心の触れ合い（contact）をはじめ，一種の友好性（friendliness）（Lichtenberg, J.D. et al., 1996）など独特の近しさ（closeness）が実現されて行くが，本質的に重要なのはコミュニケーションの深まり（communicative intimacy）である。

何よりもコミュニケーションが自由に展開するだけの至適な距離（ゆるみ）が二者間には必要なので，いろいろな意味での二者密着・融合や二者間境界の後退には注意深い専門的対処がはかられる。

③クライエントの側は，たとえ非常識・非合理な自己表出であれ，ありのままの自分に即し得るこの非日常空間では，さまざまな退行が起き易い。その中で，発達早期のアタッチメント基型が顕在化し，アタッチメント対象像さながらにセラピストを見る，セラピストをクライエントの原初的関係様式にまき込む，などが生じる。これは，クライエント理解のための大切な情報を得る機会でもあるが，関係性の再調節により治療的に有効な距離の修復がはかられる。「よく調節された臨床関係（well-regulated clinical relationship）」（Fonagy）の維持は，アタッチメント関係とは別種のものであろう。つまり，セラピストは，アタッチメント対象像を投げかけられて，どのような情緒的交絡に見舞われようと，アタッチメントの世界には入らない在り方を貫くことで，本来の機能を発揮して行く。

セラピスト‐クライエント関係の中で現実に起きていることと，それによる情緒的波紋がThの内側にいろいろな形で惹き起こされていること，それらに向き合う自己観察と自己理解の作業を，自律的に進めることがセラピストに求められる。

④そのようにアタッチメント関係をまさに生きつつある母子モデルからははみ出した特徴がセラピスト‐クライエント関係にはある。それはコミュニケーションそのものの緊密化・深化という「近づき」と，枠組設定に基づく

「距離」維持という両義的方向性を含み持つ関係でもある。それにより，近くに位置しすぎることのリスクなどから自由な，新しいかかわり合い体験をクライエントは持つのではないか，そのことに基づいてこそ，クライエント自身の内に潜む生々しいアタッチメント体験そのものが心おきなくその空間の中で再演され，臨床的にそれをとらえ直すことが可能になって行くのではないか，というふうに考えられるのである。

　したがって，臨床現場でのクライエントのさまざまな自己表出の素材から，それを起点としたアタッチメント研究というある種逆方向のやり方がありうるかも知れない。たとえばどのような近しい関係性のパターンがそこで見出され，それらは既存の研究結果と大筋で合流するに至るのか。大半が安定型アタッチメントとして分類される一般対象のアタッチメント研究とは対象そのものが違うだけに，むしろ，アタッチメント体験に含まれる下位「要素」や「様態」について，単に臨床的特殊性においてではなく，より一般に及ぶ分節したとらえ方が見出されたり，"病気"が"健康"を逆照射するように，アタッチメントの実態がより詳しく理解されることにはならないか，などである。

(2) 臨床場面における「心の仕事」とアタッチメント・分離
①二者共同の心的探索

　セラピスト-クライエントの間の「心的作業同盟」関係は，換言すると，クライエントの心の自由探索（意識的，無意識的な）のための「安全基地」というフィールド効果と，同時にセラピストの適切な感受性・応答性の下に問題状況の「共同探索」(Lichtenberg, 1996) を進める両者のやりとりの効果とを合わせ持っている。そのような同盟関係を通して自他の再体験・再理解が発見的に進められることで，心的構造と機能のあり方，また重要な他者との関係性をめぐる変化が見られ，それらがクライエントによって新しく意味づけ直されて行く。アタッチメントに関する個人的な問題もその作業に含まれるが，たとえばアタッチメント・タイプが安定アタッチメントに変ることが起きるより，自分自身のアタッチメント関係につきいろいろと思いめぐ

らしたり，感情体験し直したりしながら，アタッチメント関係にある双方の心の状態を探索・吟味し直すことの方が実際の作業となる。それを通してアタッチメント感情の再調節や修正が見られて行くことは稀ではない。

子どものプレイ面接では，言葉よりは主にプレイ化によって自分自身のアタッチメントの問題を何度も繰り返しとり上げ直して行きながら，大人と基本的には同じ臨床的作業過程をたどって行く。当然子どもの場合の方が，生々しい"臨場感"に富む，旺盛な全身的作業を展開し，むしろ子どもの方が本題からブレることのない心の作業ぶりを示すのが印象的である。

②セラピストの心的基本姿勢

共同作業を準めるセラピストの心の姿勢として一般に求められるのは，①侵入（襲）的でないこと（nonintrusiveness），②過剰刺激にならない中庸な刺激の出し方（moderate stimulation），たとえば何らかの意味で"背中を押す"ような状況においても，基本的にさり気ないおだやかな押し方（gentle push），③感度のよい適切な応答性，共感的理解，④相手の起伏に富む心的体験と臨床的作業全体を受けかかえる包容機能（containing）（Bion, W.R., 1962），⑤アタッチメント関係の外に居ての臨床判断，専門的「関与観察」の維持，などである。

上記⑤以外は，アタッチメント関係における発達促進的なほどよい親の機能と重なり，殊に安定型アタッチメントにおける親のかかわり方の潜在特徴と共通するものがあるかも知れない。また，既述の「情動調律」的折り合いや，矛盾を孕んで双極的に振れる心の動き，殊にさまざまな形をとる「分離」方向への振れを理解し包容的にかかわり続けるなどの，よりミクロの機能を基盤にした心の姿勢も，母子モデルに通じるかと思われる。

③臨床の場における「分離」要素

前節で「分離」の問題はすでに検討したが，臨床の場が「分離」の要素を多重に含むことも注目される。いわば最初から分離（終結）を前提とした限りある関係に入るわけであり，また1つのセッションにも開始と終了のとりきめ，つまり，タイムアップによる分離の現実がある。1つのセッション終了への反応は多様であり，驚きや傷つきを一瞬の表情に見せたり，終了困難

や抗議・拒否の反応，また逆に機械的に何ら感情を伴わずに切り上げる反応，茫然と立ちつくす反応などが種々見られる。年齢によらないこれらの反応には問題状況や病理水準（Gabbard, G.O., 1994）もかかわっているが，生活史を通しての重要な関係性体験，アタッチメント関係の内実や内的作業モデルのあり方の反映がそこにうかがえる。「開始」と「終了」は，臨床期間全体にも，1回1回のセッションにもあり，また双方の事情による休回やさらにはセッション内での制限・枠づけが，クライエントの側に関係の連続性感覚が途切れる一時的"破断"体験を引き起こすなど，微妙な「分離」性の体験が何通りか含まれる。セラピストとクライエントは「会う」と「別れる」を繰り返し，また親同伴の子どもは別室で面接する親とも新しい形の「分離」と「再会」を繰り返す。「分離」を介して，確実に待機し子どもを受けとめる，「恒常的対象」（Mahlerら）としての親の存在が実感し直され再発見されることの重要さもある。アタッチメント体験の情緒的修正や再認識・明確化に，このような臨床的枠組も一役買っていると言える。

　「分離」と「再会」の往復は，日常性と非日常性の間の行き来，つまり外側の現実と内側の心的現実との間の行き来であり，アタッチメントに関しても日常化した二者関係の現実と，内界に潜在する「心的現実」としてのアタッチメント体験との間の往復でもある。これは時に混乱を引き起こし，来室への抵抗が強まるなどする。日常化した既存の平衡関係と内側で生成する心の新しい動きとのぶつかり合いは，アタッチメント関係に限らず，新たにストレスに満ちた負荷の高い心的状況であり，「変化」への強い抵抗も生じる。いずれにしろ臨床場面にアタッチメントのテーマが何らかの形で登場する時は，葛藤や苦闘がそこに長く潜在し続け，情緒的矛盾やジレンマに満ちた心的現実についての「共同探索」は，紆余曲折する長期的プロセスをたどる。また，意識・言語の水準以前の，行動化や身体化水準での格闘もそこに含まれて行く。

　「分離」の視点に戻ると，臨床的作業は最初から「分離」に向かう作業なのであった。この点は実生活におけるアタッチメント関係よりもより明確な形を成していて，逆に言うと実際のアタッチメント関係の中にできるだけ輪

郭を顕わにすることを避けるかのように潜み続けている「分離」の要素，その単純ではない作用が，臨床場面にはいくつかの形をとりつつ，集約的に組み込まれている。それが，Mahler らにおける「分離 - 個体化（separation-individuation）」が意味するような，クライエントの内発的進展を微妙に促すための重要な契機を，そこここで生み出しているように思える。

④心の仕事の「基地」としての臨床空間

全体として臨床空間は，アタッチメント研究が教えることに照すと，心の仕事を自由に繰り広げるための「安全基地」，また心がかかえる問題をめぐる「探索基地」，そして新しい可能性実現に向けての「個」の「分離基地」であろう。そしてそれらの「基地」効果は，クライエントの動き全体を受け抱えるセラピストの「包容」機能（Bion）を通して，また常に両者の本ものの（authentic）交互作用を通して生み出されて行く。その中でクライエントは他者および自分自身の心の状態への関心を深め，「思（想）う」・「感じる」心の体験を大切にする心的体験化（mentalizing）の機能を充実させる方向に，また自律的個としての他者の心の世界に真摯に触れ交流することに積極的な意味を見出す方向に，自己展開して行くと考えられる。

安定したアタッチメント関係形成の日常においても，本質的には，これと重なるプロセスが展開しているのではないかと想像される。

以上本節では，臨床の場の機能を，主にクライエントの「個」としての心のはたらきの再調整・再組織化・成長と関連づけて見て来た。

そのため，どちらかと言えばセラピストの"触媒"的役割の方をとり上げることになったが，クライエントの側の動機には，自分自身の問題の軽減や解消あるいは人格変化など「個」としての問題意識だけではなく，新しい対象に出会い密度高くかかわり合うことへの期待も含まれているとされる（Shane, M. et al., 1997）。したがって，セラピストが「アタッチメント関係には入らない」との基本姿勢をとっていても，クライエントの側はアタッチメント関係にセラピストをまき込みかねないのが現実である。そこでの二者の反応の交錯は「転移 - 逆転移」論で詳細に吟味される通りでもあるが，本章ではそうした情緒的交絡には踏み込まないでおいた。ただクライエントが

セラピストという新しい対象をどう体験するかはアタッチメント論からも関心事かと思われるので，少しだけその点に触れてみる。クライエントがアタッチメント対象像やその対象との関係様式をセラピストとの間に持ち込み重ねるとき，アタッチメント研究も示すように，欲求に適切に応じない"悪しき対象（bad object）"との間ですでに成立しているアタッチメント関係を転移するクライエントが，セラピストやセラピストとの関係に内心強い不満を抱きながら，「心的作業同盟」に入るにあたっても対抗的な攻撃や，あいまいな尻込みを見せるなどする。あるいはまたセラピストとの緊密なコミュニケーションという「近しさ」に対して過剰なまでの歓迎・理想化と逆に不安・恐怖という矛盾した反応（たとえば，面接回数を増やす要求と突然欠回を続ける反応の交替）を示すこともある。というふうに従来のアタッチメント関係に囚われたままで居るクライエントが，既述のような基本姿勢で一貫した臨み方をするセラピストを，クライエント自身の呪縛的アタッチメント関係の外に居る，異次元の新しい対象として発見的にとらえることは容易ではないが，そのときはやがて訪れる。その間にはThにかなりの耐性が求められるが，そうした「新しい対象」の発見を転機として，心の共同作業という新しい可能性の世界をクライエント自身が感じとり，そちらに向けて踏み出して行くことになる。

　クライエントのかかわり方には，特定の不安定アタッチメント様式を一貫して示すというより，いくつかの関係様式が混在していて，時には安定アタッチメントを思わせる自然でゆとりある情緒的かかわり方を見せる局面さえある。たとえば実生活の中で職場の或る上司とだけは相手の大きく行き届いた配慮の下に安定した情緒的つながりを持てるようになって来たという場合などがそうである。セラピストはクライエントの中に潜在する多様なアタッチメント様式に開かれていることが求められるのであろう。仮に安定アタッチメントの範囲にあった人でも，外傷的な対人関係が生じて，人とうちとけることを避ける表面だけの無難なかかわり方しかできなくなる場合もある。他方セラピストがアタッチメント関係にまき込まれてしまうことが，クライエントにとっては外傷体験になってしまうこともあり，その場合はセラピス

トの基本姿勢が問い直される。クライエントがそれまでのアタッチメント関係の外に居る安全で自由な「新しい対象」として，セラピストをとらえられるようになることで，これまでとは異質の「近しさ」の中での共同作業そのものの本格化が可能になって行くと言えよう。それは，人との「近しい」関係性に意味深いものがあることを感じとり，「近しさ」への耐性を新たに身につけて行くことでもある。実生活におけるアタッチメント感情の修正体験やアタッチメント関係の再調節にも，それはつながって行くと考えられる。

　以上臨床場面において，いろいろな意味を担う「アタッチメント」と「分離」の要素，またそれらの作用を，臨床の現実に照して検討した。

4. おわりに

　以上，3節にわたって，臨床心理学にとってのアタッチメント研究の意味の再理解を試みて来たが，やはり臨床領域に居る者の常として「負」の側から見るスタンスや，個人の「心のはたらき」そのものを，殊に感情体験を主にして問う姿勢が前面に出たのではないかと思われる。アタッチメント研究が個体保存に加えて種族保存の次元にまで広がった視野の下に，また顕在行動を中心に進められて来た経緯に照すと，アタッチメント研究全体の中に，「どういう心が育つか」という主題を見，また，さらに「心のはたらき」としても「心の状態に思いをめぐらす心性 mind-mindedness」や，生き生きした真正の心的体験，その心的能力というふうにどんどん関心が内向きに展開する筆者自身を見出すことになった。これもアタッチメント研究の触発力の一つかも知れない。

引用文献・参考文献

Ainsworth, M.D.S. & Witting, B. (1969) : Attachment and exploratory behavior of one-year-olds in a strange situation. In B.M. Foss (Ed.) : Determinants of Infant Behaviour IV. Methuen, London.

Balint, M. (1968) : The Basic fault: Therapeutic aspects of regression. Tavistock,

London. (中井久夫訳:治療論からみた退行——基底欠損の精神分析. 金剛出版, 1978.)

Bateson, G. (1972):Steps to an Ecology of Mind. Ballantine Books, New York. (佐伯泰樹・佐藤良明・高橋和久訳:精神の生態学, 上・下. 思索社, 1986, 1987.)

Bateson, G., Jackson, D., Haley, J. & Wakland, J. (1956):Toward a theory of schizophrenia. Behavioral Science 1, 251-264.

Belsky, J. & Cassidy, J. (1994):Attachment: Theory andevidence. In M. Rutter & D.F. Hay (Eds.):Development through life: A handbook for clinicians. Blackwell, Oxford.

Bion, W.R. (1962):Learning from experience. Heinemann, London.

Cassidy, J. & Shaver, P.R. (1999):Handbook of attachment: Theory, research, and clinical applications. Guilford, New York.

Call, J.D., Galenson, E. & Tyson, R.L. (Eds.) (1983):Frontiers of infant-psychiatry. Basic Books, New York.

Emde, R.N. & Sorce, J.E. (1983):The Rewards of infancy: Emotional availability and maternal referencing. In J.D. Call et al. (Eds.):Frontiers of infant-psychiatry. Basic Books, New York.

Erikson, E.H. (1950):Childhood and society. Norton, New York.

Fairbairn, W.R.D. (1952):Psychoanalytic studies ofthepersonality. Tavistock, London.

Fonagy, P. (2001):Attachment theory and psychoanalysis. Other Press, New York.

Freud, S. (1920)(小此木啓吾訳:快感原則の彼岸. フロイト著作集6. 人文書院, 1970.)

Gabbard, G.O. (1994):Psychodynamic psychiatry in clinical practice: The DSM-IV Edition. American Psychiatric Press, Washington D.C. (大野裕・舘哲朗監訳:精神力動的精神医学——その臨床実践〔DSM-IV版〕②臨床編:I軸障害・③臨床編:II軸障害. 岩崎学術出版社, 1997.)

James, B. (Ed.) (1994):Handbook for treatment of attachment: Trauma problems in children. Maxwell Macmillan International, New York. (三輪田明美・高畠克子・加藤節子訳:心的外傷を受けた子どもの治療——愛着を巡って. 誠信書房, 2003.)

数井みゆき・遠藤利彦編著（2005）: アタッチメント――生涯にわたる絆. ミネルヴァ書房.
Laing, R.D. (1961): Self and Others. Tavistock, London. （志貴春彦・笠原嘉訳: 自己と他者. みすず書房, 1975.）
Lebovici, S. (1988): Fantasmatic interaction and intergenerational transmission. Infant Mental Health Journal 9 (1), 10-19.
Lichtenberg, J.D., Lachmann, F.M. & Fosshage, J.L. (1996): The clinical exchange: Techniques derived from self and motivational systems. Analytic Press, Hillsdale. （角田豊監訳: 自己心理学の臨床と技法. 金剛出版, 2006.）
Mahler, M.S., Pine, F. & Bergman, A. (1975): The psychological birth of the human infant. Basic Books, New York. （高橋雅士・織田正美・浜畑紀訳: 乳幼児の心理的誕生――母子共生と個体化. 黎明書房, 1981.）
Masterson, J.F. (1972): Treatment of the borderline adolescent: A developmental approach. Wiley Interscience, New York. （成田善弘・笠原嘉訳: 青年期境界例の治療. 金剛出版, 1979.）
Meins, E. (1997): Security of attachment and the social development of cognition. Psychology Press, East Sussex, UK.
Pine, F. (1985): Developmental theory and clinical process. Yale University Press, New Haven & London. （齋藤久美子・水田一郎監訳: 臨床過程と発達――精神分析的考え方・かかわり方の実際①・②. 岩崎学術出版社, 1993.）
齋藤久美子（1992）: セルフレギュレーションの発達と母子関係. 精神分析研究 36 (5), 478-484.
齋藤久美子（1993a）: ジェンダー・アイデンティティの初期形成と「再接近期危機」性差. 精神分析研究 37 (1), 41-51.
齋藤久美子（1993b）: 子ども理解の方法と理論――継続的観察研究を通して. 岡本夏木編: 子ども理解の視点と方法（新・児童心理学講座 17）, pp.23-66. 金子書房.
齋藤久美子（1995）: 精神分析と早期発達研究. 精神分析の現在（現代のエスプリ別冊）, pp.26-38.
齋藤久美子（1998）:「かかわり合う」能力――心理力動的検討. 長崎勤・本郷一夫編: 能力という謎, pp.147-171. ミネルヴァ書房.
Sameroff, A.J. & Emde, R.N. (Eds.) (1989): Relationship disturbances in early childhood: A developmental Approach. Basic Books, New York. （小此木啓吾

監修:早期関係性障害——乳幼児期の成り立ちとその変遷を探る.岩崎学術出版社,2003.)
Sander, L.W. (1977):Regulation of Exchange in the infant-caretaker system: A viewpoint on the autogeny of "structures." In N. Freedman & S. Grand (Eds.):Communicative structures and psychic structures: A psychoanalytic interpretation of communication. Plenum Press, New York.
Searles, H.F. (1960):The nonhuman environment: In normal development and in schizophrenia. International University Press, New York. (殿村忠彦・笠原嘉訳:ノンヒューマン環境論——分裂病者の場合.みすず書房,1988.)
Shane, M., Shane, E. & Gales, M. (1997):Intimate attachments: Toward a new self psychology. Guilford, New York.
Stern, D.N. (1985):The interpersonal world of the infant: A view from psychoanalysis and developmental psychology. Basic Books, New York.
Tustin, F. (1972):Autism and childhoodpsychosis. Karnac Books, London. (齋藤久美子監修,平井正三監訳:自閉症と小児精神病.創元社,2005.)
Tyson, P. & Tyson, R.L. (1990):Psychoanalytic theories of development: An integration. Yale University Press, New Haven.
West, M.L. & Sheldon-Keller, A.E. (1994):Patterns of relating: An adult attachment perspective. Guilford, New York.
Winnicott, D.W. (1965):The maturational processes and the facilitating environment. The Hogarth, London. (牛島定信訳:情緒発達の精神分析理論.岩崎学術出版社,1977.)

第Ⅲ部
発達理解2
性アイデンティティ・アイデンティティ・青年期心性

第Ⅲ部 概説

　第Ⅲ部には，性アイデンティティの発達についての論文を中心に，関連するテーマとしてアイデンティティ発達や青年期発達について論考した論文を取り上げ，あわせて5論文を収録した。

　まず，このテーマに関して，私なりに重要だと思うことを述べてみたい。心理臨床において発達を見ていく際には，発達途上の個人が典型的に体験するものとされる体験的内容（以下，発達の内容）に焦点が当てられがちである。たとえば，Freud, S. のエディプス・コンプレックス，去勢不安，ペニス羨望などである。こうした発達の典型的な内容についての理解は，臨床素材を理解する上でとても示唆的なことが多い。しかしながら，そうした理解を伝える言説は，当初，「それらこそが普遍的・標準的な発達上の体験である」という暗黙のメッセージを伝えるようなやり方で語られていた。そのため，それらの言説は，個人的，家族的，文化的，時代的な微妙な差異に対する治療者の感受性を封殺するステレオタイプとなってしまう危険性をも孕んでいた。

　こうした発達の内容は，欲動ないしエロスとも深く関連しており，当然，性とジェンダーをめぐる心理的問題とも切っても切り離せない関係にある。しかし，その性とジェンダーに関するわれわれの意識は，近代の歴史を通して大きく変化してきた。性とジェンダーの捉え方をめぐる人々の思いやそのぶつかり合いこそ，近代の歴史を動かしてきた主要な動力源の一つだとさえ言えるだろう。それゆえ，性とジェンダーをめぐる心理的問題を論じる者は，とりわけ自らがこうした歴史的文脈の渦中から論じていることを自覚している必要があるだろう。性とジェンダーと関わって精神分析が「解明」してきた発達の内容には暗黙の文化的前提が未検討のままに含まれてきたこと，また，こうしたテーマにおいては文化的前提が入り込むことは不可避であることは，Nancy Chodorow をはじめとする現代の精神分析の発達論者たちが明確に指摘してきたところでもある。こうした時代の流れの中で，性とジェンダーのあり方が決して普遍的なものではなく，個人的，家族的，文化的，時代的背景によっていかに多様な色合いを帯びるものか，そしてその色合いに対していかに重要な個人的意味づけがなされるものかについて，より深い理解がもたらされてきた。こうした理解を特に強調した治療的立場であるジェンダー・センシティブ・セラピーや多文化間療法が，近年，一定の足

場を築きつつあることは，それを裏付けるものであろう。

つまり，近年の心理力動的な発達論においては，発達の内容はそれ自体で存在しているものではなく，その体験が生じている文脈である身体，対人関係，文化などとの複雑な相互作用の中でもたらされた現象であり，そこから切り離すことのできない現象だということが理解されるようになってきたのである。また，発達上の課題は普遍的なものであるにせよ，それに対する個人の反応はユニークかつ創造的なものであって，そこに文化的にポピュラーな反応はあるとしても決して自動的で自明な普遍的反応があるわけではない，という考えが主張されるようになってきた。

以上をまとめると，心理臨床において発達を見ていく際にはどうしても発達の内容に目がいきがちであるが，それが臨床素材を理解する上で豊かな示唆をもたらすものとなるか，それともステレオタイプとなって妨害的に働くものとなるかは，その内容自体による面もあるとはいえ，その内容があたかも文脈とは独立して普遍的に存在しうるかのように論じられているか，それとも適切に文脈に置かれて論じられているか，さらにはどのような範囲やレベルの文脈に置かれて論じられているかということによるところが大きいということである。つまり，発達の内容についての議論が有意義なものとなるには，それを見る視点が洗練されていることが重要だということである。

さて，この点に関して言うと，齋藤の5編の論文には関係論的な視点，システミックな視点，文脈主義的な視点が際立っている。つまりそこには，客観的な生物学的事実を基礎としながら，個人の内面の心理的現象，現実の対人的相互作用，それらを取り巻く社会的・文化的な状況などが，相互に多元的に影響を与え合いながら，互いに互いを形成し合っていくという視点がある。

さらには，齋藤の論考のあちこちには，論者もまたそのシステムの一部であることを逃れることはできないのであり，決して神のような客観的視点を取ることはできないという視点の相対化が認められる。たとえば，それは「性アイデンティティ」論文の末尾にそっと添えられた注釈に印象的に見て取れる。そこには「この種のテーマでは，原著者の投影，バイアス，それに読者の投影が種々交錯せざるを得ない気がする。もしその交錯をそのまま抽出できれば，それこそが『性同一性』についての解答の溜りなのであろう」と述べられている。この記述には，構成主義的で文脈主義的な視点が認められる。つまり，それぞれの探求者と対象との間のトゥー・パーソン的，あるいは間主観的な関わりの中にこそ求める像は

浮かび上がってくるものであり、それを超えて絶対的な「答え」が存在するわけではない、という見方が認められるのである。

このような齋藤の視点は、大きく関係精神分析と呼ばれる、きわめて現代的な精神分析の潮流に特徴的な視点とも共通するものである。このことは特筆すべきことであると私は思う。つまり、齋藤の論考の視点はおおむね時代を先取りしたものであり、前述したようなかつての精神分析的発達論の陥穽を当時にしてすでに免れているのである。

さらに、これらの齋藤の論文においては、精神分析学に基づく知見、ユング心理学に基づく知見、心理学的なリサーチによる量的で統計的なデータ、臨床的観察、社会学的な考察などが織り合わされ、総合されながら論が進められている。齋藤は、いずれかの方法がもたらす知見をより深いものとして重視し、他の方法がもたらす知見をより浅いものとして軽んずるようなことはしていない。そこには、それらの異なった方法によって明らかにされている諸側面が、同じ人間存在の中で、あるいは人間存在の間で、相互に関連し合い、互いが互いを循環的に形成しているという視点がある。

異なる視点を大きく含みこみ、多様な要素のいずれにも偏よらず、バランスを取りながらそれらの間を行ったり来たりする中で、しなやかに無理なく考察を深めていく。ときには、概説的な論文において、「女性にとって真に有意義な意識が生成するための『父』の役割は筆者にとりいま一つ鮮明になり切らないまま、今後の検討課題として残るのである」と、とても率直な自己開示さえする。それが齋藤の論述における視点の取り方の特徴である。

そのような視点に立っているからこそ、齋藤の発達論が提示している発達の内容は、その視点の限界を踏まえながらも、それゆえにこそかえって臨床素材を理解する上で非常に豊かな示唆を与えるものとなる。これらの論文から、その内容を知識として学ぶだけではもったいない。その視点の取り方を体験的に学ぶことが重要だ。読者には、これらの論文を読む行為が、齋藤の視点の取り方を追体験し、モデリング学習をする機会なのだと認識して欲しい。それが齋藤の論文から豊かに学ぶ道筋であると私は思う。

最後にもう一点。齋藤のこれらの論文は、決していわゆる「フェミニズム」的立場から発信されたものではない。けれども、こうして齋藤の一連の論文を読んでみると、この領域がこれまでいかに「男性中心的」な見方・考え方に知らず知らずのうちに支配されてきたか、そして現在もなおそうであるかがあらためて照

らし出される感がある。男性について論じるときも，女性について論じるときも，齋藤の論考の端々にはそれまでの標準的な見方からはこぼれ落ちてきた観察や注目されてこなかった体験の側面がしっかりと取り上げられている。そのことで，発達の見方は，より彩りや奥行きのある豊かなもの，より体験的な手応え感のあるものとなっている。齋藤は決して従来の発達観にはここが欠けているとか，こういう新しい見方が必要だというような声高な主張をしてはいない（そのような声高な主張の仕方こそ，「男性中心的」な見方・考え方が論じられる時のスタイルに他ならない）。しかし齋藤の一連の論文は，伝統的な「男性中心的」発達観を修正する上で大きな意義を持っていたし，今なおその意義は失われていないと思う。

(杉原 保史)

第13章
性アイデンティティ
(1983)

本章の紹介

　精神分析理論，認知発達理論，分析心理学など幅広い視点から，人格にとって重要な位置をしめる性アイデンティティについて，全体的性同一性の発達をめぐる精神活動が論じられる。初出から30年以上たち，Money, J. らの『性の署名』にはじまる生物・心理・社会学的観点からの多くの引用は，一見「古典的」に思えるかもしれない。しかし臨床家がそれらの概念を色々な事象にかぶせてわかったような気になることは，むしろ齋藤の危惧するところではあるまいか。関心が寄せられているのは，人間関係の中での性同一性の発達過程では，現実の対人関係など外的側面と，精神機能の特質といった内的側面とが緊密な循環関係にあること，そしてそこでの個々人の格闘の様相である。本論考は臨床家に向けられた，性同一性形成に関わる心的世界の共同探索実践のための，スタート地点の提示とも言えよう。

1. 性アイデンティティの意義

わたしたちは日常，ごくあたりまえのように性別記入欄にためらいなく印を打ち，男もの，女ものの衣類や持ちものを当然のように，また従順に身につけて暮している。いくらユニセックス化した風俗の中にいるとはいえ，いろんなところにちゃんと男女の記号分けがあり，知らないうちにそうした社会の規格の中にわたしたち自身を組み込んでいる。そのように自分の性別などはあまりにも自明のこととして，ことさらそれを問い直すこともなく暮しているのが一般の姿であろう。人は人間である前にすでに「男」か「女」として存在してしまっているところもあるが，「性同一性」の問題はこうした性別感覚や，性別偏好にも関係しながら，もう少し皮相にとどまらない，性的存在全体の受けとめ方，生き方にかかわるものである。そのようにみると，誰にとっても，またいつでもそれが自明に定式化されておさまっているとは限らないことが種々みえてくる。ここでは，人間関係の中でのその発達過程を中心に，また外面と内面を合わせながら，以下にとりあげていきたい。

1　性同一性（アイデンティティ），自己同一性，人格

性同一性という語は，ことに，1960年代以降学問用語としてもよく用いられるようになったが，性役割，性の型づけ（セックスタイピング），さらには性的魅力といったものがこのことばと連なって思い起こされるかも知れない。

> 「二人とない個人である自分が，こういう自分であるというはっきりした認識——アイデンティティ（identity）——はあなたの本質であり，その核には男性あるいは女性としての自分はこういう自分であるという認識——「性自認」（gender identity）が存在している。この性自認（いわば，自分の性は男だ，女だと自ら認めること）は，あなたのアイデンティティ（いわば，あなたの一人の人間としての独自性，主体性あるいは他人や社会に対する連帯感のようなもの）の支柱であり，また健全な感情を保つ錨でもある。性自認は，あなたの抱く愛や憎しみ，また仕事

や遊び，そして他の人々とのあらゆる人間関係の中に，必ずはっきりと存在している。あなたの性自認はあなたが考えること，感じること，行なうこと，そして言うことのすべてに，おおいに影響している。」

と，Money, J. & Tucker, P. (1975) は述べるが，「性自認」＝性アイデンティティが人格にとって重要な位置を占めることがよくあらわされている。

この「性アイデンティティ」は，もともと精神力動的な人格理論に発しながら，Stoller, R.J. (1964) 以来，心理内分泌学や性科学(セクソロジー)を加えた立場から種々の病理を総合的にとらえた，まさに生物・心理・社会的な概念となっている。

そのために「性」の定義は，単相にはおさまらず，それはセックスとジェンダーにまず大きく分けられることになる。セックスは，同じく Money らによると，出生前に分化する生物学的で先天的な性であり，性器官，生殖の仕組などを指す。他方ジェンダーは，出生後に分化する心理社会的な，いわば後天的な性であり，家族内での親子関係をはじめとした社会的要因によって作り上げられる。

このようにみるとセックスだけでほぼとらえられてしまう動物とは違って，人間の場合に重きをなすのはジェンダーであり，全体的な性同一性は，本来この２つの性が統合されながら築かれていく。ところが，後述のように，ジェンダーがセックスを排除する臨床例などを含めて，ある意味では文化の発達に伴いつつ，セックスとジェンダーが別々のものになっていきかねないところがある。セクシュアリティということばは，Freud, S. (1905a) においては性欲動論的な性愛の意味で用いられたが，上の２つの性の絡みや人間関係を含めた総合的な概念（「セックス」自体が同様の概念であることもある）として用いられる場合もある。そしてこうした概念の変遷そのものが，すでに「性」の意味のまとまりにくさを示している。

ともあれジェンダーは，もともとセックスを基盤に，さらに心理・社会的な次元を含むにいたる発達的全体性を指し，結局「性」を総括し代表することばとなっている。

それに従えば健常な場合とは，このジェンダー同一性，つまり，既述のように「社会化された性別存在としての個性の統一性や一貫性・持続性」が定義のままに実現されていることであろう。そしてジェンダーがこうした包括的意味を失って，たとえばそこからセックスが分離し，ジェンダーあるいはセックスがそれぞれなりに葛藤や障害を持つあり方，変性症におけるような両者の不協和や相反，またジェンダーそのものの解体にいたるあり方といったものが性同一性障害にあたる。

　このようにみると，性同一性(ジェンダー)はいきおい人格全体にかかわるものとなる。それは，Erikson, E.H. (1959) による「自己同一性」と同様に，生物・心理・社会的な自己存在を性別基軸において成り立たせながら，人格の主体感覚，あるいは主体機構を構成していく。したがって後にもみる通り，性同一性の障害は人格の障害と相関し，また「自己実現」や「個性化」といった人格的成長の中に，この性同一性の生成過程は深く食い込んでいる。

　こうした大きな問題の本質にとり組むことは難しいが，臨床心理学的には重要な研究角度である。われわれはさまざまな心理的病態にふれる中で，性同一性の混乱や葛藤，また不統合，解体に出会うが，それらは性同一性の健常なあり方を逆照射するとともに，性別同一性が高度に生成していくことのむずかしさを予感させる。また性同一性は，社会的に最も安定した同一性で，それは人格全体を裁定してしまうまでの，いわば社会の常識枠の最たるものとして社会と個人を維持させるものである。いろんな形の性同一性変動，また性別ステレオタイプとの疎外関係といったものが，いかに人格的バルネラビリティと相関するかは多くの症例が教えるところである。

2　性同一性の障害と病理

　性同一性の障害と病理は実に多様で，まだ精神医学的にも分類体系は仕上らないでいる。ここではそうした種類を列挙するよりも，性同一性の人格における意味や，性同一性を規定する要因を考えることに向けて，そのいくらかを挙げておきたい。

　まず出生時の医学的な性認定およびその再認定の問題からくる性同一性

の不確定や混乱の問題がある。たとえば遺伝的性が十分発現していない中性的外性器所持者がどちらかの性に認定された後,思春期に到って,その認定に反する第二次性徴の発現を受けいれられない例がある。次節の性同一性の刻印づけに関係するが,そこでは結局すでに成立している性自認が強固に主張され,性器の補正手術（男性への性転換など）を受けることで,よりよく適応した生活に向かうと,Money ら（1975）が報告している。このように身体による客観的裏切りの局面が到来し,そこで混乱が生じても,既存の性同一性は基本的に不変不動であり,多大な努力を払ってでもその「裏切り」が解消されようとする。結果的に手術の成功に応じて正常な異性関係を築く例や,中性的性器のままでも,性同一性が,どちらかへの性認定に即して正常に形成される例が Stoller（1968）の報告にも少なからずみられるのである。

とはいっても同様に中性器的子どもが,実質的な性認定が定まらずまた性器修正手術未了のまま,言語発達遅滞と,とくに性にかかわるあらゆる話題への選択的緘黙症を示す場合もある。この緘黙状況では感情閉鎖やさらにはカタレプシー様の昏睡状態への陥りが見られたといわれる。またある時点に到って異常な速さで一挙に言語の遅れをとり戻すが,それまで言葉が閉ざされていた例といったものを合わせてみると,「性」が確定しないことが,いかに社会適応を阻むか,いかに知情意を含めた人格発達上の障害を起すかを考えさせられる。社会の基本カテゴリーとしての「性」への"組み込まれ損ね"は,社会が強いる種々の範疇や記号使用の躊躇,拒絶を惹起し,それが言語（＝社会）機能の障害につながるのはむしろ当然と言うべきであろう。ちなみにそれらの例では治療的面接の中で,当人達の「性」がついに話題となるに及び,結局「性」の意志的選択とそれに沿った性器手術が行われるに到って,緘黙の消失,言語学習や適応全般の向上が結果されたのである。

他によくとりあげられるものとしては,性違和症候群という変性症を中核とした障害がある。はっきりした変性症は大部分が男性で,Kubie, L.S.（1974）によるとヒッピー文化以来大幅に増加したとされるが,「自分は男性という罠に捕まった女性である」という思い方が正真正銘固まって,

セックスとジェンダー間の矛盾,不協和を,セックスそのものは生物学的に正常であるにもかかわらず,それを断固変えることによって女性ジェンダーを守ろうとするものである。性転換手術や自己流の方法によっても身体を変えることが固執される。個々の事例は実に劇的衝撃的であり,また小此木ら(1981)による一次性,二次性などいくつかの症候群,あるいは性倒錯や妄想型分裂病と密接にからんでいるものなど,この変性症にもいろいろあって,そこに発生因や心理機制が種々問われていくことになる。

　性同一性形成に影響をもたらす要因として一般に挙げられるのは,第1に生物学的な力,第2に出産時の性認定,それに基づいて最早期に周囲がとるかかわり方,その際の全体的な性別方向性,第3にその後の人間関係の展開(同一性形成の確実化への強化とその逆の質のものそれぞれ),第4に性同一性の中味,男(女)らしさの内容に対する社会文化的伝統である。このうち第4は時代や文化によってさまざまに変動・逆転するため固定したとらえ方のできないものであるが,変性症にあっては,第1とさらには第2の要因までがくつがえり無効になるところから,主として第3の要因が注目されざるを得なくなる。

　変性症では,母との(女性)同一化の強さと,分離‐個体化の失敗がとりあげられる。Stoller (1975) や Meyer, J.K. (1982) は,それらには非葛藤的同一性仮説の成り立つものと,もう一つ葛藤・防衛の同一性仮説の成り立つものがあるとする。前者は母親(次節にみるような男根羨望の強い,息子を自分の願望充足体とする母親)とのとくに幸せな共生関係の中でうつし込まれた女性同一性のために,男児にはそれに欲求不満を抱く余地もないと考えられている。父を含む三者関係,エディプス葛藤にも入ることなく,後者とも共通して,彼らは男らしく抗い攻撃性を発揮することから退いている。ただ Stoller (1974) は,同一視解消を阻んだ母親への恨みや怒りが,また発達の機会を失ったことへの"悲しみ"が,内側にしまわれているとみる。ペニス除去願望あるいは行為はこうしたエネルギーの身体化,外在化とも解釈されるのである。彼らの女性同一性は,別に異性を求める女性性ではなく,衣服や髪型など外面だけの皮相な「女性性」であり,また彼らの「ガラスの

ようにつるりとした外面(ファサード)」(Stoller, 1974) は，その内側と情緒的接触をとることを難しくさせることになる。こうした対象との「関係性」の欠陥は，たとえ過剰な身体接触はあってもただ相手を一方的にとり込むだけの，共感的な親密さに欠ける母親の問題と，関係づけられている。

　後者の仮説に該当するものもまた結果的には前者の状態像と重なるところがある。そこでの性転換願望は，早期に蒙った母性放棄による基本的安定のゆらぎ・恐怖と，母親との共生的融合を復活する修復幻想との妥協形成としてとらえられる。そしてまたそこに否認や分裂といった原始的な防衛機制が認められることから，境界性人格障害と関係づけられる場合も少なくない。Meyer (1982) は，「外面は外科的に変ったにもかかわらず，本当に男になったのではなくて，自分達は単にもっともらしい模体(ファクシミリ)なのだとの深い感覚の中に彼らはいる」とし，また「彼らが否定するのは，身体的性の事実ではなく，その事実が意味するものである」と述べる。彼らは生得的な性(セックス)の否定によって真正の同一性に達し得たわけでもないこと，また「意味するもの」は彼ら自身の手の中にはなく，母親との関係の中に埋め込まれたものであることをそれは伝えていると思われる。

　その他，崇物的(フェティシュ)に女装し，異性装の下に男性器があると思うことに喜びを感じる異性装症，そこには，男女が共存したり反転したりする性同一性のあり方がある。また神経症から境界例など重篤化に伴って，自己表象が下意識層で異性化や両性化を起す傾向も興味深い。そしてそれと対に他者表象がファンタジーの中で同様に逆性化や両性化を起し，それがたとえば治療者に投射・転移されるといった性同一性病態に出会うことも臨床上とくに稀なことではない。

　さらに，次節でみるように，性同一性発達過程はさまざまな困難を通過する形をとっていく。そこで一般に生じる葛藤や混乱は，それらが一過性に終るにしろ固着・慢性化するにしろ，それぞれ見逃せない面を持っている。

　Stoller (1979) の事例には，「女性」認定児に母親が極度に女性方向づけを持った熱意あふれる育児を行ったにもかかわらず，それが通じないで，その効力のなさが後に男児と判明したことによって解き明かされたというもの

がある。この母子ののっぴきならない格闘には感動を誘うものがあるが，これは先ページの第1要因が第3の要因を屈服させた典型例である。とはいっても，実はこのような場合は極めて例外で，第3要因の重みを実証するものが圧倒的に多い。

2. 人間関係（対象関係）と性アイデンティティ発達

1 社会的「刻印づけ」の問題

前節でみたように性同一性を規定していくものとしては，人間関係（対象関係）の要因が大きな比重を占めている。その中で，出生時の性認定からすでにはじまる社会的な性別定義と，それに伴って有形無形に送られる性別化された社会的合図は，ごく早期に子どもの種々の表出を，性別に応じて促進させたりひっこめさせたりしつつふりわけていく作用を持つといわれる。この「社会的合図」なるものは，母子の密度高い融合関係の中で，身体接触から表情や音声の交流に及びながら多相的に送られ続け，母親側があらかじめ持っているそのように性別化した子どもイメージを「鏡」として子どもが育っていく点は，Kohut, H. (1971) の「鏡たる母親」を思い起こしても納得のいくところである。一般心理学のデータにも，親には，決まってしまった子どもの性別を守ろうとする傾向の強いことが示されている。なるほど具体的なかかわり様式には両性に共通した内容，つまり自分の「子ども」として，男児・女児に同じように対応する部分もかなり含まれる。しかし，親側からのかかわり方は親自身のセクシュアリティや性同一性形成のあり方，そこから派生する同性像，異性像そしてそれらへの期待像といった要因をも，かなり複雑にまた投影的に含んでいる。そのため親は必ずしも顕在化しないところで微妙に性別化したかかわり方をしてしまう可能性が見込まれ，ことに精神分析学的な立場からはそのあたりが重視される。

そのようにして子どもが性規定を受けるとすれば，かなり早期に，Stollerやまたわが国で小此木・及川（1981）がとりあげるような，性同一性の核が築かれる可能性がある。こうした点に関してMoneyら（1975）は，性の

「刻印づけ」、そしてその「臨界期」の考えを提出している。

前エディプス期の中にその時期を置く考えは、かなり大胆なものであったが、今日では、早くは15カ月から5歳頃まで、大体3歳前後がその時期とされているようである。それは自他の性別認知を発達心理学的に研究している、たとえば Kohlberg, L. & Zigler, E. (1966) の資料におけるような、認知的に脱中心化し相対次元に立った、したがって対自的にとらえられた、客観的・恒常的な自己像にくらべると、もっと手前のより原初的なものである。

筆者が遊戯療法場面で観察する3～5歳の幼児にも、その性別行動型をいわゆる社会の一般型に照らしてみると、実に多相的に交錯した型、同性と異性の行動型を同時に示したりする子どもは多いが（齋藤, 1982a）、そうした表出類型の入り混じり、両性具有的性質の底に、すでに核同一性がかなり確かに感じとれる場合を経験するのである。

多分、「核同一性」ということばは、このように、ごく即自的なレベルで、自己存在が、自然な性のままを受容されて在ることの確実感、無理のない自己開放感覚が、まだ未分化ながらも根づいている状態を、指しているのであろう。そしてそれが「臨界期」を持ち、ある時点までにあやまった方向で非可逆状態に陥ったり、またその期間内にあいまいなまま性別化し損ったものになったとすれば、それは後々まで尾をひいて重要な問題を持ち越すことにならざるをえない。

そしてそれは、昨今の対象関係論に照らしても、人格全体の発達的基盤が築かれるかどうか、自己存在の基底が備わり、対人的な「関係性」へと開かれるかどうかという重要な問題と密接にかかわるのである。

2 母性、父性、とのかかわりが性同一性形成にとって意味するもの

母親との「二者関係」そして父親を含む「三者関係」が、子どもの人格発達にとり段階的に重要な意味を持つことは、すでに多くの精神分析理論やその周辺の理論を通して周知のこととなっている。

それらが性同一性形成にとってどのような意味を持つかは種々検討されてきたが、ここでは重要だと思われる点を次のように大体2つにしぼりながら、

性同一性形成の全体的な流れについて考察を試みたい．その第1は，男子と女子それぞれにおける，母性，父性とのかかわり合い方，それに基づく性同一性形成過程の中で両性が担う課題のあり方の違いについてである．そして第2には，基本的にはリビドー対象という見方に発する，主としてFreud的考えの中での，外的現実的な対象関係における性同一性発達を一方とし，そして他方，精神内過程における性同一性の生成・発展との両面を見ていく問題である．Jung派理論においてもこの精神内生成過程は重要なテーマであるが，結局，第2におけるこの2つの側面は，対象関係論の中での「対象」が外部対象そのものと，内在化された対象表象との両方を意味するのと同様に，互いに表裏の関係にあるものである．この第2の点に関しては，いわゆるFreud的「生物主義」，またJung的「神秘主義」といった呼び方があることからしても，Freud, S. と Jung, C.G. を安易につなぎ合わせることは大いに問題であるが，内と外の両側面を合わせてみることはやはり全体を通してはずせないポイントであろう．それはたとえば，「男性性」，「女性性」といったときに，それが外部存在としての同性・異性の属性を意味するのか，あるいは内的な精神機能の性別に応じた特質として想定されるものを意味するのかといった形で，いつもつきまとう問題でもある．と同時に，そうした外的側面と内的側面とは緊密な循環関係・不可分な関係にあることを何よりも念頭に置いてかからねばならないであろう．

ともあれ，まずは第1の問題から入っていくとして，臨床心理学的立場からの関心事は，男子と女子が，母性存在，父性存在によってどう支えられ導かれるかといった，健常で肯定的な面だけにあるのではない．むしろ「自己」形成のために子どもがどのように「父親」・「母親」と格闘していくか，そしてそこにさまざまな困難や危機がどう潜んでいるかといった面にも目を向けながら，発達的現実そのものをとりあげていこうとするものである．

(1)「母性存在」

(a) 母‐娘

最初の愛着対象であり，また生存環境そのものでもある母親との二者関係

は，すべての子どもにとって，以後の人格発達のための基盤を用意するものとして大へん重視される。それはもはや精神分析的な対象関係理論に限らず，発達心理学や教育理論などにも広く及んだ，一般的見解ともなっている。母－子関係の中では本当に良質の絆が築かれ，その良質さのゆえに，むしろ固着が解け易く，そのため分離が傷痕にならないといったあり方が求められるものの，かといってそれがいつも約束されるわけにいかないところが問題である。

　Freud によると，人間の性愛的生活は一たん母親に定着させてしまったリビドーをそこからどう解放するかにかかっていると言われるが，性(セックス)が宿命であるならば，最早期における愛の対象とのかかわりも，一種宿命的だといわねばならない。

　女児にとってこの本源的な母－子関係は，つまり同性間の関係である。女児は初期の渾然とした自他融合関係，そして共生的な相互同一視関係を根本的に切ってしまうことはない。むしろ女子の場合には対人関係様式の，そして後にみるような精神機能様式の特徴である, 対象との「同一化」や「合体」，Jung 派の「神秘的融即(パーティシパシオン・ミスティーク)」と呼ぶものがそこから帰結されていくことになる。個々の具体的な母－娘関係は，両方の個体的条件の絡み方，また置かれた状況によって多様となるが，基本的に娘は，生命連鎖の中では，「母親」が再生産され延長されるものでもある。母娘は，原始の母権文化にみられる通り不滅の，精神的には，男性を容れることのない単性生殖的完結体を象徴するものでもある＊。女性の特質が，「おのれの存在への，つまり，おのれ以外のすべてを拒否する深い沈潜」(Simmel, G., 1911) に認められることの内実は，いってみれば「始源的同一性」感覚を，深層においてこのように母親と共有していることにあるのであろう。

　＊　これは最近の比較行動学的研究から，猿の場合にまで拡げてとらえられている。

　Freud は，母－娘関係はもともと性欲動対象になり得ないもの同士の，また男根欠落者である不完全体同士の同性愛的関係（娘の方が母親に男性型リビドーを向ける時期を含む）としてとらえる。そしてペニス羨望が双方の間

で交叉しているため,たとえば娘が母に対して抱く幻滅や恨みなどを含めて,満たされない両価感情にやがて包まれていく,そうした関係だと述べている。

　発達心理学者 Kohlberg, L. (1966) は,先説の「刻印づけ」と照合しながら性別認知の発達をみている中で,自他の性別一貫性（ジェンダー・コンスタンシー）（時間的不変性）は7歳以前では確認できない場合があるものの,大体4, 5歳までに自他の性ラベリングが認知面で固められること,女児の場合にはそのあたりから,玩具や仲間選択,それに行動特徴として女性型を必ずしもどんどん伸ばしては行かなくなることを,種々の研究結果をまとめながら報告している。そして女児が成人女性の特質としての「養育」や「非攻撃」,「抑制」,また「身体美」については,それを道徳的「善」とも結びつけること,成人男性の「力」や「攻撃性」に対するよりも,それらにより高い価値を与えることを調査資料によって示している。

　Kohlberg 自身の解釈ではないが,性差の認知が女児にとっては,より肯定的な自己像を結ぶことにつながらないこと,そしてそこに Kohlberg の述べる「あいまいさ」や躊躇がつきまとうものの,成人女性像に価値を置くところは,Freud (1931) の述べる「両価性」の問題や,また「母」存在との関係が終始女児の拠点となり続けることとむしろ符合するものであろう。

　女児の性別自認は,Abraham, K. (1927) の「貧弱な外性器」認識とイコールであり,そのため男根所有者であったはずの母親の代りを父親に見出し,そこに逃げ込もうとすること,また欠落（あるいはかつて所有していたはずのものの喪失）を補おうとして自己愛が強められるにいたるなど,どうしても暗部を含み持たざるをえないといわれる。とはいえたとえ母-娘関係が多分に自己愛的彩りを含むことは否定できないにしても,他方男性側の,「男根ナルシシズム」(Horney, K., 1924) も無視できない点であり,自己愛の問題は,それらがより健康で生産的な性質のものか,また自他にとって退行的破壊的なものかの観点から,注目されていくべきなのであろう。

　この自己愛性との関連で,男女児とも発達早期には,たとえば Singer, J. (1976) や,Fast, I. (1978),さらには Bettelheim, B. (1954), Kubie (1974) などが例をあげながら指摘するように「両性具有」心性あるいは願

第13章 性アイデンティティ 343

望を示す問題がとりあげられる。つまりそれは「万能性」の世界でもあって，彼らは現実の性(セックス)によって限定された存在であるよりも，両方の性器を備えて，他方の性にも属しうる存在として，大きくなれば父親にも母親にもなれると感じていたりするのである。こうした自己像のあり方は他者像とも対(つい)になっており，たとえば，Freud（1909）の事例「ハンス坊や」が，母親にもペニスがあったり，自分や父親が男性のまま妊娠したりすると思い込んでいる通りである。こうした原始心性は，未開文明の中の種々の儀式や，神話，彫像や絵画などの作品にもあらわれており，「異性器羨望」と呼べるものがあるならば，それはもともとこうした万能性の未分化な心性と結びついて男女それぞれの中に存在する性質のものである。

　性差認識はこの点からすると，万能幻想の解体，有限性を思い知ること，原初的な自己愛の傷つきに他ならない。女児における男性器へのこだわりは，Fast によると理想的性器，つまり絶対に到達できない完全な世界への執着を象徴するものであり，そうした万能的な全体性への志向が一方では女児をして父親に向かわせることになる。この時には，対象関係論的に，母親が満足を与えない，いわゆる「悪しき」対象の，また父親が反対に充足をもたらす「良き」対象のイメージを担ったりする。あるいはファルスの存在そのものを認めることを止め，したがってその有無が問われることもなく，もとの緊密な母-娘全一世界に戻りとどまろうとするところが女児の特徴だと考えられている。

　Freud には，このあたりのことを「不完全な男性器」の持ち主たる女子の悲劇としてとらえるところがあり，解剖学的に劣小な男性器を両性的に備えている女児は，初期には男児と同じように男性型のリビドー目標や行動特徴を見せながら*，あるところでペニスを持つ男児との「違い」という壁にぶつかる。そしてただ羨望と嫉妬にとらわれた存在に陥るあまり，女性としてのセクシュアリティそのものを結局十分発達させられずに，中途半端にみずからの性欲動を封じこめた存在になっていくとみる。そしてこの屈折・苦闘のために，30代には人格全体がもはや発達の可能性を失うまでになってしまうと考えるのである。こうした考え方の中でセクシュアリティの未発達

は，母-娘関係への滞留と相関的にとらえられ，彼のヒステリー症例「ドラ」(Freud, 1905b) における，性器性愛への移行の困難さ，性欲動の抑圧と，「母親」への隠された同性愛願望との連なりによってもそれが例証されようとする。

 * この点については以後かなり異論が提出され，女児はかなり早期からクリトリスのみならずヴァギナ感覚を持つことが，Horney, Jacobson, Kestenberg, Trow, Fast など多くの研究者によって観察主張され，女性型の器官様式・行動様式がもとからあったと考える流れがある。

 けれど娘にとっての母親は，「男性」になろうとしながら必要十分な資格（ファルス所有）が与えられない点で娘の同病者，もしくは，共謀的に娘の女性同一性発達を拒む存在であるというよりも，娘のゆるぎようのない女性同一性そのもの（あるいは母権同一性と言うべきか）の拠点としての意味にまず目を注ぐ立場がある。

 ともあれ娘にとっての母親の意味はただこれらにつきるのではなくて，父親を含む次の三者関係に入って後，どのような女性モデルとなり，Ross, J.M. (1979) がとりあげるような「世代同一性」の模倣対象になっていくかといった点で，さらに問題となっていく。

 (b) 母-息子

 本源的な母-子一体関係が持つ発達基盤としての意味は女児の場合と全く同じであるが，母-息子は互いに異性であることによって，そこでは独特の関係が織りなされていく。

 Freud (1917) は，母親側のファルス・コンプレクス，また広義の性欲論を背景にしながら，「ただ男の子との関係のみが，母親に無制限の満足をもたらすものであり，それはあらゆる人間関係のうちで最も完全な，最も早く両価性から離脱した関係なのです」とみる。また Jung (1943) も，「心の像の最初の担い手はたいていいつも母親であり，後にそれは，肯定的，否定的いずれの意味であれ，どっちみち男性の感情を刺激する女性達となる」といった意を伝えている。

 このように母と息子のそれぞれにとって互いに相手がのっぴきならない存

在であることの様相は母‐娘の場合と違っている。ともかく母親は無意図的にしろ身辺の世話（女児に対するのとは，両者の交互関係から結局微妙に異ならざるを得ない世話のあり方）を通しながら，幼児の性的興奮性と絶えず身体ごとかかわっていく。この点で，最初の「誘惑者」でもあるとするのが，家族に露骨なまでの性的自然性を見てとろうとするFreud以来の考え方である。そして息子が，純自然的にはそのように性欲動の最初の対象でもある「母」との，存在全体を賭けた密着関係をどう収拾していくか，それが発達上の重大課題になっていく。

　男児にとって母親との共生的相互同一化は男性同一性形成上「誤り」である。女児とは違って早晩その解消，つまり脱同一視（ディスアイデンティフィケーション）へと向かわねばならない。性差の発見は，女児にとって既述の意味で痛手であったとして，もう一方の男児にとっても，それはやがて去勢不安に結実していく問題だけではなしに，母親との違いの認識，自他融合の解消，母親＝女性，との訣別の問題がつきつけられていく点で大きな，そして重い衝撃となる。

　「分離‐個体化」はこのようにして男児にとってより尖鋭な課題となる。それは，男性同一性を築き守ることの代償として，母なる世界，つまり「快」的な自他癒合の世界の抑圧へとつなげられていく。女子ならばたとえ，ヘーゲル流の母親との「発展なき統一体」の中に深層存在としてとどまっていても，女性同一性の原基が揺らぐ心配はないのにくらべると，男子の場合，そうしたあり方は深いところで同一性喪失の恐怖を招きかねない。Jung派が内的・象徴的な「母親殺し」によってこそ，まず自我確立への歩みが固められるとするのも，この点を指している。もっとも，これはことに西洋的な意識・自我の発達における必須条件として問題となる性質のものであり，たとえば日本のようにキリスト教思想や父権性文化とは異なる世界の中では，昨今話題となっているように，こうしたラディカルな，そして象徴的意味の高い「母性性の否定」が比較的早い時期から子どもの課題となることはない事情にある。筆者もこの点については別にとりあげている（齋藤, 1980）のでここでは一応省くが，西洋を典型とする，ことに男子モデルの自我形成においては，甘くなれ合った一体的充足の母性世界を基地としながらも，そこを

去り出立することを前提としなければならないこと，そのときの「分離」は後々にまで尾をひいていくことは終始見落せない点のようである。
　息子にとり母性拠点を完全に捨て去ること，逆に言えばそこから文字通り切り離され見捨てられることは，Balint, M.（1968）の「基底欠損」にもつながって，存在全体の存亡にかかわる危機である。そのため，自分を暖め，支え育くんでくれる根底的な「母性」は，Winnicott, D.W.（1965）が述べる「自我支持的母性」として内在化され奥深くしまわれようとする。そして女性たる母親と共生するカオス界からは何とか「足を洗う」ことにより，男性同一性形成＝（西洋的）自我形成に向かうことが本来必要とされるのである。これがどのようにつつがなく進められていくかを思うとき，日本と違って親‐子軸よりも，男‐女軸の方が親密な人間関係の基軸として優先する西洋にあっては，それが想像以上に容易でないかも知れないのである。つまり「母親」が日本におけるようにあらゆるものをひたすら包み込む非性愛化(ディセクシャライズド)した存在であるよりも，Freud が切り込んだように，まずは父親の「女性パートナー」であることによって家族を成り立たせ，従って常に子どもへの「誘惑者」でもありうるのがほぼ西洋的母親である。とすると，どちらが良いかは全く別にして，西洋で「母親」が「女性」から切り離してとらえられることなどは元来不可能に近いのであろう。ただし，これはどちらがより顕在化しているかという，あくまでも相対的な問題としてみておいた方がよいように思われる。
　ともあれ，この「分離」の課題は男児だけのものではなく，母‐息子双方のものである。この結合の強さには最初に述べた通り母親側の要因が絡んでいて，それが終始発達を阻む強力なしがらみになっていく場合を，1-2 の同一性病理にもみた。つまり変性症などでは，母親側が息子に対して過度の，しかも一方的なとり込み型密着を示すことが多いと指摘された通りである（Meyer, 1982）。男児は，母親の隠された願望や野心の，象徴的に万能な実現者たるべく，願望充足的に母親との共生ファンタジーの中に閉じ込められているうちに，知らず知らず女性同一性が伝染し，それがあたり前となって同一性葛藤さえ起こさない場合や，母親からの分離により「母性」から遺

棄されることを怖れる防衛として妥協的に母親と融合した，結果的に両性的な同一性形成に到る場合など，重篤な性同一性障害が報告されている．これらはいわば Jung における「母殺し」，「怪物退治」ができなかった例であり，また「ウロボロス」的な近親相姦状況の中で，男性存在がいつのまにか母なるウロボロスにからめとられ，去勢されてしまった例ということでもある．

またこの一方，近親相姦の恐怖が母親への愛を故意に「敬愛」にしてしまったこと，あるいは単一の性衝動が肉欲と精神的愛着とに宿命的に分離されてしまうことなども，もっと一般的な問題として，母‐息子関係を原モデルにしながらとりあげられる点である．

いずれにしても息子は，「母」との関係の中で混乱しまた苦闘しながら，ずいぶん無理をしてそこから這い上る形で男性同一性に向かうようである．這い上るその腕を引っぱるのは後にみるように「父」であるとして，男性同一性形成には，この「這い上る」という，女子とは違った精神的な力仕事が生み出すさまざまの気張りと，その足が引っぱられたり，ずり落ちたりすることへの恐れや否認といった面を考えに入れることが，臨床例に照して，あらためて必要に思われてくる．女子ならば，墜落してもそこはもともとの同性の地帯であるのに比して，男子の落下は，「男性」から「女性」への転落を意味してしまうことにもなるのであろう．これはたとえば，神経症レベルから精神分裂病圏にかけて，ロールシャッハ・テストなどの投影データが示す自己表象のあり方が，男性患者の場合，重篤化するに伴って女性を象徴する表象によって覆われていくことを筆者が少なからず経験していることと思い照しても興味深い．

このようにみると，Freud が述べるように男子の性同一性発達が，単純に「小さい男性」からリビドーの強化のままに，また明快なモデルに先導されるままに，「強大な男性」へと直線的に進めばよいといっただけのものであるとは言えないことになる．

Kohlberg (1966) や Maccoby, E.E. ら (1975) が広く通覧しまとめている，性自認や性役割行動学習の発達についての研究結果の中でも，全般的に，男児の方が「男性ラベリング」に敏感で，「男らしくない」とか「女みたい」

といわれることを嫌う傾向が強いのがみられ，親側も基本的にそれと同じ態度をとっている。つまり親は全般に子どもがそのままの「性」に即して受けとめられることを好むが，男児が「男らしくない」特徴を示したり，また人からそのように見られたりすることをより一層気にし，とくに父親には男児への「男らしさ」期待が大きいことを Lynn, D.B. (1975) は結論している。男児自身の玩具や遊び選択，同性モデルの強さ，攻撃性，力といった男性性ステレオタイプの模倣も，女児に較べると顕著に，幼児から学童へと時期が進むほど強化，促進されていくことが，男子についてのほぼまとまった結果である。これらにも，ひたすら同一性獲得に向けて突き進む男児的がんばり（伝統的社会によるその実質的裏づけにも基づいた）をうかがうことができるであろう。

　以上のような男児の対母性課題は，対象関係の中での自他分離，男性としての個体化と共に，精神機能として，女子の「融合」とはむしろ逆に，「距離をとる」「分化させる・分析する」といった意識のあり方，いわゆる無意識の非合理性を切り離したロゴス的機能の発達とかかわっていく。したがって「母親と自分とは別である」ことの体験が含む疎外要素もそのままこの精神内過程に敷き移され，意識と無意識との解離という内的疎外の問題につながる可能性が生じる。無意識（「女性」をその中に放り去った）の切り離しと，その分だけ力動的観点からは潜在力が強まる，「母」回帰願望，あるいは「女性的なるもの」の内奥からの反逆，この両者への引き裂かれとそこから来る緊張，そして防衛の強化がそれであろう。

　Jacobi, J. (1942) は「意識の無意識に対する反抗とそれを軽視することは，ともに歴史的発展の必然である。というのも，そうでなければ，意識は決して無意識から分化することができなかったであろう。」また，「……無意識を（成り行きにまかせ），それをひとつの現実のように（体験する）ことは平均的ヨーロッパ人の勇気と能力とを凌駕している。彼らはむしろ好んでこの問題を全然理解しないことを良しとしている。……」と述べるが，男性（父系）優位＝意識優位，の西洋的世界の中ではことの他，男子における意識と無意識との再統合（結局は無意識層の意識化）が，より高度の人格発達上重

要な課題にならざるをえないわけである。この課題が発生する淵源は母－息子関係に，そして男性社会の伝統における性同一性形成に向けての，その原初関係からの（再び帰ってはいけない）旅立ちにあることを以上みてきた。ここでは「母」からの分離の面をむしろ中心に迫ったが，その裏面に根深く存在する男子の強い母固着の問題は，後節でもう少しとりあげることにする。

(2)「父性存在」
(a) 息子にとっての「父」

父系的理論の典型とされるフロイディズムでは「父性」の意味はほとんど息子に対するものによって代表されている。「父」は，先述のような母－息子の融合に割って入り，息子をカオス界から這い上らせる存在である。とは言っても，「エディプス葛藤」に示される通り，男児にとっての「父」は，まず母親への性愛的接近を去勢威嚇する存在，強大なライバルであり，男児は結局，この攻撃者＝大なるファルス，の禁圧に屈服・同一化することを通して，母親への近親相姦的な接近を止めると共に，父権の世界に帰属していく。「エディプス」物語に加え，同じくギリシャ神話の中の，ゼウスによるクロノスの去勢と殺害，そのクロノスが母により子宮の中に一時かくまわれ助けられる話を合わせると，男児が父親に早くから抱く無意識的な敵意と怖れ，男児が「母への憧憬」（あるいは回帰願望）と「父の意志」の選択との間を強い緊張の中で揺れ動くさまがまさによく現されているといえよう。このときの男児の心性は，たとえばアスタルテ信仰のような東洋的母型宗教と，禁止・戒律・割礼（父親による，息子の近親相姦衝動の象徴的禁止）で特徴的なユダヤ教など，父型宗教との分かれ方につなげて考えられるところでもある。

息子は，「父」を含むこうした三者関係を通して，自他，男女を相対的にとらえ直しながら自分自身を男性側に位置づけていく。と共に，「父」が示す規範や制裁をとり入れることにより，自己規制力を身につけて精神的にももはや退嬰的な一体性から抜け出た，文化的存在になっていく。父－息子の関係は，このように去勢コンプレクスとファルス原理の遵奉・強調によって

成り立っているとも言えるが，それによって父権的な道徳性を身につけながら，男児は全体として，男性同一性（あるいは父権同一性）形成の歩みを進めるのである。

こうした Freud 以来の伝統的な父-息子関係の考え方に加え，息子に対する父親の機能をもう少し微細に，また攻撃的に息子を「母」から引き剝がし引っぱり上げる面だけではなく，もっと養護的な面でとらえようとする見方がある。つまりたとえば Ross (1979) が諸説を展望しまとめているように，父親はすでに前エディプス期から，直接間接に子どもの母性体験を支え補うのみならず，父親自身が後の威嚇者とは異質の「愛育者」としてまずはっきり登場してしまう面を持ちうる。それによって男児は，身辺に接近可能なモデルを得，母親との同一視の解除と父親への移行を，あまり大きな痛手や無理なしに，もう少しスムーズに果せそうだと考えられている。また父母が合わさることにより養護機能の中の濃い「母性」質が中庸化されて，男児の「呑み込まれ」（エンガルフメント）がいくらかでも防がれうる。さらに父母が「二重鏡」（ダブルミラー）になることによって後の本格的な三者関係が予備されていく中で，子どもにとって自他区分がより容易になるなど，全体として「融合」を解こうとする男児の仕事を助けていく面があるのではないかとするのがその見方である。

同じく「父親」の機能を心理学的な実証研究を通して検討している Lynn (1975) によっても，父親は男児の「男らしさ」に強くこだわるかかわり方においてよりも，むしろ養護的なはたらきかけによって，男児の性同一性形成に加担しうることが指摘される。

これらは昨今の父権の後退やエディプス葛藤の衰弱さらに核家族化における父親の役割といった時代背景を感じさせもするが，男児における母親との共生的同一視解除の苦闘からみると，注目してよい面を持っている。

(b) 娘にとっての「父」

Freud 的には，娘の男根羨望によって父は「母」に置き代る対象となり，次には欠如している男根に代る子どもを異性としての父から得たいという形で女児なりの「エディプス・コンプレクス」に入るとされる。けれども，男児のような去勢不安があり得ないために，また男根コンプレクスが絡んだ母

-娘結合の強さもあって，そのファルス的強大さへの強い異和感や怖れなしに，「父」を鮮明に一項として加えた，力動的三者関係は本当は成り立ちにくい，つまり本格的な異性愛的エディプス葛藤には到りにくいと考えられている。母-娘関係に戻ることには両価性はあっても男児のような発達的危険がない分だけ，「父」との関係は不安定，不完全になりやすい。これが同じく Freud 派においては超自我・道徳性の発達不全および異性愛的な次元に抜け出た女性同一性発達の難かしさと結びつけられていく。

　ここで Jung 派の見解に一度目を移してみると，冥府の王ハーデースの神話に託される見方がまず浮かび出る。ハーデースは，デーメーテルとペルセポネー母娘の間に突如荒々しく侵入し娘ペルセポネーを強奪し去る。母の悲嘆の大きさは大地を枯らすほどであったため，ゼウスが仕方なくハーデースを説得し，結局娘は 1 年の三分の二を母の許に戻って暮し，残りを夫と共に暮すことになる。

　これは女性が，母との本源的一体関係の外に出るときの「父」の意味を示すもので，女子の場合には，男子のようにみずから太母圏への滞留を否定しながらもがき出ようとするところがないために，外から侵入する強大な力に委ねる他はないとする見方である。「父」こそがその外的力であり，ハーデースによって示されるのはまず「父権的ウロボロス」と呼ばれるレベルの「父」である。これは，超人間的な男性神的ヌミノーゼの力でもあり，ゆるぎなき母-娘完結の世界にいた女性は，突如この思いもかけない異質の力によってゆさぶられる。強引にこれまでの安泰な自然状態の外に連れ出され，「男性」なる他者をつきつけられることによって，初めて意識生成に向かうとされるのである。

　女性にとってのこの父権的力は，Neumann, E. (1953) によると，処女に対する神の関係，つまり，忘我の中の強い精神的感動，聖性体験を呼び起こす面を持つが，河合 (1982) は『山椒太夫』を引用しながら，本当の威厳とは違った，太母の力とも似通ったその非合理な力の面に注目する。

　いずれにしろ，女性が受動そのものの形で丸ごと未知の父権的影響力に曝されることの問題がそこでも提示されている。Freud においては道徳性につ

ながる高度な精神原理としての「父」の効力が娘に及びにくいこと，非万能体，喪失体としての自己の発見に伴う，男根コンプレックスの強化，セクシュアリティそのものの消極化と制限，マゾヒズムがとりあげられたが，ここでも意外に似たことが語られているように筆者にはみえる。

　まず娘にとって母との原初関係が捨て難いこと，また激しい男性的征服によって自己が卑小・不全視され，受動的な自己放棄に到る点がそうである。これは娘の中の，「母離れ」による女性（母権）基盤喪失のおそれと，父権的力への無力なまきこまれを意味している。Jung 的には，これを悲観的にみるよりも，女性が太母圏外に出て異性の世界に接触しながら，「女性」として個体化していくための，またその場合身体の面に加えて女性として必要な精神性を身につけていくための不可避なステップとしてとらえられるが，同時に危険の指摘も含まれる。それは，超人格的な精神世界に対して女性特有の「神秘的融即」を起こすことにより，折角の「他者」感得から，また実質的な自他未分心性にあらたに陥ってしまうこと，それはいわゆる「アニムス憑依」，女性の「不自然で不完全な男性化」と言われるものでもあるが，まさに父権的ウロボロスのとりこになって，その破壊的な呪縛の中で本来の「女性」を疎外させていく姿だとされている。

　「父」の作用も「母」の場合と同様，このように両義的であり，父-娘の関係も，一方の自己喪失や停滞は他方に質的な後退を招くといったふうに，父-娘のあり方はきわどく相互循環するものとしてとらえられている。もしこれを Freud その人にあてはめてみるならば，Freud の女性論全体にややもすれば漂っているペシミズムや，後に「理解できない暗黒の大陸」と女性を表現するにいたる当惑は，患者を含む当時の女性との相互関係そのものから生み出された，Freud の中の「父」の低迷であろうか。

　とはいえ，たとえば既述の患者ドラと分析者 Freud との関係は，それを望遠視してみると結構興味深いのである。女性患者ドラは，ヴァギナ的性器性愛への移行の拒絶という深層動機を，神経症，現実の性的誘惑者の告発，治療の進展の拒否・中止といった形で体現（行動化）する，Freud にとっては理論通りの「どうしようもない女性」のまさに典型である。が，ドラ

が終始こうした「女性」のまま，男性（父権）Freudの分析マインド（精神原理）に抗い続け，Freudをてこずらせて手のうちに入らなかったそのことが持つFreudへのインパクトは無視できない。そのようなドラはFreudに「転移」という画期的な治療観点の発見をもたらすにいたる。つまり，ドラはFreud理論における「未成熟な女性」であれ，ともかくその「女性」たることを捨てなかったこと，つまりFreudという「父」にとり憑かれなかったことは大きい。Jones, E.（1927）が言う意味でのFreudの男根中心的見解に対して意識的にではないにせよ抵抗し続けることによって，Freudのファリシズム（父権的精神原理）そのものをより洗練させることになっていたのである。これをドラの徹底（Freudによれば低次の停滞）とフロイトの徹底が生み出した，客観的には皮肉なまでの，一つの生産的循環関係であったとみるのは誤りであろうか。

そこでは知らず知らずのうちに，父-娘関係の重要な位相が具現されたともみられる。ただドラの側に立つとき，長期的に見れば，彼女は結婚して母親になったものの，やはりFreudの高弟である別の分析医の患者となり，「かつてFreudの患者であったこと」を誇るふうであったと伝えられる後日談には，以前の奮闘にもかかわらず結局は父権の配下に下り，そこを出るに出られなくなった姿を思わせるものがある。精神分析における「父権」にとって，「女性」との相互性の問題はやはり大きく宿題として残されたことになるのだろうか。

ともあれ，女性の精神発達にとっての「父」の意味にもう少し触れておきたい。女性は，先述のように異質の「男性」なる他者のつきつけによって，基本的には男児のように自他を相対化して区分し対自的存在へと移行する契機を得るといわれる観点は，これはFast（1979）が問題にする「性分化」，「自己の焦点化された自覚」に直結することになる。これはまさに意識の生成発展の問題に他ならないが，Neumannらが，女性のこの意識を「母権的意識」と呼んで「父権的意識」と区別する考え方を続いて思い起こさせる。

この意識は，後の「魔笛」に見る音に似て確実な言葉にはなりきらない，

情緒性が強く,内容が一義化しない性質のもの,Kristeva, J. (1974) が意味する「父なる記号圏におさまれないもの」のようである。それは能動的にすばやく対象を処理し,分析・整理するよりは,何かが浮かぶのを待ちながら受け容れていくといった,分節した意識構造の統制にはあまり基づかないもの,明徴ではない闇の過程をたどるものといったふうにとらえられるが,さしずめ,Watts, A. (1963) による「スポットライト」式意識と対極の「溢光照明」式意識というところであろうか。

　意識分化ということ自体が,中味はともあれ,「全体性」に執着する女性にとって容易なことではないとしながらも,Neumann は,やはり女性も精神的に男性的側面を発達させながら文化化の道を歩まねばならず,女性はそのようにみずからを「前に押しやる機能」を男性的なものから得ないと,ともすれば後ずさりし,それこそ「発展なき統一体」にとどまってしまう旨を強調する。

　やはり女性なりに男性原理なるものを介しながら意識を築き鍛えねばならず,「父」の精神がそこで大役を担うことになるようである。確かに神話や昔話にも数々あらわれるような「父」の精神の体現者としての女性像は,女性の一つの典型であり,娘の方が,競合関係の中での「敗者」たる息子よりも,「父」の精神をよりストレートに,本質そのままに,その「父性の高さ」を取り入れうるところがあるかも知れない。

　ただその精神の中の最も高度な父権文化性を意味する道徳機能に関しては,先述のように Freud が匙を投げかねないところであった点が再び思い起こされてくる。

　確かに意識化そのものが自己疎外になりかねないのが女性だとすれば,自己規制や高度の自己観察が要求される超自我機能の形成は容易でないかも知れないものの,超自我がそもそも父‐息子にみられたように,去勢威嚇に発する制圧的な掟の内在化であるところにも問題が感じられる。女性の道徳性をそのような父権機構へのイニシエーションの面だけで裁定して,自己愛的未成熟さに基づく道徳的低格性,昇華能力の低い非文化的存在ときめつける以外の見方はないであろうか。

女性にとっては，権力的征服や攻撃は，それ自体すでに「悪」として感じられるところがあり，攻撃者への同一化を基本にした父系の道徳律にはなじみにくいものがある。筆者も別に，父系のみでない母系の道徳源を個体発生的にとりあげた（齋藤，1982b）が，女性の場合には自然愛や生命愛が基調になっていて，この母系の，つまり，自他を「支え」，「はぐくむ」位相に，より重点がかかるように思われる。

　Hoffman, M.L. (1975) は社会心理学的に，男女のモラル内在化（インターナリゼーション）を比較検討し，女子の方が，愛情交流や他者の要求への感受性を通して，よりヒューマニスティックな道徳性を身につけるとする。そして男子は，女子のそうした「表出的」機能よりも，現実対処的に「道具的」機能を発揮しながら，「達成」に向けての競合関係に多く身を置く中で，むしろモラリティを乱され易い，と述べる。Neumann も「良心」，ことに父権社会の伝統的価値基準は女性に十分共鳴できるものではないことを指摘しながら，そのことを父権的意識との同一視が女性に起こす自己疎外感，女性の「全体性」保存の欲求によって説明しようとしている。

　かなり多くの紙数を費やしてしまったが，娘にとっての「父」は，同じ最初の異性ではあっても，息子における「母」のようにいわば既存の，そしてそれを何とか収拾し去ることが課題となる存在ではない。前方から強力に投げかけられる光の作用をどう新たに受けとめるか，それへの接近，回避を含めてどのような「関係」をこれから創り出していくかといった性質の対象で，それはあると思われる。そして「父」は内的外的に，「異性」への「開け」を先導し，息子を「男性」に向けて引っぱり上げるのとはまた違って，娘に新しい異質の世界を知らせ移し込む存在である。

　こうした「父」は女性同一性形成にとって，息子における「母」のように同一性を根底的にあやうくさせたり，呑み込んでしまったりする危険な存在とは感じられないにしろ，先述の否定的な面も含めて，女性にとって真に有意義な意識が生成するための「父」の役割は筆者にとりいま一つ鮮明になり切らないまま，今後の検討課題として残るのである。

3 同性モデル,異性モデル,近親相姦タブーの内外

「父」と「母」はすでに同性あるいは異性の原モデルでもあり,特に西洋的には,異性の原モデルの中に幼い性同一性が呪縛・吸収される危険が話題となる。その吸引力の基盤はもともと広義の性愛的誘惑性におかれていて,Jungにおける「父権的ウロボロス」との精神的な聖性体験と言えども基本的にはエロス的である。こうした「原異性」との性愛的関係は神話的世界の中でこそ自由に解放されているものの,現実界では,近親相姦タブーのはどめが強くかかっている。逆にこのタブーこそが人間の精神を構造化するとともに,神話的ファンタジーの豊富な中味がその一端をのぞかせている通り,精神の潜在エネルギーがたかめられながら,それによって文化が築かれてきたいきさつはよく知られている。個人における文化の形成とも言える性同一性形成も,やはり,エロス的な対象希求性と,それのタブー,つまりは接近‐回避葛藤の緊張の中でさまざまに曲折を経ながら進められていくのである。

　子どもが幼い時期にまずタブー内の対象と絆を結ぶことから出発する意味はやはり重大だと言わねばならない。父母をはじめとして,兄弟姉妹へと,リビドー的欲動を誘われながら,一方それを非性愛化（ディセクシュアライズ）し,また心の中の「異性」へとしまい込んでいく課題を幼い子どもは背負っている。その成否はさまざまで,傷痕や無理な防衛,あるいは同一性生成を進展させることの放棄もいろいろに生じることになり,それが,精神の機能や構造の発達全体に影響を及ぼしていく。

　Freud流にとらえられる近親性愛とそれに対する明確な禁止がある一方,たとえば日本におけるように,予め母親がすでに非性愛的存在と化している中で,「男性（対）女性」が,「親（対）子」という非性愛化した関係によって覆われたあり方がある。この相違が子どもの性同一性の中味（先に親自身の性同一性のあり方の違いの方が問われねばならないが）をそれぞれどのようなものにしていくかも一つの検討点である。逆に欧米においては既述のように近年父親自身が早期から養護的かかわりをすることに意味を認めようとする傾向が生じている。つまり従来から「エロタイズド・マザリング」とか誘惑的母親あるいは父親という呼び方はあるが,全体的に非性愛化（ディセクシュアライズ）した

親機能が，父親の非性愛化した養護的参加によって実現されやすいという考え方である。それは息子の母呪縛を軽くすると共に母同一化解除をもスムーズにしていくこと，また娘にとっても，父親との間に非性愛的な愛情関係が予め成り立っていることは，エディプス期や思春期に形成される性的自他像が穏やかに，また不安や罪悪感の少ないものになっていく上で有効であることなどが，やはり Ross (1979) によって諸説展望の上結論されている。

　このように，近親姦タブーとの拮抗性を予めゆるやかなものにし，緊張を下げておくこと，言いかえると妥協的に防衛を敷いておくあり方は一つ注目される。これと，エディプス期の尖鋭なドラマに集約されるような直接ラディカルに対立緊張するあり方とのどちらが，性同一性形成にとって無難であったり意味深かったりするであろうか。そして，はっきり分極した性別化に向かう度合にそれらがどう影響し，また性同一性の中味を実質的にどのようなものにしていくかといった点は興味をひく。これまでのところでは西洋の方が男女（あるいは「男性」と「非男性」）に分極した軸を中心に置いており，したがって，両性の特徴が混在するあり方（特に男性が女性的でもあること）は社会的タブーに抵触するものとなる。これに対して，日本では男 - 女分極はむしろ二次的ともいえ，「親（母）- 子」，あるいは「大人 - 子ども」同一性が主になるとともに，両性的特徴の混在が西洋ほど厳しいタブーに会うことも少ない。したがって全体が対照色に分極するよりは，類似色あるいは中間色的な内容の同一性となり，土居 (1971) の「甘え」は，このようにあまり分節・分極しない性同一性のあり方とも対応するところがあると思われる。

　ともあれ性同一性は，異性との接触の中で異性によってどうみられ，どう働きかけられるか，つまり異性にとっての対象価のあり方と，他方同性モデルとの照合やその特徴の同一化，それらいずれを抜きにしても形成されていかないであろう。前者が同一性感覚を喚起，誘発する作用を持つとすれば，後者は同一性を内容的に具備し固めていく上での情報源だとみることもできる。また異性モデルは違いを確認するモデル，また同時に期待像を提供するモデルで，また同性モデルは，同じであることを確認させたり，理想像を提

供したりするモデルというふうに，別種の「鏡」としてとらえることもできると思われる。

　Maccobyら（1975）やKohlberg（1966）による，子どもの玩具選択や遊び相手の選択，また行動模倣や，同性，異性の価値づけといったものの研究結果のまとめを通しても先のことは具体的に認められる。

　ただ「モデル」や社会学習的な「同一視」の観点は，ほとんど「性」の分極化（ことに慣習的・伝統的な社会的ステレオタイプに向けての）につなげられるもののようであるが，たとえば「同一視」にしても，それは単純に性別カテゴリー化に向けてだけ作動するメカニズムではない。

　Eriksonは，幼児の性欲が保護者であり理想である人物と結びつくことをとりあげるが，ことに近親関係内で子どもは，異性，同性いずれの相手とも離れた関係にはいなくて，特に親とは密着した相互同一視関係をまさに生きている。そのため異性の家族とも，牽引とタブー，接近と回避の葛藤といった二重構造の中で，そしてまた何とか防衛を敷きながら，同一視（合体）関係を結んでいる。それが，たとえば男児における母との関係のように同一性形成へのジレンマや矛盾として重い負荷になっていく面がある一方，タブーとの引っぱり合いがあればこそ，異性との合体は，それが体現されるかわりに内的に生起していくことにもなるのである。それは，異質性を含んだより豊かでふくらみのある精神内容を生み出させていくであろう。このようにタブー内における対象関係は，単純な性分極化の過程を生むといった性質のものであるよりも，もっと両義化あるいは重層化して意味深長である。そうした特質が異性の親子から異性の同胞に移しかえられて，より濃密にあらわれたりすることは内外の神話等の語るところでもあるが，このあたりの詳細は河合（1982）にゆずる。

　これにくらべると，タブー外での性同一性発達過程はタブー内で早期に根づいたものの延長線上にあって，そうした早期のものを整理・修正しながら固めていくあり方をとるようである。それは，またタブー抜きで性同一性が体現されながら，外的内的に「異性」との「関係性」が成熟度を増していく過程でもある。

考えてみると性同一性形成も，親の同一性が子どもに与える影響を思うだけでも実に世代循環的である。そしてその中ではまた同時に「世代間境界」のくずれや乱れが見られることにもなる。たとえば，父‐娘関係において，娘はときに妻よりも父の内面の異性像をより強く投影させる存在である。つまりタブー枠の中で内的には妻とよりも近しい異性関係を父娘が展開する可能性はよく指摘されるが，それはたとえば Lynn（1975）が，子どもに対する父親の態度，はたらきかけについての心理学的資料をまとめている中にもうかがえる。つまり，父親は母親よりも子どもに性別化した接し方，「性の型づけ」をより多くするが，その中で娘に対しては，家族内で力強く支配的な父親役割をとり，また男性度が高いことが心理測定で示される父親ほど，娘に対しては愛情深い。そして情緒的な接し方をより多くし，娘の女らしい反応をひき出して，娘の女性同一性を強化する効果を持つとの結果がみられるのもその一端である。

このように，性同一性は種々の対象との入り組んだ関係の中で発達の歩みを進めるが，次には，そうした歴史を背負いながら思春期以降，性同一性が，外的内的な対象関係としてどのように本格的に発達していくかをとりあげたい。

4　思春期以降の性同一性発達

この期は，性器的成熟という身体条件をかかえながら，Freud に始まる精神分析学のユートピアでもある，性器性愛実現の時期とみなされる。つまり「性器性」が課題になるが，それは相手とのあくまでも相互的なオルガスム体験力，愛情と性欲動の調和による真の親密性，また性的・生殖的・仕事上生産的という3つの型の融和として，Erikson がまとめているところでもある。そしてこれは，前性器期の器官様式の復活を当然含みながらも，その残滓による支配が相対的に軽い性同一性達成のあり方をしている者同士の関係の中で実現される。そこに，実は男と女，事実と空想，愛と憎しみ，仕事と遊びといったものの対立を超えた境地が存在すると，Erikson（1950）は述べる。けれども一方，青年期は自己全般の再編成という重要な課題を背負

って，役割葛藤や同一性の疑惑・拡散に揺れる危機的な時期でもあることは，種々の精神病態の好発が示すところである。

臨床心理学的には，発達の正常型や標準型をスケッチするよりも，むしろそこでの困難な問題の掘り起こしに比重がかかりがちだが，ここではその困難な点を，Freud 的には特に楽観視されている男子の性同一性形成の側からよりも，逆に女子の側から追うことにしたい。男子側の問題も，それを通して多少とも相互的にうかがえるのではないかと思われる。

さて，女性のこの点については心理学の実証データからもいくつかのポイントがあがってくる。わが国においても柏木（1972, 1974）のものなどいくつかの研究によって，女子青年における性別特性・役割の自認についての葛藤と留保性が一貫して報告されているのがその一つである。

つまり自身の性役割観と「社会的期待」認知との間のズレや対立，性別役割を社会一般のように分極化してみない傾向，また伝統的な性別特性・役割への消極性と男性役割への親和傾向がその中味である。これは男子が右のようなズレや対立を示さず，伝統的な一般の性別役割をむしろ肯定するのと対照的だとして報告されている。

幼児期以来性別化ラベリング志向が顕著な男子と違って，女子は態度・行動・興味の性別化を次第に回避したり，性別化志向があいまいであったりするのをみてきたが，全体的に種々の意味をこめた躊躇，抵抗，葛藤，模索といったものを，それらのデータはうかがわせる。

それらはほとんどが多少とも社会的慣習・ステレオタイプをモデルにおいた研究の結果であることから，時代背景の反映も無視できないが，とにかく女性の性同一性発達の中に含まれる意味深い一般的な問題を，われわれはそこから汲みとらねばならないであろう。

Freud 派では，解剖学的にみた器官の劣性と限界にもとづくヴァギナ的セクシュアリティ成立の困難さ，そして能動的な性的願望の抑圧が「性器性」に向けての女性の性同一性発達の壁になることが指摘された。そしてそれが精神発達全体をも阻害するという筋で，社会的にというよりは，主に心理‐性的位相においてその困難がとらえられてきたが，こうした困難が仮

にあるとしても，それがほんとうに「不利」とか「限界」などといった消極的な性質のものであるかどうか，それはやはり発達論的にもっとよく吟味される必要があるであろう。

このことをめぐっては種々の反論や女性弁護があり，一々詳しくとりあげることはできないが，それらの多くは「男性中心主義」とその社会・文化的帰結への批判でもある。同じ精神分析学内での批判としては，Horney (1926) の，女性の「母性能力」という優越性や男性の「母性羨望」および「男性ナルシシズム」の指摘，そして Adler, A. (1924) の，男性における力・勝利志向と女性劣視との「対」関係の指摘というふうに，社会的矛盾と女性の社会的不利益をとりあげる社会派的見解が代表的である。他には，Jones (1927) の「男根主義」(ファリシズム)と女性器官の過小評価批判なども注目される。

いずれにしろ，これらは，女性の「不利」が男性側からもたらされたもの，もしくは男性側がいわば投影的に女性をとらえる仕方であると言っているようにみえる。確かにファリシズム批判であろうとなかろうと，女性を，「女性」そのものとして一度脱中心化し，離れて見ることが必要には違いない。誰がどのようにしてそれを果しうるかはそれこそ容易なことでなく，本稿全体がそうであるように目下は既存の見解をまずくぐり直すところから始める他ないのであろうが，女性を「非男性」としてではなく女性そのものとしてみることと，男性が男性として一層よく見えてくることとが相関することは確かである。

ところで，女性の「困難」を不利としてではなく一つの発達的ベクトルとして，また生産的苦闘としてさらに見ていくことは不可能であろうか。全体として力動論の立場に基づいているこの稿ではあるが，30歳位で女性は発達的にもはや消耗停滞してしまうとする Freud 的見解をいったん離れて，人生の後半期を含めながらより目的論的に未来性を含ませる，もう一つの力動論としての Jung 的見解に，再び戻ってみることにしよう。それは既述のように，精神の生成発展過程の方に準を合わせながら，外的側面と内的側面を互換的に，また男女を相互循環的にみる見方でもあった。

この点を Jung 派の Neumann (1953) によって見てみると以下のようで

ある。この時期女性は，最初に侵入を受けた「父権的ウロボロス」の世界からの解放を新鮮な「英雄」によって導かれながら果していく。これは「父権段階」と名づけられ，意識がより主体性を帯びる方向に向かうことを意味する。ところが伴侶たる男性との関係において次のような問題が少なからず生じる。つまり結婚によって獲得した男性伴侶は，彼自身の精神の進化過程の中で，まだ無意識を（したがって「女性」を）本当の意味で肯定するところまで来ていない。それは男性が，父権意識をもとにこれまで築いてきた文化価値の中で，集団的に「女性」を抑圧しながら，男性社会内での自己の砦がために勤しむ，その最たる時期に男性側が居ることにもよる。「父権段階」の名もこうした内容を指していて，男性は，父権的な文化価値にもとづいて女性を規制する。父権価値に偏する社会ほど女性は価値を否定され，「悪」としてスケープゴート化する傾向が生じたりする。それはそのまま男性の精神内における無意識（「内なる異性」）の切り離しを意味し，それは専ら，外界の女性に投影されて，女性は非精神的で非文化的低価値者としての位置づけを受ける。

　一方投影を受ける側の女性は，排除され狭められた世界の中で，うわべは平穏でハレム的な生活をしながらも没個性的な男性集団成員にとどまる男性に，精神の先導を期待すべくもなくなって次第に退行し，精神の怠惰の中で前段階の「母権意識」さえあやしくさせてしまう。そして太母との本源関係に向けた後退をたどりながら，結局，当初の母・娘原初関係がそうであったように，潜在的に，男性拒否あるいは母権ウロボロス的男性支配を起こし，男性への復讐をとげることになっていく。このような，「女性」の抑圧→女性の後退（男性の内なる「女性」＝魂(アニマ)の退化）→女性の復讐→男性（父権文化）の活力喪失・衰退の悪循環がもたらす破局は，メディアとイアーソンの悲劇が伝えるところでもある。

　上のようなことから，Jung派ではさらに人生の後半期を加えながら，そこで「真の結婚」「聖なる結婚」を期待する他はないと考えられるようになる。それは精神の生成発展における最終的到達であるが，男性にあってはひとたび抑圧したもの（「女性」）に接触しなおしながら，それを復活・統合す

ることにあたる。また女性にあっては，外よりも内部に再び重心が置き換えられながら，内面の男性的スピリットとのより高度な出会いを果すこと，それによって潜在的可能性を開花させ精神的豊穣性へと到ることである。

以上が Neumann 理論の要旨だが，女性は，ともすれば原初へと引きこもってしまいそうなところを，何とか「前進」に向かうためにその方法・枠組と浮力とを必要とすること，「(潜在的な) 自分が形をなして引き出される」結果になるような，何か推進力，先導原理を獲得していかねばならないことが示唆されているようである。

むしろ男性には「回帰」が，女性には「出立」が最終課題になるのであろうか。

Jacobi (1942) は「男性は物質と化した精神であり，女性は精神に充ち溢れた物質である」ことを問題にするが，やはり男性にとっての物質，女性にとっての精神の意義は大きいのであろう。けれども，女性における精神の出立（意識の生成・構造化）は，男性が最後の内面蘇生にいたる以前の段階で営々と硬質の意識を構築するあり方とは，「母権意識」にも示唆される通り，同形でないはずである。Jacobi がアニムスの機能として重視するところの「理解」や「創造をもたらすロゴス」は注目に価するが，やはり，このあたりはまだ十分本稿に入りきらない。

最後に女性の性同一性がより高い水準に向けて生成されていく過程をあらわす一つの「パラダイム」を，モーツァルトの歌劇「魔笛」に置いてみたいと思う。

この「魔笛」は Neumann がすでに引いて説明を下しているが，オペラ好きの筆者は，以前からこの「創作神話」といわれ筋の変更などがとり沙汰されるこのオペラにこだわっていた。そして今 Jung 的な女性の発達論に照してみると，女性の性同一性の発達的試練や苦悶，そこにかかわる「母権」と「父権」の相剋，救出者としての異性（英雄）の登場と，英雄自身の試練，最後に相互的な愛の世界への解放（高度の父性原理をバックに置きつつ）が，啓蒙的なフリーメーソン調を滞びながらも，全く先の理論そのままに，モーツァルト一流のふくらんだ重層構造の中で描き出されていることに改めて驚

くのである.このオペラ初演の2カ月後にモーツァルトは没するのであるが,その解説は一応 Neumann にまかせるとして,本節ではごく一部に触れておく.

そこでは,「男が導かなければすべての女はその道を踏み迷い,その機能を失ってしまう」と唱われ,また「男と女,女と男は,神性の高みにまで到る」というモチーフが次元を変えながら繰り返されるが,若者(英雄)が命を賭して父権的イニシエーションを通過しようとする時,娘はただ控えて待つこととは逆に,そこでの試練に進んで加わりながら,「私があなたを導きます.愛が私を導きます」と,ひるみそうな若者をむしろ先導する.そして2人の苦難と救済の道に同行するのが笛の音である.この「魔笛」は「千年のかしわの樹」から「深い考え」のもとに「嵐のさなか」に作られたもの(Neumann によると父権と母権の結合の産物)である.この娘の積極的参入はオペラの中でも異彩を放っているが,筆者の中では先述の,女性における「精神の出立」に重なるものが感じられる.

この連想はさらに河合(1982)による日本的自我の中の「意志する女性」につながり,それは全面的にではないにせよ,「魔笛」における娘の,積極性・意志的参入・男性先導と共通する面を持つかのようで,偶然ながら興味深い.ただついでに触れると,河合による「日本的自我」の中の女性(結局,母)は全般にあまりにもすべてをひき受け過ぎる感じである.女性側の困惑や悲しみ,そして耐え忍びや恨みの体験は定かな受け手を持たず,すべて女性の自己処理(「無」への帰着)に委ねられているが,その際の男性(子ども)の役割の小ささ,不確かさがいかにも印象的である.西洋的自我の場合は「男性」質でおおわれながらも,そこには発達過程があって,少なくとも最初と最後(統合段階)には「女性」が大きな存在位置を占める.そのように両性間にある種の拮抗関係・エネルギー交換がある姿とくらべると,日本的自我は,一方の性に偏していて,両性間関係のあり方が,西洋とも対称形をなしていない.性同一性形成はさらに文化に即して丹念に検討されていく必要があるのであろう.

3. 性別化と両性具有(アンドロジニー)

　以上にみてきた主な流れは，男性同一性，女性同一性が種々の発達的課題や困難を含みながら，それぞれどう形成されていくかという 性(ジェンダー) の分極化，性別化の問題であった。この「分極」には，対称形の男女基軸の成立よりも，「男性」対「非男性」への分化ではないかとの論議がつきまとい，古代ギリシャ以来人間の 原型(プロトタイプ) とみられて来た男性側の性別化過程が性同一性形成においても原型として扱われかねないものであった。けれども 1，2 節における男子の個体分離の難業を通して，また発達早期と人生後期を除く中間の長い時期における「男性への偏向」が持つ意味の検討を通して，そうした男子の経過に代表される性別化が孕む問題は，Freud や Jung の理論をくぐる中で，次第に姿をあらわしてきたと思われる。そして前節の最後では，対立する異質の世界をただ抑圧，排除した場合に生じる発達上の停滞や限界，また自他にあらわれる危険な否定的（破壊的）作用をとりあげた。そして異質性を統合した全体性に向かうという，外的内的な次の課題が残されることになったのである。特に男子の場合には最初から終始性別化と相反し続ける「男性ではない異質なもの」の切り離しが強いことから，両性具有化という課題の深刻さ，同一性形成そのものを妨害しかねないその負担の大きさが集約してあらわれることにもなった。そこでここでは，2-4 で女子の側をとり上げたのとは逆に主に男子の側からその問題に接近してみたいと思う。

1　両性具有

　両性具有は Singer（1976）によって，既述の中性的（半陰陽型）性器や，両性の対象に性的魅力を感じる 両性愛(バイセクシュアル) と区別される。そして Jung における個性化過程に照らしながら，男性性と女性性という相対立していたものの調和合一，あるいは両者間の活潑なエネルギー交換によって外的にも内的にも創造的な全体性をコスモロジカルに生きることだと主張される。そこでは自分の中の「他者」を無意識界に放逐して外に投射する必要もなく，片方が他方を見失わせることがないために，自分がすでに所属するジェンダー否認

の心配もない。男性性と女性性とは無限の変容と生成に向けて相互作用を展開していくのがその本来のあり方だとされる。それは異性愛的な性同一性の世界に限らず,同性愛,自慰などにおいても実現され,性別や性愛活動の社会的類別とは無関係に,一個人の中で,また対象との間でその相互作用がどう展開されているかの問題で,人はこうした両性具有的創造性をもともと潜在させているとSingerはJung的に考える。

またFreudは,生物学的レベルでの両性具有性を,既述の女性器への見解にもあらわれていた通り認めている。今日ではこの生物学的男性優位説は,最近の比較胎生学的研究によってくつがえされ話題を呼んでいる*が,ともかく男女とも両性ホルモンを持続的に産出し,そのバランスが個体差を生んでいること,動物よりも雌雄差が大へん小さい分だけ,人間はより両性具有的であることが,一般の認識となってきている。

* 胎生学分野での近年の情報では,胎児のはじまり,つまり5,6週まではすべてが「女性」として生長し,その後性遺伝子の影響力がある特定時期に発揮されて,男性の場合にはある物質を製造しこの誘導物質を介して分泌されていく男性ホルモンが女性の生殖システムの発育を抑制する。そして12週までに男性の生殖システムを生長させ,確固としたものにさせる。遺伝子が女性の場合はこうした誘導物質は不要で当初のまま進めばよい。つまり男性が女性から分化するためにだけ特定の生物学的手続を必要とするのであり,「アダムからイブ」説は時代遅れだということにもなる。これはSherfey, M. J. (1972)の研究をはじめとする一連の反証(男性の生物学的優位説に対する)に基づく説として今日広く注目されてきているものである。

こうした生物学的両性共有は,Singerのような創造的両性具有性に結びつくより前にむしろ両性愛と結びつけられ,Freudは人間に両性愛の基盤があることを精神病理の中心に位置づけた。Jung (1964)も,男性器に切れ目を入れ「男根‐子宮」を得させる原住民の成人式にもあるような社会的伝承や神話を通じて,両性愛を理解すべき現象とみ,精神の両性的二重本質の考えの中に,両性愛と両性具有とを厳密に分けないで含ませていたようである。生物学から心理学的帰結をひき出す精神分析学の特徴は両性具有をめぐ

ってもみられるが, Erikson (1950) も「器官様式」の性別化を重視する中で, 男女とも「侵入的」と「包含的」という男女各型の性器官（生殖）様式, したがってそこに発する両方の性質の精神機能や対人関係様式を一定の割合で所有していることを認め, むしろそれを必要視している。

その他両性具有の問題に関心を示す人は少なくないが, Kubie (1974) もその一人で, 人間の両性になろうとする動因を力説する。それは逆の性を含む存在,「父親のかわいい娘でかつ賢明な息子になりたい」存在, さらには子どもかつ大人, といったふうに, 反対側の同一性を含んですべて（全体）になろうとする深い動機でもある。臨床事例の中の逸脱行動や象徴行為, また症状そのもの, 願望, 夢などはそれを裏づけており, 日常レベルでも飲酒酩酊や性パートナーとの関係の中に種々の形でそれがうかがえると述べる。

以上のように「両性具有」性が潜在するとしても, 性同一性に関する周囲のかかわり方そのものは, 両性具有をはぐくむ方向よりも, 社会の伝統に依りながら性分極を方向づけることを選び, それによって安心するところがある。両性具有はむしろユダヤキリスト教社会を典型とするようにタブー化するくらいであるが, そうした両性具有の位置は文明社会が生み出す意識と無意識との間の深い亀裂と対応していく。

2 性同一性発達における両性具有, そのパラドックス

男子の性同一性形成過程がひたすら「母」や「女性」の抑圧, 否定によって築かれてきたことは, 男子における反両性具有的力の強さを語っているとも言える。「女子は異性と一緒にいる時が最も女らしい気分に, 男子は同性の中にいる時最も男らしい気分になる」と男子の母同一視解除を重視するGreenson, R.R. (1968) は述べるが, すでに Mead, M. (1949) が「危うくされた自分の男性であることの確実性の主張」形態を種々とりあげる通り, 男子は次第に強大な男性集団の仲間入りをし, 専らその砦の中で男性同一性を築いていくところがある。それは, 母との共生的同一化解消の困難に最も端的にあらわれる無理や内的外的疎外, 去った世界への内奥での強い執着を暗示するものであった。

Erikson (1950) は，子どもの遊びについて観察や丹念な実験を行って男女差を調べ，遊戯行動やオモチャの選択に一貫性のある性差を認めている。それはブロック構築，乗物や武器の選択，高低を含む激しい移動という男児型と，家の内部の設営，開閉のテーマ，静的遊びなどの女児型とであり，それは Maccoby ら (1975) が 40 年以上にわたる同テーマの心理学的研究の中で有意差のあったものを集めた結果と同様である。Erikson はこれを男女の性器的器官様式の違いに還元してとらえるが，このように見ると，男子はその「器官様式」に根ざした男性偏好に向けて，2 節のように女児よりははるかにまっしぐらにひた走る感じでもある。ところが同じ Erikson が，「前性器的器官様式」固着を検討しているところでは，たとえば肛門や尿道への異物挿入がほとんど男児に限られているなど，口腔や肛門による「とり入れ」型器官様式の残存が男児に偏ってみられている。一見「侵入」型様式で前進しているように見える反面で，身体化された「母」固着がたとえばこのような象徴形をとって強く残っていると解釈されているのである。その他母固着や「女性羨望」に帰着させられる性同一性障害は，1-2 の例の他，フェティシズムは百パーセントが男性であることなど，男性側に目立った問題は少なくない。

　このように，「ファリックに前進すること」を余儀なくされ，後ずさりすることを強く拒む男性同一性のあり方は，胎生期に「女性」基盤から，集中的に無理をして生物学的「男性」が作り上げられる経過さながらにも見えてくる。そしてその反面での深い亀裂——特に西洋をモデルにした時の——を発展的に解消させるものは，険しい道ではあっても，より高いレベルで「女性」に再会し相互関係を創り出す「両性具有」的あり方に帰せられていくようである。

　中村 (1982) が，「両性具有的なものは，隠れた形で女性原理を体現していると言っていいだろう」と述べるのも，男性側のこの問題に照して，また男性による見解として興味深い。

　女子の場合は，Freud 的に両性性の解消の難かしさの方がむしろ問題となる点において，両性具有に逆らうあり方とは異なっている。Jung や Singer

が意味する高度に創造的な両性具有に達することはむろん容易でないとしても，異性原理は築き備えていくべきもので，抑圧の対象ではない。これまでの伝統の中で男子が両性具有に背を向けていたとすれば，女子は方向そのものはむしろそちらを向いているものの，ただそのまま立ち止っているか，ごく不確かな歩を進めるだけに終るおそれがあることになるであろう。男子では先述の相反関係から，中間期を除く発達の最初と最後にのみ両性具有が登場したが，女子の場合性別化と両性具有とは，そのように分断されずに，一種未分化にまた低いボルテージでにしろ，いつも併存していると言えるかも知れない。

両性具有は始源の在り方であるとともに最高の到達点でもあることは，神話や哲学，心理学また錬金術が昔から語るところでもあった。それは「男性」と「女性」の他に，身体と精神，意識と無意識，理性と感情といった対立物の合一，創造性を意味しており，人にはその潜在資質，そこに到りたい願望があるとされる。

Singer (1976) は『老子』の，「男性なるものを心得ながら，しかも女性なるものを手放さないならば，深い峡谷の如くになり，日の下のあらゆるものが手に入る。かのような峡谷となるならば，しくじることのない力が絶えず我物となる。……」を引用しているが，性同一性における，というよりは人格全体の，この高度な到達の前には，性の分立（既述のように対称的でないとしても）の長い過程があった。それは伝統社会が強いるものであるとともに，性自認の事例にも見た通り，人格の核，基軸として自己存在の拠りどころとなるものでもあった。それがゆらいだり，崩れたりすることが人格の解体につながることは，多くの臨床例が示すところである。だから，本当に対称的な性別軸が成り立った状態において，性分化がまず進められることは，望ましいこと，必要な過程に思える。始源のエネルギーはカオスのままではどうにもならず，対立物の相互作用の中に噴出するときにこそ生産的な意味をもつことになるが，この「対立物」なるものは明快な分極を前提にしているはずである。分極・分化による足場を持たない危険・無意味さはあらゆるところに存在していて，Kubie (1974) が性同一性について，「どちらでも

あること，すべてであることは，何ものでもないことに等しい」旨を述べるまさにその通りだと思われる。

　性同一性も，このように正当な性分化の過程を経るのが自然であろうが，本当の性別基軸の成立そのものがまだまだ今後の大きな課題である。男子におけるこれまでの「偏好」が果してそのまま一方の極を構成するモデルとなりうるかどうか。また「女性であることが根底的に揺がない」とされる女子の 性（ジェンダー）分化・同一性形成とは本当のところどのようなものなのか。

　「異性」の否定が分化につながるとしても，極端な否定・抑圧は対立者をほうむる。それは活発な相互エネルギー交換への道を遠ざけるが，また他方「異性」との未分化な共生は，相対立するものの分化・生成を阻み，全体を閉鎖停滞させてしまう。

　このようにみると，性別化と両性具有とは性同一性形成の上で，極めて微妙なパラドックスを秘めていて，まるで，そのパラドックスをきわどく生ききることが，性同一性形成の目標であるかのようである。

＊　　　＊　　　＊

　このような問題と意識的にかかわるのは筆者にとって今回がはじめてである。準備のないまま非力のまま結局この稿を受け持ちひとまず終えてみて，むしろ今頃この問題の奥深さに興味が湧いてきた感じである。ここではフロイディズムの女性観がやはり気になったものの，この角度から，筆者がこれまで拠ってきた精神力動論，人格理論が，いろいろとらえ直せそうにも思える。ただこの種のテーマでは，原著者の投影，筆者の投影・バイアス，それに読者の投影が種々交錯せざるを得ない気がする。もしその交錯をそのまま抽出できれば，それこそが「性同一性」についての解答の溜りなのであろう。

文　献

Abraham, K. (1927): Manifestations of the female castration complex. In Selected Papers on Psychoanalysis. Basic Books, New York.

Adler, A. (1924): The Practice and Theory of lndividual Psychology. Kegan Paul, London.
Balint, M. (1968)（中井久夫訳：治療論からみた退行——基底欠損の精神分析. 金剛出版, 1978.）
Bettelheim, B. (1954)（岸田秀訳：性の象徴的傷痕. せりか書房, 1971.）
土居健郎（1971）:「甘え」の構造. 弘文堂.
Erikson, E.H. (1950)（仁科弥生訳：幼年期と社会Ⅰ. みすず書房, 1977.）
Erikson, E.H. (1959)（小此木啓吾訳編：自我同一性. 誠信書房, 1973.）
Fast, I. (1978): Developments in Gender Identity: The Original Matrix. Int. Rev. Psyohoanal. 5, 265-273.
Fast, I. (1979): Developments in Gender Identity: Gender Differentiation in Girls. Int. J. Psychoanal. 60, 443-453.
Freud, S. (1905a)（懸田克躬・吉村博次訳：性欲論三篇. フロイト著作集 5. 人文書院, 1969.）
Freud, S. (1905b)（細木照敏・飯田真訳：あるヒステリー患者の分析の断片. フロイト著作集 5. 人文書院, 1969, pp.276-366.）
Freud, S. (1909)（高橋義孝・野田倬訳：ある五歳男児の恐怖症分析. フロイト著作集 5. 人文書院, 1969, pp.173-275.）
Freud, S. (1917)（高橋義孝：懸田克躬訳：女性的ということ. フロイト著作集 1. 人文書院, 1971, p.495.）
Freud, S. (1931)（懸田克躬・吉村博次訳：女性の性愛について. フロイト著作集 5. 人文書院, 1969, pp.139-156.）
Greenson, R.R. (1968): Dis-identifying from mother: Its special importance for the boy. Int. J. Psychoanal. 49, 370-374.
Hoffman, M.L. (1975): Sex differences in moral internalization. J. Pers. & Soc. Psychol. 32, 720-729.
Horney, K. (1924): On the genesis of castration complex in women. Int. J. Psychoanal. 5, 60-65.
Horney, K. (1926): The fight from womanhood. Int. J. Psychoanal. 7, 324-329.
Jacobi, J. (1942)（高橋義孝監修, 池田紘一他訳：ユング心理学. 日本教文社, 1973.）
Jones, E. (1927): The early development of female sexuality. Int. J. Psychoanal. 8, 459-472.

Jung, C.G. (1943): Über die Psychologie des Unbewußten. 1943/1966 in 7. Band. Zwei Schriften Über analytische Psychologie. Rascher, Verlag, Zürich, 1964.

Jung, C.G. (1964): Civilization in Transition. Collected Works. Bollingen Foundation, Inc.

柏木恵子 (1972, 1974) 青年期における性役割の認知Ⅱ, Ⅲ. 教育心理学研究 20, 48-59 ; 22, 205-215.

河合隼雄 (1982):昔話と日本人の心. 岩波書店.

Kohlberg, L. (1966)（青木やよひ他訳：子供は性別役割をどのように認知し発達させるか. E・E・マッコビイ編：性差その起源と役割. 家政教育社, 1979.）

Kohlberg, L. & Zigler, E. (1966): The impact of cognitive maturity upon the development of sex-role attitudes in the years four to eight. Genet. Psychol. Monogr.

Kohut, H. (1971): The Analysis of the Self. International Univ. Press.（水野信義・笠原嘉監訳：自己の分析. みすず書房, 1994.）

Kristeva, J. (1974)（丸山静他訳：中国の女たち. せりか書房, 1981.）

Kubie, L.S. (1974): The drive to become both sexes. Psychoanal. Q. 43, 349-426.

Lynn, D.B. (1975)（今泉信人他訳：父親——その役割と子どもの発達. 北大路書房, 1981.）

Maccoby, E.E. & Jacklin, C.N. (1975): The Psychology of Sex Differences. Stanford Univ. Press.

Mead, M. (1949)（田中寿美子・加藤秀俊訳：男性と女性, 上. 創元社, 1961.）

Meyer, J.K. (1982): The Theory of Gender Identity Disorders. J. Am. Psychoanal. Ass. 30, 381-418.

Money, J. & Tucker, P. (1975)（朝山新一他訳：性の署名. 人文書院, 1979.）

中村雄二郎 (1982):原理としての〈子供〉から〈女性〉へ. 大江健三郎他編：叢書 文化の現在5. 岩波書店.

Neumann, E. (1953)（松代洋一・鎌田輝男訳：女性の深層. 紀伊国屋書店, 1980.）

小此木啓吾・及川卓 (1981):性別同一性障害. 現代精神医学大系8（性的異常5）. 中山書店, pp.233-273.

Ross, J.M. (1979): Fathering: A Review of Some Psychoanalysic Contributions on Paternity. Int. J. Psychoanal. 60, 317-327.

齋藤久美子 (1980):対象関係論からみた日本人の対人関係基質. 祖父江孝男編：

日本人の構造（現代のエスプリ別冊）．至文堂，1980，pp.91-111.
齋藤久美子（1982a）：対象児の性役割行動型をめぐるセラピストの受けとめ方について．大阪市立児童院紀要Ⅲ，1-10.
齋藤久美子（1982b）：人格発達とモラリティ――「愛」と「怖れ」．下程勇吉編：教育人間学研究．法律文化社，pp.274-293.
Sherfey, M.J. (1972): The Nature and Evolution of Human Sexuality. Random House, New York.
Simmel, G. (1911)（円子修平・大久保健治訳：男女両性の哲学によせて．ジンメル著作集7．白水社，1976，p.91.）
Singer, J. (1976)（藤瀬恭子訳：男女両性具有Ⅰ，Ⅱ．人文書院，1981, 1982.）
Stoller, R.J. (1964): A Contribution to the study of gender identity. Int. J. Psychoanal. 45, 220–226.
Stoller, R.J. (1968): Sex and Gender—On the Development of Masculinity and Femininity. The Hogarth Press.
Stoller, R.J. (1974): Hostility and mystery in perversion. Int. J. Psychoanal. 55, 425-434.
Stoller, R.J. (1975): Sex and Gender. Voll.II: The Transsexual Experiment. Aronson, New York.
Stoller, R.J. (1979): A contribution to the study of gender identity: Follow-up. Int. J. Psychoanal. 60, 433-444.
Watts, A. (1963)（吉松勉訳：男の中にある女性．現代女性の精神構造（現代のエスプリ117）．至文堂，1977.）
Winnicott, D.W. (1965)（牛島定信訳：情緒発達の精神分析理論．岩崎学術出版社，1977.）

第14章
青年期後期と若い成人期
―女性を中心に―
(1990)

本章の紹介

　女性にとって青年期は,「男性性」・「女性性」と呼ばれる二極に分類された社会・心理的機能様式について,それ以前とは異なる社会的期待に直面する点で重要な転換期と言われる――難しそうに聞こえるが,勉強や仕事にがんばるだけでなく,「女性的」と称される機能も果たせないことには他者から認められなくなってきた,さあどうしよう,といった事柄であろうか。本論文では実証研究や心理・社会学的知見をもとに,性役割同一性・全体的同一性の発達がどのように展開するか,また人間関係と人格発達の諸相が検討される。さらに,いわゆる「女性的」な特徴と見なされがちな「関係性」が実は女性にとっても一筋縄ではゆかない課題であることが論じられる。その論調はクールだが,ところどころに「さあどうしよう」となった女性に対するエールが感じられ,青年期女性クライエントと関わる者に,その意義を改めて考えさせてくれる論考である。

1. はじめに

　Levinson, D.J.（1978）によるとこの時期として40歳頃までが見込まれることになるが，Blos, P.（1962）などによる18歳〜25歳頃までの標準的期間を少し広げて少なくとも20歳代全般くらいを考えてみるとき，女性の場合，それは人生のじつに重要な転換期だということになる。
　進学，就職，異性関係を含む家族圏外での新しい親密な人間関係の展開，結婚，出産・育児といった大きな出来事を迎えていく中で，そうした外的・現実的仕事を全体としてできるだけ統合的に受けかかえていく「自己存在」そのものをどのように築いていくか。
　「大人」そして「自立した個人」へという男性とも共通するテーマの中に，社会人，妻，母，主婦といったそれぞれ重要な内容の役割が複数含み込まれている。そしてそれらの役割間の葛藤や統合的な個性的実現をどのように果していくかといった，これまでのところもっぱら女性側が担うことになる問題に具体的に直面していくことになるのである。
　それは激しい自己変容の過程でもある。「分離 - 個体化」（Mahler, M.S. et al., 1975）として幼児期から人格発達の根本課題とされてきたものがここにきてどのように展開するか。世話し保護してくれる親との関係の中に埋め込まれたあり方を脱して，分化し心理的に自立した自己を形成することが，女性の中でどのように位置づけられるのか。男性におけるのとはまた違った意味合いがそこでどのように問われていくか。この時期固有の新しい人間関係，ことに異性との，旧来の近親者間のものとはまた違った，親密な相互関係をどのように築いていくか。それが，女性の「自己同一性」，「自分であること（selfhood）」の形成とどのように関連していくか。
　これらの問題の多くは近年関心が増し，論議が盛んになってきているものばかりである。
　ここでは，それらをめぐって，性役割，全体的な同一性，人間関係（「関係性」機能）に焦点を置きながら，検討を試みることにする。

2. 女性にとっての「性役割同一性（gender role identity）」

「性役割って何ですか」は大学生男子に多い問いでこそあれ，女子学生には稀有であったという報告（高橋，1988）が見られたりするように，いわゆる「性役割」への意識は女性の方に優勢なようである。

それは女性みずからが「性役割」というとらえ方をした上で生じている問題意識があるというよりも，社会が期待し，有形無形に課してくる伝統的役割の存在というものに，青年期後期ともなればことに，如実に直面しないわけにはいかなくなることに発するものであろう。

男性の場合は筆者（1983）もとり上げたように，ずっと幼少期から一貫して，いわゆる「男性性」ステレオタイプへの同化が進められており，周囲もそれを終始強く指向するところから，「性別化した自己（gendered self）」がそのまま「自明な自己」としておさまっていくようである。現実の自己がそうした方向に期待される水準に達し得ないというズレ，不成就感があったとしても，周囲と自己双方の指向性の間には暗黙の合意が成り立っていて，改めてそれが意識されるまでもないといったところがあると思われる。

女性における幼少時からの経過はそれと同じではない。男女共通の教育体制におけるアチーブメント指向によっても示されるとおり，学力や種々の有能性（知力）を伸ばす方向，「できる子」になる方向に向けて，自己価値（self-esteem）が築かれようとしてきたという通常の経過が，まず男子同様に存在する。それは，「知力」，「行動力」，「積極性・自己主張」など，いわゆる「男性性」要素とされるものを身につける経過でもあった。男性ならばそれをそのまま先へと歩み進むところを，女性はこの時期あたりから，「成人女性」役割という従来の路線とは異なった社会的期待に，まさに具体的・現実的なレベルで出喰わし，それをどう受けとめるかが個人に委ねられた問題となっていく。

柏木（1973, 1989）は女子青年における「性役割観」と自己の確立の問題をまとめて論じながら，女子青年自身と社会双方の間にある役割観のズレに注目している。そして日本社会が期待する男女の役割を，①知性因子，②行

動力（活動性・積極性）因子，③美・従順因子として整理し，①と②を男性役割次元，③を女性役割次元としてとらえている。そうした中で，女子青年自身は，③を相対的に低く，そしてそれよりも①と②の方を自己に期待しようとする点では，自己と社会双方の期待間にほとんどズレのない男子とは異なった葛藤を，社会的期待との間で抱いていくのが見られる。それに加えて，男性特徴に比し女性特徴に対する社会一般の評価が低いという両者に与えられる価値の差が，葛藤の収拾を困難なものにしたり，女性の自己価値（self-esteem）や自信（self-reliance）を低下させることにもつながることを実証的資料によって検討している。確かにセルフ・エスティームと性度尺度に関する種々の研究で，女子青年の場合も男性尺度のスコアの高さがセルフ・エスティームの高さと関係することは，すでに一般的な結果として認められている。

　Bem, S.L. (1979) により具体化された「心理学的両性具有性（psychological androgyny）」の測定的研究も，いろいろ論議はありながら，性別ステレオタイプの制約を超えようとする視点をふくんだものであった。確かに近代文明社会での生育環境や教育システムの男女共通面を見ると，性役割ステレオタイプには，女子の育ちの経過と噛み合いにくい，生育史的に不自然なものを見ないわけにはいかないところがある。

　あるいはそれよりも，性別役割あるいは性別心性のステレオタイプとされるものが，本当はすでに潜在的におおいに変質してきているのに，それを掬い取ることがまだできずに，ただ旧来のものがとり上げられるにとどまっているのではないかという点についても，さらに十分な検討がいるところである。たとえ風俗レベルではあっても，柏木（1989）の述べる"新人類"的性別価値逆転——男の「やさしさ」と女の「元気」が今や美徳——や，青年における性役割差の減少傾向といったものも，あるいは単純に見過ごしてしまうべきではない意味ある徴候かも知れないのである。

　そうした表面の現象ならびに「性役割」にかかわる意識態度を実質的に正確に把握することそのものも実は容易なことではない。が，さらにもう一歩，それらの奥に存在し続けるかも知れないより基底的な，したがって表

面の行動や意識面の変化にかかわらない，より普遍的で基本的な性別自己（gendered self）あるいは性別心性（gendered mentality）というものが存在し続けるとすれば，それをどのようにとらえていくかがむしろ難しい大きな問題となる。筆者（1983）[編注]もジェンダー・アイデンティティの問題としてとり上げたが，まさに生物・心理・社会（文化）的な視点に，さらに個人と社会の「歴史」の視点を加えた，総合的な見方が要求されないわけにはいかなくなる。

　他節でとり挙げる女性にとっての発達的な人間関係もその中で重要なものであるが，性役割同一性の形成をめぐって葛藤体験や問題意識を持つ一人一人の女性が，葛藤を通過して生き残る自己，また新しく生まれ開発されていく自己をどのように自分自身で見出すかということが何よりも大切なことではないだろうか。

　先述の両性具有的心性が，心理学的尺度による実証研究においても，男性はむしろそれを自認したり指向したりすることを避け，もっぱら女性においてそれが指向されようとしていることが一般に報告されている。ということは，女性の方が本来固有のものとされる特徴はそのまま受容しつつ，真に拡張的に異性特徴を併存させることを積極的に求めるような意識態度を持つということである。その点では，もともと「可能性の制限」をも発達的に意味していた「性別化」であるから（齋藤，1983），その枠にはまったままでいる男性側の傾向に比して，むしろ女性の方がいろいろ幅のある個性的な意識態度をとりうるということにもなりそうである。

　ここでちなみに，男性性と女性性として分類される心理・社会的機能様式の典型的特徴と考えられているものの内容を復習しておくと以下のようである。

　Parsons, T.（1955）の「道具性（instrumentality）」と「表出性（expressiveness）」や，Bakan, D.（1966）の「個体維持機能（agency）」と「（親交）関係維持機能（communion）」という有機体の二基本様態（modalities）が

編注：本書第13章参照。

しばしば分類の柱として用いられる。

「道具性」(I) は家族システムの要求と家族外の世界とを調整する働きで，目標指向性が優先して人の反応にはあまりかかわり合わないのを特徴とするのに対し，「表出性」(E) の方は，家族内の相互関係や情緒的要求を調整・維持していく働きを指し，したがって人の反応への敏感さと人間関係への関心を特徴とする。

また「個体維持」(A) は，自己保護（self-protection）や自己拡張，自己主張の諸活動，支配（熟達），そして分化や他者からの分離といった機能様式を指す。そして他方「関係維持」(C) は，無私（selflessness），人間関係，人との融和（union）や触れ合い，協同，開放性といったものにかかわる機能様式を指している。

男性性は，IとAとが合わさったもの，また女性性はEとCとが合わさったものとしてそれぞれの心理・社会的な，また有機体的な機能様式の大筋がとらえられている。

Cook, E.P. (1985) は上の枠組もとり上げながら，さらに性別ステレオタイプに関する種々の見解や記述を参照して，両性の特徴を大体次のように列記している。

1) 男性性（Masculinity）……攻撃的，独立的，感情的でない（unemotional），客観的，支配的，競争的，論理的・合理的，冒険的，決断力のある，自信のある，野心的な，世俗的な（worldly），指導的に行動する，自己主張的，分析的，など。

2) 女性性（Femininity）……感情的（emotional），敏感な，表出的，人の気持がわかる，気が利く（tactful），おとなしい，安定指向の，静かな，養育的，優しい，協調的，人を喜ばせることに関心のある，依存し合う（interdependent），同情的な，援助的な，温かい，直観的な，家庭や家族に集中しやすい，など。

これら性別特徴として挙げられているものは単純な区別（distinction）の方向や，本質論の方向で見るよりも，人が性別にかかわらず社会的に生存しながら自己を実現していくときのさまざまな行動（広義の）特徴，機能様

式として見ていくと興味深いものがある。BakanがすでにAとCを有機体すべてが持つ2つの基本的存在様式としてとらえているように，こうした典型的類別特徴が，具体的な1人の人の中でどのようなあり方をしているか，そのあり方についての自己親和性や異和性，そこでの無理や歪み，葛藤や緊張，調節や統合性といったものを個々に問題にしていくことこそが臨床心理学的に意味のある仕事であろう。

　ことに女性の場合は時代背景もあって，男性よりもむしろ多くの要素を統合した形の，個性的な役割同一性の創造が必要となっている。たとえばAの機能様式にしても教育システムなどをとおして男子同様に獲得されてきている面があることを思うと，仮に女性が社会的期待に反するからとそれを無理に引っ込めようとすれば，そのことがもっと根本的に人格の成長動機や，達成や向上意欲といったものを何かと後退させていくことにもなりかねない。

　そのように見ると，たとえばA質の機能が女性にとって持つ意味，またC質の機能が男性にとって持つ意味といったものが，単にAを男性性，Cを女性性としてとらえるのとは違った次元で検討されてよいのではないだろうか。IやA，またEやCがそれぞれ男性と女性にとって持つ意味は同じでなく，自己実現化の観点から見ると，たとえばJung, C.G. のアニマ・アニムス論，またひとびとに各様に見られるとされる優越と劣等両機能間の相補性の理論（河合, 1967）にもうかがえるとおり，男女それぞれに独自の意味合いを担っていると考えられる。心理学測度に直接表示される性度が両方とも高いという字義どおりの「両性具有」心性ではない，もっと個性的に内面化された，両機能の相乗効果，あるいは相互活性化を伴ったあり方というものが，どのように具現されていくか。それはこの時期に「成人」になっていこうとする個々の女性にとって実はたいへん重要であることが，臨床事例の中にごく具体的ないろいろの姿をとって見られるのである。

　この時期に多い"結婚か職業か"，"職能者か主婦か"といった現われ方をする大小さまざまな役割葛藤の底には，上記のような自己創造の重要なテーマが潜んでいるように思われる。

3. 自己同一性形成

　一個の大人としていよいよ自分を成り立たせていく課題は，全体としての同一性形成の問題として集約されていくわけであり，その中には前節の「性役割同一性」も重要な位置を占めて組み込まれている。
　この同一性形成の全体的な状態の個人差は Marcia, J.E. (1968) の代表的な研究によって検討されている。4つの「同一性地位」の評価が女性にも用いられるが，女性における「同一性地位」のあり方は，男性と同じではないこと，また別の理解の仕方が求められるのではないかということはしばしば指摘されるところである。
　Josselson, R. (1987) も，20歳～22歳の女子大学生60名について，同一性地位の評価を試み，10～12年後に同窓会名簿などを頼りにフォローアップするという精力的な縦断的研究を行っており，ここでそれを詳しく紹介することはできないが，いくつか興味ある結果が報告されている。
　女性の場合には，「早期完了」型と「達成」型が多いが，後節でも触れるように前者の場合は"心理的に家を出る"ことをほとんどせずに，親への強い愛着がそのまま保持される形の人間関係様式の中に身を置き，そこで安定を得るという，女性特有の一次的な「関係性」の世界を如実に示している。後者にもそれと共通した面があるが，もう少し自己独自の選択をしたり，変化に向けて開かれているところが見られている。両方とも不安が少なく，可能性に向けての探索を制限する保護的な環境の中で，むしろ快適に適応した生活を送っている。「早期完了」型が男子の場合（アメリカでは），心理的にいろいろ問題を含んでいたが，女性ではあまりそのようなことはない。
　「拡散」型は親密な人間関係を作りにくく不安が高かったりいわゆる"否定的同一性"を受動的にひき受けてしまうなど，心理的な問題を多く抱えているが，10年ほどの間に，幸運な外的な力によってよい方向に転じているものも見られている。ただ，このタイプには，深刻な精神障害，境界例などの人格障害，不安定で揺れが多く焦点の定まりにくい"モラトリアム"様のもの，また運命的なまでの受動性によって不確かで不安定な"安全"にしが

みついている"早期完了"様のもの，などいくつかのグループに分かれることが明らかになっていっている。

しかし，それらはいずれも相対的に見ると約10年間，基本的あり方としては変化が少ないことが，「モラトリアム」型との比較の上で認められているのである。

そして「モラトリアム」型は，男性の場合，可能性に向けて開かれており，自己開発的な能動性などの点で評価されていたが，女性の場合は，最もリスクの大きい不安定さを抱えてドラマチックな様相を呈し，葛藤や苦労を多く背負っていたりして他の型と異質な特徴を持っている。Josselson (1987) 自身が「岸を遠く後にして泳ぎ出たため，最も易傷的 (vulnerable) であり，波が怖くなってもほとんど泳ぎ戻れなかったりする場合がある」と述べている。苦闘の深刻さはいろいろであろうが，可能性と，格闘しながら模索されていく女性の同一性形式を代表する型だと言えるであろうし，今後もいろいろ検討されていくべき問題を残していると思われる。

ただJosselsonが対象とした女性に関しては，当初の評価としての「地位」はいろいろある中で，フォローアップの対象にもなった人（60人中の34人）の中の85％は母親を依然として第1番目か2番目に近しい人としてとらえ，持続的に接触を保ちながら事あるごとに相談を持ちかけていると報告されている。そしてまた，興味深いことに，再面接が可能な少数例ではあったが，「モラトリアム」型の女性が，青年期を通して母親のコントロールと格闘して家を飛び出すなどしていながら，若成人期にいたると4グループ中で母親を最も近しく感じ，心理的里帰りの指向，母親との強い再結合を示したと報告されている。それにくらべると，「同一性達成」型の女性は，むしろ対照的に母親とそうまで強い近しさは感じなくなっており，徐々に母親から遠ざかって，ボーイフレンドや夫あるいは仕事といった新しい結合の対象へと，あまり罪悪感を抱くことなく移行していく傾向にあるととらえられている。それらはいろいろと興味を惹かれる結果である。

このように大まかに「同一性」のあり方の例を見ても，女性の場合，母親とのつながりを基型とする人間的「関係性」の圏外へと（外的および内的に），

自分自身をいつどのような形で分離させるかということが同一性形成の具体的なあり方を規定すると,示唆されているようである。

このようなことから,次に,女性にとって「関係性」が持つ意味を少し問題にしてみたい。

4. 女性の人格発達と人間関係

「女性は自分自身を人とつながっているものとして定義し経験する」ところ,つまり「世界と結び合っている (connected to the world) という基本的な自己感覚を持つ」点において,男性の「分離した (separate) 自己感覚」と異なる特徴を持つという考え (Chodorow, N., 1978) はすでに一般化されてきているようである。Miller, J.B. (1976) も女性の自己感覚が,「親しむこと (affiliations)」や「関係性 (relatedness)」の世界を作り出し維持できることを通して固められていくということから,「関係自己 (relational self)」が女性の人格発達の中心をなしていくというふうに考えようとする。

それらは,女性の対人的共感能力や「柔軟で浸透性の高い自我境界のあり方を含む経験様式」(Chodorow, 1978) といったものにも結びつけられていくが,それは根本的に,母親と娘との結びつき,相互愛着関係や原初の相互同一化関係という基盤がもたらすものだというふうに見られている。

May, R. (1980) は,空想の比較研究から,女性は,ギリシャ神話のデーメーテルとペルセポネーの話における,愛情 - 喪失 - 再会によって示されるような緊密な一次的人間の絆のテーマに中心化されているというとらえ方をしている。「世話 (caring)」が女性にとっての元型的神話だとする見方であり,それは,野心 - 精励 - 失敗から成る,やはりギリシャ神話ファエトンの話に表現されている「誇り (pride)」の元型的神話を持つ男性と,好一対をなすものだと言われる。

Chodorow (1978) は,「乳幼児の世話」という社会的責任が普遍的に女性のものであることを極めて重視する。つまり人を最初に世話する人 (the primary caretaker) である女性 (母親) と同性である被養育者の娘は,「世

話」という緊密な人間関係の世界を，そのまま丸ごと取り入れてしまうといってしまうくらいの見方に立っている。世話をする方もされる方も互いが暗黙のうちに相手を自分と同じだというふうに，また互いが連続しているというふうに経験し続け，そのことがどんどん両者にとって自明なものになっていくとでも言うべきあり方である。

こうした一次的愛情（primary love）と共感的結びつきの感覚，また原初的な相互同一化からの離脱の葛藤は，「異性の世話」を受けている男子が，自己の性同一性形成の課題を抱えて起こさざるを得ないものであるが，女子にとってそれは不要である。

女性が人の感情や要求を自分自身のことのように経験しやすいこと，基本的な女性同一性は母親との分離や個の分立に根ざしているのではなく，愛着や原初的親密性に根ざしていること，したがって分離が女性同一性を脅かしさえすること，それらが男子と対照的であることを Gilligan, C.（1979）や Douvan, E. ら（1966）もとり上げている。

男性同一性を脅かす原初的な親密性，一体的関係の世界はまさに女性同一性が依って立つ基盤だということになる。

これは広く依存性という人格特性ともかかわり合いを持っていくが，確かに質問紙法による依存性の調査を青年期後期の対象に実施しても，女性の方が高い「依存」スコアを，また男性の方が高い「依存拒否」スコアを示すことが一貫して見られるのである。

ただしこのことは，女性の依存性や「母子融合」的関係性が単純に肯定されて終ることを意味しないであろう。

早い話，母性的世話がそのまま娘に移し入れられて，それを「関係（relationship）」能力として引き継ぎながら自己を形成していくということは，言わば"怖い"ことでもある。そのように両者が地続きである以上は，母親が提供する「世話」の質から娘が自由でありうるはずがないからである。

女性が持つ「関係」機能も細かくその質を問うていけば，本当は実にさまざまであろう。

両価的拘束関係や，自己愛や全能性に覆われた関係，"呑み込み相手を破

壊してしまう"質の関係，敵対的同一化（hostile identification）によって相互に呪縛し合う関係，未分化な共生関係や"しがみつき"の関係，といったふうにいろいろなものがありうる。種々の摂食障害や心身症，また境界例など人格障害を示す女性の事例においても，こうした「関係」基盤のあり方が問われないですむ場合は稀である。

　成人に向けての女性の自己形式においては，どのような質のものであれ，すでに自分のものになっているこの「関係性」との再直面化，あるいは自分なりのとらえ直しが，いろいろな形で求められるのではないだろうか。

　女性なりの手づくりの（self-made）「個性化」，あるいは「分立しうる自己（separable self）」の形成に向かっていくというこの時期の課題は，むしろ自分自身の既存の「関係性」にあまりにも無自覚なままではないことによってこそ，実現可能になっていくと思われる。

　Erikson, E.H.（1963）が，この時期の危機的課題とした「親密性（intimacy）」は男性モデルのものとも言われるように，分立した強固な自己感覚を前提条件としてこそ可能な，不安なき他者との再融合関係の実現である。「親密性」と言えばすでに女性にとってはなじみ深い世界のようではありながら，上述のように，これはむしろ安易にはとらえることができない課題であろう。原始的な母子一体関係の再演ということでは，新しい異性対象との「関係」が，ことに発達的意味を成して，実質的に作り出されていくことにはならない。

　そのように見ると，この時期に女性が問われるのは，いきなり男性同様の「分離した自己（separate self）」であるよりも，一見あまりにあたりまえであるかに見える「親密牲」そのものの中味なのかも知れない。

　女性の同一性が検討される場合に「性（sex）」の領域が組み込まれることは，単に両性のsexualityの違いによるのではなく，その中に，母子次元から離れて次元を変えていく「関係性」の問題，あるいは「親密性」の変容をめぐるジレンマが深く潜んでいることを示唆していると考えられる。ペルセポネーの神話が再び思い出されるところである。

　この時期の女性の「親密牲」については，実際に，実証的な心理学的

研究が種々試みられている。そこで具体的に多く用いられているものに，Orlofsky, J.L. (1976) による「親密性地位（状態）」があるが，親密性がどのように実現されているか，現実の関係様式が準構造的な面接法により評価される。(a) 親しい友達関係，(b) 異性との持続的な愛情関係，(c)「関係」の深さの3つを基準に，①条件をすべて満たしている地位：「親密（Intimate）」，②(b) の条件を欠く地位：「前親密（Pre-Intimate）」，③(c) が表層にとどまる地位：「疑似親密（Pseudo Intimate）」，④(b) を欠き (c) が表面的である地位：「形式的関係（Stereotyped）」，⑤(a) と (b) の両方を欠き (c) が表層にとどまる地位：「孤立（Isolate）」の5つに分離される。上記の①に該当する女性は他のものに比して相対的に少ないという結果を示す報告が多いが，そうした中で，Orlofsky 自身も他の研究者と共に女性に目立つ上記以外の地位として，「まざり合い（Merger）的親密性」をとり上げている（Levitz-Jones, E.M. and Orlofsky, J.L., 1985）。これは当の個人が，自律存在としてのあり方を放棄するまでに「関係」の中に入り込み，「関係」の中に自分自身を埋没させているあり方であり，現実に特定の一人の人との関係においてその形をとっている場合（Merger-committed）もあれば，宗教団体など集団の原則と一体化している場合（Merger-uncommitted）もある。このスタイルの人はいわゆる「独りで居ること」や自分の意志決定を避け，ひたすら自分以外の人（あるいは人々）のために懸命にかかわることで自己の安定を得ようとするものだとされるが，アメリカ女性89名（18～25歳）を対象としたこの研究において52名までがこの「Merger 地位」に属していたと報告されている。彼女たちは，上記の③以下に属する，「親密性」を実現できにくい人々と同様に，自分を頼む能力に関する問題が大きく，愛着対象からの分離にかかわる課題には防衛的で，それに直面すると抑うつ状態に陥るといった耐性の低さを示す。また他の研究で彼女たちが自己同一性のクライシスを経験することが少ないという結果がえられている（Bellow-Smith, M. and Korn, J.H., 1986）のも当然なことであろう。

　アメリカにおける上記のような資料には日本の事情を改めてふり返させるものがあるが，少なくとも，この時期の女性の「濃密」な人間関係様式が一

通りではないこと，またわが国におけるよりは「分離した自己」形成への促進力が大きく働くであろう環境の中においてさえ，原初の母-子次元の未分化な「関係」様式がそのまま持ち越されがちなことが示されているわけである。

　女性が「成人の人格」を身につけていくことには，新しい対象と相互的な関係を築きうること，また次の世代や後進者が個性的に自由に育つような，適切な「世話」ができることが，自分自身の個人的可能性の実現ということと相携え合って含まれているはずである。

　これら両方が深いところで手を結び合って全体的な自己同一性が実現されていくためには，「関係」機能の中に「分離可能性（separability）」の要素をどのように含み込むことができるかが不可欠な条件であり，同時にそれは極めて個人差に富んだ課題であろう。

　自分自身の人格がさらに育つためにも，また当然親密にかかわり合う相手が育つためにも，「関係」には自由の余地としてのゆるみが必要である。基型となっている母-娘結合は自己完結への潜在力を強く湛えているため，女性の「関係」様式はどうしても密着型，あるいは融合型に傾きやすいのであろうが，自然で成長促進的なよい「関係」を，自他に提供し，それをどう世代循環させていくか，「成人女性」に向けての人格的仕事の大きさを改めて思わせられるところである。

引用文献

Bakan, D. (1966)：The duality of human existence. Beacon Press, Boston.

Bellow-Smith, M. and Korn, J.H. (1986)：Merger Intimacy Status in Adult women. Journal of Personality and Social Psychology 50 (6), 1186–1191.

Bem, S.L. (1979)：Theory and measurement of Androgyny. Journal of Personality and social Psychology 37, 1047–1054.

Blos, P. (1962)：On Adolescence. Free Press, New York. （野沢栄司訳：青年期の精神医学. 誠信書房, 1971.）

Chodorow, N. (1978)：The Reproduction of mothering. University of California

Press, Berkley.（大塚光子他訳：母親業の再生産——性差別の心理・社会的基盤．新曜社，1981．）

Cook, E.P.（1985）：Psychological Androgyny. Pergamon Press, New York.

Douvan, E. and Adelson, J.（1966）：The Adolescent Experience. Wiley. New York.

Erikson, E.H.（1963）：Childhood And Society, 2nd ed. Norton, New York.

Gilligan, C.（1982）：In a Different Voice. Harvard Univ. Press, Cambridge, Mass. （岩男寿美子監訳：もうひとつの声——男女の道徳観のちがいと女性のアイデンティティ．川島書店，1986．）

Josselson, R.（1987）：Finding Herself: Pathways to Identity Development in Women. Jossey-Bass Publishers, San Francisco.

柏木恵子（1973）：現代青年の性役割の習得．現代青年心理学構座5, pp.101-139.

柏木恵子（1989）：性役割と発達——心理学的視点から．教育と医学6, 31-38．慶應通信．

河合隼雄（1967）：ユング心理学入門．培風館．

Levitz-Jones, E.M. and Orlofsky, J.L.（1985）：Separation-Individuation and Intimacy Capacity in College Women. Journal of Personality and Social Psychology 49（1），156-169.

Levinson, D.J.（1978）：The Seasons of a Man's Life. Alfred A. Knopf Inc., New York.（南博訳：人生の四季——中年をいかに生きるか．講談社，1980．）

Mahler, M.S., Pine, F. and Bergman, A.（1975）：The Psychological Birth of The Human Infant. Basic Books, New York.（高橋雅士他訳：乳幼児の心理的誕生．黎明書房，1981．）

Marcia, J.E.（1968）：Development and Validation of ego-identity status. Journal of Personality and Social Psychology 3, 551-558.

May, R.（1980）：Sex and Fantasy. Norton, New York.

Miller, J.B.（1976）：Toward a New Psychology of Woman. Beacon Press, Boston.

Orlofsky, J.L.（1976）：Intimacy Status: Relationship to Inter-personal Perception. Journal of Youth and Adolescence 5（1），73-88.

Parsons, T.（1955）：Family structures and the socialization of the child. In Parsons, T. and Bales, R.F.（Eds.）：Family, socialization and the interaction process. Free Press, New York.

齋藤久美子（1983）：性アイデンティティ．精神の科学5, pp.175-220．岩波書店．

高橋裕行（1988）同一性と親密性の危機の解決における性差．教育心理学研究 36,
　　210-219.

第15章
青年期心性の発達的推移
(1990)

本章の紹介

　人間関係，感情・認知機能，人格機構において，発展的解消の期される課題が山積する青年期，その発達過程のおおよその方向および心理学的特徴がレビューされる。齋藤のことばからはいつも，臨床事例の個人差に富んだ課題への取り組みがその視界にあることが推測され，青年期における「個」と「関係性」の相互性と相克をにらんだ人格的仕事の大きさ，大変さについてもの思わせられる。文章こそ流れるように読めそうだが，さて自身の症例と照らしあわせて理解の一助に，と考え始めたとたん，約１万語の本論考は，10倍ほどの量の読みものに思えてくる。雑誌掲載時にキーワードとして挙げられていた「同一性スタイル，分離-個体化，青年期的自己中心性，仲間関係，道徳性段階」について考えるだけでも，症例理解のための数多くの道筋と連想が得られる文献である。

青年期（adolescence）を大体10歳過ぎから20歳過ぎまでにわたる発達期間とみながら，そこでの心理学的特徴とさらにその期間内での変化を検討しようとする研究のあり方は，近年発達心理学においても定着してきている。臨床的に具体的な青年個人を理解しようとするとき，幼児期がわからなければ，またライフサイクル的視座を持たなければ，青年期そのものにアプローチできないということと同時に，10年以上，時には若成人期をも合わせると20年近くにも及ぼうとする"青年"期間内の推移に目を向けることが求められていく。そうしないと，まさに"現在進行形"で変化の只中にある対象を，現実のままにとらえきれなくなったりする。また一般的な変化の方向を念頭に置くことによって，それとのズレや一致の個別的意味が問われ得るなど分化したとらえ方が可能になっていく。

そのようなことから，ここでは青年期発達過程の大よその方向を，主な心理学的特徴についてみておきたい。

1. 感情，人間関係

思春期の衝動の昂まりが自我への強いストレスとなり，衝動の統制困難や疲弊状態を自我にもたらすこと，したがってそれまでの，ことに児童期を中心とした現実的自我のはたらきの獲得いかんによって，自我の易傷化や病態化がさまざまに起こり得ることが知られている。

Hall, G.S. や Freud, A. の指摘に代表される熱狂と無感動，楽観気分と悲観気分，陶酔的幸福感と憂うつといった極端な気分の変動や，強い衝動に随伴しがちな感情の両価性や不安，「脱中性化」した攻撃感情や性的感情が，ことに初期をはじめとしてみられやすい。自己感情（self-feeling）としても，自己愛の増大に伴う自己高揚（肥大）と自己卑小といった，＋（インフレ）と－（デフレ）への双極的フレが生じやすい。また対親関係の変化に伴う葛藤や退行そして悲哀体験や抑うつ気分が，種々の程度に起こっていったりする。

こうした過敏で不安定な感情状態は，この時期の生物・心理・社会的要因

全体とその各々の「変化」の要因を背景にしている。したがって,「変化」による混乱や動揺から「変化」への適応が起こり,「変化」の受容と自己再構成が起こっていくことが,生物学的成熟・再均衡化とも相俟って,青年の感情生活を当然,安定,持続,分化,深まり,他者との感情共有・共感能力の成熟に向かわせる。実際に青年期終期には感情耐性の高さや自己評価の安定化がみられていくのである。

それとも絡んで,人間関係は最も注目される観点である。

青年期には自我支持(ego support)の源を親以外に求めるという新しい特徴がある。たしかに,友人や異性に自分がどう映るかということの方が親にどうみられるかよりも優先するというふうに,発達的に重要な「社会的鏡機能(social mirroring)」をとってみても,それは親や家族圏外に求められようとする。親の全能イメージの低落や親批判,親のコントロールへの過敏反応などはことに前半期に目立ってみられる。現実度がどうであれ,「憧れのひと」や「大切な人」が新たに登場して,母親の"既得権"でもあったはずの"愛情市場独占"の後退が,青年との関係の中で起こっていくことになる。

「自我支持」の源,あるいは心理・社会的拠りどころといっても,実際には,中・高校生の"ギャル"や"ファンクラブ"のアイドル熱中,アーチストへの心酔にみられるような,未分化な自他融合世界がまず求められるようである。自他の未分化な自己愛的理想化,親に注ぎ込まれていた対象愛エネルギーの自己愛的逆流が,親の手の届かない新しい理想対象との原始的融合空想を作り出していくことになる。これはたとえ浮ついた"狂騒"であれ,自由な「自己世界」の確保そして一種の「自己開発」であり,Mahler, M.S. ら(1975)や Masterson, J.F.(1972), Blos, P.(1962)らが重視する第2の「分離‐個体化」の幕開けとしてとらえられていく。

仲間関係(peer relationship)の思春期・青年期的偏重は常に指摘されるところであるが,それは,これまで絶対的であった親もとや家族のもとを離れて新しく青年が身を置ける居場所の共同模索・開拓の作業や,また不確定であやうい「自己存在」の収容作業を行う場を意味している。

また定まった友達ことに親友との共感的, 相互尊重的な関係を前思春期から持ち, 他者との親密な人間関係の大切さや味わいを経験することは, 家族外に分離していく自己を支える, 確かな人間関係基地を新しく築いていこうという, 青年期的展開として重視される。それは, 後期に本格化していく異性関係が, 単に自己防衛や欲求満足の手段にとどまらない, 「人格」水準の全人的関係を指向するものになっていくための基盤でもある。

それと平行して, 親との「関係変容」も注目されないわけにはいかない。

青年期が児童期よりもはるかに幼児期に似ているのは, 分離-個体化の途上に起こる親への「再接近」現象, 近づきと遠ざかりの唐突な振れが, 青年の顕在行動や感情体験, 夢などの象徴的・間接精神活動にみられるといったことによる。他で筆者(1989)も触れたが, 母親あるいは親は"不要"になるのではなく, 「新しい可能な自己 (new possible self)」を探る青年期特有の, 「自由な独り歩き」が可能なためには, むしろ, 「母なる回帰基地」の確実な内在化が必要である。親子の関係が, 保護や束縛から, 内的絆へと次元を変容させることによって, 青年はことに前半に顕著な, 再融合(再共生)や呑み込まれによる自己喪失のおそれから自由になり, 「関係性 (relatedness)」や親密性実現が可能な自己形成へと, 内的レディネスを備えていく。

青年と親とが互いに期待するものの間には, ことに初期には種々のズレが生じ, 関係が不安定化しがちであるが, 次第に"男(女)同志"また"人間同志"というふうに対等な, 相互依存的な (interdependent) 関係に移行していく。「分離性 (separatedness)」と「結びつき (connectedness)」とが相乗効果を生むことを改めて思わせられるのは, 後期に却って近しい (close) 親子関係に転じていくことを示す実証資料を得られる点である。

2. 認知機能

Piaget, J. に代表される認知発達研究で青年は「形式操作」段階の能力を獲得し, 論理的・抽象的思考が可能になることが実証されている。知的発達

はピークを迎え，現実そのものから離れて可能性の世界を明晰に扱い得るようになるということである。ところがこの認知機能の中にも，青年期特有の「現実」と「非現実」，「客観」と「主観」，「合理」と「非合理」の矛盾あるいは両義化が入りこむ。

認知機能における「青年期的自己中心性（adolescent ego centrism）」(Elkind, D., 1967) の見解もその辺をとらえている。

青年の白昼夢や空想の活発化は，現実から離れて観念操作ができることが前提になってのものであり，同時にそれが，欲動の活発化や自己愛エネルギーの旺溢と結びつくことによっている。

青年がいつ何に関しても客観的合理的認知活動を維持しているのではない。「重要な他者」や自己がかかわる場合はもとより，感情的・人間関係領域の事柄に関して独りよがりの大いなる思い込みの世界を持ちやすいことが，その「自己中心性」によって示される。それは，①「想像の観客（imaginary audience）」，②「個人作話（personal fable）」を通して実証的に検討されようとする。

①は一種の仮説的人物が自分に向ける感情や思いについての想像——「自分がその存在に特別注目されている」というふうな——であり，実在の誰かの考えを想像するのとは異なった，自意識過剰に由来する象徴的創造物 (Elkind, 1985) である。このような想像の対象と共にある自己ヴィジョンが存在することには，将来現実の経験となる私的で感情の濃厚な人間関係への準備の意味をみることができるかも知れない。しかし主観的で非現実的な，また退行的な認知活動ではあり，これは10代半ば頃までを頂点として次第に減少するのがみられる。

②は，「自分ほど深い愛情を抱いている人は他にいない」というふうに自分を格別視し，自分のユニークさをきめこむような思い方を指す。これには，陽性の自己肥大とその逆との両方向があるが，自分の感情経験が他者とはおよそ共有不能だという強固な信じ込みである。これはやはり一つの自己万能心性であり，高揚し充実した自己感覚が経験される場合にしろ，Blos (1962) がいうような，「決定的状況での判断力を損わせる」ことにもつながる心性

である。

　青年期後期に至ると，自己観察力や内省力が充実していくと共に，内的な動機の重層性に気づくなど，「自己統制力」そのものの限界にも認識が及ぶようになる。そして第三者的な他者の視点を含めた広い視野からの相対化が可能になり，全能的思い込みやヴィジョンは後退に向かう。

　とはいえ，Fischer, K.W.ら (1985) が考察するように自己と複数の他者の立場を交換しながら全体をとらえるといった，複合的な抽象能力の点ではまだ成人レベルに及ばないなど，認知機能の不均衡や十全でない面が残っている。青年期の知性については個体内変動，感情要因の影響を考慮に入れて，過大や過少評価に陥ることのない現実的理解が求められるところである。

　そうした基本的な認知機能のあり方を背景に，次の人格機構とかかわりの深い「道徳性」が，自己規範的認知スキーマとして研究されている。Kohlberg, L. (1969) は，道徳的ジレンマ状況の解決に関する認知的判断の発達を面接法で研究したが，青年期的推移も検討している。Colby, A.ら (1983) との男性対象の研究では，青年期初期には，罰回避（段階1）や道具的快楽主義の報酬指向的同調（段階2）を特徴とする「水準Ⅰ」（前慣習水準）が優勢であり，思春期的道徳性不全として指摘されるものにつながる結果がみられている。そして10代半ばからの中期では，「水準Ⅱ」（慣習水準）の中の，対人的承認指向を特徴とする段階3が中心となり，先の「水準Ⅰ」は減少し，また「水準Ⅱ」に含まれる権威・秩序指向の段階4も増えていく。青年期後期になると，段階3に段階4が入れ代る形となり，さらに「水準Ⅲ」（後慣習水準）の自律的で公平な民主的契約指向を特徴とする段階5が徐々に増加傾向をみせ，その中で「水準Ⅰ」のものは激減していく。

　このように衝動優位の利己性から，他律的規範性，そして内的な自律的規範原理へという規範スキーマの変遷過程は，ここでは実証資料を省略するが「自我理想（ego ideal）」の形成過程と対応しているようである。

3. 人格機構

　青年期全体にわたる人格発達課題はアイデンティティ形成に集約される。養育環境に身を委ねていた「子ども」の停年とともに、「ひとり立ち」できる「自分そのもののあり方（selfhood）」の形成が不可避となっていく。理想モデルとの原始的同一化から、能動的に手をそめる探索的役割実験と「同一性飢餓」への対抗、そして将来にわたる目標や価値指向性の獲得と確実な自己感覚を伴った心理・社会的自己定義へと、一貫性のある統合的な自己形成が進められようとする。

　Marcia, J.E. (1966, 1980) は、そうした同一性形成のいくつかの様態を、「同一性ステイタス」あるいは「同一性スタイル」として分類し、半構造的面接法による実証的研究結果を報告している。この Marcia 法を踏襲した研究はわが国でもいくつかみられ、ことにスタイル分類はよく知られるところとなっている。ここでは図1の経年的結果が青年期過程とかかわって注目されるであろうが、その基本的なとらえ方は以下の通りである。

　まず同一性のあり方をとらえる基準として、

A) 自分にとって選択可能なものの積極的探索。親が与え用意したもの以外に、自分の能力や欲求を考慮した将来の可能性を、迷い苦しみながらも探り求める体験——クライシス（危機）体験——

B) 実際に可能性のある領域のどれかに自己投入（self-investment）する、実際的行動的関与——コミットメント（傾倒）——

の2つがとり挙げられ、両方が職業にかかわる領域、価値観、また対人関係領域について検討されながら、同一性スタイルの評価が行われる。

　そして、4つの同一性スタイルがAとBの基準に照して定義されるが、そこに表1を合わせてみると、それらは以下のようになる。「同一性達成（identity achievement）」：Aと安定したBとの両方が認められ、不安や偏見の項で問題はなく、高い自尊感情、熟慮的認知型、高い後慣習水準（水準Ⅲ）の道徳的姿勢、親密な人間関係を示している。

　「モラトリアム（moratorium）」：Aの只中にあり、Bに向かう自己関与の

表1 同一性スタイルと心理学的特徴

心理学的要因	同一性達成	早期完了	同一性拡散	モラトリアム
不 安	中	抑 圧	中	大
自尊感情	高	低	低	高
偏 見	小	大	中	中
道徳水準＊	後慣習	前慣習, 慣習	前慣習, 慣習	後慣習
認知スタイル	熟慮的	衝動的	衝動的	熟慮的
人間関係	親 密	形通り	形通り, 孤立	親 密

(Marcia, 1980による展望より抜粋)
＊本稿のⅡ. 認知機能を参照

姿勢はあるもののまだ定まらないでいる。高不安, 中度の偏見, 高い自尊感情, 熟慮的認知型, 高水準の道徳的姿勢 (水準Ⅲ), 親密な人間関係を示す。

「早期完了 (foreclosure)」: Aを欠き, レディメイドの同一性に乗っかかろうとする, いわば可能性探索の"早仕舞"型。不安の抑圧, 偏見大, 低い自尊感情, 衝動的認知型, 低い前慣習水準 (水準Ⅰ) を含む道徳的姿勢, ありきたりの形式的人間関係を特徴とする。

「同一性拡散 (identity diffusion)」: Bが欠落しており, 可能性を選択してどれかに自己投入することをしないでいる。選択や探索に揺れた経験の有無にかかわらず, 未分化な可能性の域を脱しないで, 方向が定まらずにいるあり方。高くない不安, 中度の偏見, 低い自尊感情, 衝動的認知型, 低水準 (水準Ⅰ) を含む道徳的姿勢, ありきたりの形式的なもしくは孤立した人間関係を示す。

AとBに加えてみた表1の特徴は, いろいろな心理学的測度と各同一性スタイルとの対応性に関する諸研究結果を全般的に展望した中から筆者が取り出したものである。各同一性スタイルの人格傾向の一つの素描というふうにみることもできるであろう。

そして図1は, 青年期の年齢段階に応じて各同一性スタイルの占める割合がどのように推移するかを示している。まず, 青年期の初期から中期にかけての段階は, いわば「同一性拡散」か「早期完了」型でスタートし, 後期に

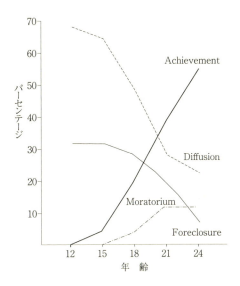

図1　12〜24歳の各同一性スタイル比率
(Berk, L.E., 1989 掲載図)

至るに従って次第に「モラトリアム」型が含まれると共に全体として「同一性達成」型の方に移行している。この傾向は大学進学と非進学を合わせた男女対象についても大体一定しており，また縦断的研究でも，20代に進むと，「モラトリアム」型から「同一性達成」型へと移行するものが多くなると報告されている。図1で「同一性達成」型の割合が年齢に応じて直線的に増加していることもそれを示している。

　上の米国の資料に比べると，日本では男子大学生を対照させてみたものでは，無藤（1979）のものをはじめ，相対的に「モラトリアム」型が目立って少なく，「同一性達成」型と「早期完了」型が多い結果になっている。男子の場合「モラトリアム」型は，可能性に開かれた積極的な自己開発の試みという点で評価されるものを持っているのに，わが国ではこの型が少ないわけである。教育や社会の要因などをはじめ，改めて考えさせられるところが少なくない。図1のような広い年齢範囲をわが国で検討した場合，どのような「同一性」推移がみられるであろうか。蔓延が指摘されるわが国の"モラ

トリアム"現象は,自由と不安の中でのタフな自己創造作業といった本来の「モラトリアム」とは異質の,多少とも「回避」的な意味を帯びたものであろう。その中で,「早期完了」や「達成」という名の,無難であったり,こじんまりとまっていたりする「同一性」に向けて,初期の原始的な「拡散」が収束していこうとするか,もしくはその流れに乗れず落ちこぼれて一層あいまいに本格的な「同一性拡散」に移行するかが全体の筋になるのであろうか。

　ともあれ臨床的に注目しなければならないのは,特定個人が,独自の同一性形成過程においてたどる,同一性スタイルの変遷とその具体的な中味である。同一性の形成と再形成は生涯にわたる人格的仕事ながら,青年期におけるものには,それまでの人格形成史と将来に向けての発達レディネスが濃縮して含まれていると思われる。

　上述のスタイル別の心理的傾向は,「同一性拡散」と「早期完了」型が好ましくなく,「達成」型と「モラトリアム」型の方が,むしろ健康的あるいは適応的な方向の結果であった。「モラトリアム」型のこの特徴は,役割の混乱や不安に身を置きながら「自分流」の在り方を創出しようとする心もとない仕事に内包される積極的意味を示唆するものであり,同時にそれを受け容れ得る社会・文化的背景を伝えるものであろう。

　ところが同じ米国でも,この「モラトリアム」型が女子青年にとって持つ意味はまた異なっている。Josselson, R.(1987)の縦断的研究その他がそれを示しているが,まず女子の場合「モラトリアム」型ははっきり少数派であり,反対に「早期完了」型が多い。そしてさらに,前者が不安定で不適応な心理的特徴を,他方後者が良好な特徴を,というふうに,男子とは逆の傾向がみられている。「モラトリアム」型女性は葛藤や心理的苦闘を伴う,相対的にリスクの高い経過をたどる。またそうした同一性探求に必要なコストを,社会的支持があまり得られない中,自分で負担していくだけの自我力(ego strength)が求められ,そのことからも少数派にならざるを得ないというふうに考えられている。

　わが国の場合は男子も含め全体として,むしろこの女性の方の傾向と類似

するところがあるかも知れない。

　ともあれ，Erikson, E.H.（1959）が境界例を参照しながら，思春期の最たる問題としてとり上げたのが「同一性拡散」であった。現実的時間感覚や労働の麻痺，価値の混乱，自己不確実感と自意識過剰などの具体的な拡散徴候が，個別の思春期的行程を経てユニークな「同一性達成」に向かっていく中で，どのように発展的解消をみていくか。その一般的な大きい道筋の中に，さまざまに個別的な思春期・青年期ドラマが展開されていくわけである。

　以上，人間関係，感情と認知機能，そして人格機構について青年期の発達的推移を大体追ってみたが，標準に適っていたりなだらかな過程をたどったりはしないのが臨床事例である。しかしそうした対象との臨床的仕事の中で，「個」と「一般」の微妙な交錯に触れつつ理解を進める体験をわれわれは持たないわけにはいかない。

文　献

Berk, L.E.（1989）：Child Development. Allyn & Bacon.

Blos, P.（1962）：On Adolescence; A Psychoanalytic Interpretation. Free Press, New York.（野沢栄司訳：青年期の精神医学．誠信書房，1971．）

Colby, A., Kohlberg, L., Gibbs, J. et al.（1983）：A longitudinal study of moral judgmet. Monographs of the Society for Research in Child Development.

Elkind, D.（1967）：Egocentrism in adolescence. Child Development 38, 1025–1034.

Elkind, D.（1985）：Egocentrism redux. Developmental Review 5, 218–226.

Erikson, E.H.（1959）：Identity and the Life Cycle. Intern. Univ Press.（小此木啓吾訳編：自我同一性——アイデンティティとライクサイクル．誠信書房，1973．）

Fischer, K.W., Silvern, L.（1985）：Stages and individual differences in cognitive development. Annual Review of Psychology 36, 613–648.

Josselson, R.（1987）：Finding Herself: Pathways to Identity Development in Women. Jossey-Bass.

Kohlberg, L.（1969）：Stage and sequence; The cognitive-developmental approach to socialization. In D.A. Golslin (Ed.): Handbook of socialization theory and research. Chicago Rand McNally.

Mahler, M.S., Pine, F. & Bergman, A. (1975): The Psychological Birth of the Human Infant. Basic Book, New York. (高橋雅士ほか訳：乳幼児の心理的誕生. 黎明書房, 1981.)

Masterson, J.F. (1972): Treatment of the Borderline Adolescent: A developmental appraoch. John Wiley & Sons. (成田善弘・笠原嘉訳：青年期境界例の治療. 金剛出版, 1979.)

Marcia, J.E. (1966): Development and validation of ego identity status. J Pers & Soc Psychol 3, 551-558.

Marcia, J.E. (1980): Identity in adolescence. In J. Adelson (Ed.): Handbook of adolescent psychology. Wiley, New York.

無藤清子 (1979):「自我同一性地位面接の検討」と大学生の自我同一性. 教育心理学研究 27, 28-37.

齋藤久美子 (1989): 青年と母親――思春期の心理的変容. 青年心理 74, 11-19.

第16章
青年の「父親」体験と自己形成
—臨床的検討—
(2001)

本章の紹介

　齋藤の文献には，自験例の話が意外に少ない。その点で本稿は，「父親」体験が意味を持った齋藤自身の事例が2つ提示されており，興味深い。ただし齋藤自身も「父親の微妙な貢献」と記すように，父親をめぐって何か劇的なことが起きる例を期待する向きにはいわゆる「あてはずれ」かもしれない。齋藤はクライエントの「いつになく血の気のさした顔」や，それまでと変わらぬ父親の日常生活の観察報告の始まりといった，ささやかな変化に目をむけ，思いを遣り，考察を重ねていく。そして同じくささやかな，しかし青年から見て有意義な参照価を持つ「父親」体験の意義を見出す。事例に対するアンテナのはりめぐらせ方と敏感さ，リアリティを嗅ぎ取る感覚の鋭さ，英語での会話の試みといった柔軟さ。それら面接場面について学べることも多い，「父親」体験について再考を促される事例検討である。

1.「父親」存在の意味を問う基本視点

　臨床場面で青年が「語り出し」を進める中で父親はどのように登場するか，そこからどのような父親像が浮かび上るか。個別性に富む「父親の再発見・再体験」は治療展開とどうかかわっていくか。今回のテーマをそのように受けとめて，臨床体験に即した検討を試みる。

　「強さ」「威厳」「規範性」などを体現する存在としての古典的な父親像は近年次第に後退して現実味を失ってきており，青少年が父親に「尊敬」や「魅力」を感じる度合が年と共に減ってきていることを示す調査資料も少なくない中で，「父権」のそもそもの成り立ちの問い直しや父権幻想論議さえ目につくようになっている現状がある。そうした今，子どもの人格形成にとっての父親の意味をどう問えばよいか。

　臨床資料の上でも父親の「頼りなさ」や「影の薄さ」がしばしば槍玉に上ってきたが，いざというときに責任をもって事を断じ治めるような，いわば正統派の「オヤジ」の登場ばかりを臨床的に待望しても空振りに終りがちなのを臨床家はよく知っているし，「父なき社会」と嘆く声自体も弱まっているように思える。

　筆者自身は思春期・青年期の自験例から，当人にとって重要な意味を担う「父親」体験のあり方には，また個人的に意味深い微妙な内容の父親像には，必ずしも従来型とは同じでない趣きがうかがえる気がしている。確かに基本的には Mahler, M.S. ら（1975）の「分離-個体化」が思春期にいよいよ本格化する発達課題である以上，全能性の幼児的母子結合への囚われに割り入る第三項的存在の重要性，つまり父親が担う役割の重要性から注意を外らすわけにいかない。ただ実際に父親がどのように機能するかという具体的な中味についてはハードな面以上に，もっとソフトな面を見ていくことが発達的に必要であろう。つまり母子一体性に打ち込まれる楔さながらの硬質の要素，三者性の実現と象徴的な意味での「去勢」圧力もさることながら，母性的養育を補う機能や母子間ストレスの「緩衝装置」および母子二者圏外に誘う魅力的存在としての父親の機能へと，関心のあり方が移ってきている背景もあ

る。

　子どもの側から見ると，世話し抱える母親という愛着基地がもつ「繋留」の方向と，父親からの支持や「誘い出し」との両方向の作用の中に身を置くこととなるが，その二重性からは発達促進的な影響だけでなく，拘束や負担過剰・混乱といったマイナスの影響をさまざまに蒙るわけである。

　父親の機能に関する，古典的定式に限定されない，いくつかの要素を含めた複合的な，また絶対的ではなく関係性全体の中で相対的に見るような見方がそこにある。たとえば Abelin, E. (1975) に代表されるような，子どもとより自由に親しみ合いながら発達を促す「非母親」としての養育性の機能，両親としての double mirroring などの観点の他，Leowald, H. (1951) 以来の，自律的自我機構の形成を助ける父親の機能などの他に，理想形成における父親の位置や，子どもを母親の外に誘い出す牽引力（誘惑性）の問題についての細かい吟味などが含み込まれ，Ross, J.M. (1979) の展望にもあるようにいわば多面性を帯びた見方になってきている。

　そしてそれは，母子関係の重さと同時に父子関係の重さを告げてもいると思われる。父親も一つの愛着対象である以上，父子関係は子どもを関係の中に拘束したり，子どもに過重負担を負わせたりするものにもなるということである。Mahler 理論に依拠して青年期の親子関係を吟味する Blos, P. (1985) の見解の中に父親への同性愛的愛着（陰性のエディプス・コンプレクス）の解決を，「脱理想化」の痛手と母親への退行的回帰（陽性エディプス・コンプレクス解決の失敗）に抗しながら果していく仕事の重さ，後期青年期以降にまでもち越される内面の苦闘がとり上げられているところにも，それを見ることができる。発達を妨げかねない母子密着の重さや母親との否定的同一化による自己価値の毀損・調節不全を負った子どもにとり「ワクワクする存在」(Mahler, 1966) であったり「潜在的味方」(Blos, 1985) であったりしながら新鮮な「憧れ」の対象として自己価値の高揚や修復に貢献する（齋藤，1993）[編注]父親だが，その魅力こそが男子と女子それぞれを捕えて

編注：本書第 9 章参照。

発達的に正負の意味を生んでいくことともなる。

2. 青年期の人格発達と「父親」体験

　以上のような，まず幼児期を見据えた見解が青年期にどのように有用かに関しては，尖鋭化した「幼児期の再燃」という基本的な考えがあるが，同時に青年期特有の問題を，現代的事情をも加味してとらえていかねばならない。青年には幼児期のように父親をまばゆいばかりの自我理想として位置づけることはできなくなり，「脱理想化」にむしろ何とか耐えなければならない中で，憧れの新しい対象に出会う課題が生じていくが，幼児期の親子体験そのものは内在したままという，一種のギャップもそこにはある。またリビドーと攻撃・破壊性エネルギーとの両方を何とか統合する方向に向けて，自己同一性形成が進められようとするが，自己探索は難航して，同一性拡散に陥り易い。両親相互の関係の質や，自分は愛し合っている両親の下の子どもなのかどうかというふうに，存在全体において参照（referencing）の対象にならねばならなくなる両親である。

　幼児期にはその場での感情状態や感情面での現実検討に向けて，専ら「母親参照」が重要な機能を果したが，青年期には未来自己を模索する中での具体的な選択や決定をめぐって，「参照」が節目節目で必要となる。そのように自己展望的な状況では，父親の方に広やかな視界を期待して，またより第三者的なスタンスを期待して，「父親参照」ともいうべき心の動きが生じることが一般に考えられるが，青年が父親にいつどのような目の向け方をするか，病理水準とも無関係でないそのさまざまなあり方は興味深い。

　父親が青年の精神活動そのものの展開において，どのような参照価をもつかを臨床的現実に即して検討する上で，ここでは比較的シンプルな形で臨床的示唆を得たもの，また新しく気づくものをもたらしてくれた事例をとり上げて検討してみたい。いずれも男子事例であるが，ごく概略を以下に示す。

事例 1

　20 歳過ぎの長期不登学男子学生。誰にも気づかれなかった不登学が 3 年を過ぎて両親に発覚し，母親に伴われてカウンセリング開始。高校時点から自分の実力以上を周囲が期待しているような気がし，無理に思えて競争意識が湧かず大学進学に関しても無気力。予備校も大学（志望外の）もずっと面白くないまま，半年は断続的に通い以後不登学。通学を装って家を出，大人しく帰宅まで一定の時間の潰し方を反復するが友達がいないため誰に見られることもなかった。半ば他人ごとのような話し方で「何も考えないようにすると休んでいても別に気はラク」と。「親とは摩擦なしにきた」とのことだが，母親には情緒的にコミットしたりまき込まれたりしない，板についた回避性，何事も"表沙汰"にならないようにさり気なくかわしてしまうある種洗練された姿勢が特徴的。真面目なサラリーマンの父親もその調子の蔭で"音無し"のたたずまい。波風の立たない静かさが一家の基調。本人は弟（予備校生）とまれに話す以外，家族との間の会話はほとんどない。本人は反抗期もなく，すべてやり易かったので，家族にとり不登学はまったく寝耳に水であった。両親で一度来談したが，父親は極度の心配顔で精神科受診の必要性を何度も問う。

　不登学発覚後は家に引きこもり，ほとんど寝ているという生活の中で本人は休まず来室するが，自発的発話が乏しく，本人の真情や家族とのことは問いかけてもほとんど語られずに数カ月経過する。不登学を知った父親はすっかりしょげ返り，うなだれて頭を抱え込んでいた様子を自分から語り，いつになく血の気のさした顔を面接者に向ける回があったが，この頃から徐々に変化が生じていった。家族全体が世間体を気づかい決められずにきた退学を決意。アルバイト開始からやがて就職予備校を受験し，父親に学資支援を求め OK を得て通学。来談は休みを挿みながらも続ける。勉強は容易に進まなかったが，結局 1 年半ほどの間に就職試験に挑戦し，やがて唯一受かったところに就職を決め，職場にも溶け込んでいけるようになる。

　この事例で面接者にとって印象的だったのは，自分の生育史を回想した

り，自分の内面や周囲の身近な人との関係を語り出したりすることがまずない中で，自分の方から「父親」のことを話した場面であった。他ならない自分の「お父さん発見！」さながらに，とっておきの体験を明かすような生気と解放感を伴う陽性の雰囲気が，面接者には意外であり，またたいへん新鮮で，心に残った。既述のような母親の調子が全体をおおう家庭，そして家族の間のコミュニケーションや情緒的ぶつかり合いの乏しい生活状況は，やはり子どもと直接向かい合ったりすることのない父親，生身の姿を曝さない輪郭のはっきりしない父親のイメージを生むだろうが，のっぴきならない一大事の中で，父親の追いつめられた心が，その裸身のままをいきなり近々とさらしてしまったわけである。そのインパクトは全体の流れから見ると本人にとり大へん生産的なインパクトとなった。本事例の臨床過程の中で際立つのは，このこととそこから本人が現実に向けて立ち上がり，現実挑戦する行動的努力，次第に主体性を増す予想以上に粘り強いがんばりであった。そうしたプロセス全体の受け皿として，また随所で必要な判断・選択をするために心をめぐらす精神的仕事場として面接場面を活用し続けた中でのことではあったが，上述の「父親」体験は，治療的展開にとって重要な契機になり，終始強力な潜在力を発揮して本人を支え続けたように思われる。

　そうした「父親」体験が本人にとり，もう少し実質的にどのような参照価をもったかを考えるとき，連想されるのは，分身性（双子性）twinship 体験の見解（Kohut, H., 1977, 1984）である。

　ここでの父親は力に満ちていたり恰好良かったりする理想モデルとはおよそかけ離れた，意気消沈して途方に暮れる弱々しい生身のままの存在であり，上から子どもの腕を引っぱり上げるようなたくましさや偉大さはまったく見られない。大きな挫折体験の中にいる本人にとり，それは意気高揚させてこそくれないものの傷ついた者同士，「傷つける同類」というほっと安堵できる存在ではなかったか。

　かけ値なしにありのままを曝け出しているその存在全体は，「同じ人間同士」という安心感や，自分も人の中に存在していてよいのだという，世の中への帰属感覚をもたらすのは，Kohut 論のとおり，本当だと思われる。よく

見えなかった父親が，追い込まれたリアリティのままに姿を現わしたのを本人が直接目の当りにしたことが，どうにか足を地につけ直させ，父親の現実像とともに，現実自己の再探索と再構築へと，これもやはりてらいなしに本人が歩み出すことと関連し合っていると考えられる。

事例2

20歳男子大学生。対人緊張が強く話しているうちに首から肩が強く凝り，視線も定まらず，相手の話がいつの間にか聴きとれなくなると共に，自分が何を話しているのかわからなくなる。女性関係も苦手で，男性の方に強く惹かれそうな不安がある。

高校生の妹一人と祖母，両親が家族であるが，女性3人がいたって元気で何かにつけ積極的な行動派で，本人は自己主張するより無難に最低限合わせておく恰好のかかわり方。父親は真面目なサラリーマンで家族の中ではまったく周辺的な影の薄い存在。帰宅がいつも遅く休日は一人で部屋の隅で詰め将棋をしたりして過し，本人がそこに加わることもなく，また2人がこれといって話を交わすこともない。父親自身ごく幼い時に死別した自分の父親の記憶がなく，そのために本人とは幼少時から普通の父親がするような遊び相手をしたことがない由。

また能動的であまりデリカシーがなく本人にとってはつい過剰刺激源になってしまう母親であるが，本人が内面の苦しみを訴えると，そうしたことを聴くのは苦痛だと，先に母親の方が落ち込んで寝てしまう。通学がつらくて家にいても家族の中でほぐれることがないので一人で部屋にこもることが多い。

結局本人は大学の中退を考え，母は自分の意見をもたず，父は簡単に同意したので退学し，アルバイト生活。アルバイトの職種には激しい肉体労働など"foreced masculinity"を思わせる仕事が含まれ，たまに女性にも接近を試みるが結局会話ができなくなったり性的に接近し切れなかったりで関係が途絶えてしまう。

数年にわたる面接で，対人関係の困難を専ら訴え，また美術か演劇関係の

仕事につき，できれば海外で仕事したいと実現性の乏しい夢を語るが，父親のことが話題に出ることはない。質問を向けると，父は物を言っている時も口の中でつぶやくような言い方で何を言っているのか何を考えているのかわからず気色が悪いと，父親像のあいまいさ，手ごたえの不鮮明さを，気乗りしなさそうな様子で，ようやく断片的に語る程度。ところがやがて父親と2人でドライブした時の記憶を語る回がありその時の何とも間がもたず，親子なのに話題もなく互いに気づまりで落ち着かず疲れるばかりだった気分を問題にし，父親に意識を向けるようになる。日常の父親の行動や短所・長所が観察の対象になり，「家の庭で野菜を一人で一生懸命作っているところを，悪くないなあと思って見ていた」と自分から話す回もあった。この頃から英会話の学校に通うようになり，その費用を作るためにアルバイトを増やすという変化が生じた。筆者は対話困難の訴えを聞き続けてきたこともあって，毎回少しの時間，たどたどしい英語での会話を試みたが，このまわり道はかえって自己表現の自然な努力をうながし，コミュニケーションという営みの再体験・再認識につながったようである。本人は「3～4歳の頃，『エーッとね，あのねー』と言っていると母親に『ちゃんとよく考えてから言いなさい』といつも言われた」とも回想。家では，父親といる場面が一番気が楽になってきている由で，父親がスポーツ競技の高いチケットをくれたと喜ぶなどする。結局商業デザインの専門学校に入るに至り，一通り技術を習得して専門の業種に就職。

　この事例では自己不確実感や，感情共有体験，コミュニケーション機能の不全や不安定さなど「他者と共に在る」感覚の問題もかなり根強くあり，自己と対象関係の発達的形成が，性別同一性の拡散などを含めていろいろ問われると思われ，就職しても人との関係性体験には波があって問題が解消されたわけではない。基本的には，思春期的な欲動アージの高まりの中で母親との未分化な幼児的関係性の中に無意識に埋没していることからくるストレス，混乱があり，その囚われ状態からの発達的解放へと方向づける triangulation が成立し難い問題が大きく横たわっている事例である。しかし存在感に欠

ける父親ではあれ，ここでも本人が父親を観察し，父親の実像を直接とらえる体験から新しい動きが生まれている。家族から情緒的にはぐれた位置にいるあやふやでささやかでさえある父親に注目し，自分の目で地味な有能性を発揮している父親をとらえた体験は，青年期的な脆弱化に見舞われ過重負荷のかかった自我にとって，分身的な近さでの支えをもたらすものではなかっただろうか。この辺から父親は本人にとって参照価のある近しい存在となり，父親側の応答性も増して，自律的な自我の機能が現実性をもって発揮されることにつながっていったようである。自我の疲弊がやわらげられて，社会的存在として何らかの形をもつ自己存在を模索し切り開く努力が進められていった。

3．考　察

　今回は男子事例をとり上げる結果となったが，女子については，「父親参照」の問題も，異性の sexuality 感覚を伴わないわけにはいかなくなる点だけを考えても，本事例におけるようなシンプルな質のものを想定してかかるわけにはいかない。とくに微妙なところに目を向けようとするほど，性別の要因を考えることが必要になると思われる（齋藤，1983）[編注]。今後の検討課題である。

　最初の1節では，青年期本来の「分離‐個体化」テーマにとり，母親への原初的愛着の呪縛力を解く方向への父親の存在感に満ちた作用が基本的に重要であることを見たが，臨床事例からは，むしろひそやかで地味なあり方をしている父親から青年自身が主観的に受けとるもの，それも内発的で発見的な「父親」体験の意味を知らされることとなった。それはくっきりした強い輪郭を備えて迫ってくる対象としての父親ではなく，自己不全感や挫折感におおわれ同一性拡散状態の中で孤立している自己，そして脆弱化した自己存在にとって，強さや重さで前方から圧倒してくることのない，むしろささや

編注：本書第13章参照。

かであやふやな存在であったりする存在である。

　分身性（双子性）体験として検討したように，「同類感覚」でとらえる余地のある父親から青年自身が疲弊した自我が採択できるだけのものを見つけ出し，そのかけ値なしの実像を参照している。そこから自我の自律機能の現実的修復が進められていくのを見たわけであった。

　考えて見ると，父親は家から外に出かけ，また帰宅するということを繰り返す存在であるところが，「分離 - 個体化」の下位段階である「練習期」から「再接近期」にかけての子どもの動きと，行動図式の上で重なる特徴をもった存在である。家という安全基地をとり仕切る母親との基本的異質性においても，父親と子どもには共通点がある。ことに分離・出立が不可避なテーマになりながら，練習期と再接近期のテーマが内側で激しく再燃している青年にとっては，どこか身近で気になる存在として参照価をもつのではないだろうか。

　しかも青年自身は幼児的な全能性融合の母子世界から自由になるのが難しく，分離指向との両価性の中で内心もがいているのに，父親はとにもかくにも母親との親密関係と社会人としての有能性とを両立させている存在である。理想対象として仰ぎ見るほどの立派さや魅力は感じなくても，「あんな風にやっていけているのだ」という生活者としての実像に直接出会い，ナマで受けとめながら，微妙に参照していく体験は青年にとり意味深いと思われる。事例1でも，同じように傷つき失望に打ちひしがれながらギリギリもちこたえているような父親像は，自分自身が内心途方にくれている存在にとり，地続きの手をのばせば届きそうな身近さをもつ存在として，青年自身が新たに発見し得たものであり，青年のその後が開けるとっかかりとなっている。

　今回の事例では，青年に背のびを強いることなしに，また強烈な刺激によってではなしに，青年自身の現状に適った参照価をもつ父親が登場した。

　母親のかかわり方がともすると欲求充足的になり易いとすれば，父親には形はさまざまながら自我支持的要素を特徴とするかかわり方がうかがえ，とり上げた事例においても，大人として生き残っていくための自我自律性をめぐる父親参照体験が臨床過程で重要な位置を占めたと思われる。

「同じ人間同士」という感覚での対人体験は現代社会で後退しているものの一つだと思われるだけに,「父親」体験におけるこの種の要素にはもっと注目していってよいのではないかと考える。

参考文献

Abelin, E.（1975）: Some further observation and comments on the earliest role of the father. Int J. Psycho-Anal. 56, 293-302.

Blos, P.（1985）: Son and Father: Before and Beyond the Oedipus Complex. Macmillan Publishing New York.（児玉憲典訳: 息子と父親——エディプス・コンプレクス論をこえて——青年期臨床の精神分析. 誠信書房, 1990.）

Kohut, H.（1977）: The Restoration of the Self. Int. Univ. Press. New York.（本城秀次・笠原嘉監訳: 自己の修復. みすず書房, 1995.）

Kohut, H.（1984）: How does analysis cure? Univ. of Chicago Press.（本城秀次・笠原嘉監訳: 自己の治癒. みすず書房, 1995.）

Leowald, H.（1951）: Ego and Reality. Int J. Psycho Anal. 32, 10-18.

Mahler, M.（1966）: Development of Symbiosis, Symbiotic Psychosis, and the Nature of Separation Anxiety: Remarks on J. Weiland's Paper. Int J. PsychoAnal. 47, 559-560.

Mahler, M.S., Pine, F. & Bergman, A.（1975）: The Psychological Birth of the Human Infant. Basic Book, New York.（高橋雅士ほか訳: 乳幼児の心理的誕生. 黎明書房, 1981.）

Ross, J.M.（1979）: Fathering: A review of some psychoanalytic contributions on paternity. Int J. Psychoanal. 60, 317-327.

齋藤久美子（1983）: 性アイデンティティ. 精神の科学5, pp.175-220. 岩波書店.

齋藤久美子（1993）: ジェンダー・アイデンティティの初期形成と「再接近期危機」性差. 精神分析研究37（1）, 45-51.

第17章
青年における「境界」心性の位相
(1990)

本章の紹介

　青年期心性は境界例と重ねて捉えられることがあり，それは共通する特徴があるからこそであろう。齋藤は社会状況などから，その「重ねて捉える」方向に各種研究が傾かざるを得ないのかもしれないと述べつつも，本論の後半では，ロールシャッハ・テストによる実証研究データから，興味深い結果を報告する。本論の表題が「位相」となっているのは，実証研究の被験者グループ（一般健常・境界例域・精神分裂病圏）間の相違が念頭におかれているためであろうか。各グループそれぞれの「境界」体験における「構造化」と「脱カオス」をめぐっての心のはたらき，その方向性，様々な特徴の持つ意味を重視し，青年を単に巨視的に見ることには注意深くあろうとする。一般性と個別性の両方を視座に置き，それらを循環させる，齋藤の優れて臨床的な姿勢が印象的な論考である。

青年を"境界人"だとし，青年心理に"境界現象"を見る見方はすでに一般的である。

性的身体(セクシュアルボディ)への変化一つにしても，それは，それまでの「子ども同一性」から青年を急激にはみ出させ，それまで自明であったはずの親子関係のそこここに，「自我異和」体験を生み出させる。

変化の只中にいる自分と，そうした自分にかかわってくるまわりのあり方の変化というものを，一体どう予想し，どのように受けとめればよいのか，わが身が不意に定まらなくなり，身の置き方に困惑して自分自身をおさめられる世界を求めながら探しあぐねているところに青年はいる。

子どもの世界が過去のものへと後退していくからといって，既存の大人世界にすぐ足をかけることができるわけではない。それは時間の要ることであるだけではなく，というよりはむしろ，簡単に大人の追従者の道を歩むとすればそれはそれでまた大人を習う，"子ども"になってしまう。

そのため青年は，後方に引くことも，また前方にあるレディメイドの大人社会に向けてあたり前のように進むこともできない境位に身を置く。時代差はあっても既存のもの，大人の文化を否定し壊しながら，何とか新しい「自分たちのもの」が打ち建てられないかという試みの中にいるのが青年本来の姿ではないだろうか。

この「自分たちのもの」は，前と後の既存の世界のどちらにも身を置けない者同士がさしあたり居合わせる，社会の特別な中間地帯としての「ヤング・カルチャー」であろう。近年はこの本来ならばモラトリアムに過ぎない，そしてまた"辺境"世界であるはずのこの過渡地帯が大へんに膨れ上がっている。思春期的エネルギーや未分化な衝動が充満して，今やその"辺境"地帯は花盛りであり，そこでの「境界現象」は大人の世界にまであふれ出し，汎化されようとしている。

1. 青年の「境界」心性と境界例

青年が身を置く「境界域」は，将来につながっていく自己創造の仕事への

挑戦や，自己開拓のための実験に苦闘する場だというふうに大体考えられている。いつも工事中のごった返した状態にあり，まだ自分というものが造り上がるどころではなく，いつも途中の仮りの宿り場に居るようなあり方，だからと言って出来合いのところに自分を定住させてしまうようなことはまだまだどうしてできようかといった青年の心が想像される。

青年が大人のコントロールに極めて過敏であることは，心理学的観察資料のいろいろなものを通して実証されている。青年が，大人なんかに自分のことがわかってたまるかといったふうに，自分たちが大人流に理解されてしまうことに抵抗を示すことについても同様である。

それには当然セルフ・アイデンティティ形成という大課題が絡んでいる。それは自分流に「自分の形」を創り出していくという困難で心もとない仕事であるだけに，いつもアイデンティティの混乱や拡散と背中合わせである。また青年自身が「工事中のごった返した状態」ともいうべき退行を孕んだ心の状態にあり，感情的混乱(エモーショナルターモイル)を起こしやすく，激しやすかったり，高揚感と落胆・卑小感との間の感情変動，また"おめでたい"思い込みと傷つきやすい過敏さなど，矛盾した非合理な状態をみずから収拾できないでいても不思議ではない。

そうした不安定で変動しやすい心のあり方は，合理的な自我のはたらきが情動的興奮・衝動の力によって圧迫されていることを意味するものでもある。そのようにしてコントロール機能がきわどく揺れているからこそ，強い衝動に呑み込まれて，自分（まだ堅固な"かたち"を持たないでいる自分）が無くなってしまうのではないかという恐れや不安が強くならないわけにいかなくなる。

大人たちの世界に備わっている「構造」や既存の「かたち」に対する過敏な反応はそうしたことと緊密に結びついたものであろう。大人の世界に取り込まれてしまう不安だけではない。青年同士の間で，たとえば異性関係においても，異性との関係の中に自己存在全体を関与させることは，その関係の中に埋没して自己喪失をきたしかねない不安のために，「関係」そのものが，自己同一性をむしろ防衛したり補ったりする範囲にとめ置かれるという自己

保護的なものになりやすいことはよく指摘される通りである。

　Erikson, E.H.（1959）も総合的にとり上げる通り，まだ「かたち」を結ばない自分を支えるために，たとえばグループへの帰属や傾倒など，外側の「かたち」を頼もうとするところが青年にある。そこでは，「集団同一性」によって当面「自己同一性」を代理させることができ，また外的な「かたち」をひとまず自分に与えることができるのである。

　だからほどよい外枠としての帰属集団はその意味で青年にとり大へん重宝である。そして，大人のものではない，自分たちの手作りによる，そのほどよい集団が求められていく。

　ところがそこには同時にジレンマが潜在する。

　外的構造の中に自分を組み込むことをあくまでも回避するか，それともやはりそこに依拠しようかというジレンマ，そしてそれよりも基本的な，依存対象との間の，「分離‐個体化」をめぐるジレンマである。大人世界に対するジレンマに比べると，青年仲間での集団指向をめぐるものの方は相対的に気楽であり，むしろ葛藤から自由であったりするであろう。

　ただ，「集団同一性(グループアイデンティティ)」によって自分に形を与えることが，常に自分そのものの「個人的同一性(パーソナルアイデンティティ)」の形成に逆らわないでいるわけではない。その点はLynd, H.M.（1958）がきめ細かく指摘する通りである。

　孤独を免れることの代償として自分を見失うのではなく，むしろ自分を見出し発掘することができるように外的構造に身をゆだねることができればそれに越したことはないものの，それがそう簡単にいくとは限らない。

　そしてまた「分立した自己(セパレイト・セルフ)」の形成は，ゆるぎなきアタッチメント，言い換えると，確かな情緒的絆としての「心理的共生基盤」が在ることによってこそ可能になるという，重要な心理的パラドクスがさらにそこに加わる。

　Mahler, M.S.ら（1975）の詳しい観察による幼児期の分離‐個体化過程，特に「再接近期」危機がまさに青年期的に再燃される中での自己同一性形成こそが，青年の不可避な課題なのである。

　青年期心性が境界例と重ねてとらえられることについては，衝動のコントロール困難や，行動化傾向，自己感覚のゆらぎや自己拡散化などいくつかの

特徴が含まれるであろうが，右に述べた通り，外的枠組み・構造とのかかわりが持つ両義的な意味，「再接近期」的ジレンマの点での重なりが大きい。

　心理療法において，境界例クライエントがセラピストとの約束事や治療契約など，治療的枠組みに自分自身を組み込みにくいこと，秩序のある治療的共同世界を維持しようとするのとは逆方向の動きが種々起こることがしばしば報告される。そうした中で，構造を無構造の方に向けて流動させることに対して，治療の枠組みを守っていくことが，不可欠な治療的原則となっている。

　改めて注目されるのは，境界例にとって「構造」が持つ強度に両義的な意味である。

　「構造」へのいわば原始的無意識的な依存と，そして，「構造」の拒否あるいは「脱構造化」とがそれである。

　鈴木（1986）は，境界例において日常時間よりも「夕暮れ時」のような，非日常との境い目の時間の持つ意味が大きいこと，つまりそれへの気分的親和性とそして同時に危険（症状が悪化しやすい）とが含まれることを指摘している。そして日常的秩序からはみ出した境界的時空間が開けることに一瞬は目を輝かせるものの，次の瞬間には見捨てられの記憶が甦って来て，捨てばちなあるいは抑うつ的な気分に追いやられる。境界体験を汎化させるほど，人と体験を共有する世界から遠ざかり，そして結局次第に境界的体験そのものをおそれるようになってくる，といった意味の説明を与えている。

　境界例の場合，「構造」は，ともすれば，自分の欲求を関心をもって受けとめ，欲求主体を支持する応答を大局的には与えてくれる性質のものとは反対の，いわゆる「悪しき対象」の作用と重なってしまうのではないだろうか。欲求挫折状態に止めおきながら一人の個への共感を示すことなく，自由行動を許さない，強力な「悪しき対象」の圧力，拘束としての「枠」の外に何とか身を置かないことには心理的に生きのびられない。しかし，その「枠」の外はあまりにも茫漠としてよるべがないといった基底的な対象関係の世界が存在するのではないかと思われる。

　一般青年においては，それと関連するものとして「モラトリアム」状況で

の自己拡散不安,「自由」の不安と負担,分離と愛着を行き来する心的体験があるであろう。生育史における対象関係基盤の深刻さが違うものの,一般青年と境界例青年との区別が簡単にいかないことは,Masterson, J.F.（1972）ら多くの研究者によって論じられている。

　共同のシステムの中で「共に有る」体験を持ちうることをめぐる問題,社会化された象徴次元の自己存在を形成することをめぐる問題をそこにうかがうことができるであろうが,これはStern, D.N.（1985）が乳幼児の自己発達の研究において,2歳辺りからの「言語自己（バーバルセルフ）」の形成としてとり出したものの意味を思わせる。

　一般青年も既存の言語的共同システムの中で大人と共存することを避けたり拒んだりするところがあり,「若者用語」を数多く新造する。また大人と話をしなくなる時期を持ったりする。これら発達的過渡現象が一般青年に認められると同時に,一方境界例は言語化よりも行動化を,特定の症状形成によって象徴的にメッセージを送るよりも人格全体に問題が広がる方向を,また客観化や相対化よりも主観化や絶対化（→非統合・部分化）の方向を,いろいろに示しがちである。

　「こうだ」という定義を自分自身に向けて当てはめ,それを社会的に共有するということで「かたち」を生成させていく方向を指向するよりも,「かたち」を崩したり成さないままでいたりすること,そうした表面の姿の背後に湛えられ浮遊するエネルギー,自己統合への経路が得にくく未分化な莫大なエネルギー,それらは,程度や質を問わなければ確かに両者に通じる特徴であろうと思われる。

　ただ今日的状況として一般青年がずいぶん様変りして来ているのではないかという話題も一方でこと欠かない。ことに管理・競争社会のわが国においては,青年は,大人世界に異議申し立てをしたり背を向けたりするよりも,自らを常識的社会構造の中に早々と組み込もうとするのではないか,あまり境界的心性をきわどく体験することのない青年が多いのではないかと言われたりしている。

　確かに青年心理学的実証研究の資料においても,たとえばMarcia, J.E.

(1980) による自己同一性スタイル分類法による研究で，わが国の青年の場合，同一性危機体験抜きに既存の成人価値と同一化する，同一性形成の「早期完了」スタイルが予想以上に多いこと，また危機体験やそれへの対処努力がもう一つ尖鋭化しない，亜型的な「モラトリアム」スタイルをとるものも大学生にかなり多いことがいくつか報告されている。

そこにもう一つ存在する「同一性拡散」スタイルのものは，生育史早期の母子関係に問題があったり，いろいろな心理機能測定において成績が悪かったりするなど，人格機能全体に問題が多いことが指摘される。この「拡散」スタイルの群も，主体的に青年期危機を体験しているところが認められないことが，逆に，青年期固有の危機体験能力の重要性を改めて問わせることにもなる。

鮮明な「境界」体験が，発達的危機課題として生じていくことは，全般に確かに少なくなって来ているかも知れないが，それは社会全体が秩序構造としての堅固な枠組みを失って来て，みずから「境界化」して来ていることと無関係ではないはずで，青年が格闘すべき部厚い既存の「かたち」が後退していることの問題が，逆に示唆されているととらえる必要があるようである。

境界例の人々だけが青年的課題に踏みとどまっていると言ったことではなく，堅固さ，拮抗力の強さといった成長促進的な意味を湛えた「構造」が後退しているところから，みんなが不安を強く潜在させながら，蔓延する「境界」状況の中でたゆたうことを余儀なくされているのであろう。

また全体を統合的に支える構造が後退する中で，"競争原理"や"管理律"といった部分の強い作用が逆に全体をおおい，「悪しき対象」さながらの不可視的拘束「枠」として力をふるっているように見える。そうなると，境界例の精神世界と一般人の場合とは，一層程度の違いとしてとらえられる方向に傾かざるを得なくなるのかも知れない。

そうした中で仮りに不確かなあやうい状況の中においても，何らかの「かたち」を自分に課すか，それとも，「非構造」に向かうかという心の作用には，根本的に重要な違いを見なければいけないのではないかと思われる。

そこで，次にはロールシャッハ法の刺激状況を通して，その点をいくらか

検討してみることにする。

2. ロールシャッハ法にみる「境界」体験様式
——一般対象と臨床群との比較

　筆者（1988b）は，ロールシャッハ・テストの全体状況を，「カオス」対「脱カオス」力動の中に被検者を投げ込む場としてとらえている。

　Rorschach, H. (1921) は，ロールシャッハ反応を「偶然の形，不定形の解釈」であると言ったが，確かに未分化に入り組んだ不定形状に，色彩や濃淡，空白といったいくつかの重要な要素が錯綜するブロットは，単に「あいまい」であるというよりも，混沌や始源性の効果をかもし出している。

　それは坂部（1976）が説明する「おもて」の含意，つまり「ものごとのあらゆるかたどりの源」として「わたしたちの存在の場の根源的不安，意味喪失の不安」を宿した場所という意味を連想させる。原始の混沌の中から方向づけと意味づけを持ったコスモスがかたどられるかどうかのはざまの場所が「おもて」であるとすれば，それはそのままブロットの性質と重なっており，ブロットもまさにその「はざま」の場所だと言わなければならない。

　レオナルド・ダ・ヴィンチが「発明への心を目覚めさせる方法」として壁のしみに形を見る試みを重ねたと伝えられるが，インク・ブロットとかかわることは一種の「可能性とのたわむれ」であるという点でも「境界」的である。

　もし「何に見えますか」という教示がなければ，原始的な色彩と不定形状の交錯に代表されるカオスの勢力の方が優って，「かたち」の掘り起こしによる脱カオス的方向づけ，意味づけという拮抗力は働きにくいかも知れないが，そのきわどい「可能性」を宿した場として全体的なテスト状況が用意されている。それは青年が置かれている「境界」状況そのもののようであるが，とにかくそのように「かたち」の生成と拡散（消失）の「はざま」としての「境界」的性質が本テストの特質である。

　筆者は，①19歳から25歳まで（平均20歳）の一般青年52名（男21名，

女31名）と，②全体として境界例域臨床像の16歳から30歳まで（平均24歳5カ月）の対象30名（男18名，女12名），③精神分裂病者20歳から30歳まで（平均24歳7カ月）の対象30名（男17名，女13名）にロールシャッハ・テストを行った。各群とも知能に問題はなく，本テスト経験初めてのものばかりであった。以後，それぞれを順にⅠ群，Ⅱ群，Ⅲ群として述べていく。

テスト手続きは，(A) 標準の実施，(B) 反応自由再生（Aにおける自由反応段階直後），これは，自分が反応したものを思い出すままに順不同で自由に告げる形式のもの。(C)「自己ベスト」反応の自選，これはBの手続きの最後に加える形で求められる。

通常の手続き以外に (B) と (C) を挿入したのは，テスト状況の体験を「反応」のレベルのみではなく，「メタ体験」レベルで見ようとするところからであった。

結果について筆者はいろいろな角度から分析を試みたが，本稿のテーマにかかわる結果のごく大筋は次のようなものである。

まず混沌とした素材ながら，その中に潜んでいるさまざまな構造要素を用いてブロットから「かたち」をとらえようとするかどうか。それはブロットを形象化して定義することであるが，その場合，一般的な確実性のある形象的定義と言える，ポピュラー反応 (P) がどう現れるかにまず注目して見ると次のようであった（齋藤, 1989）。

3群の中で最もP数そのものが多かったのがⅠ群，そして最も少なかったのがⅡの「境界例」群であった。Ⅲ群はⅡ群よりP数が上まわっており，カード別にいくつか存在するPの中で，ことに単純な認知反応に近いとされるⅠ図とⅤ図を合わせた数ではⅠ群をも上まわり最多であった。

そもそもロールシャッハ刺激にP反応があるということ自体，この刺激のあいまい度が有限であり，刺激そのものの中に「脱カオス」的構造契機が潜在することを意味するが，自由反応段階でのP反応は，そうした刺激側に含まれる自然で安定した「脱カオス」化の契機をどのように拾いそれに乗るかということにかかわっている。もし「かたち」を指向する課題対処様式が

被検者に備わっていればそれはＰ反応産出ということに容易につながるであろう。そのように見ると，Ⅱ群が，この「公共的」でもあるＰレベルの「構造化」によってブロットに対処するところが最も少ないあり方を見せ，実際，Ｐ反応数全体も一般成人の平均を下まわる傾向にあった。

　そして，手続きの（Ｂ）と（Ｃ）によって，この「Ｐ」反応様式がどのようにメタ体験されているか被検者自身の再サンプリングを通してＰ反応の自我親和度を比べると，（Ａ）の反応段階における3群の差そのままに，また各群の特徴がより鮮明になる方向の結果を見た。

　ことに手続き（Ｃ）の段階でそれが最も顕著にあらわれたが，メタ体験の最後までＰが保持され自我親和的に定着していたのはⅠ群であり，かなり開いて次がⅢ群，そして際立ってＰの少なかったのがⅡ群であった。つまりⅡ群にとってＰは人気のない非親和的な反応であり，それに代わってⅡ群に親和的であった「自己ベスト」反応は，「色彩」要素への反応を中心とするものであった。

　ロールシャッハ法における「色彩」と「形」の両要素については筆者（1988a）が別に考察しているが，Ｐ反応が本質的に「形」反応であることを考え合わせると，上記の結果には興味深いものがある。

　実際，Ⅱ群では，筆者（1987）の別の分析でも，Ｐ反応に限らない総反応について見ると，「色彩類」と「形態類」と「運動類」に大別した中で「色彩類」のものが他群に比して最も多く，また（Ｂ）（Ｃ）へと段階がメタ水準に進むほど，よりはっきりと「色彩類」が優位になっていくのが見られた。

　この点，Ⅰ群は一貫して「運動類」（「人間運動反応」が中心）主導型をとる。またⅢ群は他2群に比べると，メタ体験機能が弱く不鮮明なためか反応段階での特徴が強く持続しないところがあるが，基本的には「形態類」（単純で未分節な，また構成度の低いものが中心）優位の特徴を全般にわたって示していた。

　ここで少し説明を要するかも知れないのは「運動類」である。これは，ブロットの形象化という点では「形態類」の基本条件を満たしながら，実はそれよりも分節した，また想像的に内界情報を附加して，外と内の両情報を統

第17章　青年における「境界」心性の位相　*425*

合する形の，いわば「投影的創造」レベルの「かたち」反応である。

「○○が〜している」という運動的形象化は，「形態類」を「単純主語」反応，「色彩類」を「述語」反応とすると，主語と述語の両方を統合した「文章」型の反応である。したがって，もともと「述語」がひしめいていたカオス質のブロット状況に対して，単なる対象化や「かたち」の抜きとり・切りとりのレベルではない反応，つまり，ブロット内のメッセージと被検者の精神内のメッセージとの両方に聴き入り，両方のシンセシスを実現させた反応としての性質を持っている。

これは相対的に見て，ブロットと被検者の内界の双方において，混沌をくぐりながら「かたち」を造り出す，生成的な，また，より創造要素を相対的に多く持った反応であろう。

Ⅱ群にこれが少ないことは注目に値する。「色彩類」反応は，他と違って本質的に「構造化」を指向しないで，むしろ「かたち」をおおってしまったり，それを押し流したりしてしまう情動的要因への反応，情動エネルギーが外に流し出される反応である。Ⅱ群の場合，カード別に見ると「色彩類」の反応そのものが与えられるか否かにかかわらず，Ⅱ図とⅧ図を中心に色彩カードによる反応喚起度が高かった。情動喚起刺激への反応度が高く，情動の外在化への親和性の方が，情動にまみれた原始的状況を「脱カオス」方向に構造化する作業への自我親和性よりも高いというのが，Ⅱ群の基調をなす特徴のようである。

境界例のロールシャッハ反応についてわが国でも馬場（1983）による研究などがあり，臨床像に照らした知見が得られて来ているところである。たとえば，Krystal, H.（1975）は，青年期境界例における情動耐性（アフェクトトレランス）の低さ，いつも情動に押し流される方に傾いて，みずから情動を信号として用いることがそのためにできないでいる自我のあり方を考察している。そしてまた否定的なものを中心とする情動の外在化が習慣化することと「内的空虚性」とは相互に関連し合うために，「情動飢餓」（アフェクトハンガー）が起こり，そのため，外に情動刺激があるとかえって精神活動が活性化されるという，一種の「回復」が起こるといった見解も示されている。

以上，ロールシャッハ法という特殊な「境界」性の負荷がかかった状況での反応を通して，そこでの「境界」性体験と対処様式のいくつかをとり出してみた。

　個別に細かく見る方がもっと興味深いと思われるところがあるものの，また一方，ある程度の数が集まることによって，はじめて見えやすくなってくる特徴というものがあるようである。

　青年と境界例，また一般青年と青年期境界例は，重ね合わされたり，また差異の方に注目されたりといった形で研究が進められようとしたりしている。その中で上述のような筆者のデータは，同じ青年世代においても，一般健常青年と境界例域そしてさらに精神分裂病圏の青年とでは，「境界」性の精神機能に違いがあることを示していると思われる。

　ロールシャッハ法に濃縮された，「カオス＝脱カオス」力動の体験様式には，基本的なところで，対象者間にかなりの違いがあることは確かである。その中でⅠ群が示した「かたち」創造の方向への指向性は，前節で述べた，「同一性早期完了」的な，「境界」体験の回避を単純に意味するような内容のものではなかった。またあまりにも健康に容易に「かたち」創造が可能であるというふうにも受けとれないことは，ここではとり上げなかったが，青年のロールシャッハ反応が全体的に正常成人のものよりも，退行方向へのシフトをさまざまに含んで反応が凸凹しており，均質でないことと照らしても明らかである。また青年に「顔」など相貌的反応が多いと言われることも，先述の「おもて」の知見に照らして関心が持たれるところである。

　青年は時代と共にいろいろな見かけ上の姿をとることは確かであり，現代において心の境界現象は大きな問題であるが，青年を単に巨視的に見ることにはやはり注意深くなければならない。個々の青年について，「境界」性体験のあり方とそれに対処する自我のはたらきについて，分節した見方をすることが，ことに臨床的に求められるところであろう。

文 献

馬場禮子（1983）：境界例──ロールシャッハ・テストと心理療法．岩崎学術出版社，1983．

Erikson, E.H.（1959）（小此木啓吾監訳：自我同一性──アイデンティティとライフサイクル．誠信書房，1973．）

Krystal, H.（1975）：The genetic development of affects and affect regression. Part II. Affect tolerance. Ann. Psycho-Anal. 3, 179–219.

Lynd, H.M.（1958）（鑢幹八郎他訳：恥とアイデンティティ．北大路書房，1983．）

Mahler, M.S. et al.（1975）（高橋雅士他訳：乳幼児の心理的誕生．黎明書房，1981．）

Marcia, J.E.（1980）：Identity in adolescence. In J. Adelson（Ed.）：Handbook of adolescent psychology. Wiley, New York, 159–187.

Masterson, J.F.（1972）（成田善弘・笠原嘉訳：青年期境界例の治療．金剛出版，1979．）

Rorschach, H.（1921）（東京ロールシャッハ研究会訳：精神診断学．牧書店，1964．）

齋藤久美子（1987）：ロールシャッハ反応の自由再生──再生決定因を通してみたロールシャッハ「体験」．ロールシャッハ研究 29, 111–122.

齋藤久美子（1988a）：インクブロットの色彩効果．山中康裕・齋藤久美子編：臨床的知の探究・上，pp.20–41．創元社．

齋藤久美子（1988b）：ロールシャッハ反応と脱カオス．山中康裕・齋藤久美子編：臨床的知の探究・下，pp.279–293．創元社．

齋藤久美子（1989）：P反応の個人内位置──正常群と臨床群の比較研究．ロールシャッハ研究 31, 71–84.

坂部恵（1976）：仮面の解釈学．東京大学出版会．

Stern, D.N.（1985）（小此木啓吾他訳：乳児の対人世界，理論編．岩崎学術出版社，1989．）

鈴木茂（1986）：境界事象と精神医学．岩波書店．

第IV部
臨床訓練・心理療法

第IV部 概説

　第IV部では，心理療法と臨床訓練に関する5つの論考を収めた。これらの論考を通して，齋藤の考えが具体的な臨床場面からどのように生じてきたのかを読者は感じ取ることができるだろう。また，反対に齋藤の考えが，心理療法で生起する現象の理解にどれほど役に立つかを実感するにちがいない。

　齋藤の書いたものや話は「難しい」という声を聞くことがある。たしかに，表現や比喩は伸びやかで柔らかいものの，論の運びに無駄がないだけでなく，一つの単語に意味が凝集されているため，抽象的な印象をうける。かといって，思弁的であったり，単なる説明的な感じがするかというと，全くそうではない。

　おそらく「難しさ」の一番の要因は，一つの主題を巡って，さまざまな水準や位相にわたって詳細に記述するスタイルだと思う。一つの論考の中に多くの理論や考えが凝集されている。地図を頭に浮かべずに論の進む方向について行くと，迷子になって，自分がどこにいるのかわからなくなってしまう。地図がなければ，とらえどころなく，理解することが難しい。

　ところが地図すら容易に描くことができない。それは，齋藤の記述スタイルにもにじみ出ている認識のスタイルのユニークさにあると思われる。

　齋藤の認識は常に現象から出発する。先に理論的枠組みがあるわけではない。とくにこの部に収められた論考では，その傾向が顕著に表れている。かつて，セミナーで齋藤が自分の依って立つ学派を「素朴派」と称したことがあったが，その通りだと思う。まず目の前に現象がある。これは何だろう，一体なにが起こっているのだろう，とあれこれ想像し，自分の実感を参照しながら体験的に納得できる「腑に落ちる」ものを頼りに，探索していく。理論についても同じで，自身の体験に照らし合わせて納得のできるものしか採用しない。齋藤の考えを評するのに「腹の底から」とか「手探りで」といった身体的な比喩を使うのが似つかわしく思われるのは，齋藤の認識のあり方が身体レベルでの理解を基にしているからにちがいない。

　心理療法について言えば，容易に「一般化」されるような治療論や技法論はおそらくは持ち合わせていないように思う。齋藤の関心は，つねに個別の相手に向けられ，その関係に身を浸し，相手を理解し，相手の心に寄り添うことに向けられているように思われる。そこで目指されているのは，発達を促進するような関

係の創発である。それは,「個」と「関係性」とが均衡し相互交流しながら,新たな経験に開かれていくような治療的関係の意図しない創出であろう。

　そして齋藤の論述は,相手を理解し寄り添うことへの探索過程を描き出すことを目的としているようにみえる。心理療法の場で起こってくる事象を詳細に記述し,その背後にどのようなことが想定されるのかを,身体水準から言語水準までのさまざまな水準と,個人内過程と対人関係過程の相互作用という位相で検討する。認識と記述のスタイルそのものが「関与しながらの観察」を体現している。当然,齋藤の論述に「オチ」はない。あるのは,可能なかぎりの現象の観察と検討である。ある意味で,オープンエンドな論考であり,さまざまな考えが刺激されるが,完結した物語のような,「こういうことか」とホッとするところがないのは事実であろう。「これこれの事象をこのように捉え,このように考えて介入して,このような結論を得ました」というような単純な記述はまずない。おそらく,できないだろう。実際の治療的な相互作用は,多層(多相)にわたり,暗黙知として進行し,本質的に個別の要素を多分に含み込んでいるため,容易に一般化して取り出すことができないことを,探索の中で身にしみて理解しているのだと思う。

　かりに齋藤が治療機序についてモデルを持っているとすれば,この部の論考のなかにも触れられているように,「暗黙知からの創発」といったモデルに現在のところ留まるのではないかと思われる。人間には,確かに体験し実践しているけれども明示されない潜在知があり,そのような知を基盤にして新たな理解がふいに立ち上がってくることがある。科学的発見の多くはそういった営みの産物であるとも言われている。クライエントとセラピストが関わり合い,無意識の次元も含めて相互調節をしているなかで,ふいに立ち現れてくる理解があり,それがクライエントの自己理解に繋がっていく,というモデルと言えようか。

　齋藤は精神分析的発達論を援用してこの過程にたどり着いたが,現代精神分析の他のアイディアで言えば,「コンテイン」の過程と言い換えることができるのではないか。「コンテイン」を図式化して言えば,クライエントが投影同一化を通してセラピストに投げ込んでくる感情を,セラピストが受け止め,そこに意味が立ち現れるまで持ちこたえる営みをさす。このように「コンテイン」の「機能」は図式化されているが,その内実やプロセスが十分明らかになっている訳ではない。そして,「コンテイン」が要求する「わからないことをわからないままで考え続ける」負の能力というのは,齋藤の記述と認識のスタイルに現れているように思われる。齋藤は,とにかくクライエントとの間で感じ取ったことを,結論づけずに,

あれこれ検討しつづける，それはコンテインの過程と言ってもよいのかもしれない。

とはいえ，齋藤の観察と理解には，軸となるものがあり，それを挙げておくことは，論考を読み進む上で役に立つと思われる。

まず，齋藤は，人格の形成について，個人内過程と対人関係過程が相互に影響し，循環する，いわば「動的人格形成モデル」と呼べるモデルを想定している。そして，これらの過程の本質的な様相を鮮明に映し出すために，早期発達の母子相互性に関する研究を参照する。そこでは，対人関係過程がつねに個人内過程と不可分に関連しており，関係が個人の自己感の発現を用意し発達促進するように働くこともあれば，関係によって自己感の発達が妨げられたり損なわれたりすることもある。そういった様子がさまざまな水準で検討される。このあたりの話は，第Ⅱ部に詳しいので是非そちらの論考も参照してもらいたい。

たとえば，Mahler, M.S. や Stern, D.N. の研究からは，いかに人間が，他者（おもに一次養育者である母親）と「ともにある」ことを必要とするか，そして，関わりを求める一方で，個としての自律も求めるというジレンマの中で発達していくのかという視点を援用し，心理療法における関係の中にその様相を見つけ出す。

Stern の研究からは，対人関係過程の基底にある母子の情動調律の様相を参照する。そこからは，情動調律を通した関係の響き合いがいかに自己感を活性化させるのか，反対に，情動調律の不全や失調がどれほど自己感の発達を損ねるのかというテーマを取り出し，セラピスト・クライエントのやりとりの中にそのテーマの展開を看取する。とくに，強弱，リズム，抑揚やパターンといった「形式」にたよって交流する新生児の「無様式知覚」への注目は，音楽を愛する齋藤らしい着眼である。

また，重要な視点として，自己調節的他者による交流の調節が，自己にとり入れられて内在化し，自己内の調節機能へと循環していくという視点がある。これは，セラピスト・クライエント間の対人過程における相互調節が，個人内過程へと還元され，さらにそれが対人過程へとフィードバックされるという見方にも繋がっている。

いずれの視点にせよ齋藤が関心を寄せるのは，「個」と「関係性」のダイナミクスや，微細なやりとりの水準と様相，そしてポジティヴにもネガティヴにもなり得る関係の相互作用といった，「動き」を捉えようとする視点である。齋藤の心理療法におけるまなざしは，現に生きて動いている関係の過程を，どれだけ詳細に捉えられるかに注がれていることがはっきりとわかる。

（武藤誠・河崎佳子）

第18章
臨床心理学の実践的学び
(1994)

本章の紹介

「臨床経験の場に身を置きながら学ぶ」というのはどのようなことかを問いかけながら、そこに浮かび上がる問題群にひとつひとつ丁寧に応答していこうとする姿勢が印象的な論考である。

臨床実践による学習は、自分とは切り離された知識をまなぶのとは違い、学ぶ素材自体を、クライエントとの治療的共同作業の中で作り出し、そこから学ぶという形態となる。そういった「臨床経験から学ぶ」という仕事を、さまざまな相にわたって検討していく。臨床過程全体を受け止める「観察」がどのように可能であるのか。いわゆる「関与 - 観察」とはどのような営みなのか。体験の言語化にはどのような意味があるのか。臨床経験と理論との望ましい関係とは、などなど。臨床心理学の「学び方」をテーマにしておらず、「臨床経験から学ぶ」というのはどういうことか、と本質を問うているところが実に齋藤らしい。

1. はじめに

　確か河合隼雄先生がだいぶ以前に話しておられたことだが，Jung, C.G. はある被分析者に対して，「この分析をもう終りにしましょう。もうあなたからは学ぶものがなくなったから」という意味のことを述べたそうである。その話の場に居合わせた人たちは多分，何通りかのびっくりの仕方をしたことだっただろうが，なにしろ「学ぶ」という言葉がいきなり目の前にぬっとクローズ・アップされる感じがした。

　その本当の意味は，もちろんその分析的「関係」の流れ全体がわからないと理解できないけれど，正直と言えばあまりにも正直な，そんな言い方がよくできるものと驚かされる。

　「学ぶ」ということへの貪欲さ，あるいは臆することのない姿勢に圧倒され，また逆にそこに来るまでの Jung 自身の「学び」の展開やいかばかりと思わずにいられない。「Jung は自分自身を，研究者(リサーチャー)のタイプの分析者だと思っていた」というふうに，同じ Jung 派の Guggenbühl-Craig, A. 博士が来日講演で述べておられたことも合わせて思い出される。では，教育者，宗教家，弁護士，マジシャンなどのいずれでもない，リサーチャーたる Jung は，その事例からそれまで何をどのように学び進んでいたのか。

　Casement, P.（1985）は「患者たちからの学び方を，自然に学んだ天才分析家」として，Freud, S. や，Winnicott, D.W. をあげている。

　「学び方」そのものを「学ぶ」ということには，確かに微妙で，説明を拒むものがありながら，実に肝心なことに違いないであろう。

　そうした「学び方」そのものを含めて，臨床実践から何を，いかに学んでいくか。その中味は想像以上に個人差に富んでいるはずである。

　一人ひとりが学び進む内的なプロセスは外から見えず，殊に潜在学習過程を含めると，それは容易に客観視したり，相対視したりできることではない。

　一見同じように面接を重ねていても，その中で，クライエントの心の動きや「関係」をどう受けとめていくか，そこでの共感的体験や観察のあり方，また何を新たに発見するかといったことも面接者によっていろいろであり，

当然 Freud や Winnicott のようにはいかない。

　臨床状況をどう体験し観察するか，クライエントをどう理解し受けかかえるか，それらのレベルは実にいろいろであり，しかもその差に気づくのは相当熟達してからという，少々皮肉な現実がある。それほど学習の奥は深く，心理臨床の学習には無限の先があるように，筆者も近年ますます思うようになってきた。

2. 治療展開と学びの個性的過程

　学ぶための素質の個人差は無視できないとしても，大切なのは同じ一人の人が心理臨床を実践的に学ぶプロセスをどうたどっていくかであろう。
　一人ひとりの臨床家が自分なりの個性的な学習過程をたどっていく中で，学び会得していくものをめぐって，自分自身がかなりはっきりと以前より進歩した感覚を持つことがある。それは，「前にはまだこのことがわかっていなかった」とつくづく気づく体験であったり，また「以前には，こういうものだとタカをくくっていたが，どうしてどうしてそう簡単な話ではない。だんだんわからなくなってきた」と思い到る体験などである。
　そんなふうに以前と今との比較が自分の中でふと起こるのは，学ぶことに何か変化が生じているときであろう。
　「知能」を「学習能力」とみる見方があるが，総合的な臨床能力についてそのような簡略な定義が可能であるかどうかは別として，一人の臨床家がどこまで学び進むことができるかという臨床的「学習可能性」の問題は，大いに重視されねばならない。
　臨床実践からの学びは，心理学でとり上げられる「観察学習」のような代理学習とも，また当然書物による学習とも違っている。それは，直接臨床経験を繰り広げる当事者の位置からの学習であり，「観察」も「関与」もする中で進められるが，すべてはクライエントとの治療的共同作業を通しての学習なのである。
　実際に行動や生活面で，また認知や感情さらに人格のレベルで生じる大小

の変化に出会うことは，それだけでも大へんな臨床体験であるし，その変化にかかわる要因を臨床記録からいろいろ再検討すれば，なおさら多くの学習が可能になる。①クライエントの個別的条件，②生育史・環境など背景の条件，③治療的関係の展開，④セラピストの治療的スタンスや介入など技法のあり方，それら種々の面が検討の対象となり，学ぶべきものにはこと欠かないのである。

　心理療法の終結はさまざまなあり方をとるが，展開を経てとにかく一定の終結に到った事例は，自然とそこまでの経過をふり返らせてくれる。上記に加えさらに具体的に，①クライエントの人格特徴や病理面の再理解，②最初の「見立て」や予後評価の中味の再考，③当初の治療目標に照らした現実的結果のとらえ直し，④治療関係の他全体としての治療展開や転機に微妙にかかわったものの吟味，それらが主観体験面と客観面からとり上げられるのである。

　ここで改めて思うのは，臨床実践による学習においては，学ぶ素材そのものをクライエントと共に生み出す仕事を臨床家がするということである。となると学びの中味の個人差は，そうした"教材"そのものがそもそもどう生み出されるかということと絡んで，いろいろに現われていくであろう。

　もし望ましい治療的人間関係が成立し，治療の仕事が進んでいくと，そこで行動や認知および感情，さらには人格全体にわたる変化が生じて行くことで，学ぶ材料もその展開相応に内容に富んだものとなって行く。

　いずれにしても治療的共同作業の中での産物，共同作業そのものの中味，そこに反映されるクライエントの心的世界，同じく臨床家自身の心的過程，それらに関する具体的な臨床事象をすべて，臨床家は"教材"にし，それを最大限活用しようとする。

　それは，心の相互作用が生み出すものについてのありのままの体験，そして同時にその自己観察的把握，さらには解釈的意味理解などを含んでいて，「メタ認知」「メタ体験」と言われるものとも重なる，多相的な自己理解の仕事なのである。

3. 事例の「関与 - 観察」と学び

　心理臨床の学習には，Jungによる感情，思考，感覚，直観の機能がすべてかかわらないわけにいかないであろう。そして，心と心が交錯する臨床場面では，自他が再び脱分化した状況を呈しかねない中で，そこに身を置きながらもなお起こっていること全体を受けとめる，さらにもう一つの心のはたらきが求められる。精神力動論において「観察自我」や「観察自我同盟」が重視されるのもそのことを意味している。

　人は誰でも自分の内側の動機やその時々しなければならない課題，具体的な行動目標に縛られている。また相手のその時の心の状態にかかわる情報は十分でないのが常であるため，相手の立場に立って感じる，また考えることはもともと想像以上に難しいことなのである。けれども（それだからこそ）自分の立場に心理的に接近してもらうこと，また視点を自分の側へと転換してもらうことを，人は他者に希求する。

　「共感的理解」の治療的意味が大きいはずであろう。単にそのときの感情的シンクロニーではない治療的変化を起こしうる本当の共感的理解が可能なためには，多くのことを学んでいかねばならない。そのことにかかわるもう一段上の，臨床過程全体を受けとめるところまで拡大した「観察」がどうすれば可能になっていくか，その難しさを臨床家は経験を重ねるほどいっそう実感するのである。

　心理臨床の学習には確かにメタ水準の心のはたらきというものが重要であり，臨床事象の記述的展開である臨床理論そのものが，大なり小なりメタ心理学的性質を帯びていくのもむしろ自然なことと言わねばならない。

　こうしたメタ水準の心のはたらきの多様性は，臨床実践の現実的展開そのもの，またそこからの学びとりの両方にわたって臨床家の個人差をいろいろに生んでいくが，それは治療の成功例がどれくらい多く，そこからどれくらい学ぶかといったことに尽きることではない。治療過程が成功裡に進むほど学ぶことが多いというふうにも単純に行かないことを，われわれはよく知っている。

たとえば，Freud の数々の症例にしろ，また Binswanger, L. の有名なエレン・ウェストの症例にしろ，それらはいわゆる"成功事例"ではないながら，その非凡な観察や介入の詳細な記述は，実に示唆に富んでおり，またいろいろな発見と新しい認識を促す点で意味深い。Freud が，症例ドラの分析中断体験を通して，すでに普遍化している「転移」の概念化へと向かったこともよく知られるところである。
　一般的に見ても困難な事例の教育的意義は大きい。"成功"，"不成功"以上に，セラピストがクライエントと精一杯かかわり合い，未知の要素や壁にぶつかったとき，そのことの意味自体を新たに問いながら，さらに模索と探究を進めるとすれば，むしろ学習の次元が上がって行くことにもなるであろう。
　一人の臨床家の学びの過程で，何か挑戦的な作用を及ぼしてくる事例，かつてなく悪戦苦闘を余儀なくされる事例が登場してくるとき，その臨床家にとって，それはどのような事態なのであろうか。
　そこでは局面打開に向けて多くのエネルギーが費やされる。臨床家自身が以前にはなかったような感情の揺れの中で，内的探索や自己観察に努力を傾ける他，スーパービジョンなど周辺の専門的資源もまたそこで援用されようとする。また臨床場面と現実生活場面の両方で深刻なエピソードが種々発生したりする治療経過においては，それまでの理解のあり方にいきづまりを感じ，有効な理解の視点を新たに開拓しようと試みられるであろう。
　すでに身につけてきた手持ちの理論や方法がそこでいっぺんに否定されてしまうというよりは，それらが有効にはたらいたと思われる事例の場合と，そうはいかなくなった新しい体験との間で比較検討が生じ，学習が深まる。少なくとも，それまである臨床理論や方法が通用したのは，どういう通用の仕方であったのか，どこかタカをくくってしまってはいなかったかなど，再吟味を促されることになるであろう。そうした事例の厳しい促しをどこまで素直に受けとめ，学習努力を重ねるか，それこそが臨床家の成長の鍵であろう。
　事例というものは，どんな事例であれ，心の世界について実にさまざまな

ことを教えてくれる。一見地味な事例にもやはり心のリアリティは感じられるし、よく見ると個性的なメッセージが詰まっている。たとえば「何となく好転した」という事例の場合も、その「何となく」の微妙な中味を不問にしておくのはやはりもったいない。

そうしたことはすべて、臨床実践全体にわたる臨床家の内発的な学習態度に深くかかわる問題である。

冒頭で"心の研究者(リサーチャー)を自認した Jung"という、Guggenbühl-Craig の話を紹介したが、"心の研究者"という言い方が意味するものは、心を一つの対象標的と定めて、それを操作的に観察研究することではないであろう。心という世界あるいは心の宇宙から響いてくるものに、全存在をもって聴き入るという、想像以上に積極的な心理的関与がそこにはあるはずである。

そうした真摯に開かれた心への接近、心が発する個々の具象的なメッセージの中に潜む心の原理への関心、それらが"研究者"という言い方の中に含まれているとすれば、その"研究者"が一つひとつの事例とのかかわりを丹念に掘り下げていく営みは、常に「普遍」の位相、または「本質」の位相へと向かう理解のあり方をごく自然に伴うことになるのではないだろうか。

「最初の精神分析家」である Freud は、ダーウィンがガラパゴス島でさまざまな種の事例研究を厖大に積み重ねながら、系統発生や自然淘汰という普遍法則の発見に行きついたことに習ったと言われる。そのことには当時の時代背景もかかわって"自然科学"指向が見落せないとしても、とにかくガラパゴス島の代りに面接室(分析室)という場で一個一個の症例に出会い、「中立性」堅持のスタンスで心の世界を精緻に究めて行こうとする Freud であった。

Freud (1915) は「ある人の無意識が、意識を通り抜けることなく、別の人の無意識に働きかけうることにはとても驚かされる」と述べるように、この「中立性」重視の臨床姿勢と科学性指向の中で、合理的証明には乗りがたい、きわどい心的現象までをとらえていったわけである。それについては、たとえば、「中立性」という厳格な対他距離(境界)の設定あってこそ、いわば逆説的に、深層における自他境界の相互交錯を見出し得たというとらえ

方が可能であろう。とにかく，心という見えないもの，ましてより不透明なその深層に立ち向かおうとするいま一つの心の側の"居ずまい"の問題，またそれら両方の心を容れる場の設定というものを，いかに研究し創出するかという基本的問題に，十分独創的に対処したフロンティアがそこに居たのであった。

そのように「人」と「場」と「心」とを総合的にとらえながら Freud における「自分自身の無意識をも受信器官としてさしむける」というふうな深く拡充した「傾聴」は，それだけで何よりも治療的に深い意味合いを持ち，臨床家の教育訓練においても重要な位置を占めるものである（齋藤，1991）^{編注}。それは大きくは心の探究ということと根のところで結び合っており，またごく自然に結び合っていてこそ，「傾聴のための傾聴」ではない，治療的展開を生むだけの仕事が，そこに成立して行くのである。

わたしたちにとっては偉大過ぎるであろう「関与・観察者」モデル，あるいは「臨床家・研究者」モデル 2 つに触れてきたが，臨床実践の一つひとつから，大切な学習材料を引き出しつつ，それらに基づいて臨床的理解を修正・発展していこうとする先達の歩みは，誰しもを圧倒するものであろう。個々の臨床の徹底があり，そこから心のメカニズム・法則性という普遍知見が洞察的に構築されて行った，実に豊かな遺産を時に思い出すことは，われわれにとってさまざまに意義を持つのではないだろうか。われわれ臨床家は，いい意味で単純な臨床職人に徹すると言うよりはむしろ，個人個人で特有の，また偏りや歪みを含む臨床私見を，自覚の有無にかかわらず持つようになっていく。創始者が学び示したものは，そうした中で，臨床の"根本"や"原点"への自問を促す，豊かな契機を含んでいて，学びの自己点検を助けてくれるのである。

編注：本書第 4 章参照。

4. 臨床体験の言語化

「何と言ったらいいのか，ちょっと言葉にならなくて……」ということは誰にでもあるとして，その中味は実にいろいろである。

　もちろん何もかもを言葉にすることはできないし，またする必要もない。たとえば絵画を見たり音楽を聴いたりしながら，その印象が同時にすべてこと細かに言葉に置き換わっていくなどはむしろ不自然，さらには不気味である。いろいろな刺激の受信が，言語以前の回路，身体的・非言語的回路で行なわれ，無意識のうちにほぼイメージ水準で情報処理されることは少なくない。そしてそれらは言語・意識化の回路と"直通"関係にあるわけではない。

　大切なことは，どの回路での受信にしろ，対象との自然な触れ合いがそこで生じ，他ならない自分ならではの刺激体験が生き生きと起こっているかどうかであろう。

　冒頭の「言葉にならない」には，この直接体験のあり方そのものがまず問われねばならない場合も含まれる。言葉という一つの「形」をどう得るかということよりも，もっとそれ以前の問題である。何とか「形」を造り出し，生の体験をそこにいかにうまく納めるかというレベルの問題はそれとはまた違っている。直接実感されている体験を納める「形」を生み出しにくくてモタモタするとしても，それはとても意味のある大切なモタモタであろう。この「形」を生もうとするモタモタは，体験そのもののあやふやさとは全く異質であり，むしろ貴重である。

　このことはクライエントにおいても，臨床家においても基本的に同様に見られる。言葉・形を求める全体的な姿そのものが，結局のところ元の直接体験のあり方を微妙に反映してしまうし，またその直接体験の確実感，また不確実感の只中に居て実感するのは，誰よりも当人のはずである。

　その辺の微妙な内側の感覚は臨床訓練において見過せない大切なポイントである。この種の微妙な感覚がもしあいまいに放置され過ぎていると，臨床体験から「学ぶ」仕事全体もあいまいに流れ，根本的に不確かなものになっていきかねない。

人格の病理としてとらえられる"as-if"的基本態度はクライエントにおける治療的進展をめぐって問題にされるが、臨床家の方の臨床体験の中でもその問題が生じてしまう可能性がある。

直接蒙った体験そのものに自分自身がしっかり触れ得るためにも、言語化や有形化を求める姿勢そのものが役立つことは確かである。

「関与観察」という容易でない臨床課題も、このような内的姿勢のあり方によって、それがどう果たされるか、その実質はいろいろになって行く。前田（1978）の「治療者として聴くためには、自分の心の動きを、自分の『形』の中に閉じ込めなくてはならない」における「形」は、別に言語に限らなくても、「形」を求め造り出す姿勢そのものの重要性を指摘したものであろう。

臨床体験の言語的有形化は、後述のような理論の習得とも関係がある。たとえば身につけている理論の中の何か具体的な概念が、臨床場面でたまたま起こっていることとまるで鉢合わせしたかのようなことが起きる。それが単なる"ラベリング"の体験ではなく、そこで起こっている臨床事象も、概念の方も双方が互いを活性化し合うような充実した体験となるとき、臨床体験は生きたまま、ふさわしい「形」におさまり得たということであろう。そしてまた、その概念が言い表わそうとしている臨床的世界というのは、なるほど今現実に起こっているこのことを言うのかというふうに、概念の方も生命を吹き込まれ、新しく目を開かれるような、充実感に満ちた学びがそこで一つ、成立するのである。

とは言え、ずっと以前京大でセミナー連続講演をした Bordin, E.S.（1955）が忠告するように、理論をただ型通り皮相的に学習しているだけでは、その理論概念通りの臨床事象に出会っても、それと気づくことができないという問題も現実には存在するのである。

いずれにしろ、クライエントの方が思いがけない瑞々しい言葉で心的体験を表現するのに出会うと、深い感動に襲われるが、臨床家の側もいろいろと共体験する心の世界を「形」にして伝え返す努力を重ねることにより、臨床的共同作業も進むし、臨床家自身の学習も進展して行く。

新しく言葉・「形」が生成することの重要な意味は、まだ「形」を得ない

で控えているもっと広大な世界の存在がそれによって暗示され，逆説的に，むしろそこに向けて私たちがもう少し接近できるというところにある。

Jaffé, A.（1964）は Jung の考えを引きながら，無意識の価値を規定するのは「意識」であること，「無意識」はまざれもない自然としてその資質を噴き上げるが，もしその活動のままに放置され，「意識」との間の相互作用がないと，「無意識」の資質そのものもやがて消滅してしまうことを強調する。「無意識と相互作用しうる意識」の拡大こそ，「無意識」に対して計り知れない生産的影響を及ぼすのだという指摘でもある。

無意識領域にまで広がった，未分化な要素を多く含む臨床体験を言語化しようとすること，その「形」を問おうとする努力は，まさにそうした「意識化」が持つ根本的に重要な意味を担っているのである。

5. 実践的学習にとっての理論

Adler, G.（1986）は，臨床理論について，「理論を確認させ，さらなる臨床的仕事を促進させながら，その理論を一層支持する資料収集へと導くような臨床的アプローチを展開させる。理論はそのような意味を持つのである」というふうに述べる。

また Thomas, R.M.（1979）の次の見解も参考にされる。

彼によると理論とは，事実つまり観察された行動のいろいろな断片の統合に関する説明だとされる。どのような事実が理解にとって最も重要か，またその理解を生み出すために，どのような事実間の関係が最も有意義かを提示していくものだというわけである。「理論なくしては，事実はキャンバスの上にばら撒かれた無意味な点の集まりに過ぎない……」，「理論とは事実から意味を引き出すものである」というふうに指摘されている。

実際，心理臨床実践は何セッションにもわたる長期間，縦断的に「関与観察」を続けることでもある。そこで起こっていくいろいろなこと，クライエントの精神内界，対人的関係性の世界，認知・感情・行動的な反応・表現パターン，人格機構などについて，それらの発達的変化と他方退行や停滞の問

題をどうとり上げて行くか。またそれらを反映する多様な臨床素材をどう受けとめ，臨床的判断・理解を適切に行なっていくか。

それらは臨床的仕事の中心をなしているが，実際には大へん熟練を要する課題である。

確かにクライエントがさまざまに発信する，未整理で，また限られた範囲の情報から，その基底的メッセージを汲みとること，また生活史を経つつ築かれてきた，個人的な心の世界を代表する重要な情報細部に注意が向くこと，臨床素材の断片を縫って流れている筋や全体の意味連関をとらえ，個々の情報をその中に有機的に位置づけ直すこと，それらを実現していくことが，"長期縦断的"な臨床的関与の中では，常に求められているのである。

それはさまざまな臨床素材に潜む「心の声」に十分聴き入りながら，同時に個々の素材を超える作業である。細部にこめられた重要なメッセージ（ときには決定的な）を受けとめながら，とは言え細部へ細部へと拘泥していくのではなく，全体の大きな「筋」に出会うその作業は確かに，Korchin, J.S. (1975) が次に述べるような内容のものであろう。

それは，「臨床的な情報を総合することは，創造的思考の一つの特殊な例だ」であり，Korchin は，「熟成」や「洞察」をそこに含めながら，芸術作品やまた科学理論の産出に通じるものがあるという見方をしている。

理論はそうした臨床情報の総合作用が，より高次の概念にまとめられ体系化されたものと言えよう。たとえば有名な Mahler, M.S. らが乳幼児を長期間縦断的に，ごく細やかな「臨床の目」で観察しながら，発達理論を構築していく大規模な仕事の"ドキュメンタリー"（齋藤, 1992）[編注]は，「関与」の中での理論生成の営為を詳らかに伝えていて興味深い。

Pine, F. (1990) は，その共同作業を土台にしながら，心の構造とその発達に関する「個人内（intra-individual）過程」と「個人間関係（inter-individual）」両次元モデルの理論，それも具体的な臨床実践に根ざした理論を提示している。その他，子どもの遊戯療法の臨床実践から治療過程の段階

編注：本書第7章参照。

化を試みる Chethik, M. (1989) の理論など，臨床実践にごく自然に即した，したがって理論と臨床的例証とがわれわれにも共有しやすい見解が近年いくつか見られるようになってきている。

　自分以外の，それもより豊かな臨床経験を明確化することができた人の，集約された臨床知見としての「理論」は，まず自分の中にある未分化な"臨床理論"（人間観や臨床的考え・感じ方，臨床的理解の先入見的構え，治療的展開をめぐる価値観などで，必ずしも自覚されずに備えてしまっているもの）を相対化したり，自覚したりすることを可能にさせてくれると言えよう。

　たとえば対象関係論におけるように，人格を自他関係の体験様式が内蔵されたものと見る見解に照らすと，誰しも人間関係体験を通して，人に関する自分なりの見方や感じ方を持っており，それが暗黙のうちに，人との関係パターンや自他体験・自他理解の枠組になってしまっていることに気づく。

　そうしたものは，個人の中に隠れている潜在的な「理論」というふうに言ってもよく，誰しも知らず知らずその「理論」に従ったものの見方をしているわけである。

　"独断と偏見"というふうに広義に言えるかも知れないその潜在的「理論」の束縛から，より自由になり，もっと広やかで洞察性に富む準拠枠へと視界を拡充することの意義は，極めて大きいわけである。教育分析やスーパービジョン，また臨床家の相互研修などを，そのためにどこまで活用して行くことができるか。

　まだ"バイアス"の域にとどまっている個人的枠組は，臨床実践の中で「選択的不注意」や「選択的関心」という重大な作用を及ぼしてしまう。この問題を語学学習に照らして次のようにとらえてみるのはどうだろうか。

　たとえば誰しも母国語はすでに身に染みついてあたり前になっているが，外国語学習を通してはじめてその特質が認識できる。またその上言語というものに共通する形式的特徴や，言語の指し示す世界そのものが新たに見えてくることなどにより，言語を再認識して，自分の方からそれを能動的に使うようになる。いつの間にか他律的に心の中に入り込み，社会的符号化体系として，知らないうちに心的活動を枠づけコントロールしている，「母国語」

への受動性から解放されるためには、外国語に照らして母国語そのものを対象化し吟味し直すことが必要であろう。そうしたプロセスの中で言語を再認識、再体験してこそ、よくなじんで疎通力の高い、本当の「自分の言語」が身についていき、それが体験のあり方そのものをより分化させて行くのであろう。

心理臨床における「理論」も、さまざまな臨床情報を処理するための、一種の言語体系としての意味を持つから、どれか特定の理論をよく理解することを通して、自分の中に潜在する無自覚な「理論」に、自分自身気づくということが起こる。そこから、個別的な既存の理論に必ずしも制約されない、「自分で自律的に使いうる理論」を身につけていくという、言語学習の場合と同じような展開を考えることができるであろう。

ところで、いま一つの言語体系としての、既存の理論に接近し選ぶということはどのようにして起こっていくのか。情緒的アピールや説得性をどう感じる、その理論との出会いであったのか。

わが国では外来理論が多いので、その紹介者の影響も大きいが、たとえば次のような場合もあるであろう。

クライエントの極端に変動する対治療者態度や攻撃性に巻き込まれているときに、「境界例人格障害」の理論、その中の「分裂」メカニズムや、「見捨てられる不安と呑み込まれる不安の両価性」といったとらえ方は大いに参考になった。その説明により臨床家の方が来談者の自己破壊性に巻き込まれることを脱し、状況全体を客観視しながら情緒的安定をとり戻すことができた。というふうな場合は、実際の臨床体験がその理論を納得づくで採択させる例であろう。

ときには臨床家の側から、関係困難や治療的変化困難を合理化しているかに見える理論がある。仮に臨床家の側の防衛や安定操作であるとしても、それは、予断を許さない臨床状況における精一杯の対処であり、結局は臨床家自身をというより、来談者との関係そのものを混乱から救出しようとする、苦肉の策を意味する場合が多い。

心と心とが複雑に交錯し合う臨床状況の中で、肝心の治療的展開に向けて、

何か有効な心理学的視界を開拓しようとする，専ら実践的・実用的な努力がそうした理論にはうかがえ，私たちは助けられるのである。入り組んだ臨床体験の只中で最大限「関与観察」を利かせるというタフ・ワークにおいて，有効な臨床知見の提供に成功したことを思わせるものに出会うという体験には，心理臨床学習の意味が集約的に含まれることがあるくらいである。

そのように直接的な臨床実感の方がまるで理論を吸い寄せでもしたかのような場合ばかりでないのも現実である。上の例では，臨床の具体的現実の方が理論として抽象化されているものの内容を一挙にとらえさせたわけであるが，具象から抽象，そして抽象化されたものが内包する豊かな具象的内容へと，スムーズに自己体験化の世界が移動し広がるという場合は，それほど多くないかも知れない。

だから臨床家には，ごく短くつづめられた記述や，集約的概念の中に圧縮されている（したがってもしそうした用語や概念を使わなければ，延々と記述を連ねねばならないような）臨床的現実世界を，思い切り想像力豊かに，ただし自分自身の実践的体験の地平からは足を離さずに，具体的に追体験することが求められる。この抽象から具象への移動は，習熟が進むほどより容易になって行き，それが，「前よりももっとよくわかるようになった。だんだんいろいろなことがわかっていくものだ」という楽しみを伴う体験へとつながっていく。

臨床理論における抽象化された表現は決していわゆる「論理的抽象的思考」そのものではなく，それよりは，臨床の具体的事実のそれぞれが放つ色彩を敏感にキャッチしながら，さらにその背後にある「光源」を想像したり，直感したりするような精神活動に基づいているのではないかと思われる。私たちがごく具体的な臨床素材を前にしたときは，それらを縫って流れる潜在的文脈，あるいは，そこに宿っている中核的意味へと向かいうるような，具象-抽象間の活発な精神活動を展開したいものである。

「理論」との間柄はこのようにできるだけ主体的，能動的であることが望まれ，こうしたスタンスでまずどれかの既存理論に徹底的に親しむことは大へん有益だと思われる。このスタンスがあまり受動的になると，理論に縛ら

れ過ぎて，既述の"外国語"学習におけるような，本来の意味が台なしになりかねない。

臨床理論は，一般心理学のように顕在行動に注目するよりも，精神内過程の機微を多分に隠喩的に扱うため，ときにはそれが魔術的なまでの魅力となって，そこに縛られてしまうことも生じる。メタファーに適切なスタンスで対するのはそれほど容易でないことかも知れないが，理論よりも先に，まず臨床的リアリティーが時々刻々進行していることを忘れないでいたいと思う。

以上述べたこと全体を具体的に考えるために，ごく一般的な臨床の実際場面を，次のように一つ思い浮かべてみよう。

自分がどのような私的「理論」の持ち主であったかの気づきと，そして自分が使いうる臨床理論を身につけることに向かうこととは大体平行して進んでいくが，実際の臨床場面では臨床家が，この両方を同時に感得することになる機会がさまざまにあることを示す一つの例である。

たとえば，年少女児のプレイ・セラピーで子どもがいろいろなオモチャの入った箱を片っ端から床に音高く空けていく場面に出会ったときどうだろうか。それがいかにも過激で無秩序な行動に見え，「オモチャが壊れてしまわない大丈夫？」とか「ほらお人形さんびっくりしてない？」などと介入するセラピストがいたりする。そこではまず，物扱いが乱暴なのはよくない，殊に女児の場合見苦しく見え，もう少し大人しいやり方ができるよう教えないとと思ってしまう，臨床家自身の「理論（価値観）」に直面する機会が生じている。

そしてそれは同時に，たとえば次のような臨床的理解の観点を，生きた体験として会得する機会ともなりうるものである。

その子どもは，セラピストに手助けを求めたり相談したりするよりも，いきなり力づくで独り物に向かい，粗大で短絡した行動の仕方をしている。そこから発する理解のごく一般的な観点としては少なくとも次のものがあるであろう。

(1) 彼女の対人的「関係性」，治療的人間関係の展開や早期愛着関係の観点

(2) 彼女の「自己感」(センスオブセルフ)や,自己価値(セルフ・エスティーム),またそこでの万能感や不確実感,「他者と共に在り,支えられている自己」の感覚などにかかわる観点
(3) 彼女の「ジェンダー同一性」の発達,同一化モデルのあり方の観点
(4) 物や外界の支配(マスタリー),認知と感情また器用さなど運動機能の発達,人格全体の発達的問題と当面の課題といった,成長にかかわる観点
(5) 現実の生活背景や環境要因に照らした,問題状況全体と治療的見通しの観点

上のような臨床的理解の観点は,プレイセラピーにおけるその一場面を目の当りにした瞬間,多少とも当のセラピストに浮かぶものであろう。それらにかかわる自分自身の仮説を,大へん身近なところで,しかも自己体験的に,立ててみながら,同時にどのような「関与‐観察」を展開して行くか。

ただ臨床当事者の,殊に"その場,そのとき"における理解は,当然ながらきちんと整った形をなすところまでいかない。Balint, M.(1968)の言う「連想の雲」とは具体的な状況の面で違いがあるかも知れないが,いろいろな理解のあり方が浮かび出るにまかせているという,いたって開かれた連想姿勢の下に,クライエントと場の進行を共にしていくのが通常である。まだ形が完結せず凸凹や描き残しがあって,いつも修正・変形の余地があるような心的空間を用意しておくというのも,臨床家の一つの仕事であろうかと思われる。

神田橋(1990)は,「頭をできるだけ複雑にして」臨床場面に臨むことを薦めるが,それは言ってみると輪郭をきっちり切り整えないでおくことで,たとえばお料理で言う,"吸収面積"を広げておくことなどにも通じることかなと思えたりする。

Singer, E.(1970)は,分裂病治療論などで有名な Searles, H. や Fromm-Reichmann, F. が,「いつでも修正し創出する」楽観性のもとに新鮮で簡明な理論提示をすることに注目し,これを,Freud と Jung における,理論的完結指向およびそれを強固な枠組にし過ぎる危険性と比較しているが,興味深い視点である。しかしなお Singer 自身も,「荒野を進む上での道案内としての理論」そのものは,大へん重視する立場に立っている。

私たちも，一人ひとりが実践と理論とのデリケートな循環体験をもっと深めていきながら，心理臨床の学習を先へと，楽しみをもって，進めて行きたいものである。

文　献

Adler, G.（1986）：Psychotherapy of the narcissistic disorder patient. American Journal of Psychiatry 143, 430-436.

Balint, M.（1968）（中井久夫訳：治療論よりみた退行——基底欠損の精神分析．金剛出版，1978.）

Bordin, E.S.（1955）（森野礼一・齋藤久美子訳：心理学的カウンセリング——理論と実際（上・下）．岩崎学術出版社，1969.）

Casement, P.（1985）（松木邦裕訳：患者から学ぶ——ウィニコットとビオンの臨床応用．岩崎学術出版社，1991.）

Chethik, M.（1989）：Techniques of Child Therapy: Psychodynamic Strategies. The Guilford Press, New York.

Freud, S.（1915）（井村恒郎他訳：無意識について．フロイト著作集6．人文書院，1970.）

Jaffé, A.（1964）（齋藤久美子訳：美術における象徴性．C.G. Jung 他著，河合隼雄監訳：人間と象徴——無意識の世界．河出書房新社，1972.）

神田橋條治（1990）：精神療法面接のコツ．岩崎学術出版社，1990.

Korchin, J.S.（1975）（村瀬孝雄監訳：現代臨床心理学．弘文堂，1980.）

前田重治（1978）：心理療法の進め方——簡易精神分析の実際．創元社．

Pine, F.（1990）：Drive, Ego, Object and Self. Basic Books, New York.（川畑直人監訳：欲動，自我，対象，自己——精神分析理論の臨床的統合．創元社，2003.）

齋藤久美子（1991）：人格理解の理論と方法．河合隼雄監修：臨床心理学——アセスメント．創元社．

齋藤久美子（1992）：子ども理解における方法と理論．新・児童心理学講座 17．金子書房．

Singer, E.（1970）（鑪幹八郎・一丸藤太郎訳編：心理療法の鍵概念．誠信書房，1976.）

Thomas, R.M.（1979）（小川捷之他訳：児童発達の理論．新曜社，1985.）

第19章
「初回」時面接の意義と難しさ
(1996)

本章の紹介

　ここで言う「初回」は，臨床家と来談者の出会いの開始期，あるいは最初期を指している。心理臨床における，人と人との「出会い」に潜在する過程を，両者の個人内過程の側面と，それらが交わる関係過程の側面から考えられうる限り考察した濃密な論考。
　新たな関係に参入するに当たって，来談者にかきたてられる「接近」-「回避」の葛藤や，そこに透かし見える「個」と「関係」の両方を生きる体験世界の様相が如実に語られる。一方，臨床家については，来談者によって誘発される逆転移感情や，その調節のあり方といった内的体験と，そのような体験の中から，「関係形成」や「情報処理」を行わなければいけない責任性，見立ての問題が取り上げられる。加えて，身体的レベルでのコミュニケーションを含む，暗黙知的な過程が論じられていく。実際のところ，「初回」におさまらない，心理療法の営みの本質部分にあたる問題群を論じている。

「初回面接」と言うとき，厳密に何を指すか，呼び方自体が定着している割りに，概念としては案外あいまいで，時には狭義の「インテーク面接」と同義であったり，またインテーカーを治療面接者が兼ねる時には，初対面の回，あるいは治療面接の開始回を指すなど一様でない。また「初回」は必ずしも最初の一セッションとは限らず，いわゆる「導入期」，「開始期」など複数回が想定されている場合もある。

　ここではそれら実際に認められる幅を含めて，臨床家と来談者との出会いの開始期（openig phase）または最初期（initial phase）を「初回」としておく。それは臨床家にとっては，専門的な臨床的かかわり合いに向けて，その時ならではの「見立て」と「関係形成」の仕事をかなり集中的に行う時期である。「初回」をめぐる「難しさ」体験は，当の臨床家が具体的にどのような課題意識や期待水準を持つかとも表裏である。

　「初回」とは臨床家にとって，また来談者にとって何なのか。「初回」時の臨床的現実と，その限界および可能性の問題，また「見立て」にかかわる臨床家の内的仕事・心的過程がどう展開するのかなどの点を，ここではいくらか問い直してみたいと思う。したがって初回になすべきとされる標準的な仕事内容の検討は他に譲る。主に臨床当事者の体験の側から「初回」を見，そこでの意義と問題点についていくらか検討を試みることとする。

1. 来談者にとっての「初回」

　来談動機や来談経路のさまざまながら基本的には自分自身の心一つでは担い切れなくなった苦悩を，また過重なものを負っている心そのものを，迷いの末に今運び込んで来たばかり，というのが「初回」であろう。その人なりの重要な決断があり，しかしなお続いている迷いやジレンマを抱えて，ここで本当に前へと進むかどうか，その機関や臨床家を選ぶかどうかを探り迷う心の揺れが想像される。当然ながら，「初回」期の来談者はいく重かにジレンマを抱えているはずであるが，それは，もはや出口を見い出せなくなった心が何らかの変化を必要としているという一つの同一性危機状態でもある。

また，自己価値（それまで不適応や病理を含むさまざまに個人的なスタイルで維持されようとしてきた）とその調節のあり方に大きな変動や侵襲があるかもしれないという危機感覚としてそれをとらえてよいかもしれない。

「抵抗」の概念に見られるように，来談者が臨床的介入という「侵入」に対して身を守ることは必要で自然なことである。緊密な相互交流の中で自己の境界を維持する精神機能は，それ自体が treatability 評価や人格評価，予後評価の上で重要な観点ともなる。臨床過程が展開する中で自他境界の機能がいろいろに後退して，転移性の病態化が生じることについて見通しを持つという，「見立て」上の一つの仕事の上でも，「初回」期における個性的な自己防衛や抵抗には関心が払われていくわけであるが，それはとりも直さず「初回」期の来談者が，かなり普遍的にそうした反応を示すということである。「変化への挑戦」か「変化からの退却・現状維持」か，「自己開示」か「自己隠蔽（開示の回避）」か，同一性や自己価値の危機というリスク，未知の臨床的人間関係というリスクを負うかどうかなど，全体として「接近」-「回避」型ジレンマ（齋藤, 1994）がさまざまに予想される。

「初回」が大きなエネルギーを湛えていることには，来談者の側のこのようなジレンマやアンビバレンスという形の，新鮮で強いカセクシスがあると思われる。

来談者は未知の人間関係や心の仕事に対して当然ながら臆病である。それは同時に治療的可能性の問題とも無縁ではない。臨床関係にいつもつきまとう「情緒的接触や共感の希求」と「呑み込まれる不安」という「関係」への基本的なアンビバレンスも，この「初回」期にすでにもっともナイーブに生じているかと思う。欧米に比べるとわが国の来談者はことに，最初から不同意や否定の表現を臨床家にぶつけることは少ないが，文化によってそうしたことの表現が異なりながらも，初回には潜在的に，こうした葛藤する心の動きがむしろホットに生じているのではないだろうか。

来談者はそのような心の事情を抱えながら自分が未分化に期待するもの（臨床家の人物像，関係，治療成果などに関して）と同時に未分化におそれるものとの間にあって，さまざまに二次的な反応や安全操作を繰り出すこと

になるであろう。情報の断片化・表面化，偏り，また"仮りそめ"の話題提示などにより本来の「自分語り」(齋藤，1990)に向かいがたい来談者を相手に，臨床家もさまざまに情報処理の迂回を余儀なくされていく。早くまた効率よく核心的な情報がほしいという思いが強いほど，またそのような発話行為(talking behavior)全体へと関心を寄せることが少ないほど，臨床家はそうした対話状況を耐え難く感じるかもしれない。

　Sullivan, H.S. (1972)が初回の来談者の話の出し方を，大まかに一般化したあり方(general)だと指摘しながら，そのことに干渉せずに表現を促進すること，話者の習慣化された対人行動や歪みを含んだ報告パターンの中に潜む自己評価のあり方に注目すること，を薦めている。

　実際，「初回」に話されることは，このような「一般化」のレベル，つまり大体デッサンする恰好をとるものとは異なるもの，たとえばいきなり被虐待体験が生々しく語られるなどその逆の恰好をとるものもある。「初回」にふつうにありがちな語り出しと，他方見るからにそこから逸脱しているものというふうに現象面には幅があるが，「あらわしつつかくす」と「かくしつつ(あるいは歪めつつ)あらわす」とは，いずれも来談者にとってもともとなくてはならないことにちがいない。臨床家はそれらが錯綜する表現行為そのものと，その中をぬって流れる心的リアリティ，心の声を聴きとる課題を負うが，それは，自己そのものと，自他関係との両方に関する来談者の心の事情，あるいは，「個」と「関係」の両方を生きる体験世界に接近することである。土居(1976)はFeinstein, A.V. (1967)の臨床判断(clinical judgment)に基づいて，「わかってほしい」(神経症圏)，「わかりっこない」(躁うつ病圏)，「わかっている」(パラノイア圏)，「わかられている」(分裂病圏)，「わかられたくない」(精神病質圏)というふうに，関係性への基本スタンスを類別しているが，それは，来談者の中の「個」と「関係」の2つの系が，高密度の二者関係世界を繰り広げる臨床状況で，どのように個性的に循環し合い，それがどう治療的展開へとつながっていくかをめぐる理解である。そしてそれが来談者側の心的現実をうかがう形のものであるところが重要だと思われる。

近年，乳幼児期研究をもとに成人にまでわたって「愛着」が問題にされているが，それは情緒的に親密な関係に身を置くことを促進したり妨害したりするさまざまな心的準備性の問題である。「関係」への不安や違和感，回避などがいろいろ起こりうる，個々人の基本的な「関係」様式がそこで検討されているわけである。臨床関係はいわゆる「コミュニケーションの親密さ（communicative intimacy）」を特徴とする対人世界であり，本来は Sullivan (1954) も述べるように「安心な親密さ」の世界であるとしても，そこにどう身を置くかに個人差があることを，この「愛着」という「関係」基型は示唆している。臨床場面に来談者の心がどう向かってくるか，内界にしまわれた「関係」基型がどう活性化されるかという点で，「初回」期は一つの「敏感期」であろう。この「敏感」さは，臨床家の想像をはるかに超えて，きわめて微妙な「初回」体験を個人的に生じさせると思われる。たとえば，Green, H. (1967) が，Fromm-Reichmann, F. による治療体験に基づいて小説スタイルで著述した『デボラの世界』（Green, 1971）からもそのことを教えられる。

患者のデボラが数年間経た治療の終結期近くに，治療者とともに回復にとってもっとも意義があったと思うことを振り返ってとり上げたのは次のことであった。それは，症状をとり除くとか除かないなどということは言わずに，症状について思っていることを話すように，そして「あなたが自由になれるように，私たち二人でやりたいのです」というふうに治療者が言ったこと，とりわけ，この「私たち二人で」という言葉に患者自身が核心的な励ましを「初回」時に得た由であったが，独特の敏感さが印象深い。

デボラにとって「私たち二人」という，近年 Stern, D.N. (1985) の概念で知られる「他者とともにある私（self-being-with other）」の世界は，心の奥深くで恐れとともに強く希求していたものであったであろう。最初にそれが治療者によって直截に，きっと authentic に差し出されたことによって，心の仕事を自由に進めていくための環境に文字どおり恵まれたとの感覚がデボラをきわめて新鮮に包んだのであろう，と想像される。

これは二人の出会いが，個人の中の心的過程と対人的かかわり合いの過程

の両方を，新しく可能性に満ちた循環関係へと転じさせたことであり，その決定的転換の全体が，「私たち二人」という鍵語に集約されたということであろう。

とは言えその一方，「私たち」という臨床家の言葉は相手を恐怖に落とし入れる場合もある。Pine, F. (1985) も検討しているように，この「私たち」の語が，相手の「関係」スタンスを急に悪化させた例がある。それは「融合不安」が不意に生じたためだったと後になってから臨床家が気づいたという例であった。

これらは同じような臨床家の言葉が正反対に作用することを示しているが，それくらい来談者には臨床家の予想の及ばない敏感さがあるということである。来談者は重要な他者との関係の中で傷ついた経験を持っていることが多く，その傷つきの深刻さに応じて，先述の根源的ジレンマのあり方も異なると思われる。そのさまざまなジレンマやアンビバレンスという点からも，実に微妙な構えを個別に含み持ってやってくるのが来談者であろう。「初回」はそうした心性を喚起しやすく，その結果来談者の態度やメッセージは複雑化して，臨床家にとっては混沌とかなりとらえにくいものになっていく可能性がある。

また，重要な人物の内的表象およびその人物との「関係」表象が活性化されて臨床家への投影がいろいろと起こる問題もある。Schachtel, E.G. (1968) は，臨床家がどのように権威づけられるかにことに注目している。Singer, E.S. (1970) も，そのような権威への過敏さを受けて立つ臨床家として重要なことは，不合理な権威主義ではない，専門能力に裏づけられた合理的権威像の印象を「初回」にどれくらい与えることになるかであるとしている。

次節とも関連するが，Sundland, D.M. (1977) は，臨宋家の，①「自信を持っている (confident)」様子，②相手への「関心」の表現，③「はっきりと (clearly) コミュニケートすること」，④「共感性」，の4つが学派を超えて有効な治療的普遍要因であることを，Freud, S., Klein, M., Jung, C.G., ゲシュタルトの各派の比較を通して示したが，これらはすでに「初回」期に来談者がかなり感じとるものではないかと思われる。

2. 臨床家にとっての「初回」

「初回」時，臨床家には多くの仕事がある。来談者の情報収集と「関係」形成という大きな2つの仕事をどう二律背反させないでおけるか。細部に注意深く問いを発することや，また表現に込められている感情や意味に関心を寄せることなどが，必要な情報の収集にも，また同時に臨床家に有効な関係形成にもなっていくというふうな，プラスの相乗性をいかに発揮できるか。それが「初回」には，難しいながら集中的に求められるところである。Singer（1970）は，臨床家が人間対人間として出会うことへの不安から，ただ情報の収集のための収集に陥る場合があると指摘しているが，2つのことの両立は実際容易でない。

臨床家には，臨床的処遇についての必要な説明や契約事項の確認，相手の条件とこちらの条件（「専門家として雇用される」ことの適正条件）との間の調整と合意といった外的で現実的な仕事がある。そして臨床対象をそもそも基本的にどう「見立てる」か，また相手とのユニークな「関係」の感触を確認しつつ，その「関係」をどのように生産的な方向に向けてスタートさせていくか，あるいはスタートさせないでおくかといった重要な臨床的判断の仕事がある。

Freudの「試行分析」やよく言われる「実験期間」は上のこと全体をより確かなものにしようとするためのものであろう。

「初回」時には，いずれにしろ，「選ぶ」と「はじめる」という重い問題が基本的に横たわっている。2人の当事者はこの新しい仕事を自分自身のこととして「はじめる」かどうかのいわば「瀬戸際」に立っているとも言えよう。そしてその一方，出発点で立ち止まっているはずが，すでに治療過程の一部に組み込まれて，心の仕事がはじまってしまっているといった予断を許さないところがある。臨床家はこうしたこと全体を専門家として受け抱え，すでに動き出していることについては，それを適切なものたらしめる，あるいはほどよく納める責任を負わねばならない。

来談者にとっては，外的現実としての契約事項にしても，臨床過程やそこ

で新しい二者関係を築く中で自己の再体験や再理解をしていくことにしても，またそれに伴うリスクにしても，治療終結期に至ってこそやっとその本当の意味がわかることばかりである。臨床家は相手との間にあるこの落差について十分な理解を持ちながら，「初回」に必要な説明や導入，またその段階なりの合意の仕事を行うわけであり，それらを同時に「見立て」のための情報として使っていく。このあたりは臨床経験や熟達の度合によっていろいろと違ったものにならざるを得ない。

　神田橋（1984）は，「初回」を「初会」とすべきだとしながら，そこで「見立て」を中心にした臨床家の複合的な仕事をいかに適切に進めるかについて「コツ」を提示しているが，臨床的熟達のほどを伝えている。

　臨床家は「初回」で「見立て」を完結させようとするわけではないが，「初回」時点で必要とされる「見立て」があることも確かである。

　臨床家にとって「見立て」は，少なくとも自分が引き受けるかどうかという当事者の直接的位置でのもの，また一方，そのように二者的視点ではない第三者的位置からのものがある。いずれの場合も，事例のデッサンをし，そこに含まれる特徴的な条件をチェックしながら処遇可能性や予後評価，面接過程で起こりそうなこと，ことに病理的退行の水準などの予測を含む全体的なアセスメントを行うことである。心理臨床家の場合，そこにいく種類かを組み合わせた心理テストを組み入れることも多い（齋藤，1991）[編注]。すでに臨床家が相手と治療的二者関係に入ることを前提にしている場合には，当の臨床家個人がとくに重視したり省略したりする，「見立て」のポイントがいろいろあるであろう。境界例で手一杯の状況にいる臨床家の場合に，人格障害水準の対象の見立てではより微妙な点に注意を払うなどである。これにくらべると第三者的スタンスのものは，もっと満遍にたとえば，Kochin, J.S.（1976）が示すようないろいろな標準的ポイントをできるだけ網羅しながら，しかもその事例の個性，留意点などを浮かび上がらせるような，一般的通用性のある「見立て」を提示することが仕事になる。インテーカー（受理面接

編注：本書第4章参照。

者）を専任する臨床家の場合がその典型的な例であろう。

　責任のあり方も当面は前者の方がより二者関係範囲内で完結している点で同じではない。ただし，臨床家が複数にわたっていくこともある臨床過程全体の中では，「見立て」こそが特定の臨床家の手を離れて次々とリレーされていき，公共性をもっとも担っていく運命にあるとも言える。診断体系という社会的共通語にどう組み込んで対象者を見立てるかの仕事では，ことにそうである。

　このようにいろいろな立場や意義が「見立て」にはあるが，「初回」時の「見立て」は以後の修正や再確認，理解の再統合に向かって開かれている。また「見立て」は過去の生育史や病歴など全体的な生活史から，現在のいろいろな面での状況，そして未来におけるプラス・マイナスの可能性をとらえるというふうに長期にわたる臨床心理学的理解を，短期集中的に行うという一つの矛盾を含んでいる。「初回の中に，その後の面接で重要になる諸点が，ほぼ満遍なく姿を見せている」として細やかなスキャニングを説く神田橋（1984）など，「初回」時の情報価の高さに注目する見解は少なくない。情報価が高いということでは，たとえばロールシャッハ・テストは半年以上も先の臨床所見を先取りするとされたりするが，それには課題の未知性，つまり一種の「初回」性がかかわっているであろう。

　しかしまた中井（1982）が「私の初診での"的中率"を直観的に評価すればそれは20％程度，いくら甘く見ても30％を出ないと思う」とし，また「しかし初診である程度以上診断率を上げようとすれば対象に過度の負荷を強いることになるとも考える」と述べることにも注目しなければならない。これは疾病分類的診断のことであろうから，もっといろいろな視点を複雑に内包している場合の「見立て」とは同じでないし，緊急性やとくに重点を置くべきポイントのあり方によって実際の「見立て」はいろいろなものになることを考慮しなければならない。

　とは言え，これらは，「初回」時がどれくらい特別な「見立て」情報の溜りであり，信頼するに値するものか，あるいは逆に過信できないものかということをめぐっていろいろ考えさせてくれる。「初回」を来談者側がどのよ

うに内的に体験するかはすでにとり上げてみたが，では臨床家側はどうであろうか。臨床家側のそうした内的要因が「初回」時の情報処理を正確にあるいは歪める方向にどう作用するかということがあり，それは「見立て」の信憑性の問題ともかかわっていく。

臨床家が来談者についてどういう感情を抱くかという微妙な問題に関して，土居（1977）は臨床家側の不快感の問題に注意を向けている。

「無力感」，「空恐ろしさ」，「関わりを避けたい思い」，「腹立たしさ」などがそこで挙げられているが，それらの感情は，結局のところ「わかろう」とする面接者に対して相手が「わかってほしい」という態度をどう示すか，その態度の積極性，消極性，あいまいさや拒否性をめぐって面接者が抱く感情だととらえている。これは二者間交流の機微についての臨床家の感情体験であるが，逆転移の問題を含めて大きくは「関係性」体験の問題である。

Kernberg, O. が個人的体験談として，自分が最初の段階ですでに断わろうと決断した患者2人の例を挙げていたことはかなりよく知られ，わが国でも話題になるが，1人は大変不潔な身なりの患者，もう1人は妻とそっくりの患者であったとのことである。臨床家の側も，「初回」時にはかなり敏感に個人的センサーが作動するようである。

臨床家自身が自分の中で起こっている感情について自己観察や自己理解，自己共感（self-empathy）をどう機能させうるかがそこで問われるであろう。河合（1986）がSchafer, R. (1954) の見解をもとに考察しているように，面接者が自分の人格要因のために面接関係そのものを隠れた欲求充足の場に知らず知らずしてしまうというふうな，一種の行動化に傾く面を持っている場合があり，それは自己モニターが利きにくいほど，強い作用を持ってしまうことにも留意がいる。

何はともあれ，「初回」時には，転移‐逆転移の強い発芽状態が潜んでいることを考えておく必要があると思われる。

既述のジレンマということでは，臨床家の側にも「選ぶ」と「はじめる」をめぐる私的なあるいは公的なさまざまのジレンマがあり，また臨床家なりの「接近」‐「回避」ジレンマが，臨床的かかわり合いのスタンスの調節（齋

藤, 1995) の問題を含めて「初回」時に生じていく。「診断」か「治療的関係形成か」という点も臨床経験が浅いほどジレンマになる可能性が大であろう。その他「理論への依拠」か「脱理論」か,「あらすじ」か「細部」か,さらには「常識（日常）性」か「脱常識（非日常）性」か,「主観性」か「客観性」か,「支持」か「直面化」かなど,いろんな観点のものが,さまざまなレベルの葛藤状態を呈することになるかもしれない。

「初回」時には,そうしたジレンマや両義性の要因がむしろ密度高く含まれているのではないかと思われる。臨床家は,そうしたものを喚起する「初回」という"大物"の世界に巻き込まれながら,複雑な活性化を蒙る内的体験の中で,「関係形成」と「情報処理」の仕事の両立を迫られるのであり,容易ではない状況にいるわけである。

3.「初回」時の臨床家‐来談者間コミュニケーションと臨床家の「情報処理」機能

臨床場面で二者間のコミュニケーションはいくつもの回路で行われるが,「初回」時には,非言語の回路,つまり身体水準のもの,また言語表象に頼らないでイメージや事物表象また原初的な象徴が主役を演じる無意識水準のものの方にむしろ比重がかかるのではないだろうか。

全体として「初回」には情報が不足しすぎているのか,あるいは逆に情報過剰なのかを問うとすれば,答えはそう簡単ではない。また情報の多相性,多重性もそこに加わる。

なるほど言語的に語り出される意識化された自己報告資料は回を重ねないといかにも不十分に思えることがあるとしても,意識外の,また非言語回路の情報は,未分化にかなり錯綜しながらもむしろ新鮮な集中度をもって飛び交っているのが「初回」時ではないかと思われる。

考えてみると,お互いに相手について知識を持たない間柄で出発する二者にすると,知識に頼らない情報処理がまず主にならざるを得ないとしても不思議ではない。Stern (1985) によると「知識ゼロ」の乳児は,「生気情動

(vitality affects)」という「生体リズム」レベルでの情報処理に頼りながら，強さ，形式，調子などの要因で，共モダリティ的な基底形式を把握することで，対象を体験するとされるが，それと似たことを未知の二者間では考えてみてよいであろう。相手が送り出す心理的・身体的刺激インプットが内容面以上に，上記の強さや調子などの形式面の処理にゆだねられる度合が「初回」時にはかなり高いと思われる。雰囲気や表情，大小の"ふるまい"がこちらに対して生理的・感覚的にどう響くかという水準のミクロの鋭敏な受信，また一瞬の「送信 - 受信」関係が双方にとり大きな意味を担っていく。

　それと関連して，「生体リズムの同調化」や先述の生気情動に依拠した「情動調律」を二者がどのように体験するかということがある。相手によって「面接」の後に特殊な疲れが残るとか，話のペースが大変合いにくい，その人とは感情の文脈にズレが生じやすく，片方が高い情緒的調子のときに他方が低調子という具合に相互の間にシンクロニーが起こらない，タイミングが合いにくいなど，いろいろな形で，同調化（同期）や調律の困難あるいは不全状態が生じるなど，身体ごとの体験が，相手との直接交流の中でいろいろ生じていく。当然逆に，ある相手とは自然に調子が合ってくつろぐとか，呼吸が不思議と自然でラクである，あるいは内的に思いがけなく活性化されるといったことが生じる場合もある。それは病理内容や病理水準とも無関係でないが，実に多様であり，少なくとも身体はそれらを敏感に受けとめているはずである。

　「初回」時には互いに相手に「合わせる」，また一方，「合わせてもらう」の両方が交差していく中で，いろいろな面での「折れ合い」のあり方が探り進められるが，その過程での直接的な感触が，相手についての，また相手との「関係」についての重要な情報になっていく。ただし，それが意識化された情報であるとは限らない。

　Freud 以来言われる，「こちらの無意識と相手の無意識との間の直接受信」，Casement, P.（1985）が，「人と人との間の無意識のコミュニケーションは不思議でおそろしいくらい」と述べるような，互いの深層間での直接的感応のような伝達も，「初回」時とかかわりが深い。

そのようにいわば"水面下"の精神活動が活発化している中で，大変多重化した，未整理な情報の送信と受信が展開している「初回」の状況は，臨床家にとって本当はかなりの負担であり，情報処理も容易でないはずである。情報は未分化なままむしろ溢れかえっていると言った方が正しいかと思われるこの状況は，情報処理者にとっては一つの混沌状況となる可能性もある。それに加えて先述のような種々の「関係」ジレンマや，新鮮な転移-逆転移の発芽状態ということ，臨床的課題の複合性ということを考え合わせると，臨床家が「関与-観察」機能や，全体状況のメタ理解を十分利かせることは必ずしも容易ではないであろう。

初回における「自由な自己表現」を尊重して，臨床家があまり場面を人為的に統制しないという基本スタンスに立つほど，「初回」時は未整理な多重情報でごった返した状況に近くなる可能性もある。

またそうした不確定な，混沌とした状況への耐性は臨床家によっていろいろである。

再びロールシャッハ・テストの課題状況を思い浮かべてみると，「あいまいさ耐性」の問題に通じるものがそこにはあるであろう。

未知・未確定状態に身を置くとき，人はそれをなるべく既知化し，また何かになぞらえて定義を下すことによって未確定状態をなるべく早く解消しようとする（齋藤，1988）。未知・未確定という「宙ぶらり」ストレスから早く解放され，「拡散」や「無意味化」の不安を免れたいという一つの自己調節メカニズムがそこに作用していく。「初回」時面接においても，臨床家の心の中には，早く「見立て」を終えて相手をこれこれだというふうに同定し，いわば既知化してしまいたいという方向と，他方，未知・未確定状態を保留して，「見立て」のさまざまな可能性を温存しようとする方向との両方が作用し合うはざま状態があるのではないだろうか。

それは来談者に関する印象形成を，臨床家個人の中の"旧版"の人物像をあてがう方向で終えてしまいそうになるか，新しい相手について"新版"の人物像を十分描き出そうとするかということでもある。当然，逆転移メカニズムもそこに絡んで来る。

「初回」は来談者にとってだけではなく，臨床家にとってもやはり上のようなことを含んだ一種のストレス状態だと言える。それは潜在層に相当なエネルギーを含み持った一つの刺激過剰状態であり，その刺激情報のかなりが，自覚外のところで，"暗黙知"的に処理されている可能性がある。そして臨床家自身としても，その情報処理状況がよくわかっていないというところにも，さらに注意を向けてみてよいであろう。

後になって，「初回」時にすでに示唆されていたのだと気づくことの中には，明確に自覚され，その気づき自身が自己観察の対象になっていたことのほかに，そうではなくてただ何となく感じていたらしいことや，言語化しがたい直観，また気づいていたとの錯覚などが含まれていると思われる。臨床家自身にとって，このようないろいろな要素を含む「初回」の体験内容を自己吟味してみることは，臨床場面での自身の精神活動の個人的特徴を微妙なところで再発見することにもつながって有意義であろう。

4.「初回」ということ

「初回」にはストレス性，「敏感期」的特質が上述のようにあり，人は確かに独特の緊張やいろんなレベルでの昂ぶりや気負い，またジレンマをもってそこに臨む。そして多重化した情報のあり方，ことに無意識的・身体的な潜在層で受け渡しされる情報の過剰さなどを加えてみると，「初回」には大変なエネルギーが充満していることになる。

臨床家も来談者もかなりの程度「初回」ということにまき込まれ，呑まれる可能性があると言えよう。そこに臨む当事者たち二者間のあり方によって，実際にはいろいろな内容の「初回」があるわけではあれ，その一方で，「初回」ということは，当事者たち個人を超えているようでもある。「初回」時の本当の主役は，あるいは当時者たちではなくて，「初回」ということそのものなのかもしれない。

「はじまりにすべてがある」かどうかはさておき，既述のように「選ぶ」ということとほかならないこの自分自身が「はじまり」をはじめるかどうか

という「瀬戸際」に両者が立っているというそのことにも，原初のエネルギーを呼び込むものがあるであろう。

　いろいろなことが合流している，「初回」ということは，合理性や秩序を超えた始源宇宙のような要素を多く含んでいるように思える。そしてそこには可能性とリスクが同時にさまざまに潜在している。他のセッション以上に標準的な面接手順や形式を表に立てて臨む初回であるが，その一方，その潜在層では形を整えた表面に反して，ホットでパワフルなものが蠢いているという二重性，またいくつもの両義性を湛えているところも特徴的である。その特徴には，個別的な「初回」のあり方にも増して，普遍性が認められるのではないだろうか。

　「初回」ということは，このように「ただもの」ではなく，臨床家に多くの負担を強い，したがって臨床家の力量を露呈させるものともなって，「難しさ」にはこと欠かない状況である。しかし臨床家が「初回」ということに含まれる可能性と潜在力の活用に向けて挑戦する姿勢を持つことの意義は大きい。それにより臨床家は，いろいろなことを再発見し，常に新たに鍛え直されていくのではないかと思われる。

文　献

Casement, P. J. (1985)：Learning from the Patient. The Guilford Press. (松木邦裕訳：患者から学ぶ．岩崎学術出版社，1991.)

土居健郎 (1977)：方法としての面接．医学書院．

Green, H. (1964) (佐伯わか子・笠原嘉共訳：デボラの世界——分裂病の少女．みすず書房，1971.)

Green, H. (1967)："In praise of my doctor"—Frieda Fromm-Reichman. Contemporary Psychoarialysis 4, 73-77.

神田橋條治 (1984)：精神科診断面接のコツ．岩崎学術出版社．

河合隼雄 (1986)：心理療法論考．新曜社．

Kochin, S. F. (1976)：Modern Clinical Psychology: Principles of Intervention in the Clinic and Community. Basic Books, New York. (村瀬孝雄監訳：現代臨床心理学——クリニックとコミュニティにおける介入の原理．弘文堂，

1980.）
中井久夫（1982）：精神科治療の覚書．日本評論社．
Pine, F. (1985)：Developmental Theory and Clinical Process. Yale Univ. Press, London.（齋藤久美子・水田一郎監訳：臨床過程と発達．岩崎学術出版社，1993.）
齋藤久美子（1988）：ロールシャッハ反応と脱カオス．山中康裕・齋藤久美子編：臨床的知の探究（上），pp.279-293．創元社．
齋藤久美子（1990）：クライエントの自分語りについて．京都大学教育学部心理教育相談室紀要 17, 23-27.
齋藤久美子（1991）：人格理解の理論と方法．河合隼雄監修：臨床心理学 2 ―アセスメント，pp.151-188．創元社．
齋藤久美子（1992）：セルフレギュレーションの発達と母子関係．精神分析研究 36, 478-484.
齋藤久美子（1994）：治療的スタンス――「共感」スタンスをめぐって．京都大学教育学部心理教育相談室紀要 20, 14-16.
Schafer, R. (1954)：Psychoanalytic Interpretation in Rorschach Testing. Grune & Stratton.
Schachtel, E.G. (1965)：Experiential Foundations of Rorschach Testing. Basic Books.（空井健三・上芝功博訳：ロールシャッハ・テストの体験的基礎．みすず書房，1975.）
Singer, E.S. (1970)：Key Concepts in Psychotherapy. Basic Books.（鑢幹八郎・一丸藤太郎訳編：心理療法の鍵概念．誠信書房，1976.）
Stern, D.N. (1985)：The Interpersonal World of the Infant: A view from psychoanalysis and developmental psychology. Basic Books.（小此木啓吾・丸田俊彦監訳：乳児の対人世界．岩崎学術出版社，1989, 1991.）
Sullivan, H.S. (1954)：The Psychiatric Interview. Norton & Company, New York.
Sullivan, H.S. (1972)：Personal Psychopathology: Earlier Formulations. Norton & Company, New York.（中井久夫訳：精神医学的面接．みすず書房，1986.）
Sundland, D.M. (1977)：Theoretical orientations of psychotherapies. In A.S. Gurnn & A.M. Razin (Ed.)：Effective Psychotherapy. Pergamon Press, New York.

第20章
来談動機
―臨床過程におけるその潜在的展開―
(1998)

本章の紹介

　齋藤の論考はどれも明示されない臨床過程を扱っていて，水面下で何が起こっているのかを描き出そうとしている。この論考も，その副題通り，臨床過程における来談動機の潜在的展開について論じているが，前章のように，あらゆる過程を凝縮し網羅するものではなく，切り口を「来談動機」に限っているため，比較的取っつきやすいのではないかと思われる。

　クライエントは，それぞれそのときどきの相談機関を訪れる動機を持っているわけであるが，そのときどきの動機の背後にある本質的な動機が，臨床家との関わり合いの中でどのように展開していくのか，詳細に検討している。「もともとクライエントの内奥にあったやむにやまれない個人的モチーフとしてのwhyが，治療的関係性の中に居り場を見出し，移し入れられて，新たな治療同盟関係の中での本格的仕事の動機として生成し直して，二者がそれを，いつの間にか自明のものとして共有しうるようなwhyへと展開していく」というパラグラフがこの章の内容を端的に表している。

1. 来談動機の中の how と why

　心理相談機関を訪れるというアクションをどうとらえればよいか。問題内容は「主訴」としてひとまず持ち込まれる。けれど「主訴」はアクションの背後にある原動力を伝えるというよりも、さしあたり「入場券」の役をしていて、臨床場面にいかに訪れるかという、howの意味合いをも多分に含んでいる。

　「来談」は、そこに到るまでの個人的経緯を思うとき、それぞれに重い。それだけに「来談動機」を改めて検討することは、心理臨床の仕事を、はじまりのところから考え直して見ること、来談者をどう受けとめ、その人が必要とする心の仕事にどのように参加していけるかを吟味し直すことでもある。

　「動機」を問題にすることは、別に推理小説で犯罪の動機をあばき犯人をつきとめるようなことではない。思えば来談の最初の回がまず成立しそしてさらに来談が続いていくということは、いろいろな中断事例や次々臨床家を移るさまざまな事例に照して見るにつけても、実に大へんなことである（齋藤，1996）[編注]。何をしに何故来談するのか、素朴なレベルからもっと深い本質レベルまで、臨床家の側に、さまざまな「why」が生まれても不思議ではない。

　そうした中で注意を向けたいことに次の点がある。それは、来談者が本当に為そうとする心の仕事を受けとめようとする臨床家が、「動機」について、先述のhowとしての動機を超えたwhyとしての動機とかかわり合う課題を知らず知らず負って行くということである。

　そのwhyは、その内容を客観的に第三者視点で問いつめ明かそうとする作業になるよりも、内包されたままのwhyをそっくり尊重し大切にし続けようとするスタンスを臨床家の側に生み出させるであろう。臨床的仕事の展開を、そのwhyに潜む原動力に託して行こうとする基本姿勢が臨床家の側にはあると思われる。

編注：本書第19章参照。

一方クライエントの内側でも，howのレベルからwhyのレベルへと動機のごく潜在的な移行が生じていき，それぞれ個性的なその移行が，臨床過程と緊密に結びついて行くはずである。

自分は本当のところここへは何故，何をしに来ているのだろうというクライエント自身の中の心の仕事にかかわるwhyは，意識的に自問されるよりは，潜在的な感じとりとして臨床過程の中で展開していくであろう。そしてその同じことが面接室における臨床家との間の二者関係体験に関しても言え，さらにはそこで繰り広げて行く心の共同作業の意味の暗黙の感じとりにつながっていくと思う。whyレベルの「動機」は，容易に意識化されたり言語化されたりはしないまま，心の内奥からクライエントを促す力，止むに止まれない個人的必然性を帯びた力であり，変化を迫る作用を持って行くと考えられる。

このように「来談動機」は固定的には見られない，変容と新たな生成を伴って臨床過程の中で展開していくものと見るべきであろう。こうした「動機」のあり方を臨床的現実に照しながら以下，具体的に見てみよう。

2. 複合し，交錯する動機

たとえば不登校児のことで来室した母親から，「このままでは子どもがどうなって行くのか心配」と言うことの他に，「普段は家庭を返り見ない夫にすべてお前のせいだと言われた」，「親戚にももはや不登校を隠し切れなくなった」，そして「これでは自分もどうかなりそう」とこもごものことが訴えられる場合，そこには，養育者としての不安，夫への不満や反撥，周囲への気がね，メンツ，自分自身の混乱や不安が複合している。つまり来談当人をとりまく周囲の世界もすでに何らかの力を及ぼしているわけであり，来談行為には内圧と外圧が共にかかわっている。また時に論じられることだが，不登校児の隠れた来談動機を親など別の人が，無意識的に（のことが多い），肩代りして来室していることもある。このように来談動機には自他境界の後退を思わせる二者交差状態があるのは稀でない。

筆者自身の経験でも強迫症状を伴う不登校女子中学生の父親だけの来談が1年間余り，ほとんど欠回なしに続き終結を見た例があった。出勤前の早朝の面接に通い続けて来られるその熱心さには実に頭の下がる思いがしたが，洗浄強迫や確認強迫の苦闘を細々と話す父親を前に，ふともう一人誰かが居るような気がしたり，この面接の本当の主人公は誰なのだろうと思ったりしたが，訴えられる中味そのものも回を追うほどこちらにごく自然にリアリティが伝わるものとなって行った。結局，症状と問題が解消して行って終結を迎えることになったその最後の回に当の中学生が一緒に初めて現れたが，面接者を確認するようなしっかりした眼ざしが印象的だったのを記憶している。

　動機のあり方は本相談室でもさまざまである。今後の仕事や進路に向けての実地訓練が実は本音であったり，時には唯一の外出としての意味が大きい来室や，一息つける居場所が他にはないという来室，自分の立場を出るところに出て正当化したいとの来室など，想像以上に多種多様である。問題を他者や外的原因に帰属させるか自己に帰属させるか，その深刻度，また動機の性質として「欠乏」動機的かあるいは「成長」動機的か，あるいは防衛的か自律的かというふうなそれぞれの視点からもいろいろにとらえられると思う。

　転移・逆転移のメカニズムが動機のあり方に影響して，たとえば「依存」や「母性的保護」を求める動機が二者の間で活性化されることで，本来の治療的コミュニケーションに必要な二者間の距離が危うくなるなどのことも起きる。動機には治療促進的な作用のものと，妨害的な作用を持つものが含まれ，紆余曲折する治療展開が生まれて行く。「この心理療法によって自分は救われなかった」との証明を求める心の姿勢さえ秘められている，そうした動機も指摘されるくらいである。

3. 臨床過程における仕事同盟と来談動機の展開

　来談動機は治療的仕事同盟（working alliance）と呼ばれる2つの心の間の協力関係と緊密にかかわり合っている。これは来談動機をプロセスとして見て行くことでもあるが，治療的共同作業に互いにコミットし合う「関係

性」の形成過程と相携え合うとする見方である。

　クライエントは当然，自分にとってその「関係性」が「抱える環境」としての意味を適切に担いうるか，また手ごたえのある「コミュニケーションの親密性（communicative intimacy）」がその中で実現され得そうかどうかを探る潜在的な作業を進める。前者は心の仕事を進めるための安全基地としての意味を問う，知らず知らずの内のいわば「環境」アセスメントであり，後者は二者交流の手ごたえ，つまり対話的交流関係が自己探索や自己理解を進める精神内過程とうまく循環し合い，互いに有効に刺激し合うかについて感触を得ようとするものである。

　どのような感触をそこで得て行くかということが，結局，その臨床空間と関係性の中に自分の心の仕事場を据えようと望むかどうかという，真に根本的な動機のあり方を規定して行くであろう。自分自身の心の仕事に向かおうという基本的に重要な動機は，このように「関係性」とその中での自己過程をどのように感じとるか，それも総合的な暗黙知としてどういう受けとめ方が成立するかということと不可分である。二者間の治療的仕事同盟は，従来から言われるように「観察自我」という合理的現実的な心のはたらきが，二つの心の間のさまざまな交錯から相対的に自由な位置どりを保てるかどうかに基づいて成立するとされるが，それだけではなく，上記の全体的な暗黙知が，仕事同盟の形成と，仕事への動機（本格的な「来談動機」）の形成との両方に，また両者の相乗効果に大きくかかわっていく。

　この暗黙の感受性は本来敏感に作用し，たとえば生気情動の調律感覚のような身体性から，情緒的な間主観的体験の共有，言語の共有などにわたり広くアンテナが張られている。だから，セラピストの応答性がズレたりたとえば，大へん操作的あるいは支配的，さらには情報処理を麻痺させるような質のものであったりすると，仕事同盟も来談動機も本来のものとは異なる運命をたどる他はない。

　その中には，既述のようなクライエント自身の内奥の力としての why とはかけ離れた，セラピストに合わせることを余儀なくされた仮りそめ（as-if）型の来談動機の生成も含まれる。治療がかなり長く続き，「優等生」的に

望ましい経過をたどると見えたクライエントに，セラピストがある時ふと疑問を感じることになる例が報告されるのもそれである。

　来談動機が臨床過程の中で生成し直し，変容して行く中で，クライエントにとって意味ある治療展開が起って行く場合には，二者の間で，動機としては why の位相の共有が徐々に生じていると思われる。それは二者が共に治療的対話関係の中にどっしり落ち着いて身を置き，そこで互いに精神の自由運動を展開することが何をもたらすか，そこから得られるものの意味深さを感得し合うことではないかと思う。

　もともとクライエントの内奥にあったやむにやまれない個人的モチーフとしての why が，治療的関係性の中に居り場を見出し，移し入れられて，新たな同盟関係の中での本格的仕事の動機として生成し直して，二者がそれを，いつの間にか自明のものとして共有しうるような why へと展開していく。そのような道筋が臨床過程にはあると思われる。

　治療的二者の「関係性」の生産的な展開は，二つの心が互いに自由に，「対等の地平」でかかわり合う方向に向かうことであろう。それぞれが心の自己展開に対して開かれた自然なスタンスを得，どのような自己や世界の再発見・再体験が起こっていくかに，新鮮な期待を寄せるあり方が生じて行くのである。それは堕性化した落着きであるよりは，むしろ心が自由に遊泳し，また飛躍しながら，集中と解放の中で心本来の生命性が開発され直して行くことであろう。閉塞したり，出発点を見失ってしまったり，あるいは表層にとどまり続けたりしているあり方の動機も，紆余曲折しながら，上記のような本来の方向に向けて展開し直すという，動機そのものの回復が臨床過程の中では十分ありうる。

　セラピストとクライエントとは，仕事同盟と同時に，変容し進化していく来談動機の共同創造者として，ある意味ではそのことを明確に自覚するよりはむしろあまり自覚しないことで，動機の中の大切なバイタリティを保存しながら，共に歩んでいくのだと思う。

文　献

齋藤久美子（1996）：初回時面接の意義と難しさ．精神療法22（2），137-145．

第21章
セラピストの「他者性」について
(1985)

> **本章の紹介**
>
> 　この第21章と，次の第22章とは，齋藤の研究の中では，発展的位置づけをもつ論考である。齋藤の興味の中心は，やはり治療的に働く二者的関係にあり，おもに言語以前の直接的情緒交流にあるが，これら2つの章は，二者関係から三者関係へと関係の質が変化し，対話的関係へと移行していく過程に関心が向けられている。これらの論考が，第Ⅳ部のもっとも古いものと，新しいものであることが興味深い。
>
> 　言語による対話的関係に象徴されるような三者的関係は，突然に出現するものではなく，その基層に二者的な関係を持っている。二者的関係は，情緒交流をとおして自他融合的，あるいは自他調和的と言えるような関係への傾向を有しているが，三者的関係は，そこに分離性をつよく持ち込んでくる。この論考では，二者的関係から三者的関係への移行に際して，同一化の方向と異和化の方向との中間で最適な均衡点として働くセラピストの「他者性」を探っている。末尾に述べられる他者性に関する10項目は，どの項目も独立した研究の対象になりそうである。

京都大学教育学部に赴任以来1年余り，毎週1回3時間の「事例研究」授業では，院生による詳しい事例報告に接する。どの報告もあまり再構成して纏められたものではなく，素資料風のものであるところが，却っていろいろ考えさせるものを含んでいて大へん勉強になる。表題のこともそうした中で再考させられることになったものであり，直接の契機になったのは，ヨーロッパ人留学生B氏の遊戯療法報告であった。それは，ごく簡単に触れると次のようなものである。

B氏は日本語会話もでき，すでに学生生活に溶け込んでいて，日本語レジュメによる報告が行われた。学校嫌いと母親への暴力を主訴とする小学校1年生男児の遊戯療法計15回分（継続中）である。鉄砲や刀，ボールなどでセラピストを相手に，活動的なプレイが展開され，セラピストに対して客の役や，クライエントを背負う「馬」の役を演じるように求める注文が繰り返されたが，セラピストがそれにどんどん応じる形の展開となった。そうした中で，セラピストが玄関で出会ったクライエントにたまたま自分が食べていたお菓子を分け与えたと報告されたことが加わって，距離の近さが主に問題になっていった。けれども，もし日本人の院生がそれと同じ形のかかわり方をしたときに傾き易いセラピスト‐クライエント関係のあり方を思い浮かべると，それは，何か趣きの違うものに，筆者には見えた。クライエントの投げた玩具がセラピストに当って注意を促されたときのクライエントのびっくりした顔一つにしても，何だか味わいの違うものに想像されたし，全体的に，もし日本人セラピストが同じ接し方をしていたら，他の報告に何度かあったように，クライエントは，攻撃性をエスカレートさせはどめを失って，カオス化した世界に入って行く可能性が少なくないのに，この2人の関係は，確かに近しいにもかかわらず安定を感じさせるものであった。セラピストにもクライエントの放縦さにふりまわされて無理をしているときの疲れは全くうかがえず，むしろクライエントにとってセラピストはほどよい（good-enough）意味を持った存在になりつつある印象であった。もちろん，セラピスト自身まだ学習途上にあり，このセラピーにもまだ今後があるわけだが，「他者性」という問題，もしくは，そうした言葉そのものを，この報

告は，つきつけて来たとも言えるのである。つまり，見かけ上は，よくある，若いセラピストとクライエントとが絡まり合って距離が失われそうな関係に見えながら，もう一つ別の，メタ交流層に，脱カオス化の動きが健在し，それが近しさとの間で一つの均衡のようなものを生み出していると言えばよいだろうか。

この脱カオス的な「他者性」なるものは，この場合，セラピストの容姿や外国語なまりの日本語といった外面の異質な特徴に依っているところがまずありうる。けれどそれ以外に文化的背景や人格的条件が合わさって，単なる表層的なものにとどまらない，もっと下地のようなものを，治療関係に有効な形で提供している可能性が想像されて，筆者には興味深かった。

さて，いきなり持ち出した「他者性」によって何を言おうとするかがまず問題になるところであろう。これについては，最初にここで定義を確定してしまうよりも，むしろあいまいさを含んだまま，一つの作業概念的なとり挙げ方をしてみたいと思う。そしてこの言葉の連想価の大きさに頼りながら，臨床体験をあれこれ再吟味することによって，意味ある内容を発見的にとり出して行ければと思う。たとえばセラピストとクライエントとの間の「距離」とか対象体験の問題とも，この「他者性」は早速重なる面を持つが，その「距離」にしても，それは一義的な概念に見えながら，中味は却ってあいまいであるし，そうしたもの全体をより質的に問うてみたいと思うのである。

1. 「他者性」と日本的心理臨床事情

そもそもセラピストが「関与する観察者」もしくはFromm, E.の言う「観察する関与者」たるべきだとする根本課題自体が，実に二律排反的で容易ではないことである。もし，その心がけがなければセラピストとクライエントとは混沌と入り組んだ関係に陥いり，セラピスト役割がとれなくなる惧れは実感できるものの，それは大へん難しいことである。殊に，日本的事情として，「関与」は，いわゆる母性原理優勢に，一体化の方向に傾きがちとなる。したがって，その先「観察」は逆に脱一体化の方向として，両者が一層相反

的になり，愛着関係と分離（detachment）関係のジレンマさながらに，2つはまさに両立し難しいものと感じられかねない。

　セラピストとクライエントとの関係は基型として二者関係マトリックスをとるが，二者関係が発達的に「母-子」質のものであったことがどうしてもそこに敷き移されないわけにはいかない。そして殊に日本的あり方としては，三者関係質が入り込んだセラピスト-クライエント関係は少くとも顕在的には現出されにくく，したがって，「母-子」の世界に割って入る，「父」的客観性や裁定の機能は，仲々入り込む余地を与えられない。「他者性」の一つの最たるあり方に，三者関係的な裁定・規範機能，同時に情諸的・認知的な脱中心化や相対化の機能が考えられるが，日本ではこの種の「他者性」が十分明確にはあらわれにくい。後にも触れるが，遊戯療法などにおける「枠」提示や，制限にしても，それは，つい indulgent (Libra, T., 1975) に流れていく「母-子」型の二者関係の中で，セラピストが相当に力み踏んばってでないと行いにくく，クライエントの目にはそれが不連続であまりにも異和的なセラピストの動きに映らなくもない。従ってこの種のいかにも不連続で頑迷な形をとってしまう「他者性」であれば，治療的意味からしても，慎重に検討されねばならなくなる。

　もっとも，この三者マトリックス的な他者性は，わが国の場合，セラピストとクライエント二者間の，統制-被統制をめぐる直接対決の形で鮮明に示されることは少ない。むしろ，日頃母親が「よそのおじさんに怒られますよ」と子どもをさとす仕方に似て，「制限」の発し手を，当事者以外の，インパーソナルな架空の第三者に持っていく形をとり易い。「ここでは○○しないよういわれている」とか「次の人が△△できないから」といった形がたとえばそうであり，それによって二者は直接の葛藤をまぬがれる。

　そのときには，三者的他者も半他者化して，存在がもう一つ定かでなくなるが，逆にこれはマイナスとも言い切れない面を持つ。つまりこのような疑似三者型へのすりかえによって，ルールを持ち込みつつも，二者の親密関係を，摩擦や裂け目なく持続させようとする巧みなやり方にそれはなりうるのである。セラピストはクライエントのモノローグ，ダイアローグ，そして

その中間型（二者内独語）にかかわり合うが，その他に，このような架空の第三者もしくはスケープゴートを挿んだトライローグも出現することになる。欧米ではダイアローグの中に，三者関係質の他者性が直接持ち込まれるとすれば，わが国では，それが上記のトライローグの方にぼかし移されることが多いのではないだろうか。

「他者性」は，いわゆる母性的，つまり大まかに言って暖かく受け容れる共感的なかかわりとは矛盾するであろうか。このことに関して大事に思われることは，"母性的"ということを，何かすでにわかってしまったように，そのままにしておくのではなく，もう少し吟味してみる必要があるのではないかという点である。確かに，Jung 心理学における太母や，わが国の阿闍世理論で恕しや「とろかし」として記述されるような普遍的な母性性は存在するものの，実際に母親が日常的に子どもとかかわりあうあり方は，たとえば，東，柏木（1981）が日米の母親の養育態度を比較研究して示したように，具体的な接し方の点でかなり異なっている。空間的な距離のとり方自体も違えば，全体的に，日本の母親のようにすぐ子どもと情動的一体化を起こして密着するかかわり方とは違って，かかわり行動そのものがより客観的第三者的なのが，米国風だと言えよう。このことには筆者（1980）が別に述べたように，対人関係の中で，親（母）-子関係軸よりも異性関係軸が優勢な欧米文化のあり方も関係している。「父」と「異性愛的対象」存在が合わさって登場することにより，わが国におけるよりははるかに，原初的な「母-子」二者関係は，三者型関係への移行を促されるのであろう。

母-子関係は，欧米においては，一体性の世界を濃く持続させるものであるのとはむしろ逆に，そこから分離して行かなければならないものであり，母と子の二者は，互いに分離志向を含み込んだかかわり方を早くから展開すると言える。そのために，包み込みはぐくむ母親といっても，それは子どもの「欲求充足」にかかわるよりも，「欲求に立ち向かう自我」の発達の方にかかわる，いわゆる「自我支持的母親」（Winnicott, D.W., 1965）の面に重点が置かれている。また母親は二者関係の中にあっても，第三者的に，超自我形成を準備するかかわり方を，より明確にとって行くようである。こう

した母‐子関係の内実と治療的二者関係の中味とは，互いに無縁でなく類似性を持つこととなり，結局，セラピストとクライエントという二者の中での「他者性」に関しても，日本とは違ったあり方が生まれると考えられる。このことと関連して，今春来日された，もとユング研究所（於スイス）所長の，A. Guggenbühl-Craig 博士の話が思い出される。事例検討にひき続いた自由な話し合いの中で，日本のセラピストが異性愛テーマの転移状況の中に身を置くよりも，もっと非性愛的な，親‐子関係テーマの転移状況の方がなじみ易く，一般にかかわり易いようだが，スイスの分析家の場合はどうかといった話題への答えは次の通りであった。スイスでは分析家によってその点は違っており，母‐子関係を扱いにくい人が居る。そして，日本におけるようにクリニックが，そもそも母性的受容を予じめ何となく期待されているとか，セラピストもその期待に応じようとするといったことはない。それは，日常的にも，子どもが母親にくっついて歩いているとからかわれる風潮があって，人は「母‐子」の世界から，身を引き離そうとするところがあるからといった説明が加えられ興味深かった。

　日本的状況の中では，「二者」世界は，第三者を排除して，発達的により早期のものとされる一体性，自他融合性を強く孕んでおり，そこからの離脱という遠心的な動きが生じにくい特徴があるようである。けれども，そもそも，人と人とのかかわりは，「コンタクト」の成立なしに始まらない。その基盤には必ずしも社会化の進んだものではない，より原初的な対象希求性が存在するであろう。転移‐逆転移という，自他がくい込み絡み合った関係が生じるというそのことも，自他が常に安定した境界を維持して，混淆なく分立していられるとは限らない現実を示している。だからそうした癒合の位相をも含めて，とにかく，「関係」が成り立つことを前提としてこそ，はじめて意味を持ちうる「他者性」であることを忘れるわけにはいかない。

　「治療的に聴き入るスタンス」（Schwaber, E., 1984）や，「治療的 split」（Schlesinger, H. J., 1984）の問題が，アメリカを中心に，「中立性」によるセラピストとクライエントとの隔たりを，もっと共感的に近づけようとして検討されているが，全般的に，分離・分立を適切に回避する方向に努力を払

う形で，セラピストとクライエントとの，最適で柔軟な距離のあり方を探るところは，日本における課題のあり方とは逆方向である。同一化あるいは一体化の方向と，異和化 (alienation) の方向との中間のどこか最適な均衡点を探ることは，まさに，治療的に意味深い，セラピストの「他者性」の問題を探ることである。Freud, S. にはじまる「中立性」あるいは「共感的，客観的，受動性」も，この適切な「他者性」にかかわる治療者機能を求めてのことではないかと思われる。その厳しい「中立性」は，それが鏡的に照し返すクライエント自身の問題を，心の中の仕事として，欲求不満状況に耐えながらかかえ込むことかできる神経症レベルのクライエントについてのものであり，その点が，昨今変って来た治療対象との関連で論議を呼ぶところでもある。しばしば言われるような，Kohut 的な，共感的理解に重点を置くあり方と，Kernberg 的な，観察と解釈優勢のあり方とが，古く Ferenczi 的と Freud 的と大まかに集約されるセラピストのかかわり方の基本的相違にまでさかのぼりながら問題になるのも，そうした論議の一環である。

「中立者」，「観察者」，「解釈者」，「原則・ルール提示者」「共感的理解者」のそれぞれが，異なったニュアンスの「他者性」を現出させるはずである。その一つ一つについての吟味はまた別の機会にゆずることにするが，クライエントの側の条件に応じて，また治療過程の中の局面に応じて，また，そうはいうもののもっと一貫して維持されるべき基本的次元のものとしてというふうに，「他者性」について考察されるべき観点は少なくない。このようにみると，二者マトリックスの中のセラピストは，単一ではない形の「他者性」を帯びていく可能性があることにもなる。その中で，共感的かかわり方をするときは，一見自・他融合的で，非他者的にあるように見えるかも知れないが，empathic であるということは，日本語における「共感」の素朴な語感とは異なって，自他分立の前提，自他の立場交換が可能な脱中心性をすでに意味している。先述の母性と同様に，吟味が要るところであろう。

ともあれ，「他者性」を検討しようとすると，わが国にあっては，いかにして自他分立の方向にスタンスを拡げてとるかという課題とさしあたり向き合わなければならないところに，一つの特徴があるともいえるのではないだ

ろうか。もっとも，本稿は，当相談室を一つのモデルとしてクリニック一般を考えているところがあるので，たとえば，家庭裁判所で少年処遇にあたる調査官のように，父権的審判状況の中で，いかにして共感的理解や心理的援助が伝わる方向に関係を転換するかという，少くとも形式的には逆方向といえる課題を背負った臨床の場もあるわけである。それぞれが，セラピストとクライエントとの間のつながりと，意義ある分立との絶妙のバランスを治療的仕事に向けて模索しているといえよう。

Bry, A. (1972) による Jung 派分析家との対談が，一般に真に心理的な問題に携わるために十分な距離をとろうとする何かが，パーソナリティの中に存在すること，そのため人は常に転移に緊張すること，親密な関係，深い愛を発展させながら同時に尊敬と距離を継持することが，心理的仕事をするための人間関係として不可欠であることをとり上げていたのも，まさにこのことを指している。

2. 自と他の関係

自と他が一つの系であるという考え方はすでに周知のものである。それはたとえば市川 (1984) が「他者を他者としてとらえるのに応じて自己を自己としてとらえる。……自己形成と他なるものの把握とは互いにかかわり合っている。……」と述べる通りでもある。一人一人の自己存在は，他者存在によって照し映し出されて内容をなし，また生き生きした存在感覚を得る。自他認識の発達心理学においても，自己認識と他者認識は，リサーチの角度に応じて互いに時期を相前後させながら，互いの緊密なかかわり合いの中で発達していくさまが，乳幼児段階からの数多くの研究によって，実証されている (Harter, S., 1983)。

このように自己にとって不可欠な他者存在だが，それはまた単一の位相ではとらえきれないものである。「他者 (the other, others)」とほとんど等価な精神分析論的「対象 (object)」についてみても，Kohut, H. (1977) の自己／対象 (self-object) のように自他が融合したレベルのものもある。そ

こでは対象が「鏡母親（mirroring mother）」、や Balint, M.（1968）による「調和的な相互滲透的渾然体」、つまり大気や水のような一次物質的母親に代表される、前対象的あり方をとっているが、「他者性」はこのように未分化なレベルから、次第に発達的により高度なものに生成して行く。そしてまた重篤な精神障害に見られるように、再び低いレベルに退行したあり方になったりする。Hartmann, H.（1958）の「あてにできる平均的環境」とか、Freud, A.（1963）の「欲求充足的対象」はこれらに近いものである。こうしたいわばより低次のものと、土居（1973）が、「……甘えを、主体と対象を発見すること、換言すれば、他者を発見することによって超えることが必要であろう。」と述べるような、本格的に自立した主体を現出させる高度の他者との間には、相当な開きがあると言わなければならない。

　人格の発達は、独立した能動的・自律的な精神機構としての、個別的内容を備えた自己存在が築き固められることを意味している。けれど自他分立および自他の相互活性化関係実現への道は、決してなだらかではない。理想化された万能的な自己／対象イメージが、脱錯覚され現実化していく道も険しければ、欲求充足に方向づけられてフェティッシュに道具化した自他の部分イメージが、種々の欲求不満や矛盾の体験を乗り超えて、全体存在イメージに変容していくのも容易なことではない。そこにはクライシスがいろいろと待ち受ける。一人一人違うそうした自他関係の個人史は、各々の自己像、他者像を生み出しながら、現実の自他関係を規定していく。

　心理療法では、困難な自他関係史をさまざまに抱えたクライエントに出合うが、セラピストとクライエントの間の二者関係は、より原初的な二者関係を退行的に再現させる面があり、クライエントはいくつかのレベルの自他関係を、多相的あるいは重層的に展開していくようである。そうしたクライエントに対して、セラピストがどのような「他者性」を帯びた存在として向かい合うことになるかは、クライエントの自己存在の生成、治療的変容にとって極めて重要となる。

　ともあれ、自と他の緊密な響き合い関係はすでに西田哲学において洞察的に記述されるところでもあった。私と汝が、それぞれ自分自身の人格的行為

の反響を通して，相手を互いに知ること。自己の存在の底に他があり他の存在の底に自己があること。自己が自己の中に自己を見ることは，絶対の他の中に自己を見ることであると同時に自己の中に絶対の他を見ることであるなど，そこでは自他関係の本質が，周知の通り，豊かに示唆されている（西田，1932）。

3. セラピストにおける「他者性」の中味とその治療的意義

　セラピストは，人為的に設定された二者構造の中で，クライエントの心の作業に同行する，日常の外的現実的な対象とは異なった特殊な存在である。セラピストは「枠」を背負いながら，クライエントがそこで呼吸する治療的環境そのものであるし，またクライエントの心的現実の中で，とても一義的にはおさまらない，複合的な意味を帯びた対象でもある。そのことはセラピストにさまざまな自己調整，自己規制を要求する。セラピストは，クライエントにいろいろな形でまき込まれて，自分自身を，役割を，見失いかねない状況が，常に待ち受けているのである。
　ここでの「他者性」は，そうした治療的かかわり合いの中のいろんな局面を縫って，セラピストがクライエントに対して在るあり方の基本条件，根本的存在意義にかかわるものであり，2.でとりあげた自他関係の人格発達的意義を担うものでもある。「他者性」は一般に三者関係次元でとらえられ易いことは，1.で述べた通りであり，それは原初的二者関係における自他癒合性と相反視される。けれども治療上は，前エディプス水準のクライエントが展開し易い，退行した原始的二者関係においてさえ，神経症圏のクライエントに対する三者的性質の「他者性」とは同じでなくても，やはり「他者性」は放棄されるのでなく，それなりにギリギリの，そしてむしろ厳しい形で現出されようとするのである。Balint（1968）によると，それは，クライエントの欲求を次々と充足させる万能者的かかわりのいましめ，セラピストの不壊性，大気や水のような一次物質的環境性（ただし自己愛の対象とならない），気のおけない関係の中での理解の重視，一方交通的な不平等関係のいましめ

といったふうに，説明される。それは，クライエントとの渾然体的世界に身を置きながらの，「他者性」創造というべきものであろう。「他者性」の逆位置に，自他混淆的関係だけでなく，同時に，力を及ぼす方とそれを受ける方とに分断された一方向的な不平等関係が置かれている点も示唆的である。

　また既述の通り「他者性」がコンタクトを前提とし，開かれた感受性の中で体験される点は，日本語の「タニン」が意味する，よそよそしさやみずくささ，通じなさといったものとは，もとより性質を異にしている。それらを念頭に置きながら「他者性」の内容を問うてみると，次のような特徴がとり挙げられそうである。

1. Balintが述べるような「平等な関係」の中で，相互活性化作用を生み出す存在。
2. 対象に過剰備給したり自己に過剰備給したりしないあり方。
3. 新鮮なイムパクトを持った，別個の現実存在として，クライエントを内なるカオスから引き出し，守る作用を持つ。
4. 部分対象のレベルでなく，全体対象レベルでクライエントが体験しうる存在。
5. indulgentな関係や，心理的距離の失調をくいとめるよう機能する。
6. 一人で居れる能力によって自己充実しながら，人に開かれてもいるあり方が実現されている存在。
7. 何よりもクライエントと分立した，自由な自律存在であること。
8. 自己修復能力や壊れないで生き残る力を持っていて，クライエントに，そのことに関する責任や心理的負担を負わせることのない存在であること。
9. クライエントとの間に，互いが自由に動けるだけの「ゆるみ」を作り出している存在。
10. クライエントが自己を発見したり，自己に根を下ろし直したりするための媒体的存在。言いかえると，クライエントの主体性を喚起する作用，互いの主体の感応関係や共存関係を実現させる存在。

　このようにとり出して行くと，結局，治療場面に限らず，したがって二者

関係や三者関係全般にも共通して，より普遍的に検討されるべき「他者性」をとりあげていることになりそうである。

　治療の場という人為的構造の中に居るセラピストは，クライエントにとって，個人的情報が手に入らず，不詳度の高いあいまいな他者として，クライエントの心的仕事のマラソンにより添い伴走する。その中で「他者性」といった言葉にくるみ込んでとらえようとするセラピストの機能は，決して明示的なものではない。人工的設定の中に囲い込まれてこそ，心的現実は生々しく高密度に展開され，却ってそこに自然が噴出するのだが，クライエントの関係においてセラピストは，役割構造があることにより，逆に生（き）なりの自然が，コントロールされ切らないイムパクトとしてクライエントに体験されてしまうであろう。その一つに，この「他者性」があると思われるが，それは顕在的にはっきりした形をとってよりも，むしろメタ・コミュニケーションのレベルで伝達されるところが重要に思われる。

　そして，また，ここではセラピストにおける「他者性」としてとりあげてきたが，実は，この「他者性」機能の現出あるいはその体験は，自他関係が本質的にそうであったように，微妙に交互的，相互反転的である。つまり，セラピストがクライエントに対して「他者性」を有しているときには，クライエントに自己存在のままである自由を与えながら，セラピスト自身が同時にクライエントに「他者性」を感じている可能性がある。このような相互反転は，具体的に，「見守る」とか「受け容れる」といったかかわりの中でも，しばしば実感される。たとえばセラピストが子どものプレイをずっと追いながら見守っているつもりが，実は，セラピストのその視線を節々で確かめるクライエントの視線によって，セラピストの方が同時に見守られているのでもある。セラピストが，クライエントを受け容れる姿勢で向かうときにも，クライエントがこちらに心を開く反応をすることにより，セラピストの方がクライエントに受け容れられる。

　このようなこととも関連してか，ここで問題にした，いわば基底的な意味での「他者性」は，筆者にとって，つい次のようなイメージとして浮かぶことになる。

それは旅人と現地の子どもとのとり合わせである。旅の疲れを背負って道不案内でもある旅人が，その土地の子どもと出会うとき，両者の間には，何とも気のおけない新鮮な，均衡関係が生まれるのではないだろうか。旅人にとって，相手は子どもとは言え，その土地に根を下ろして堂々たる存在感をたたえた，自分の世界を持ってくつろぐ自律存在である。お互いに匿名の相手として，責任や制約など負担の介在しない，非日常世界の中で，自と他の平等な出会いが成立する。お互い確実に分離している存在同士の不思議に懐かしい接触によって，互いの自己存在が心おきなく響き合い，のびやかに解放されながら，相手を十分自発的にとらえ合う。こうしたときこそ，自己存在が活性化されながら同時に「他者性」を生き，そして同時にそれを相手からも感じとるときではないだろうかと思うのである。

　セラピストとクライエントの間でも，このような要素を根底的に含んだ関係の展開が，クライエントの重篤度にかかわらず，いつも基本的に意義深いのではないかと思われる。「他者性」という言葉が，これまで述べて来たようなことを指し示すのに最もふさわしいかどうかは依然明確になり切らないものの，一つのプレイセラピーは，セラピストとクライエントとにとって，既述のような内容のものを何らかの程度に含んだ「他者性」が，お互いの間で，互換的に体験されることの意味を種々考えさせてくれるものであった。

文　献

東洋他（1981）：母親の態度・行動と子どもの知的発達——日米比較研究．東大大出版会．

Balint, M.（1968）：The Basic Fault: Therapeutic Aspects of Regression.（中井久夫訳：治療論からみた退行——基底欠損の精神分析．金剛出版, 1978.）

Bry, A.（1972）：Inside Psychotherapy. Basic Books.（空井健三・市内洋子訳：心理療法とは何か——9人の心理療法家にきく．新曜社, 1984.）

Doi, T.（1973）：The Anatomy of Dependence. Kodensha International, Tokyo.

Freud, A.（1963）：The Concept of Developmental Lines. In R. Eissler et. al (Ed.)：Psychoanalytic Assessment: The Diagnostic Profile. Yale Univ. Press,

1977.)

Hartmann, H. (1958) : Ego Psychology and the Problem of Adaptation Intern. Univ. Press, New York.

Harter, S. (1983) : Developmental Perspectives on the Self-System In P.H. Mussen (Ed.) : Handbook of Child Psychology Vol. V (4th ed.). John Wiley & Sons Inc.

市川浩 (1984) :〈身〉の構造. 青土社.

Kohut, H. (1977) : The Restoration of the Self. Intern. Univ. Press, New York. (本城秀次監訳 : 自己の修復. みすず書房, 1995.)

Libra, T. (1975) : Japanese Patterns of Behavior. Univ. Press of Hawaii.

西田幾太郎 (1932) : 西田幾太郎全集. 近代日本思想大系 11. 筑摩書房, 1974.

齋藤久美子 (1980) : 対象関係論からみた日本人の対人関係基質. 祖父江孝男編 : 日本人の構造 (現代のエスプリ別冊). 至文堂.

Schlesinger, H.J. (1984) : The Process of Empathic Response. In Lichtenberg, J. et al. (Ed.) : Empathy II. The Analytic Press.

Schwaber, E. (1984) : Empathy: A Mode of Analytic Listening. In Lichtenberg, J. et. al. (Ed.) : Empathy II. The Analytic Press.

Winnicott, D.W. (1965) : The Maturational Process and the Facilitating Environment. The Hogarth Press. (牛島定信訳 : 情緒発達の精神分析理論──自我の芽ばえと母なるもの. 岩崎学術出版社, 1977.)

第22章
心理療法における「情緒」と「言語化」[編注]
(2000)

> **本章の紹介**
>
> 　人間存在における，「情緒」と「言語」の密接な関わりを論じた美しい論考。二者の情緒交流の世界にある存在から，他者との社会的共同世界にある存在への橋渡しする創造的機能としての「言語化」について，そこに孕まれる問題も含めて繊細に論じている。
>
> 　情緒交流は，基本的な性質として共時的な相互の「調子」合わせの様式をもつ。この交流は，感情よりも感覚運動といった身体性の強い体験世界に根ざしていて，そのため人の存在実感にポジティブにもネガティブにも「直接的な」影響を及ぼす。一方で，言語によって媒介された世界の体験は，完結した情緒体験に「すき間」をもたらし，その「すき間」の存在によって，共時的な情緒体験を通時的に「とらえ直す」ことが可能になる。この「言語化」の過程は，自己理解や自己探索を促すことになる。言語化は情緒体験世界への挑戦であり，創造的作業であるが，そこに参与する臨床家とのコミュニケーションを通した共同作業が，治療的な意義をもつことを繊細に論じている。

編注：原題「精神療法における『情緒』と『言語化』」を変更。

1. はじめに

治療者の非言語的反応にも言語反応にもいずれにも敏感なのがクライエントである。ここでの「情緒」をひとまず前者に属するものとして、臨床的対話関係の中で前面に出る「言語」と対照させると、前者は多くの場合、高い潜在的情報価を含み持ちつつ、それがまだ多分に「暗黙知」水準で情報処理されようとする特徴を持つ（齋藤，1996）[編注1]。近年の母子二者関係の詳細な研究が言語獲得以前の乳児の対人関係の受けとめ方について目を開かせ理解を深めさせたことが、本特集テーマの背景にあると思われ、言語を介さない二者間交流の知見が治療的二者関係の再理解を促している（齋藤，1995）。となると心理療法の主座を占める「言語」の問題がそこからどのように問い直されるか、それもまた関心新たとなる。

ただこのテーマにとまどいを感じるのは、この両者がそれぞれ複合的な意味を含み持っているということが一つと、そしてもう一つは、古典的な「Ferenczi 対 Freud」に二極化された治療スタンスの問題へとどうしても話が帰着しそうになることである。

「情緒」にしても「言語化」にしても、表題の意図は主に治療関係の中での二者間伝達、あるいは治療者が用いる専門的コミュニケーション・モードを問題にするところにあるかと思われるが、その場合、同時に個人内（intrapersonal）過程におけるそれらも問題にした方がよいのではないだろうか。「関係性」の展開と「個」の中での展開は密接に関連し合う（齋藤，1998a）[編注2]のでできれば全体的な検討が望まれるであろう。

また、「情緒」も「言語化」も実際にはいくつかの水準や性質をいろいろ含めて考えないと臨床的現実にそぐわないと思う。またそれぞれを治療的意味について考えるとき楽観的な見方に終始するわけにはいかない。本テーマの喚起力は、とまどいと同時に、このように早速いろいろなことを考えさせるところにあるのかも知れない。

編注1：本書第19章参照。
編注2：本書第11章参照。

治療的かかわり合いの中で臨床過程を促進し，成果をもたらしていくもの（ストラテジー）は未だ解明され切っていないが，ここでは，「talking cure」の伝統を担う「言語化」と，大まかにはその対極に位置づけられそうな「情緒交流」，つまり「とらえ直し」ではない直接体験的な，いわゆる「理屈ではない」ところの疎通関係とを対置させて新たに問われようとしている。まさに間と奥行き十分な問いだと言わねばならない。

そこでまず標的となるこれら2つのものに関連して何となく思い浮かぶ観点を挙げると，次のようないくつかのものがある。1）心理的距離の「近」と「遠」あるいは「接」と「離」，2）かかわり合う感触の「生身性」の程度，あるいは「軟・暖・湿」の感覚の程度，3）「直接性」と「間接性」あるいは「即自」と「対自」，4）「体験共有」と「探索・理解」，5）「二者完結性」と「三者性（三者化可能性）」などである。

これら諸々のものが相当混然と含まれていそうなテーマなので，あいまいなとらえ方になってしまう惧れもある。また「情緒」と「言語」に単純に二分対応させて，それぞれの観点を図式的に当てはめるのも適切ではない。ただし連想されるいくつかの観点は，実はそれらが臨床過程におけるパラメーターとしてどのような治療的潜在力を湛えているか，再吟味を促しているようでもある。いずれにしろそれらこもごものものの内包性を踏まえて，暗示豊かな本テーマにつき以下いくつかの検討を試みる。

2.「共に在ること（being with）」と「心の仕事を為すこと（working）」

早期発達研究が提供した「情緒交流」の実証データはStern, D.N.（1985）やEmde, R.ら（1983）におけるように，常に心理的な「being with」を希求するヒトの根本動機の現われを追うものであったが，母子ペアによるその差異（齋藤，1992, 1998a）[編注]が，個としての人格形成を大きく規定して行く

編注：本書第8章参照。

ことを浮き彫りにした。そうした発達観察知見が臨床的二者の「関係性」について，言語以前の水準での再吟味を促して，今回のテーマともなっている。まずこの発達研究を背景にしたとき，「情緒的に共に在ること」の「情緒」とは，もともと「生気情動」であったことを思い起こさねばならない。つまり情緒交流を，生体リズムなどの相手の「調子」をどう「ナゾル」か，互いにその「調子」を共有する「ノリ」をいかに実現するかといった点でとらえるもので，いわば情緒の「内容」ではなく「活性」の共体験に注目するとらえ方である。それはむしろ，視覚か触覚かといった異なった知覚モダリティ毎に個別化されることのない通感覚的な共通知覚様式という抽象化された「調子」（抑揚・変動パターン，ピッチなど）こそが，「情緒」のあり方を代表する確かな形式的特徴だとの見方である。調律，シンクロニー，エントレインメントというふうに，情緒の「活性」形態の交互関係を情緒交流の手堅いとらえ方として採用し，実際に多くの交流パターンが見分けられて行くこととなった（齋藤，1998a）。

　この伝達形態は，その抽象性と，二者完結性を超えた第三者的観察が利く普遍性の点で，すでに一種の「言語」と言い換えていいくらいのものかと思えてくる。認知機能を重視するSternのこの「『活性』言語」は，発達のはじまりに，通常われわれが思う情緒（意味内容を伴った）ではない，むしろ「言語」こそが存在したのだと告げているのであろうか。

　いずれにせよこの「活性・調子」の交流が「共に在る」体験を左右し，「自己調節的他者（self-regulating other）」が自己存在の連続性を受け抱えているとの安心感をもたらすことにも，また他方言い知れない孤立無援状態をもたらすことにもなると考えられていく。そしてこの交流は意識的統制外の自動的プロセスとして展開するところにも特徴があり，いわば感情よりも感覚・運動的な，身体性の体験世界（齋藤，1995b）でもある。

　近年はこの多分に原初的でもある，「言わず語らず」レベルのかかわり合いが，治療的二者関係をとらえる新たなモデルになろうとしている。関係性の基底に横たわるこの暗黙の交流が，自己探索の仕事を進めるための「安全基地」効果を生み出しうるかどうか，それが臨床的検討点となるのである。

ただし，この「活性言語」的伝達関係は，「共に在ること」へのあまりにも強い希求性の下で，本音通りのあり方からすると不自然な逸脱，歪みをさまざまに起こしていくことが，発達的現実と同様に臨床的現実においても認められていく。後述のようにそうしたリスクも念頭に置かねばならない。

　そしてもう一方の「working」は，ひとまず上記のような「関係性」基盤に依拠した，自己理解という精神分析的心理療法が本来指向して来た心の仕事であるが，これは既述のような「関係性」がかなり，その「瞬間」に生起する「存在の共鳴・共振」といった「共時性」を帯びているのに対し，もっと長い時間経過を含む長期的（long term）な自己再体験・再編成へと向かう仕事であり，「通時性」を特徴としている。つまり自己の歴史性が探索され直して行く仕事であり，まさに本格的な「言語化」が不可欠である。「自分語り」あるいは「自己物語化」へといろいろな形をとりながらやがて向かっていくこの仕事は，まさに言葉によって編み進められるが，この場合，「言語化」は個人の中の精神内過程にも，臨床家との間のコミュニケーション過程にもわたる。つまり他者との対話関係が自己内対話と連鎖する循環系を生み出しながら進められる自己探索・自己理解のプロセスである（齋藤，1990）。

　それは，不透明でストレスフルなため，独りでは近づき難い内界に向けて，対話的他者との間で創出されていく「物語共同体（narrative community）」を足場に出発し，再びまた共同体に戻る往復運動である。そうした精神活動により，多分に混沌とした内界の現実に埋没してしまう代りに，その内的沈殿物に接触しながらそれを何とか言語の網に掬い入れ，「物語共同体」に通じる伝達コードに乗せて行こうとする。「共通言語」の器に盛られた内奥の心的現実はそれによって自己体験化に向かい，自己物語化の中に意味ある位置を得て編み込まれる。この intrapersonal と interpersonal 両面の対話的連関過程は，基本的に「言語化」の営為によって進められる。言うまでもないが，これは単純に認知的な「自己モニタリング」の仕事ではあり得ない。内奥に潜む心的体験世界が湛える深刻な情動，加えてその情動が原始的な防衛機制などにより，生きた自然なあり方とはほど遠く変形したり，引いてしま

ったりしている内実は、あまりに複雑である。「言語化」はこのように一筋縄ではいかない情緒の世界への挑戦的で微妙な関与による実に創造的な力仕事であろう。対内界と対他者いずれの関係における対話的言語化も、「観察自我」に加えて「体験自我」が密接にかかわり合った tough working であり、そこにはクリティカルな要素が種々含まれる（齋藤，1990）。

　この対話的言語化は、治療者の側から見ると、今日論じられるように、いわゆる「支持」的言語伝達と「解釈」的言語伝達の仕事として大きくとらえられるかも知れないが、治療者側の言語的介入の実際は、たとえば共感と解釈の連続性が一般認識となって来ているように（齋藤，1993）、情緒的関与と合わさったニュアンスに富み、幅を含み持つものとならないわけにいかない。「共に在ること」と「個としての心の仕事」とは、むしろこの「言語化」の営みの中でこそ結び合って行くと思うのである。

3．「情緒」をめぐる問題

　情緒交流を基本的にその活性形態によってとらえた時、「関係性」の暗黙水準のパターンについての理解が進み、臨床家の感受性が広がる利点がある。それは呼吸を合わせるとか居心地を定めるなど間身体的な水準（齋藤，1995a, b）のかかわり合いの調節にも、治療関係への導入にも有用だと思われる。また隠れたところの徴候を受けとめることで、見立てや臨床的判断に役立てることも、相手に適合する相互の「調子」を生み出すという能動的な作業に加えて、可能になるかも知れない。

　しかしこのような肯定的な面だけでなく、本当には調子が合わないでいるリスクが潜在したままになるという負の面が含まれる。それはすでに発達研究が詳細にとらえた通りで、臨床状況でも留意が要る点である。本当はズレているのに表向き合わせてしまう交流形態が、過剰適応や偽性の調律によって作り出されたり、相手の固有の調子を大切にせず一方的に片方の調子の方に引きずり込むなどのことが起こりうるのを、このレベルの交流視点からよく学ぶことが必要となる。しかも、そこで生じる「疎外」を片方だけが潜在

的に独りで抱え込むという深刻なリスクを生むこと（Stern, D.N., 1985）にも十分目を向けていかなければならない。

　それと，この種の情緒交流は，その時その場における共時的な性質を担っている点が特徴的だが，長期的な情緒交流あるいは感情調節を問題にするには十分でないところがある。「共に在る」体験が，上すべらないで本当に根づいていくためには，情緒における形式的パターンではない「意味」の次元での体験共有が課題になっていくのではないかと思う。生気情動に限らない情緒内容（categorical affects）がそこで問われていくのであろうし，そうなると「調子」の交流ではない，「言語化されうるもの」の交流が，情緒に関しても抜きにできないものとなるであろう。

　また二者世界の情緒的主観体験の交流には，二者の間で閉ざされ完結化する危険が伴う。つまり相対化されない，「全能性」の原理の支配がいろいろな形で生じていくリスクも，臨床体験から種々認められるのである。臨床的二者状況では，たとえば「転移性治癒」のように，「情緒交流」による陽性の，肯定的産物をひとまず見ることもあるが，そうしたことも含めた，さらなるとらえ直しが臨床家に求められ続けるであろう。

4．「言語化」をめぐる問題

　「言わぬが花」や「くちびる寒し」のように「言語化」へのためらいが，日本文化には伝統としてあるようである。発達研究でも，Stern（1985）におけるように，言葉の獲得期に到ると，それまでに保持されていた「体験の全一性」が壊れ，社会的言語のコードに乗る体験と，そこに乗り切らない個人的体験世界とに，分断された自己のあり方が生じていくのが示されている。そしてまたこの時期の発達的移行には個人差があることにつき，次のようなPine, F.（1985）の指摘もある。

　「言語と思考に頼る発達段階にはゆっくりと進んでいかなければいけない。子どもは言語段階並びに遠知覚の段階に移行するためには，非言語的な接触，触覚的でプリミティブな情動的接触を部分的に放棄しなければなりません。

健康に発達しつつある子どもは，その損失と引き替えに言語によって得られる利益を手に入れ，その喪失を克服します。しかし，脆弱な患者の場合には世話されることを非言語的に切望しつつ（また恐れつつ），同時に，ふれあいが破壊的に作用するのではないかと空想して恐れるために，はっきりと言語化する方向にもこわくて容易に進めないのです」（第2巻 p.71）。

筆者（齋藤, 1998b）も少し検討したが，「言語化」には生の体験から主体をひき剝がしたり，生身の自己全体と「語る自己」とを分断する痛みや疎外，不全体験をもたらすところが一般的にある。自分自身についての「言語化」作業にはそれがむしろつきものだし，「言語化」したことと自分の中にある「体験の実質」とのズレを一切気にしたことのない人はいないはずである。また「他者からの言語」は，正負の強いインパクトを持ち，それにとらわれないでいることは難しい。

「言語」は既述のように混沌としたものを「抱え容れる」方のはたらきと，他方「全一世界」に割って入り「切断する」方のはたらきとを，両義的に備えている。

臨床場面では，こうした「言語」の特質がデリケートに考慮されながら「対話的言語交流」が展開されようとするが，そこでは「言語化」の生産的意義の方がもともと期待されている。

言語交流それ自体にも「ズレ」や「侵襲」のリスクはさまざまにあるが，「自己物語化」で述べたような「言語」の創造的意味は大きいし，また自己の中の「生身の体験世界」と「主体」との間に分け入って「キシミ」や「違和感」を与えながら「スキ間」を入れて自己完結的な閉塞を解く重要なはたらきがある。つまり intrapersonal にも interpersonal にも必要な距離（ゆるみ）を入れるところが，先の情緒交流における全能的な直接性とは違っている。自己内対話でも，内実と言語とのズレの感覚がむしろ，混沌化とは逆方向のさらなる自己探索を促していく推進力になりうるであろうし，また臨床家の解釈的介入など「他者の言語」とのズレは，自他間の距離を安全に守りながら，自己理解・自己再体験の仕事に有意義な一石を投ずる働きをすると思われる。

第22章 心理療法における「情緒」と「言語化」

　「言語化」はその限界性（有限性）と「侵入する異物性」において，心の自己展開を守りながら，同時に促しているのであろう。
　実際に臨床家が繰り出す「言語化」はどのようなものであろうか。精神分析的心理療法においても，単刀直入に相手の内省意識に迫るような言葉かけや，認知的明確化を目指した説明の多い言葉にくらべると，もっと間接的で暗喩に頼った言語表現，締めくくらずに半開きのまま相手に差し出す長くない言葉使いの方が実際には多いだろうと思う。それは相手を標的にして放たれる言葉ではなく，「関係性」の中へと差し出してさり気なく置かれる言葉というたぐいのものに思う。また相手の高覚醒レベルの意識につきつける言葉であるより，意識下の層にもリーチが伸びた，ふんわりした言語伝達でもあるであろう。相手から断片的に前後して差し出されるエピソードや記憶などの臨床素材を，何気なくつなげて行く形の受けとめ方によって，自己理解のための意味ネットワークを生成させていくかかわり方も，同様に一連のものである。
　このように臨床家の「言語化」活動のふくらみや多重性（Pineにおける，欲動，自我，対象関係，自己体験のそれぞれによって異なる言語用法などがある）はもっと吟味されてよいのではないかと思う。
　以上「情緒」と「言語化」の臨床的意義をひとまず，別々に見てきたが，すでに随所で触れたように，両者の臨床的機能は，対極的に二分されたり，また相反するものとしてとらえられたりするのは妥当でない。
　できれば，「情緒」の中味，また「言語化」の中味についての吟味の方がもっと先に進められた方がよかったのかも知れない。両者の関連について今回留意したのは次のような点であった。
　「生気情動」こそ，「言語化」の圏外で身体性に密着した自動過程として，重要な暗黙の交流を展開させるものではあったが，もしそれだけで放置されて，「とらえ直し」が試みられないとどうなるか。深刻な主観体験の問題，また「生気情動」交流を，臨床過程の中でむしろ部分的な限られた機能と見た方が適当かと思われる問題があるのは既述の通りである。その「とらえ直し」は「言語」なしには不可能であろう。そして「情緒」体験の意味内容の

共有が、どうしても長期的には必要となるが、それにはまた言語の介在が欠かせないことも指摘した。

また「言語化」そのものは、情緒体験の世界への関与の中から、いわば瑞々しく湧き出るような創造的あり方もとり得るであろう。そのような「言語化」が臨床的共同作業の中で創出されていくことの治療的意義は大きい。「失感情症」の問題は逆方向からこの点を照らし出している。

また「情緒」と「言語」とがいかに密接に相剰的にかかわっているかの証左は、日常世界の中に数々ある。

たとえば、日本文化に再び触れると「もののあわれ」や「わび・さび」に等価な言葉は外国にないと言われたり、雪国では雪や白色に関する言葉の種類が他よりも多いと言われたりする。つまり、深く感じ入った情緒体験や、分化した情緒体験は、それ相応の分化した言葉を生み出すということであり、また一方そうした言葉の存在によって、情緒体験も豊かで細やかさに富むものになるということである。

筆者はある識字学級で学ぶ70代の女性の話に以前感動したことがあった。それははじめておぼえた文字で一生懸命文章を綴っている中で、ふと窓を見上げた時の外の景色が今まで経験したことのない美しさであり、同じ空なのに、ここまで美しいと感じるのかと自分で感激したとのこと。当の女性が直接語るTV映像であったが、筆者は、そう語る女性の顔の輝くような美しさに、芯から心うたれた。

このナイーブなエピソードは、「情緒」と「言語」との直接的つながりを示しているというよりは、もっと深いところでの鮮烈で確実な結び合いが両者の間にあるのを伝えていると思われる。

「情緒」と「言語」とはいつも双方から相手に向けて、見えないところで一杯に手を伸ばしながら、触知し合うことを待っているのかも知れない。臨床場面でもこうして実現する新鮮な結び合いに期待が寄せられていくのであろう。このように「情緒」と「言語」が何とか手をつなごうとする心の営みこそが、「自己」と「関係性」が相互連関した、動的調節過程実現の根幹をなしているのであろうと思う。

(以上，学会発表時の録音消失のため，もとの原稿とは異なるものとなったことをお断わりします。)

文 献

Emde, R.N. & Sorce, J.E. (1983)：The rewards of infancy: Emotional availabillity and maternal referencing. In J.D. Call et al. (Ed.)：Frontiers of infant psychiarty. New York.

Pine, F. (1985)：Developmental Theory and Clinical Process. Yale Univ. Press, New Haven and London. (齋藤久美子・水田一郎監訳：臨床過程と発達1，2. 岩崎学術出版社, 1993.)

齋藤久美子 (1990)：クライエントの自分語りについて．京都大学教育学部心理教育相談室記要　臨床心理事例研究 17, 23-27.

齋藤久美子 (1992)：セルフ・レギュレーションの発達と母子関係．精神分析研究 36, 478-484.

齋藤久美子 (1993)：治療的スタンス――「共感」スタンスをめぐって．京都大学教育学部心理教育相談室紀要, 14-16.

齋藤久美子 (1995a)：精神分析と早期発達研究．小此木啓吾・妙木浩之編：精神分析の現在．至文堂, pp.27-38.

齋藤久美子 (1995b)：臨床空間における身体性．京都大学教育学部心理教育相談室紀要　臨床心理事例研究 22, 10-12.

齋藤久美子 (1996)：「初回」時面接の意義と難しさ．精神療法 22 (2), 137-145.

齋藤久美子 (1998a)：「かかわり合う能力」――心理力動的検討．長崎勤・本郷一夫編：能力という謎 第7章. ミネルヴァ書房, pp.147-171.

齋藤久美子 (1998b)：臨床の場で問題となる「ズレ」．京都大学教育学部心理教育相談室紀要 24, 6-8.

Stern, D.N. (1985)：The Interpersonal World of the Infant: A View from Psychoanalysis and Developmental Psychology. Basic Books, New York. (小此木啓吾監訳：乳児の対人世界．岩崎学術出版社, 1989, 1991.)

初出一覧

第Ⅰ部　自我と自己・人格理解

第1章	「自我機能」と「現象的自己」との関係における統合作用について	四天王寺女子大学紀要　第1号　pp.1-27　1969年
第2章	人格の統合動機について―「自我動機」の観点からみた「自己」―	京都府立大学学術報告　人文　第33号　pp.92-105　1981年
第3章	自我とパーソナリティ理解	小川捷之・詫摩武俊・三好曉光（編）臨床心理学大系　第2巻　パーソナリティ　金子書房　pp.107-150　1990年
第4章	人格理解の理論と方法	河合隼雄（監修）臨床心理学　第2巻　アセスメント　創元社　pp.151-184　1991年
第5章	臨床心理学と発達理論	河合隼雄（監修）臨床心理学　第1巻　原理・理論　創元社　pp.177-198　1995年

第Ⅱ部　発達理解1　乳幼児発達研究・精神分析的発達論・自己形成と関係性

第6章	同一化と人格発達	京都大学教育学部紀要　第34号　pp.14-26　1988年
第7章	子ども理解の方法と理論―縦断的観察研究を通して―	岡本夏木（編）新・児童心理学講座　第17巻　子ども理解の視点と方法　金子書房　pp.23-66　1993年
第8章	セルフ・レギュレーションの発達と母子関係	精神分析研究　第36巻　第5号　pp.478-484　1993年
第9章	ジェンダー・アイデンティティの初期形成と「再接近期危機」性差	精神分析研究　第37巻　第1号　pp.41-51　1993年
第10章	「関係」恐怖の基型―自他交流の快苦ライン―	Imago　第5巻　第4号　pp.70-79　1994年
第11章	「かかわり合う」能力―心理力動的検討―	長崎勤・本郷一夫（編）能力という謎　ミネルヴァ書房　pp.147-171　1998年
第12章	臨床心理学にとってのアタッチメント研究	数井みゆき・遠藤利彦（編著）アタッチメントと臨床領域　ミネルヴァ書房　pp.263-290　2007年

第Ⅲ部　発達理解2　性アイデンティティ・アイデンティティ・青年期心性

第13章	性アイデンティティ	飯田真・他(編)岩波講座精神の科学 第5巻 食・性・精神 岩波書店 pp.175-220 1983年
第14章	青年期後期と若い成人期 ―女性を中心に―	小川捷之・齋藤久美子・鑪幹八郎(編)臨床心理学大系 第3巻 ライフサイクル 金子書房 pp.163-176 1990年
第15章	青年期心性の発達的推移	臨床精神医学 第19巻 第6号 pp.727-732 1990年
第16章	青年の「父親」体験と自己形成 ―臨床的検討―	思春期青年期精神医学 第11巻 第1号 pp.8-14 2001年
第17章	青年における「境界」心性の位相	大東祥孝・松本雅彦・新宮一成・山中康裕(編)青年期，美と苦悩 金剛出版 pp.289-301 1990年

第Ⅳ部　臨床訓練・心理療法

第18章	臨床心理学の実践的学び	河合隼雄(監修)臨床心理学 第4巻 実践と教育訓練 創元社 pp.187-204 1994年
第19章	「初回」時面接の意義と難しさ	精神療法 第22巻 第2号 pp.137-145 1996年
第20章	来談動機―臨床過程におけるその潜在的展開―	京都大学教育学部 心理教育相談室紀要 臨床心理事例研究 第25号 pp.10-12 1998年
第21章	セラピストの「他者性」について	京都大学教育学部 心理教育相談室紀要 臨床心理事例研究 第12号 pp.1-6 1985年
第22章	心理療法における「情緒」と「言語化」（「精神療法における『情緒』と『言語化』を改題」）	精神分析研究 第44巻 第1号 pp.46-51 2000年

あとがきに代えて―Authenticityへの感性―

　最近改めて私の関心が増してきていることに，対象希求性（object seeking）という問題があります。小さな子どもの様子を見ていても思うのですが，いくら幼くても，またどんなに虐待とかの酷い境遇の中に身を置いて過ごして来られた人でも，いよいよとなって結局希求するのは「authentic object」であるようです。つまり，相手がそこにいる，"おりざま"にしても"語り"にしても，それらが本心から発しているかどうかということが問題なのです。これを日本語の一語で言うのは難しいので，authenticityのままにしておくとして，私もこのauthenticityということには非常に関心があります。小さな子どもでも，親が本気で怒っているのかどうかということに関しては，鋭い感性を持っています。それから，本当に酷い目にあって来られた人でも，まだそんな所にデリケートにこだわる感性が，逆に，あるのかと思うぐらいに，このことには非常に関心が強いようでもあります。むしろ，一番感度が高いと言ってよいのかもしれません。本当に感心します。人の心の働きの，手つかずの透明な健康さというか，芯の健康さというものを逆に感じさせられます。そんなことから，対象希求性におけるauthenticityの問題に私は大いに心ひかれております。誰でも皆，口先だけとかは嫌いなのでしょう。小さな子どももそのようです。相手をじっと見ていて，そこら辺のところをちゃんと嗅ぎ分けていると思われます。人間の中にそういう本当に手つかずの透明な健康さがあるということは，驚きです。人の心というものに敬意を表したくなります。

　今回自分自身の学びをふり返ることを通して，新たな気づきや学び直しができ，大変ありがたく思っています。読み返しを分担して下さった研究会メンバーの皆さまに感謝しますと共に，何よりも出版にあたり一方ならぬご尽力を賜りました岩崎学術出版社の長谷川さんには深く御礼申し上げます。

本稿では大きく分けて，まず，心の機能や構造を考える基本的な枠組みをめぐって「自我」と「自己」の観点をとり上げました。そしてその発達的形成を，乳幼児期から青年期以降にわたる展開，その各時期の発達的課題のあり方を，「個」の形成と「関係性」の生成・発達の相互関係から検討し，その内実の理解を試みました。そうした中で印象深かったのは，たとえばマーラーにおける「臨床観察」の息長い作業の成果でした。「臨床の目」で機微にわたる心の発達的営みを逃さずとらえていく，そのいわば肺活量の大きさと精緻な発見的理論構築は，実に示唆豊かで学ぶところ大であったと思われます。スターンの実験操作を含んだ臨床観察もそうでしたが，生きた存在のままをとらえる作業というものを目の当たりにした感がありました。
　全体として本稿の作業は，まだまだこれからの課題の方を多く思わせられるものともなりましたが，今後もできるだけ，それらの探究課題と取り組んでいきたいと考えております。

2017年3月31日

齋藤久美子

著者略歴

齋藤久美子（さいとう　くみこ）

1935年　大阪府に生まれる

1958年　京都大学教育学部卒業

1963年　大阪市技術吏員（大阪市立児童院）に就任

1967年　京都大学大学院教育学研究科博士課程修了（教育学博士）

1967年　四天王寺女子大学文学部助教授に就任

1973年　京都府立大学文学部助教授に就任

1975年　ウィリアム・アランソン・ホワイト精神分析研究所へ特別研究員として留学

1984年　京都大学教育学部助教授に就任

1988年　京都大学教育学部教授に就任

1999年　甲子園大学人間文化学部教授に就任

現　在　京都大学名誉教授

想湧会メンバー（五十音順）

青柳寛之（甲子園大学 心理学部）
石谷真一（神戸女学院大学 人間科学部）
今江秀和（広島市立大学 国際学部・保健管理室）
角田　豊（京都連合教職大学院・京都産業大学）
川畑直人（京都文教大学 臨床心理学部）
河崎佳子（神戸大学大学院 人間発達環境学研究科）
柴田清恵（大阪市スクールカウンセラー）
杉原保史（京都大学 学生総合支援センター）
平井正三（御池心理療法センター・NPO法人子どもの心理療法支援会）
武藤　誠（淀川キリスト教病院 心理療法室）
山本昌輝（立命館大学 文学部）

齋藤久美子著作集
臨床から心を学び探究する
ISBN978-4-7533-1118-7

著　者
齋藤　久美子

2017年5月15日　第1刷発行

印刷　(株)新協　／　製本　(株)若林製本工場
───────

発行所　(株)岩崎学術出版社　〒101-0052　東京都千代田区神田小川町2-6-12
発行者　杉田　啓三
電話 03(5577)6817　FAX 03(5577)6837
©2017　岩崎学術出版社
乱丁・落丁本はおとりかえいたします　検印省略

発達精神病理学からみた精神分析理論
フォナギー／タルジェ著　馬場禮子・青木紀久代監訳
多くの理論を並列し実証性の観点から見直す　　　　　　　　本体5000円

親-乳幼児心理療法——母性のコンステレーション
スターン著　馬場禮子・青木紀久代訳
母になることと親-乳幼児関係論の力動的研究　　　　　　　本体5000円

乳児研究から大人の精神療法へ——間主観性さまざま
ビービー／ノブローチ／ラスティン／ソーター著　丸田俊彦監訳
精神分析から神経科学へ——間主観性理論の新たな展開　　　本体4100円

精神分析的発達論の統合①
P・タイソン／R・L・タイソン著　馬場禮子監訳
現代精神分析における発達論の臨床的統合　　　　　　　　　本体4000円

精神分析的発達論の統合②
P・タイソン／R・L・タイソン著　皆川邦直・山科満監訳
乳児期から青年期に至る超自我の発達過程　　　　　　　　　本体3800円

自閉症スペクトラムの臨床——大人と子どもへの精神分析的アプローチ
バロウズ編　平井正三・世良洋監訳
その経験世界を共感的に深く理解するために　　　　　　　　本体6000円

母子臨床の精神力動——精神分析・発達心理学から子育て支援へ
ラファエル-レフ編　木部則雄監訳
母子関係を理解し支援につなげるための珠玉の論文集　　　　本体6600円

子どもを理解する〈0〜1歳〉
ボズウェル／ジョーンズ著　平井正三・武藤誠監訳
タビストック 子どもの心と発達シリーズ　　　　　　　　　本体2200円

精神力動的精神療法——基本テキスト
ギャバード著　狩野力八郎監訳　池田暁史訳
米国精神分析の第一人者による実践的テキスト（DVD付き）　本体5000円

この本体価格に消費税が加算されます。定価は変わることがあります。